Edwin Stiller (Hrsg.)

Dialogische Fachdidaktik Pädagogik

Neue didaktische und methodische Impulse für den Pädagogikunterricht

Band 2:
Impulse aus der Praxis für die Praxis

Best.-Nr. 018274-0

Schöningh Verlag

Bildquellenverzeichnis

S. 124 und 148: Aus: Lutz von Werder, Lehrbuch des kreativen Schreibens, Schibri Verlag, Berlin 1992, S. 33; **S. 137 und 177:** Aus: Edmund Kösel, Die Modellierung von Lernwelten, Laub-Verlag, Elztal-Dallau 1995, S. 236; **S. 152:** Umschlagmotiv „Gestörte Einheit – Verletzte Kindheit" (Heft der AKTION PSYCHISCH KRANKE e.V., Bonn); **S. 175:** Motiv auf Cover der CD SUNDANCE – The best of Stunt, Vol. 5, © Sundance Records, Bremen; **S. 268:** Lothar Ursinus/CCC, www.c5.net; **S. 271:** Mimürfel-Gesichter nach Hajo Bücken, © Arbeitsstelle für neues Spielen, Bremen

www.schoeningh.de
Schöningh Verlag, Jühenplatz 1–3, 33098 Paderborn

Druck A 5 4 3 / Jahr 2007 06 05
Alle Drucke der Serie A sind im Unterricht parallel verwendbar.
Die letzte Zahl bezeichnet das Jahr dieses Druckes.

Umschlagmotiv: Zygmunt Januszewski/CCC, www.c5.net
Druck und Bindung: AZ Druck und Datentechnik GmbH/Kempten (Allgäu)

ISBN 3-14-018274-0

Inhaltsverzeichnis

Einführung des Herausgebers: Resonanz und Perspektiven

Edwin Stiller

„Entsprechend muss das erste Ziel der Erziehung darin bestehen, uns die Realität unserer Mitmenschen bewusst zu machen. Das heißt, wir müssen lernen, uns in sie hineinzuversetzen, was nicht einfach mit der strategischen Fähigkeit gleichzusetzen ist, ihre Reaktionen vorherzusehen und ihnen zuvorzukommen, um sie zu unseren Gunsten zu beeinflussen. Es bedeutet vielmehr vor allem, ihnen einen Geisteszustand ähnlich dem unseren zuzuerkennen, von dem auch die Qualität unseres eigenen abhängt. Es bedeutet weiter, sie als Subjekte und nicht als bloße Objekte anzusehen, als Protagonisten ihres eigenen Lebens und nicht als bedeutungslose Statisten unseres Lebens."
(Fernando Savater 1998, S. 37)

Das neue Buch des spanischen Philosophen Fernando Savater „Darum Erziehung. Was wir unseren Kindern geben können" steht stellvertretend für eine Reihe wichtiger Neuerscheinungen der letzten Jahre (wie dem Bericht der UNESCO-Kommission, der Herzog-Rede zur Erziehung oder dem Zehnten Kinder- und Jugendbericht), auf die ich in meinem Beitrag zum „Erziehenden Pädagogikunterricht" ausführlich eingehen werde, deren Haupttendenzen ich aber an dieser Stelle schon in den Blick rücken möchte:

Erziehung erfährt zur Zeit starke Aufmerksamkeit und Wertschätzung.

Erziehung wird subjektorientiert, systemisch-realistisch und kritisch-konstruktiv(istisch) neu definiert.

Erziehung wird in ihrer fundamentalen Bedeutung für die Gestaltung und Aufrechterhaltung von Humanität anerkannt.

Erziehung wird in untrennbarem Zusammenhang mit Bildung gesehen und Unterricht als erziehender Unterricht verstanden.

In all diesen Tendenzen der neuen Diskussion um Erziehung und Bildung sehe ich meine im Band 1 der Dialogischen Fachdidaktik Pädagogik formulierten Grundannahmen bestätigt und ermuntert, meinen fachdidaktischen Ansatz weiter auszubauen.

„Phoenix" und die Dialogische Fachdidaktik sind in der Fachöffentlichkeit sehr gut aufgenommen worden. Viele persönliche Gespräche auf den zurückliegenden Pädagogiklehrertagen, auf Fortbildungsveranstaltungen, bei Unterrichtsbesuchen mit Fachlehrerinnen, Fachlehrern, Referendarinnen und Referendaren sowie Briefe von Prof. Fellsches, Prof. Hurrelmann, Prof. Meueler u.a. dokumentieren diese sehr positive Resonanz.

Die Rezensionen in der Zeitschrift des Pädagogiklehrerverbandes waren sehr wohlwollend und spiegelten wider, dass das zentrale Anliegen richtig verstanden wurde:

„Wer sich auf die Lektüre einlässt, kommt nicht umhin, in vielfältiger Weise Selbstreflexion zu betreiben und sein eigenes Konzept von Unterricht zu hinterfragen.“ (Wyschkon 1997, S. 89)

„Die Position von Lothar Klingberg, dass Lehrer und Schüler im Unterricht gemeinsam den projektierten Unterrichtsinhalt auf ihre Weise ‚erschaffen‘, wird in diesem Buch („Phoenix“, Bd.2) geradezu in vorbildlicher Art illustriert und verwirklicht.“ (Thiem 1997, S. 99)

Die Dialogische Fachdidaktik und „Phoenix“ werden zunehmend von Referendarinnen und Referendaren mit gutem Erfolg zur Planung, Durchführung und Auswertung von Unterricht sowie zur Anfertigung von Examensarbeiten genutzt. Einige Beispiele hierfür finden sich im zweiten Teil dieses Bandes.

Eine kritische Auseinandersetzung mit der Dialogischen Fachdidaktik und mit „Phoenix“ findet zu wenig in der Öffentlichkeit statt. Es wäre wünschenswert die kontroverse Debatte, die auf dem Pädagogiklehrertag 1997 in Bochum unter großem Zeitdruck begonnen wurde, öffentlich fortzusetzen.

Den Fortsetzungsband zur Dialogischen Fachdidaktik Pädagogik verstehe ich als Dialogforum. Daher freue ich mich besonders, dass neben Vertretern der universitären Erziehungswissenschaft und berufserfahrenen Kolleginnen und Kollegen auch der berufliche Nachwuchs mit ersten Erfahrungsberichten in diesem Band vertreten ist.

Der **erste Teil** dieses Bandes soll grundlegend die Ausgangspositionen einer dialogischen Fachdidaktik verdeutlichen. Neben meinem Beitrag zum „Erziehenden Pädagogikunterricht“ untersuchen Alfred Holzbrecher die konstruierende Seite des Lernens und Uwe Wyschkon den dialogischen Charakter des Lehrens.

In meinem Beitrag habe ich die von mir auf den Pädagogiklehrertagen 1997 und 1998 in Bochum und Gütersloh vertretene Argumentation für einen erziehenden Pädagogikunterricht aufgegriffen und vertieft. Zudem referiere ich den aktuellen Stand der fachwissenschaftlichen Literatur zum Erziehungsbegriff und zur Diskussion um Allgemeinbildung, Lernen und Lehren.

Alfred Holzbrecher greift die aktuelle Diskussion um einen konstruktivistischen Lernbegriff auf und zeigt den Zusammenhang von Erkenntnis und Methode auf, was die bisher für selbstverständlich gehaltene Vorrangstellung von Zielen relativiert. Uwe Wyschkon rückt einen bisher stark vernachlässigten Aspekt in den Vordergrund: die Lehre und das Verhältnis der Lehrenden zum Gegenstand des Lehrens.

Im **zweiten Teil** stellen ehemalige Referendarinnen und Referendare des Fachseminars Pädagogik am Studienseminar für die Sekundarstufe II in Recklinghausen ihre Erfahrungen mit der Umsetzung von Aspekten der Dialogischen Fachdidaktik dar. Grundlage hierfür waren in den meisten Fällen Staatsexamensarbeiten, die ja leider sonst häufig in Archiven verschwinden und auf diese Art und Weise nicht von anderen Kolleginnen und Kollegen zur Kenntnis genommen werden können.

Anke Böse beschreibt in ihrem Beitrag eine Spielpädagogikwerkstatt, die sie auf der Jahrgangsstufenfahrt einer Stufe 11 mit dem Leistungskurs EW durchgeführt hat.

Anette Cronau stellt ihre Erfahrungen mit der sehr differenzierten Nutzung der Methode Expertenbefragung in einem problem- und schülerorientierten Projekt zur sozialpädagogischen Fan-Arbeit in einem LK EW 12/2 zur Verfügung.

Gabriele Krafeld berichtet über die Arbeit mit dem Gruppen-Kapitel aus „Phoenix", Band 1 (GK 11/1), und darüber, was sich entwickeln kann, wenn Schülerinnen und Schüler einen Projektvorschlag konsequent umsetzen.

Christina Vogt stellt ein Anti-Mobbing-Training vor und reflektiert die Möglichkeiten und Grenzen der Förderung emotionaler und sozialer Intelligenz in einem LK EW 12/2.

Frank Wittig setzt mit seiner Arbeit zur Drogenprävention einen aktuellen Ansatz erfahrungs- und wissenschaftsorientiert in einem Grundkurs 12 um.

Gemeinsamer Nenner dieser Beiträge ist die Orientierung an der Dialogischen Fachdidaktik Pädagogik und der Versuch die vier Qualifikationsfelder zu verknüpfen. Auf der Basis einer soliden und fundierten Halbjahresplanung werden Möglichkeiten erprobt personenzentrierte und problemzentrierte Zugriffe sinnvoll zu verbinden.

Im **dritten Teil** soll der Ansatz der Dialogischen Fachdidaktik in unterschiedlichen Richtungen vertieft werden.

Die ersten beiden Beiträge beziehen sich auf die Arbeit mit dem Schulbuchwerk „Phoenix":

Heinz Dorlöchter berichtet über seine schulpraktischen Erfahrungen mit individuellen Lernwegen und entwickelt die in der Fachdidaktik vorgetragenen Überlegungen zur Facharbeit weiter. Er verbindet dies mit der Formulierung einer subjektorientierten lerntheoretischen Position und stellt konkrete Arbeitshilfen zur Verfügung. Rechtzeitig zur Inkraftsetzung der neuen Richtlinien für Erziehungswissenschaft werden hier Wege aufgezeigt, wie Facharbeiten zur Individualisierung von Lernwegen genutzt werden können.

Aus den Diskussionen auf vielen Fortbildungsveranstaltungen zur Arbeit mit „Phoenix" entstand der Beitrag von Heinz Dorlöchter und mir, in dem konkrete Planungsvorschläge und Arbeitshilfen mit didaktisch-methodischen Kommentaren die Arbeit mit dem Schulbuchwerk „Phoenix" erleichtern sollen.

Die meisten Fragen auf Fortbildungsveranstaltungen werden zum Thema „Biografisches Lernen" gestellt. Daher möchte ich in meinem Beitrag versuchen eine fachspezifische Begründung biografischen Lernens, eine begriffliche Klärung sowie ein verantwortungsbewusstes Abwägen von Chancen und Grenzen dieses Ansatzes vorzunehmen.

Alfred Holzbrecher entwickelt vor dem Hintergrund seiner Habilitationsschrift (vgl. Holzbrecher 1997) fachdidaktische und fachmethodische Perspektiven interkulturellen Lernens im Pädagogikunterricht – Überlegungen, die er auch auf dem Pädagogiklehrertag 1998 vorgetragen hat. Orientiert an diesen Ausführungen ist das Kapitel „Fremd – beziehungsweise – anders. Erziehung zwischen den Kulturen" in „Der kleine Phoenix" entstanden (vgl. Dorlöchter u.a. 1999).

Ulrike Waterkamp und Gernod Röken, von der Gesamtschule Waltrop, stellen ihr Profil-Modell vor (LK EW / GK SW), begründen es fachdidaktisch und zeigen konkrete Arbeitsmöglichkeiten auf.

Die Erfahrungen mit Profilbildung gerade im Gesamtschulbereich zeigen neue Arbeitsmöglichkeiten der Handlungsorientierung im Sinne der Dialogischen

Fachdidaktik auf: Systematisch und institutionell abgesichert wird der Handlungsraum Schule für Pädagogik-Schülerinnen und Pädagogik-Schüler genutzt. So betreuen z.B. an der Gesamtschule Waltrop Schülerinnen und Schüler aus dem Leistungskurs Pädagogik der Jahrgangsstufe 11 die Tischgruppenarbeit im fünften Jahrgang und nutzen diese pädagogische Praxis für den Erwerb von gruppenpädagogischer Kompetenz.

Ein ursprünglich geplanter Beitrag zum Pädagogikunterricht an berufsbildenden Schulen konnte nicht rechtzeitig realisiert werden. Geblieben aber ist der feste Vorsatz, Lehrerinnen und Lehrer aus den allgemeinbildenden und berufsbildenden Schulsystemen in einen Dialog treten zu lassen um Gemeinsamkeiten und Unterschiede der Thematisierung von Erziehung in Bildungsgängen für beide Seiten nutzbar werden zu lassen.

Abschließend geht es im **vierten Teil** darum, wie die, vor allem im ersten Teil des vorliegenden Bandes entwickelten, fachdidaktischen und fachmethodischen Grundlagen der Dialogischen Fachdidaktik Pädagogik für die Referendarausbildung genutzt werden können.

Referendarinnen und Referendare als Subjekte ihrer Ausbildung, Fachleiterinnen und Fachleiter als begleitende Experten für Didaktik und Methodik – beide Gruppen sind komplementär aufeinander bezogen, in dialektischen Objekt-/Subjekt-Bezügen verkoppelt, in systemischen und institutionellen Kontexten befindlich. In diesem Beitrag soll versucht werden gegen eine polemische Verkürzung einen realistischen Begriff von Subjektorientierung in der Ausbildung zu bestimmen, Empowerment und Coaching-Konzepte vorzustellen und konkrete Arbeitshilfen für die Ausbildung zur Verfügung zu stellen.

Literatur:

Dorlöchter, Heinz/Kahlbau, Bernd/Krafeld, Gabriele/Maciejewski, Gudrun/Sander, Martina/Schrieverhoff, Christel/Stiller, Edwin/Wittig, Frank; Der kleine Phoenix. Ein Arbeitsbuch für Erziehungswissenschaft in der Sekundarstufe I, Paderborn: Schöningh 1999

Holzbrecher, Alfred; Wahrnehmung des Anderen. Zur Didaktik interkulturellen Lernens, Opladen: Leske+Budrich 1997

Savater, Fernando; Darum Erziehung. Was wir Kindern geben können, Frankfurt: Campus 1998

Thiem, Wolfgang (Buchbesprechung); Heinz Dorlöchter, Gudrun Maciejewski, Edwin Stiller: Phoenix Band 2, in: PädagogikUnterricht 2/3 1997, S. 94ff.

Wyschkon, Uwe (Buchbesprechung); Edwin Stiller: Dialogische Fachdidaktik Pädagogik, in: PädagogikUnterricht 2/3 1997, S. 89ff.

Erster Teil: Grundlegung

1. Erziehender Pädagogikunterricht – zur Neubestimmung eines „didaktischen Sonderfalls“

Edwin Stiller

1.1 Erziehung neu denken

„Erziehung (1)
Siehe unter Furcht.
Erziehung
Erzwungene Einweisung des zu Erziehenden in die falsche, aber vom Erzieher gewollte Richtung. Ein gesundes und starkes Naturell geht unaufhaltsam in die entgegengesetzte Richtung. Die ist dann auch falsch.
Sollte der Erziehende den zu Erziehenden gütig und klug einmal in die richtige Richtung zu lenken versuchen, erreicht er damit, dass der zu Erziehende mit Sicherheit die entgegengesetzte Richtung einschlagen wird. Diese ist dann folgerichtig auch wieder falsch.
Erziehungsbefähigte
Im deutschen Sprachgebrauch nicht bekannt.
Statt dessen:
Erziehungsberechtigte
Auch amtliche Bezeichnung für Vater und Mutter. Ansonsten für Ersatzpersonen.“
(Janosch 1995, S. 28f.)

Janosch gehört zu den erziehungsgeschädigten Menschen. In seiner Kindheit hat er alles erlebt, was eine „schwarze Pädagogik“ zu bieten hat: brutale Prügel, Verteufelung der Sexualität, Einengung aller Lebensfreude. Familie definiert er in seinem Wörterbuch der Lebenskunst-Griffe als „Brutstätte des Unheils“ (ebd., S. 31), Furcht ist für ihn „Grundlage der Erziehung“ (ebd., S. 33).

Seine literarische und zeichnend-malende Produktivität ist für ihn Therapieersatz. Er will sich seine Lebensgeschichte schönschreiben.

In seinen Geschichten will er nicht Erzieher, sondern Erzähler sein.

Aber hat er nicht mit seinen Kinderbüchern im sehr positiven Sinne eine erzieherische Wirkung?

Hat nicht „Oh wie schön ist Panama" eine wunderschöne parabelhafte Botschaft? Sind nicht Tigerente, Bär und Frosch Identifikationsfiguren, die en passant Lebensfreude, Eigensinn, Würde, Achtung und Anerkennung vorleben, ohne belehren zu wollen?

Die Verteufelung von Erziehung hat seit den 60er-Jahren Hochkonjunktur, genauso aber die rückwärts gewandte Forderung nach strengerer, durchgreifender und Ordnung schaffender Erziehung. Beide Konzepte: Antipädagogik und Pädagogischer Machbarkeitswahn gehen von falschen Grundannahmen aus: So kann man weder nicht nicht erziehen noch kann man mit Erziehung erwünschtes Verhalten technologisch erzeugen.

In den 90er-Jahren hat es einige Versuche gegeben Erziehung neu zu definieren – neu zu denken. Diese neue Diskussion um den Erziehungsbegriff soll hier skizziert und für den Pädagogikunterricht nutzbar gemacht werden.[1]

Winkler sieht Erziehung zunächst struktur-theoretisch durch drei Momente bestimmt:

- Erzieher und Zu-Erziehender sind im Regelfall Angehörige unterschiedlicher Generationen.[2]
- Ihre Beziehung ist durch Bisubjektivität gekennzeichnet.
- In ihrer Beziehung wirkt vermittelnd der dritte Faktor: der gesellschaftliche Kontext, *„...der die Elemente unseres kultürlich-sozialen Gattungswesens in seinen konkreten Realisationsformen meint."* (Winkler 1995, S. 65)[3]

In dem Verhältnis von Erziehendem zu Erzogenem geht es um, wie Winkler sagt, die Präsentation von Lebensentwürfen durch den Erzieher und um Aneignung und Vermittlung im Erziehungsprozess. Zentrale Aktionsmuster von Erziehung sieht er in Initiierung und Impulsgebung, wobei der Subjektstatus des Zu-Erziehenden immer mitgedacht werden muss.

Erziehung ist für Winkler durch prinzipielle Offenheit und Situativität gekennzeichnet: *„...über ihren Ausgang lässt sich vorab nicht befinden, da er in der Hand des Zöglings liegt."* (ebd. S. 67)

Diese Offenheit wird in Anschluss an Luhmann mit dem Begriff „unaufhebbares Technologiedefizit der Erziehung" beschrieben (vgl. Helsper 1996, S. 532f.).

Die Intentionalität des Erziehers ist nicht linear, technokratisch durchzusetzen, da sie immer gebrochen wird durch die Intentionalität des Zöglings. Auf dieses grundlegende Moment hat vor allem Otto Speck in seiner Definition von Erziehung aufmerksam gemacht:

„Das Kind macht sein autonomes Selbst geltend, seine Eigeninteressen, seine Sicht der Dinge. So gesehen ist Erziehung Angebot. Kinder werden (passiv) nicht erzogen, werden nicht ge-fördert, werden nicht be-handelt, werden nicht therapiert, sondern gehen aus dem Prozess der Erziehung gemäß dem eigenen Ansatz, der ontogenetischen Eigengesetzlichkeit mit einem eigenen Resultat hervor. Erziehung ganz allgemein gesehen ist eine Auseinandersetzung zwischen dem autonomen System des Erwachsenen und dem autonomen System des Kindes. Dabei werden auf beiden Seiten gemäß dem je eigenen Ansatz (System)Interessen ins Spiel gebracht: aufseiten des Erziehenden u.a. ‚erzieherische' – was auch immer darunter verstanden werden mag – und aufseiten des Edukanden als eines Men-

schen, der sein Selbst unter ‚erzieherischem' Einfluss zu entfalten und seine Autonomie zu bewahren hat." (Speck 1997, S.119f.)

Dieser Charakter einer Subjekt-Subjekt-Beziehung allein macht schon die Ungewissheit, die Offenheit und die grundsätzliche Nicht-Herstellbarkeit von definierbaren Resultaten aus.

Dieser komplex-reflexive Erziehungsbegriff setzt sich bewusst von der Sichtweise Brezinkas[4] ab, der im Sinne einer „Art erzieherischen Kausalmechanik" (Kunert) lineare Zweck-Mittel-Ketten zur Förderung erwünschten Verhaltens zur Grundlage seines Erziehungsbegriffs macht.

Kunert schreibt dazu in seinem Artikel „Erziehung" im Handbuch Kritische Pädagogik:

„Der Förderungsprozess wird linear gedacht, vom Educator zum Educanden; die Ziele dieser Förderung bleiben unreflektiert und unlegitimiert; der Erziehungsprozess insgesamt wird final gedacht, im Sinne einer Art erzieherischer Kausalmechanik. Dieser Begriffsvorschlag Brezinkas mag die Absicht verfolgen das Moment der Intentionalität weiter zu differenzieren; aber es bleiben sehr wohl noch Fragen offen.

Die pädagogische Unzulänglichkeit dieser Kleinarbeitung der Intentionalitätsdimension wird deutlich an einem zentralen Defizit dieser Auffassung von Erziehung: Dem Zögling bzw. Educandus werden keine eigene Vernunft und kein eigener Wille zugestanden. Diese Ausblendung von kritischer Vernunft und freiem Willen aus dem Theorie- und Praxisgeschäft von Erziehung bzw. Erziehungswissenschaft widerspricht jedoch aller praktischen menschlichen Erfahrung und auch dem Nachdenken über diese Prozesse. Erziehungsprozesse haben tendenziell aufklärerischen und (selbst-)reflexiven Effekt. Anders gesagt: Die jeweils vermittelte Intention wird nicht nur übernommen, unkritisch akzeptiert, sondern vom Zögling wird zugleich über die Sinnhaftigkeit dieser Intention reflektiert; Erziehungsprozesse sind definitorisch Konfliktprozesse. In konflikthaften Auseinandersetzungen wird sichtbar, dass angediente Verhaltensweisen und Erwartungen nicht einfach nur akzeptiert, sondern auch selbst intendiert werden wollen. Das Nein-Sagenkönnen des Zöglings ist also nicht der schlimmste denkbare Fall im Erziehungsprozess, sondern geradezu der schönste Ausdruck lebendiger Reflexivität." (Kunert 1997, S. 58)

Kunert betont in seiner Neufassung des Erziehungsbegriffs die Dialektik von Anpassung und Emanzipation. Einerseits stärkt Erziehung das Subjekt, da es das Individuum in der Entfaltung der eigenen kritischen Vernunft in die Richtung zunehmender Selbststeuerung unterstützt, auf der anderen Seite *„qualifiziert sie das Individuum für den gesellschaftlichen Verkehr..."*(ebd. S. 61) und bewirkt so eine Anpassung an gesellschaftliche Verhältnisse.

Die erzieherische Handlung in dieser Subjekt-Subjekt-Beziehung muss vor dem Hintergrund einer spezifischen Handlungstheorie betrachtet werden (vgl. Holzbrecher 1997, Joas 1996), in der menschliches Handeln nicht mehr deterministisch in Zweck-Mittel-Schemata gepresst wird, sondern als kreatives Tun aufgefasst wird, welches der permanenten Wahrnehmung, Selbstreflexion, Konstruktion, situativer Anpassung und Aushandlung bedarf.

„So verstanden, ist der Begriff der ‚Situation' geeignet, an die Stelle des Zweck/Mittel-Schemas als erste Grundkategorie einer Handlungstheorie zu treten. (...) Böhler nennt ein nichtteleologisches Verständnis von Handlung und Situation

‚quasi-dialogisch'. Handlungen sollen damit als Antworten auf Situationen gedacht werden; Situationen sind nicht stumm, sondern muten uns Handlungen zu. (...) Unsere Wahrnehmung der Situation ist vorgeformt in unseren Handlungsfähigkeiten und unseren aktuellen Handlungsdispositionen; welche Handlung realisiert wird, entscheidet sich dann durch eine reflexive Beziehung auf die in der Situation erlebte Herausforderung." (Joas 1997, S. 236)

Diese Sichtweise wird auch von dem Schweizer Erziehungswissenschaftler Xaver Büeler geteilt, der von einem konstruktivistisch-systemischen Standpunkt aus argumentiert:

„Wer zur Realisierung bestimmter (erzieherischer) Zwecke bestimmte Mittel einsetzt, kann nur dann auf eine kausale Beziehung zwischen Handlung und Handlungsresultat hoffen, wenn das Objekt der Handlung nicht seinerseits als selbstbestimmtes Subjekt gefasst wird, oder besser: gefasst werden muss. Wenn aber in erzieherischen Handlungszusammenhängen jedes Objekt auch selbstreferentielles Subjekt, jedes Mittel auch Zweck ist, wenn der pädagogische Alltagsverstand oft nicht mehr weiß, wer nun gerade wen ‚erzogen' hat, dann wird offensichtlich, dass es Handlungstechnologie weder theoretisch noch praktisch geben kann." (Büeler 1994, S.5)

Für Büeler ist die logische Schlussfolgerung, dass das „Programm Erziehung" zur Selbstorganisation und Selbsterziehung der Persönlichkeit beiträgt und beitragen muss.

„Selbstorganisation und Identität als Erziehungsziel.(..)
Im Zentrum dieser Bemühungen wird der unablässige Versuch stehen, durch erzieherische Kommunikation die Handlungskompetenz, das Selbstkonzept und die Identität der Kommunikationspartner zu fördern (Hurrelmann 1986, S. 171). Wir halten auch hier an unserem zirkulären Modell fest, nach dem dieser Prozess die Erziehenden genauso involviert wie die Erzogenen. Auf beiden Seiten müsste – trotz asymmetrischer Einflussmöglichkeiten – der Anspruch bestehen, die Organisation des Systems Person als auch jene des Systems Erziehung weiter zu entwickeln. (...) Durch erzieherische Interventionen soll ein Kontext geschaffen werden, der die Entwicklung der Beteiligten hin zu gleichzeitiger Offenheit und Geschlossenheit, zu Selbstentfaltung und Selbstfindung, zu Lernfähigkeit und Identität fördert, wobei biologischen, psychischen und sozialen Entwicklungsprozessen die gleiche Priorität zukommen soll." (Büeler 1994, S. 232)

Wenn man sich der bisher dargelegten Argumentation anschließt, dann bleibt als wesentliche Frage, welche zentrale Aufgabe dem Erzieher bleibt.

Zunächst wird sie bescheidener ausfallen, da man die begrenzte Möglichkeit voraussetzt, auf ein anderes Subjekt gezielt einwirken zu können, und sich die Komplexität aller weiterhin einwirkenden Faktoren vor Augen hält.

Zugleich wird die Aufgabe erheblich anspruchsvoller, da man erzieherisches Handeln als einen situativ-reflexiven Prozess auffasst.

Renate Girmes definiert diese dem Erzieher in Selbstaufklärung und Selbstdistanz gebliebene Aufgabe als „Sich zeigen und die Welt zeigen", so ihr Buchtitel aus dem Jahre 1997:

„Wenn die Kinder verantwortliche Baumeister ihrer selbst sind, dann bedeutet Erziehen nicht bestimmen zu sollen, was sein soll, sondern es bedeutet im Bild gesagt: Baugelände, Baumaterial und Werkzeug zur Verfügung zu stellen; denn Bauen-lassen heißt eben auch nicht Wachsen-lassen. *Damit sind der älteren Genera-*

tion in Hinsicht auf ihr Verhältnis zur jüngeren zwei neue Fragen gestellt, nämlich: Was haben wir, die Erwachsenen, zu zeigen und mitzuteilen? Und: Wie wollen wir es mitteilen, d.h. auch: Welchen Eindruck wollen wir dabei von uns hinterlassen? Oder, in den Worten des Buchtitels gesagt: Wie wollen wir die Welt und uns selbst den Heranwachsenden zeigen bzw. darstellen? Beide Fragen fordern dazu auf, als Erziehender jeweils für sich Verantwortung zu übernehmen und zwar dafür, wer man ist, wenn man handelt, sowie dafür, was man zu sagen hat und sagt, wenn man sich und etwas mitteilt. (...)

Aus Verantwortung für sich selbst werden sie ihrem Gegenüber vertrauen, auf Beherrschung verzichten, Achtung üben und Selbstdistanz entwickeln. Denn nur die aufgrund dessen in ihrer Selbsttätigkeit, Selbstregulierung und Eigenverantwortung nicht Gestörten werden für Vorwürfe keinen Grund haben, aber Anlass zum Dank für das Bemühen um Transparenz, für Dekonstruktion bzw. Demontage des scheinbar Notwendigen und für Rekonstruktion des bewahrenswert Erscheinenden und auch dafür, dass das, was zum Sich-Bilden benötigt wird, zum rechten Zeitpunkt im „Raum" der Erziehung zu finden ist." (Girmes 1997, S. 192)

Erziehung definiert sie als Handlung, *„...die auf die Inszenierung von Erfahrung und deren Wirkung abzielt."*(ebd. S. 12) In dieser Inszenierung, um die man nicht herumkommt, auch wenn man dies wollte, liegt die große Verantwortung.

Diese Verantwortung kann man im Anschluss an Paulo Freire als ästhetische und politische Herausforderung verstehen:

„Indem ich mehr und mehr zu verstehen suchte, wie Erziehung eine Gesellschaft bewegt, habe ich entdeckt, dass die eigentliche Macht der Erziehung in ihrer Schwäche besteht: Erziehung ist einfach deshalb wirkungsvoll, weil sie nicht alles bewirken kann. Erziehung ist nur deshalb möglich, weil sie manchmal einfach unmöglich durchzusetzen ist. Erziehung hat Bedeutung, weil sie eben nicht der Schlüssel zur Veränderung der Welt ist. Aber um die Welt zu verändern, braucht es wiederum Erziehung. Und es ist diese dialektische, widersprüchliche Natur der Erziehung, die es erlaubt, dass wir Menschen uns fortwährend entwickeln. (...) Erziehung kann nicht aus sich heraus Freiheit bewirken, denn erst einmal braucht die Erziehung uns, weil wir immerhin die Erfinder von Erziehung sind. Und zweitens funktioniert Erziehung nur durch eine bewusste geschichtliche Praxis. Schauen Sie, ob wir nun freie Menschen werden oder nicht, auf alle Fälle gibt uns die Erziehung zur Freiheit die ‚Raison d'être' für unsere Existenz. Schauen Sie, das ist doch wundervoll – und deshalb muss ich auch von einer Ästhetik der Erziehung sprechen – Erziehung ist wirklich eine Kunst. Das künstlerische Element von Erziehung gehört zu ihrem Wesen. Erziehung hat von ihrem Wesen mit der Erschaffung von Schönheit in dieser Welt zu tun." (Freire 1990, S. 63)

„Die Matrix der Hoffnung ist die gleiche wie die der Erziehbarkeit des menschlichen Wesens: die Unfertigkeit seines Wesens, das bewusst geworden ist. Es wäre ein schreiender Widerspruch, wenn sich das menschliche Wesen, das sich in unfertigem Zustand befindet und sich dessen bewusst ist, nicht in einem permanenten Prozess hoffnungsvoller Suche einbrächte. Dieser Prozess ist die Erziehung. (...) Solange ich Präsenz in der Geschichte und in der Welt bin, kämpfe ich voller Hoffnung für den Traum, für die Utopie, für die Hoffnung in der Perspektive einer Kritischen Pädagogik. Dies ist kein leerer, kein vergeblicher Kampf." (Freire 1997, S. 9f.)

Erziehung kann also abschließend als der Versuch bezeichnet werden, in einer Subjekt-Subjekt-Beziehung gezielten Einfluss auf die Persönlichkeitsentwicklung eines anderen Menschen zu nehmen, dessen Individualität einerseits zu achten und in Richtung Selbststeuerung zu fördern und andererseits mit gesellschaftlichen Anpassungserwartungen zu vermitteln. Der Erziehungsprozess ist gekennzeichnet durch Offenheit sowie ständige situative, reflexive und aushandelnde Veränderung. Er ist nur verstehbar vor dem Hintergrund seiner systemischen Einbindung (personale, soziale und institutionelle Systeme) sowie der einbindenden sozialen und kulturellen Kontexte, mit all ihren einschränkenden und begünstigenden Rahmenbedingungen.

Erziehung ist also mehr als Begleiten und Unterstützen, aber zugleich auch weniger als Formen und Prägen. Erziehung ist einerseits Mittel der Gesellschaft, die Gesellschaft zu reproduzieren, und andererseits eine höchst persönliche interindividuelle Beziehung.

Wenn die reproduzierende Seite im Erziehungsbegriff zu stark betont wird, erscheint Erziehung als bloßes Anpassungsinstrument. Wenn die emanzipatorische Seite überbetont wird, werden gesellschaftliche Notwendigkeiten und Realitäten ausgeblendet. In beiden Fällen kann Erziehung, aus systemisch-konstruktivistischer Sicht betrachtet, nicht gelingen.

Der Zu-Erziehende muss von Anfang an als „Seiender“(vgl. Rotthaus 1998, S. 47ff.) geachtet werden, der auch die Bereitschaft, sich erziehen zu lassen, entwickeln muss, sowie als „Werdender“, auf Unterstützung und Begleitung Angewiesener, dem Selbsterziehung ermöglicht werden muss.

Erziehung ist in diesem Sinne also immer gekennzeichnet durch die Dialektik von „Führen“ **und** „Wachsenlassen“(vgl. Litt 1962).

Diese komplexen Zusammenhänge sollen anhand des folgenden Schaubilds verdeutlicht werden:

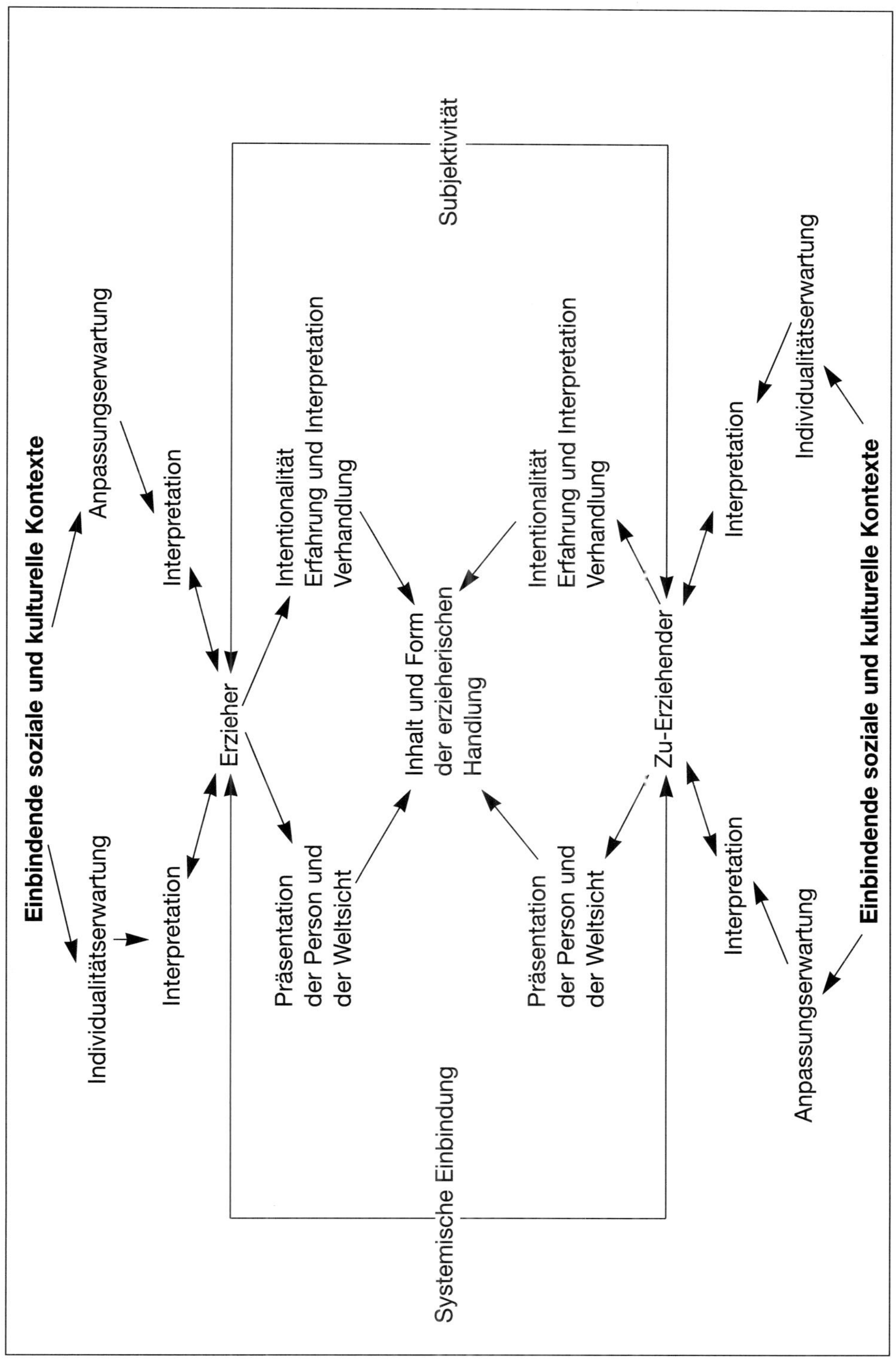
Einbindende soziale und kulturelle Kontexte
Individualitätserwartung
Anpassungserwartung
Interpretation
Interpretation
Erzieher
Präsentation der Person und der Weltsicht
Intentionalität Erfahrung und Interpretation Verhandlung
Inhalt und Form der erzieherischen Handlung
Subjektivität
Systemische Einbindung
Präsentation der Person und der Weltsicht
Intentionalität Erfahrung und Interpretation Verhandlung
Zu-Erziehender
Interpretation
Interpretation
Anpassungserwartung
Individualitätserwartung
Einbindende soziale und kulturelle Kontexte

1.2 Allgemein bildende Elemente des Pädagogikunterrichts

Viele Erziehungswissenschaftler und Pädagogen räumten dem Begriff der Bildung in ihrem Selbstverständnis einen bevorzugten Platz ein, da sie davon ausgingen, dass der Begriff Bildung eher als der der Erziehung das aktive Handeln des Subjekts kennzeichnet. Bildung wurde primär verstanden als Sich-Bilden, während Erziehung immer mit dem Bild des Gezogen-Werdens verknüpft wurde.

Der oben skizzierte reflexive Erziehungsbegriff ermöglicht es, die Dialektik von Subjekt- und Objekt-Sein differenziert einzuschätzen und das Verhältnis von Selbststeuerung und Erziehung neu zu fassen.

An den oben skizzierten Erziehungsbegriff lässt sich aber auch ein entsprechendes Verständnis von Bildung koppeln. So definiert Renate Girmes:

„Bildung verstehe ich im Folgenden als das Ergebnis des Sich-Bildens, einer Tätigkeit des sich selbst Formens, über die die Tätigen ein Bewusstsein haben oder erlangen, weshalb man sagen kann, dass sie sich dabei ihrer selbst inne werden. Das Sich-Bilden als tätige Auseinandersetzung mit der erfahrenen Welt ist folglich ein sich auf die Welt und ihre Erfahrbarkeit Einlassen und Verstehen, was einem dabei widerfährt."(Girmes 1997, S. 12)

Erziehung hat in diesem Kontext die Aufgabe einen vorbereiteten Raum für das „Sich-Bilden" zu schaffen und das „Sich-Bilden" zu ermöglichen (vgl. ebd. S. 212).

In der Einführung zu seinem Buch „Allgemeinbildung und Fachunterricht" formulierte Hans Werner Heymann sieben Aufgabenbereiche, die insgesamt Bildung heute ausmachen und zu deren Realisierung alle Fächer ihren Beitrag leisten müssen:

- *„Lebensvorbereitung;*
- *Stiftung kultureller Kohärenz;*
- *Weltorientierung;*
- *Anleitung zum kritischen Vernunftgebrauch;*
- *Entfaltung von Verantwortungsbereitschaft;*
- *Einübung in Verständigung und Kooperation;*
- *Stärkung des Schüler-Ichs."* (Heymann 1997, S. 9)[5]

Ich möchte im Folgenden aufzeigen, welche Anteile der Pädagogikunterricht, orientiert an der Dialogischen Fachdidaktik, hier beisteuern kann.

- Pädagogikunterricht leistet im Feld der Erziehung Hilfestellung zur pragmatischen Bewältigung gegenwärtiger und zukünftiger Lebenssituationen, indem er pädagogisches Handeln im Hier-und-Jetzt als „Probehandeln", aber auch als reales Handeln, etwa als Babysitter oder in Tutorenmodellen, ermöglicht, notwendiges Wissen zur Bewältigung dieser erzieherischen Handlungssituationen zur Verfügung stellt und die Erfahrungen in diesen pragmatischen Handlungssituationen reflektorisch begleitet und aufarbeitet. Auf diese Weise wird Lebensvorbereitung sowohl als Begleitung des Erziehens und Erzogen-Werdens in der Gegenwart, aber auch als Vorbereitung auf zukünftige Lebenssituationen in der Elternrolle oder in einer professionellen Erzieherrolle geleistet.
- Kulturelle Kohärenz entsteht u.a. durch das bewusste Erleben und die systematische Reflexion des Enkulturationsprozesses. Enkulturation wiederum geschieht in zentraler Weise durch Erziehung. Das „Sich-Zeigen" der Erwachse-

nen, als kulturelle Identitäten, das „Zeigen der Welt“ in ihrer kulturellen Pluralität, das „Zeigen“ der binnengesellschaftlichen Pluralität von Lebensformen und Lebensentwürfen in Akten der Erziehung, die Schule als multikultureller Erfahrungsraum – all dies kann im Pädagogikunterricht systematisch und altersgemäß begleitet werden und ermöglicht in diesem Sinne ein kulturelles „Sich-Bilden“. Im „Kleinen Phoenix“ für den Differenzierungsbereich (Kl. 9/10) bzw. den Wahlpflichtbereich (vgl. Dorlöchter u.a. 1999) wird speziell in den Kapiteln „Fremd – beziehungsweise – anders. Erziehung zwischen den Kulturen“ für die Jahrgangsstufe 9 und „Mein Paradies – Erziehung als Hilfe zur Lebenskunst“ für die Jahrgangsstufe 10 dieser Aufgabe nachgegangen.

- Die Universitätsdisziplin Erziehungswissenschaft hat sich zum zweitgrößten Universitätsfach entwickelt (vgl. Lenzen 1998, S. 3). Allein diese Tatsache macht es erforderlich, dass gymnasiale Bildung eine Orientierung in diesem Wissensbereich ermöglicht. Weltorientierung kann nur durch exemplarische Auswahl geleistet werden. Pädagogisches Wissen gehört zu den Wissensbeständen, die eine Gesamtorientierung ermöglichen, da sie dem Lernenden Einsichten in fundamentale Bereiche menschlicher Existenz ermöglichen. So lautet beispielsweise die zentrale Leitfrage im Themenkreis 1.2 in Phoenix Band 2: „Wie eignen sich Menschen ihre Welt an und wie kann dies pädagogisch gefördert werden?“ (Dorlöchter u.a. 1997, S. 2 und Stiller 1997, S. 63f.). Für den Themenkreis 2.1 haben wir folgende Leitfrage formuliert: „Was brauchen Menschen um sich psychisch und sozial stabil zu entwickeln und wie kann dies pädagogisch gefördert werden?“(ebd.). Diese Leitfragen machen deutlich, dass es nicht nur um die Vermittlung von Wissenschaftswissen geht, sondern um Orientierung in Grundfragen menschlicher Existenz, um ein Sich-Bilden, Sich-Orientieren und Sich-Gestalten.
- Die kritische Auseinandersetzung mit Erziehung, mit ihren Möglichkeiten und ihrer notwendigen Begrenzung, ist in der Dialogischen Fachdidaktik konstitutiver Bestandteil. Erziehung nach Auschwitz, so habe ich es programmatisch im Band 1 der Dialogischen Fachdidaktik formuliert, kann nur durch Befähigung zur kritischen Auseinandersetzung mit Erziehung, durch ideologiekritische Analyse von Erziehungszielen und -methoden gelingen. Darüber hinaus muss sie über personen- und problemzentriertes Lernen Selbst- und Fremdachtung fördern und hierin auch die Maßstäbe für eine kritische Analyse sehen (vgl. Stiller 1997, S. 74f.).
- Die Entfaltung von Verantwortungsbereitschaft ist nur über eine Erziehung zur Verantwortung zu leisten. Dies kann aber nicht theoretisch oder über moralische Appelle geleistet werden, sondern über einen Unterricht, der einerseits Verantwortung vorlebt und andererseits Möglichkeiten zur Übernahme von Verantwortung bietet. Dies kann der Pädagogikunterricht auf mehreren Ebenen. So habe ich im Band 1 der Dialogischen Fachdidaktik Reflexionsbögen zur Beziehungsebene zur Verfügung gestellt (vgl. Stiller 1997, S. 101ff.), mit deren Hilfe jede Schülerin und jeder Schüler, aber auch jede Lehrerin und jeder Lehrer analysieren kann, inwieweit und welche Verantwortung sie/er für das vorhandene Kursklima zu übernehmen hat und wie ein verantwortbares und wünschbares Kursklima gestaltet werden kann.

Pädagogikunterricht kann durch die Nutzung schulischer Handlungsräume einen wichtigen Beitrag zur pädagogischen Schulkultur leisten: Eingebunden in Fachunterricht können Schülerinnen und Schüler durch pädagogische Arbeit – etwa in der Hausaufgabenhilfe oder in der Tutorenarbeit – konkrete Verantwortung für pädagogische Prozesse an ihrer Schule oder darüber hinaus übernehmen.

- Kommunikative und kooperative Kompetenz sind Voraussetzungen für gelingende Erziehung, dies habe ich eingangs bei der Klärung eines reflexiven Erziehungsbegriffs deutlich gemacht. Im Pädagogikunterricht, als einem „didaktischen Sonderfall" (Neuenzeit), geht es immer zugleich um die theoretische Analyse von Erziehung, ihre praktische Ausübung und ihre selbstreflexive Begleitung. Daher können im Pädagogikunterricht in idealer Weise z.B. die theoretischen Grundlagen von Kommunikation und Kooperation analysiert werden, dies zugleich in einem kommunikativen und kooperativen Prozess, der dann einer Evaluation unterzogen wird. Empathie und gewaltarme Konfliktlösung können nicht nur theoretisch erörtert, sondern vielmehr auch praktisch trainiert, in realen Anwendungssituationen über den Kurs hinaus erprobt und selbstreflexiv begleitet werden (siehe auch den Beitrag von Christina Vogt in diesem Band). Pädagogikunterricht kann hier einen bedeutsamen Beitrag zur Förderung emotionaler Intelligenz leisten.
- Die Stärkung des Schüler-Ichs ist zentrales Anliegen der Dialogischen Fachdidaktik: *„Pädagogikunterricht soll einen Beitrag leisten zu einer das Subjekt stärkenden, den Anderen, die Mitwelt und die Menschenrechte achtenden sowie Verantwortung übernehmenden Erziehung.“*(Stiller 1997, S. 54) Diesem zentralen Ziel haben sich alle anderen Zielbereiche unterzuordnen. Es ist sehr zu begrüßen, dass viele Erziehungswissenschaftler[6] die Stärkung der Person als zentrales Moment von Bildung, als Bildung der gesamten Persönlichkeit ansehen. Gerade die speziellen Möglichkeiten des Pädagogikunterrichts, personenzentrierte Lernprozesse zu ermöglichen, eröffnen die Chance, aber auch die Notwendigkeit zur Stärkung des Schüler-Ichs beizutragen.

  Pädagogikunterricht leistet dann einen Beitrag zu einer „Offensiven Pädagogik", wie sie Jörg Schlömerkemper in der Zeitschrift „Die Deutsche Schule" charakterisiert:

  „Wenn ich darüber nachdenke, warum in der Schule auf eine der zentralen Lebensaufgaben – nämlich die Aufzucht/Erziehung der nachwachsenden Generation – so gut wie gar nicht vorbereitet wird, dann fallen mir nur Unterstellungen ein wie die, dass man die jungen Leute gar nicht urteils- und kritikfähig werden lassen möchte, denn sie könnten ja auf die Idee kommen, ihre Kenntnisse gegen die Erwachsenen zu richten und von ihnen frühzeitig zu verlangen, dass sie ihre Erziehungsintentionen und -maßnahmen reflektieren und transparent machen. Zu fordern und zu entwickeln wäre m.E., dass in der Schule Grundkenntnisse und so weit möglich -erfahrungen über Erziehungsprozesse vermittelt werden – freilich nicht als Fach mit Leistungsmessung, sondern als ein Stück ‚Lebens- und Erfahrungsraum‘. (...) Wir müssen konsequent(er) die alten obrigkeitsstaatlichen Erziehungsvorstellungen transformieren zu einem Konzept von Erziehung, das darauf zielt, mündige Bürger einer demokratisch-egalitären Gesellschaft zu fördern. Aber das müssen wir wirklich und konsequent tun – trotz aller notwendigen Skepsis – eben durch Erziehung!“ (Schlömerkemper 1996, S. 391)

  In einer Hinsicht muss ich Jörg Schlömerkemper hier widersprechen. Im Fach Erziehungswissenschaft können und müssen wir erziehenden Unterricht mit Leistungsmessung verbinden, sonst würden wir uns in ein unrealistisches

Nischendasein begeben. Leistungsmessung im erziehenden Unterricht muss aber bestimmte Bereiche personenzentrierten Lernens wie etwa das biografische Lernen aus der Leistungsmessung herausnehmen, da sonst die Offenheit für biografisches Lernen beeinträchtigt würde. Da biografische Lernprozesse aber immer auch zur Vertiefung fachlichen Wissens beitragen, stellt dies kein Problem dar.

1.3 Lernen und Lehren neu denken

Wenn Lernen heute neu als konstruierende Tätigkeit von Lern-Subjekten gedacht wird[7], muss auch das Lehren neu bestimmt werden.

Genau wie Erziehung heute als Subjekt-Subjekt-Beziehung[8] gesehen wird, wird Lernen als selbstreflexive, aktive Tätigkeit des Subjekts gesehen, die von niemand stellvertretend übernommen oder mechanisch von außen bewirkt werden kann: *„Keine Lehrerin, und sei sie noch so geschickt, kann lernen machen – lernen kann nur die Schülerin selbst."* (Meyer 1997, S. 135)

Lernen als permanenter Prozess der Selbstveränderung ist (vgl. Halfpap 1996, S. 13):

- subjektorientiert: von den Wahrnehmungs-, Deutungs- und Handlungsmustern des Lernenden abhängig;
- handlungsorientiert: im Sinne eines kreativen Handlungsbegriffs (s.o.) sind Planung, situative Anpassung und Ausführung, Integration und Reflexion Bestandteile jedes Lernaktes;
- erfahrungsorientiert, auch im Sinne der Einbettung in eine Lernbiografie;
- interaktionsorientiert, da die Beziehungsebene neben der Inhaltsebene in jedem Lernakt mitschwingt;
- ganzheitlich, da die ganze Person mit allen Sinnen und ihrem gesamten Lebenshintergrund beteiligt ist.

Kurt Reusser u.a. (Reusser 1994, S. 228ff.) betonen in ihren kognitionspsychologischen Studien die Bedeutung des Verstehens für einen solchermaßen erweiterten Lernbegriff. Verstehen umfasst vom Textverstehen, Kausalverstehen, theoretischem Funktionsverstehen, praktischen Verstehen, empathischen, ästhetischen bis hin zum kritischen Verstehen alle kognitiven Konstruktionsprozesse, die auf Sinn, Struktur und Funktion von interaktivem, situativem und selbstreguliertem Handeln bezogen sind. Verstehen heißt in diesem Sinne eigenständiges Erfahren, Erkennen und Begreifen.

„Wenn unsere Schüler nützliches, dauerhaftes Wissen und effektive Strategien erwerben sollen, müssen wir, unseren bisherigen Ausführungen zufolge, den Unterricht ausdrücklich und intentional auf Transfer ausrichten. Wir müssen Lerngelegenheiten schaffen, die das Vorwissen der Schüler aufgreifen, der Situationsbezogenheit des Denkens Rechnung tragen und Lernen als selbstgesteuerten Wissensaufbau im Rahmen von Lern- und Forschungsgemeinschaften konzipieren. Wir brauchen interaktive Lehr-Lern-Umgebungen." (ebd., S. 232)

Die Lehrerin/der Lehrer ist in diesem Sinne Konstrukteur einer anregenden Lernlandschaft, wie wir sie z.B. im Schulbuchwerk Phoenix zur Verfügung stellen. Die Lehrerin/der Lehrer ist in dieser Lernlandschaft Begleiterin/Begleiter, Expertin/Experte für Lernen, Informationsquelle und Teilnehmender am Lernprozess. Sie/er kann den Lernenden die Verantwortung für erfolgreiches Lernen weder abnehmen noch sich ihr entziehen. Diesen Eigenanteil an der Verantwortung müssen Lehrerinnen und Lehrer im Beurteilungssegment der eigenen Rolle berücksichtigen.

Reusser u.a. betonen die Notwendigkeit, den Schülerinnen und Schülern Instrumente zur Verbesserung ihrer Lernstrategien an die Hand zu geben (vgl. ebd.):

- Ausführungsmodelle (modeling): durch Beobachtung anderer Lernmodelle, auch des Lehrers/der Lehrerin, sein eigenes Lernen optimieren;
- Arbeitsheft (monitoring): den eigenen Lernweg dokumentieren;
- Arbeitsrückblick im Lernjournal (evaluation): diesen erfahrenen Lernweg systematisch auswerten;
- Lernpartnerschaft (peer-coaching): dauerhafte Kooperation von Partnern oder Gruppen;
- Klassenkonferenz (conferencing): Gesamtauswertung mit der ganzen Klasse bzw. dem gesamten Kurs.

„Die Schüler werden nicht länger als bloße Empfänger, sondern als Konstrukteure („sense-makers") von Wissen verstanden, die stark beeinflusst sind vom Kontext, in dem sie ihre Deutungs- und Problemlöseaktivitäten entfalten. Der Lehrer wird vom Wissensvermittler zum Gestalter von interaktiven Lehr-Lern-Umgebungen, in denen die Schüler durch die Teilnahme an kognitiv und interaktiv anspruchsvollen Lern- und Problemlösesituationen Einsichten gewinnen und Selbststeuerungsfertigkeiten erwerben. Das Augenmerk hat sich vom expositorischen Lehren aufs Lernen und vom einzelnen Schüler auf die Wissensbildungs- oder Interaktionsgemeinschaft verlagert. Somit stellt effektiver Unterricht einen quasi authentischen Kontext dar, nicht zuletzt auch für den Erwerb von Schlüsselqualifikationen wie Teamfähigkeit, Sozialkompetenz, vernetztes Denken und Problemlösekompetenz, wie sie unsere Gesellschaft fordert." (ebd., S. 254)

Diese kognitionspsychologischen Erkenntnisse und Strategien finden auch im Konzept der „Didaktik der Eigenständigkeit" von Beck u.a. (vgl. Beck 1995) ihren Ausdruck. Schlüsselbegriff in dieser „Didaktik der Eigenständigkeit" zur Vermittlung von Lehren und Lernen ist, wie in fast allen innovativen Konzepten, der Begriff Dialog.

Unterricht als respektvoller Dialog, dies ist auch in der allgemeinen Didaktik der Schlüsselbegriff, der sowohl beschreibend wie auch normativ die Beziehung von Lehrenden und Lernenden auf den Punkt bringt:

„Nur als respektvoller Dialog ist Unterricht meiner Ansicht nach als human und demokratisch unter der Perspektive erneuerten Bildungsdenkens zu legitimieren. Die Glaubwürdigkeit anderer didaktischer Prinzipien, die ich ihnen benannt habe, hängt davon ab, ob es gelingt, den Unterricht so zu strukturieren, dass sich selbst vertretende Menschen im Dialog den Unterricht mitgestalten können. In diesem Sinne ist Unterricht als Dialog zwischen prinzipiell handlungsfähigen Subjekten aufzufassen. (...) Als respektvoll bezeichne ich den Dialog, weil wir in ihm deutlich machen, dass wir bewusst oder unbewusst unsere Mitmenschen als unseresgleichen anerkennen, die Lernenden uns nicht als Objekte, sondern als Subjekte gegenüberstehen, weil wir selbst es zu sein beanspruchen; gerade weil es um einen Verständigungsprozess geht, in dem die Dialogpartner einander mit dem Respekt behandeln, den sie für sich selbst für erforderlich halten." (Schulz 1996, S. 147)

Auch für Ruth Cohn ist der dialogische Charakter des Lernens Bedingung für die Gestaltung einer demokratischen, lernenden Schule:

„Lernen ist Dialog. Lernen ist Wechselspiel. Lernen ist Austausch durch Andersartigkeit. Menschliches Lernen ist partnerschaftliches Lernen – oder es endet das Lehren in Herrschen und Indoktrination.

Kinder sind gleichwertig, doch anders. Respekt vor dieser Verschiedenheit – doch Gleichwertigkeit –, das gehört zur sprudelnden Quelle für's Lernen in der Lernenden Schule." (Cohn 1998, S. 5)

1.4 Subjektorientierung und Empowerment im Pädagogikunterricht

„Die Psychoanalyse hat sich – in ihrer Kritik wie in ihren Ratschlägen – bisher, nicht ausschließlich, aber überwiegend, für ein Teilgebiet der Pädagogik interessiert. Dieses Gebiet umfasst alle Einschränkungen, die die Gesellschaft dem Einzelnen auferlegt. Hierzu gehören: Reinlichkeit, Ekel, Scham, Mitleid, Ästhetik, Moral, Ehrfurcht usw., diejenigen Kräfte also, die aus dem Über-Ich ihre Energien beziehen. Die psychoanalytische Pädagogik war vornehmlich eine Über-Ich-Pädagogik, ihr Hauptproblem war zu erforschen, welche Art von erzieherischen Methoden und in wie starker Intensität sie angewendet werden sollen, um eine optimale Über-Ich-Bildung zu erzielen." (Balint 1966, S. 241)

Diese Einschätzung von Michael Balint aus dem Jahre 1938 trifft nicht nur auf die psychoanalytische Pädagogik zu. Auch wenn heute in den Massenmedien ein Mehr an Erziehung gefordert wird, meinen meistens die, die es fordern, ein Mehr an Anpassungspädagogik, ein Durchsetzen von Sekundärtugenden.

Balint forderte als Konsequenz aus seinen Überlegungen die Konstituierung einer Ich-Pädagogik, die als mindestens gleichberechtigtes Ziel neben der Über-Ich-Stärkung eine Stärkung des Ichs in den Vordergrund stellt.

Günther Bittner, ein zeitgenössischer, psychoanalytisch orientierter Pädagoge, greift diesen Gedankengang einer Ich-Pädagogik auf:

„Erziehung hat zugleich und mit gleichem Gewicht die Aufgabe, Kinder in die Welt einzuführen und Bedingungen für die lebenslang unabschließbare Konstitution des menschlichen Subjekts (...) zu schaffen. Pädagogik als Wissenschaft beschreibt und analysiert sie; Erziehung als Praxis sucht sie zu fördern und zu begünstigen."(Bittner 1996, S. 72) „Zukunft kann nur haben, wer Gegenwart besitzt, genauer: wer sich selber als lebendiges Subjekt im Kontext seiner Welt erfährt. Das Subjekt- bzw. Person-Sein des Jugendlichen konstituiert seinen Zukunftshorizont." (ebd., S. 211)

Auch der Pädagogikunterricht stellt in seiner Thematisierung von Erziehung oft oder überwiegend eine einseitige „Anpassungspädagogik" oder eine Kritik der „Anpassungspädagogik" in den Vordergrund und trägt damit zu einer Diskreditierung der Pädagogik bei, was seine logische Konsequenz in der Formulierung von „antipädagogischen" Konzepten fand.

Hier soll dagegen an der weiterhin aktuellen Forderung von Balint zur Konstituierung einer „Ich-Pädagogik" angeknüpft werden und neben der, scharf zu kritisierenden und zu bekämpfenden „Schwarzen Pädagogik", die Forderung nach einer „Weißen Pädagogik", einer konstruktiven Pädagogik der Achtung[9] erhoben werden.

Der Leitbegriff der Subjektorientierung muss in diesem Sinne für die Pädagogik nutzbar gemacht werden.

Im zehnten Kinder- und Jugendbericht geht die Sachverständigenkommission unter der Leitung von Lothar Krappmann vom Subjekt-Status des Kindes aus und leitet daraus Konsequenzen für Erziehung ab:

„Nur weil Kinder Subjekte sind und sich in ihrem Subjekt-Sein entfalten, können Kinder zu aktiven Mitgliedern in Beziehungen und Gruppen, in Institutionen und der Gesellschaft werden.

Diesen Weg finden Kinder vor allem dann, wenn alle, die an den Prozessen der Entwicklung, Erziehung und Bildung beteiligt sind, sie nicht nur einzupassen versuchen, sondern sie ihr eigenes Selbstverständnis entfalten lassen." (Bundesministerium für Familie, Senioren, Frauen und Jugend 1998, S. 288)

Für die außerschulische Jugendarbeit hat Albert Scherr diesen Versuch unternommen und aufgezeigt, dass unter den gesellschaftlichen Bedingungen einer reflexiven Moderne eine subjektorientierte Jugendarbeit notwendig und möglich ist:

„Subjektwerdung ist deshalb als ein normativer Maßstab zu fassen, der sich an der Utopie selbstbewusster und selbstbestimmter Lebenspraxis in dem Interesse orientiert, den Grad der vorgefundenen Abhängigkeit von und der Verstrickung in Macht- und Herrschaftsverhältnisse graduell zu verringern. Es geht also hier, sozialphilosophisch gedacht, nicht um die technokratische Idee einer Herstellbarkeit von Subjekten, nicht um die Anmaßung einer Vernunft, die Menschen und soziale Zusammenhänge vollständig durchschauen und damit gestalten kann, sondern um das bescheidene Bemühen, Zwänge und Abhängigkeiten punktuell zu überwinden. Subjektwerdung ist so betrachtet ein unabschließbarer Prozess." (Scherr 1997, S. 47)

„Eine subjektorientierte Jugendarbeit, die die Prozesse der Subjektwerdung unterstützen will, ist als eine mäeutische Praxis zu charakterisieren, die im Wissen um die Grenzen pädagogischen Handelns unterstützt, fördert, anregt und ermöglicht sowie ganz grundsätzlich die Selbstbestimmungsfähigkeit der sich bildenden Individuen respektiert." (ebd., S. 62)

Wie nun können Ansätze einer „Ich-Pädagogik", einer subjektorientierten, konstruktiven Thematisierung von Erziehung in den Pädagogikunterricht einfließen?

Hierzu ist es zunächst notwendig, unter Rückgriff auf neue Ergebnisse der Identitätsforschung, herauszustellen, was der Ich-Stärkung dienen kann.

Unter dem Leitbegriff „Empowerment" wurden in den letzten Jahren vor allem im Bereich der Sozialpädagogik, aber auch in Managementkreisen, Konzepte eingeführt, die die Stärkung der Person, ihre Ressourcen, ihre Problemlösekompetenz systematisch fördern wollen (vgl. Stark 1996, S. 40ff.).

Der israelische Mediziner Aaron Antonovsky (vgl. zuletzt Antonovsky 1998, S. 51ff.) hat als einer der ersten diese Wende herbeigeführt und mit seinem salutogenetischen Ansatz nach dem geforscht, was den Menschen gesund erhält und stark macht, und nicht nach dem, was ihn erkranken und therapiebedürftig werden lässt.

Antonovsky hält hierbei das Gefühl der Kohärenz für ausschlaggebend.

Kohärenz bedeutet auf drei Ebenen Vertrauen zu haben, dass:

„1. Die inneren und äußeren Ereignisse des Lebens strukturiert, vorhersehbar und erklärbar sind,

2. *einem die Ressourcen zur Verfügung stehen um den Anforderungen, die diese Ereignisse stellen, zu begegnen,*
3. *diese Anforderungen Anstrengung und Engagement lohnen."* (ebd. S. 54)

Die erste Kohärenz-Ebene ist primär kognitiv ausgerichtet (Meine Welt ist verständlich, stimmig, auch Probleme und Belastungen kann ich in einen Kontext stellen!), auf der zweiten Ebene geht es um die Bewältigung gegenwärtiger und zukünftiger Probleme (Aufgaben und Probleme kann ich mit meinen Ressourcen lösen!) und auf der dritten Ebene geht es um den Konstituierung von Sinn (Für meine Lebensführung ist jede Anstrengung sinnvoll!).

In der neueren Identitätsforschung beschreiben Florian Strauss und Renate Höfer den permanenten Versuch des Individuums in alltäglicher Identitätsarbeit Kohärenz herzustellen (vgl. Straus/Höfer 1997, S. 270ff.). Dabei gehen sie von einem Identitätskonzept aus, welches sich ständig wandelnde Teilidentitäten in Beziehung zu einem sich herauskristallisierenden Identitätskern setzt, dieser macht dann das von Antonovsky beschriebene Gefühl der Kohärenz aus. Das Individuum befindet sich auf vier Ebenen in einem ständigen Prozess der Selbstdefinition:

- der kognitiven Ebene;
- der sozialen Ebene;
- der emotionalen Ebene;
- der produktorientierten Ebene.

Ein Unterricht, der die Schülerinnen und Schüler stärken will, muss auf diesen vier Identitätsebenen arbeiten. Auf der kognitiven Ebene geht es, neben der erziehungswissenschaftlichen „Weltklärung" im Sinne von Allgemeinbildung, um kognitive Aufarbeitung von biografischen Mustern, die die intellektuelle Selbstwahrnehmung steuern. Auf der sozialen Ebene geht es um die Realisierung von sozialer Anerkennung und um die Stärkung von sozial-kommunikativen Fähigkeiten. Auf der emotionalen Ebene geht es um den Ausdruck individueller Wertschätzung, unabhängig von intellektueller Leistung. Schließlich geht es auf der produktorientierten Ebene darum, konkrete Formen der erfolgreichen „Selbstobjektivierung und Originalität"(Straus/Höfer S. 299) für möglichst alle Schülerinnen und Schüler zu ermöglichen.

1.5 Erziehender Pädagogikunterricht

„Wo immer unterrichtet wird, wird auch erzogen. Dies liegt an der Organisationsform von Schule. Es geht immer um eine direkte Interaktion von Lernenden und Lehrenden. Dadurch entstehen zwangsläufig Erziehungseinwirkungen – unabhängig davon, ob die Beteiligten dies wünschen oder nicht, ja ob sie es wahrnehmen oder nicht. Die Schule – als Institution – erzieht!" (Meyer 1997, S. 27f.)

An diese empirische Feststellung knüpft Hilbert Meyer die normative Forderung nach erziehendem Unterricht in einer aktuellen Interpretation von Herbart:

„Unterricht, der nicht zur Selbstständigkeit erzieht, verdient nicht den Namen Unterricht – er wäre bloße Abrichtung, Manipulation oder Unterhaltung. (...) Aus einer ‚Instruktionsschule', die auch erzieht, wird gegenwärtig immer deutlicher eine ‚Erziehungsschule', die auch instruiert." (ebd., S. 29)

Grundlage einer solchen Forderung ist bei Hilbert Meyer ein ähnliches Verständnis von Erziehung, wie es in diesem Beitrag beschrieben wurde.

Erziehung und Unterricht sind keine Gegensätze, die es zu trennen gilt, sondern vielmehr wechselseitig aufeinander bezogene Komponenten:

„Der Gegensatz von Erziehung versus Ausbildung ist mittlerweile eine ganz überholte Scheinopposition. Niemand wird heute noch ernsthaft behaupten wollen, die bürgerliche und moralische Autonomie eines Bürgers könne sich festigen, ohne all das zu wissen, was notwendig ist, um beruflich allein zurechtzukommen. Und die beste technische Vorbereitung ohne eine grundlegende Entwicklung moralischer Qualitäten oder einer minimalen politischen Unabhängigkeit wird niemals reife Persönlichkeiten hervorbringen, sondern nur bezahlte Roboter. Außerdem ist eine Trennung von Erziehung und Ausbildung nicht nur unerwünscht, sondern auch unmöglich, weil man nicht erziehen kann, ohne auszubilden, und umgekehrt." (Savater 1998, S. 49f.)

Jörg Ramseger hat in seiner Herbart-Studie deutlich gemacht, dass ein erziehender Unterricht an den konkreten Erfahrungen der Lernenden anknüpfen, ihnen selbsttätige Aneignungsprozesse ermöglichen, Teilhabe an allen Entscheidungen einräumen und zum Handeln ermutigen muss. Er zitiert in seiner Studie Benner, der erziehenden Unterricht so charakterisiert:

„(...) in der Tradition der auf Herbarts Allgemeine Pädagogik zurückgehenden Programmatik eines ‚erziehenden Unterrichts', der nicht lediglich Wissen und auch Haltungen vermittelt, sondern die Aneignung von Wissen so gestaltet, dass mit ihr die Besinnung auf das Selbstverhältnis des Lernenden zum Gelernten verbunden ist und beides, die Vertiefung der Kenntnisse und die Besinnung auf das Selbstverhältnis des Gelernten, der Förderung der Handlungskompetenz des Lernenden dient." (Benner, zit. in: Ramseger 1991, S. 11)

Gerade der Pädagogikunterricht hat in diesem Sinne die Aufgabe und Chance den „didaktischen Sonderfall" (Neuenzeit) offensiv zu nutzen und einen erziehenden Pädagogikunterricht zu schaffen, der „vielseitiges Interesse" bei Schülerinnen und Schülern fördert, welches neben der Förderung von praktischer Erziehungskompetenz ein „Sich bilden" im Sinne der Aneignung erziehungs- wissenschaftlichem Wissen und ein „Sich erziehen" im Sinne von Identitätsbildung fördert und darüber hinaus Haltungen generiert, die von Selbstachtung und Fremdachtung bestimmt sind[10].

Pädagogikunterricht kann in diesem Sinne dazu beitragen, die Diskussion um eine „Weiße Pädagogik", eine konstruktive Pädagogik der Achtung voranzubringen und zugleich die Sozialität und pädagogische Schulkultur einer Schule zu fördern.

Erziehender Pädagogikunterricht hat in seiner Orientierung an den Menschenrechten eine ethische Basis, die aber immer wieder auf allen Ebenen der dialogischen Verständigung, Präzisierung und Konkretisierung bedarf (vgl. Klafki 1989, S. 147ff.).

Auch hier, im Bereich der Werteerziehung, gilt das oben skizzierte Erziehungsverständnis uneingeschränkt. Grundwerte lassen sich nicht durch technologische Erziehungsakte von außen erzeugen, sondern entstehen durch erzieherisch inszenierte und begleitete Prozesse der Erfahrung, Selbst-Erziehung und Selbst-Bildung (vgl. Joas 1997, S. 10ff.).

Pädagogiklehrerinnen und Pädagogiklehrer agieren hier im günstigen Fall als selbstreflexive, dialogbereite Modelle, die die Einheit von: Sich-Erziehen, Sich-Bilden, Beziehungen und Erziehung gestalten und in ihrer Profession glaubhaft und offen vorleben.

Erziehender Pädagogikunterricht ist dann ein Stück gelebte Erziehung zur Verantwortung – Verantwortung gegenüber der eigenen Person, gegenüber den Mitmenschen im engeren und im gesellschaftlich-politischen Sinne, der Mitwelt sowie gegenüber einer lebenswerten Zukunft.

Erziehender Pädagogikunterricht leistet dann einen
- Beitrag zum persönlichen Lernen der Schülerinnen und Schüler;
- Beitrag zum sozialen Lernen der Schülerinnen und Schüler;
- Beitrag zum handlungsorientierten Lernen und zur pädagogischen Kultur der Schule sowie einen
- Beitrag zur wissenschaftspropädeutischen Ausbildung.

Erziehender Pädagogikunterricht trägt dann einen Teil zur Erziehung im 21. Jahrhundert bei, so wie die UNESCO-Kommission es im Delors-Bericht (vgl. Deutsche UNESCO-Kommission 1997, S. 73ff.) zum Ausdruck bringt.

Den vier Säulen der Bildung:
- Lernen Wissen zu erwerben
- Lernen zu handeln
- Lernen zusammenzuleben
- Lernen für das Leben

entsprechen genau die vier Qualifikationsfelder:
- Erziehungstheorie
- Erziehungspraxis
- Interaktion
- Biografie.

Diese vier Säulen der Bildung werden als gleichberechtigt und gleichgewichtig angesehen, nur so wird nach Ansicht der UNESCO-Kommission die Gesamtpersönlichkeit des Menschen angemessen gefördert.

„Formale Schulbildung hat sich aber immer in erster Linie auf Lernen Wissen zu erwerben *konzentriert und in geringerem Maße darauf,* Lernen zu handeln. *Die beiden anderen Schritte wurden meist dem Zufall überlassen oder als natürliche Folge der beiden ersten Schritte betrachtet. Die Kommission glaubt, dass in jeder organisierten Form des Lernens jeder dieser vier Säulen das gleiche Maß an Aufmerksamkeit gebührt. Nur so kann Bildung als ein lebenslanger ganzheitlicher Erfahrungsprozess betrachtet werden, der sich mit dem Verstehen ebenso beschäftigt wie mit der Anwendung des Gelernten und sich auf das Individuum sowie dessen Platz in der Gesellschaft konzentriert."* (UNESCO-Kommission 1997, S. 74)

Die Gleichwertigkeit der vier Säulen der Bildung bzw. der vier Qualifikationsfelder ist so zu verstehen, dass alle vier Zielrichtungen des Lernens in allen größeren Lerneinheiten berücksichtigt werden und als Einheit mit unterschiedlicher Schwerpunktsetzung aufzufassen sind. Gemeint ist nicht ein quantitatives Gleichgewicht oder eine mechanische Abfolge. Erziehender Pädagogikunterricht ist also mehr als Wissensvermittlung und Normerwerb und weniger als Missionieren und Indoktrinieren. Erziehender Pädagogikunterricht ist vielmehr ein professionelles Arrangement, eine glaubwürdige Modell-Werkstatt für Weltaneignung und Personalisation.

Eine Zusammenschau des bisher Dargestellten soll das folgende Schaubild leisten:

Erziehender Pädagogikunterricht

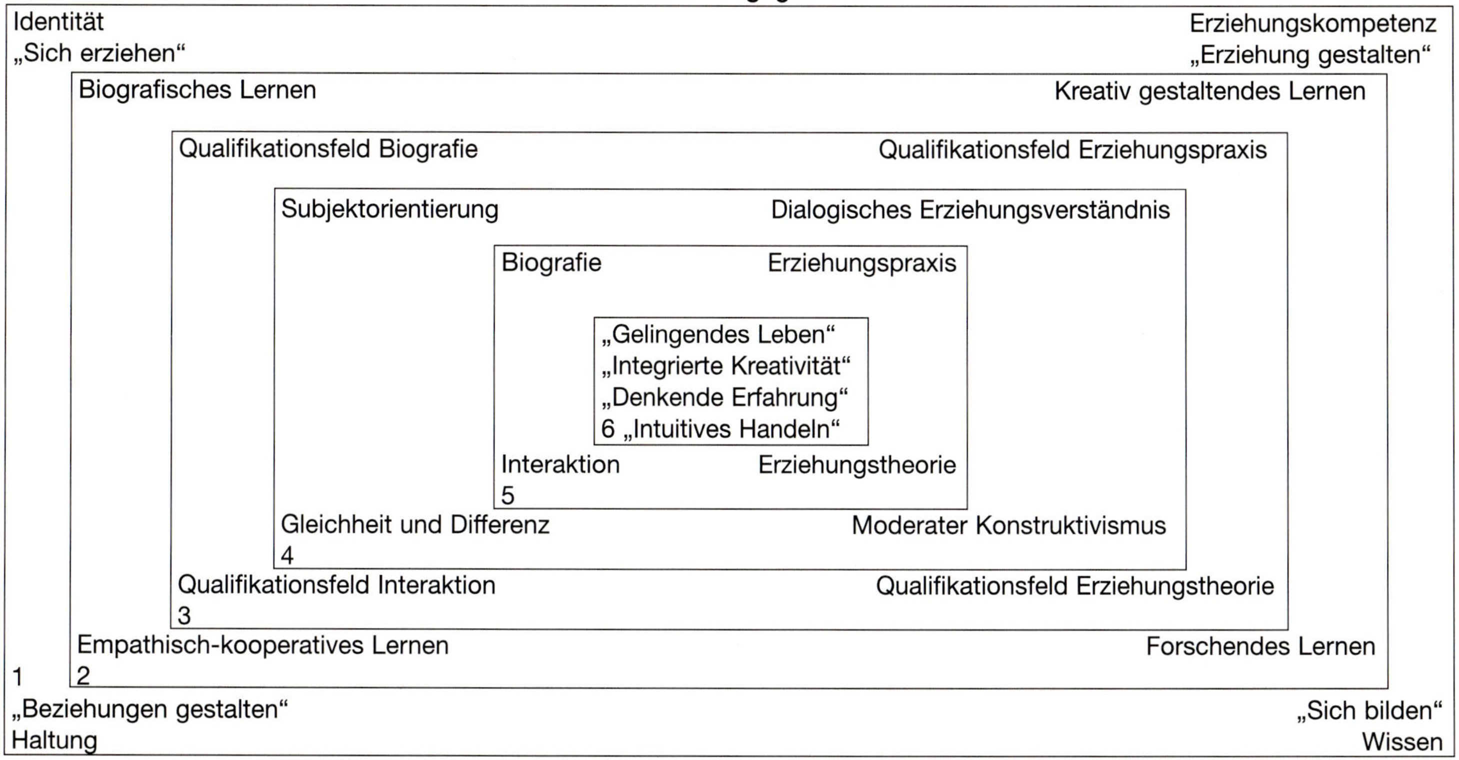

Ebenen:
1. Förderungsangebote eines erziehenden Pädagogikunterrichts
2. Methodische Prinzipien
3. Qualifikationsfelder
4. Paradigmen
5. Die vier Seiten des Pädagogikunterrichts
6. Das fünfte Element, das angestrebte Ergebnis, die Ganzheit, alles in sich vereinigend, ohne gezielt aufgesucht werden zu können – Qualia!

Anmerkungen:

[1] Es handelt sich hier um eine Ausdifferenzierung der Ansätze, die von mir bereits im ersten Band der Dialogischen Fachdidaktik formuliert (Stiller 1997) und auf dem Pädagogiklehrertag 1997 vorgestellt wurden (Stiller 1998) sowie schon in Phoenix Band 1 (Dorlöchter u.a. 1996) und Phoenix Band 2 (Dorlöchter u.a. 1997) berücksichtigt wurden.

[2] Wir haben bereits in Phoenix Band 1 darauf aufmerksam gemacht, dass Erziehung auch ein Prozess unter Angehörigen einer Generation sein kann: Kinder erziehen Kinder. Die so genannten „Peer educator" gibt es im Bereich der Drogenprophylaxe in den USA und der BRD als organisiertes Programm.

[3] Hierbei ist zu beachten, dass im Zeitalter der Pluralisierung von Lebenswelten immer nur von gesellschaftlichen und kulturellen Kontexten, die konkurrieren und sich zum Teil gegenseitig ausschließen, ausgegangen wird.

[4] In diesem Sinne ist dies auch als entschiedene Abgrenzung gegenüber dem mechanistischen Erziehungsverständnis von Klaus Beyer zu verstehen.

[5] Im Band 1 der Dialogischen Fachdidaktik habe ich meine Ausführungen vor allem auf den Bildungsbegriff von Hartmut von Hentig und Klafki gestützt. Die Ausführungen von Heymann konkretisieren dieses Verständnis von Bildung zu „Maß-Stäben" für Fachunterricht.

[6] Dies gilt neben Hartmut von Hentig vor allem für Oskar Negt, der z.B. formuliert: „Erst die emotionale Sicherheit, als gleichgeachtetes Mitglied der Gemeinschaft akzeptiert zu werden, setzt Energien frei, die sich auf sachliche Lerninteressen richten können." (Negt 1997, S. 254)

[7] Siehe hierzu den Beitrag von Alfred Holzbrecher in diesem Band

[8] Hierbei ist der im ersten Band der Dialogischen Fachdidaktik Pädagogik zugrunde gelegte Subjektbegriff von Erhard Meueler gemeint.

[9] Siehe hierzu die Ausführungen im ersten Band der Dialogischen Fachdidaktik

[10] Hier ist nicht der Ort um darzulegen, wie dies umgesetzt werden kann. Im ersten Band der Dialogischen Fachdidaktik Pädagogik finden sich hierzu viele konkrete Vorschläge. In Phoenix Band 1 und 2 sowie im „Kleinen Phoenix" wird ebenfalls versucht die Lernlandschaft für einen erziehenden Pädagogikunterricht bereitzustellen.

Literatur:

Antonovsky, Aaron; Vertrauen, das gesund erhält, in: Psychologie heute 2/1998, S. 51ff.

Balint, Michael; Ich-Stärke, Ich-Pädagogik und „Lernen" (1938), in: Balint, Michael; Die Urformen der Liebe und die Technik der Psychoanalyse. Aus dem Engl. von Käte Hügel und Martha Spengler. © 1995 Michael Balint. Klett-Cotta, Stuttgart 1966, 2. Aufl. 1997

Beck, Erwin; Eine Didaktik der Eigenständigkeit, in: Beck, E. u.a. (Hrsg.); Eigenständig lernen, St.Gallen: UVK 1995, S. 193ff.

Berentzen, Detlef; Bildung für die Zukunft. Gespräche mit Paulo Freire und Ludwig von Friedeburg, in: Psychologie heute 9/1990, S. 60ff.

Beyer, Klaus; Handlungspropädeutischer Pädagogikunterricht, Band 1, Hohengehren: Schneider 1997

Bittner, Günther; Kinder in die Welt, die Welt in die Kinder setzen, W. Kohlhammer Verlag, Stuttgart 1996

Büeler, Xaver; System Erziehung. Ein bio-psycho-soziales Modell, Paul Haupt Verlag, Bern 1994

Bundesministerium für Familie, Senioren, Frauen und Jugend (Hrsg); Zehnter Kinder- und Jugendbericht, Bonn 1998

Deutsche UNESCO-Kommission (Hrsg.); Lernfähigkeit – unser verborgener Reichtum. UNESCO-Bericht zur Bildung für das 21. Jahrhundert, Hermann Luchterhand Verlag, Neuwied 1997

Dorlöchter, Heinz/Maciejewski, Gudrun/Stiller, Edwin; Phoenix. Der etwas andere Weg zur Pädagogik. Ein Arbeitsbuch Band 1 und 2, Paderborn: Schöningh 1996/1997

Dorlöchter, Heinz/Kahlbau, Bernd/Krafeld, Gabriele/Maciejewski, Gudrun/Sander, Martina/Schrieverhoff, Christel/Stiller, Edwin/Wittig, Frank; Der kleine Phoenix Der etwas andere Weg zur Pädagogik. Ein Arbeitsbuch für den Differenzierungsbereich und Wahlpflichtbereich 9/10, Paderborn: Schöningh 1999

Freire, Paulo; Erziehung und Hoffnung, in: Armin Bernhard, Lutz Rothermel (Hrsg.); Handbuch Kritische Pädagogik, Weinheim: Deutscher Studienverlag 1997, S. 7 ff.

Girmes, Renate; Sich zeigen und die Welt zeigen. Bildung und Erziehung in posttraditionalen Gesellschaften, Opladen: Leske + Budrich 1997

Halfpap, Klaus; Lernen lassen. Ein Wegweiser für pädagogisches Handeln, Darmstadt: Winkler 1996

Helsper, Werner; Antinomien des Lehrerhandelns in modernisierten pädagogischen Kulturen, in: Arno Combe, Werner Helsper (Hrsg.); Pädagogische Professionalität, Frankfurt: Suhrkamp 1996, S. 521ff.

Heymann, Hans Werner (Hg.); Allgemeinbildung und Fachunterricht, Bergmann + Helbig, Hamburg 1997, S.9

Holzbrecher, Alfred; Lernen für eine Zivilgesellschaft. Umrisse eines Handlungsmodells, in: Politisches Lernen 1-2 1997, S. 156ff.

Janosch; Wörterbuch der Lebenskunst, © 1995 beim Wilhelm Goldmann Verlag, München, in der Verlagsgruppe Bertelsmann GmbH

Joas, Hans; Die Kreativität des Handelns, Frankfurt: Suhrkamp 1996

Joas, Hans; Die Entstehung der Werte, Frankfurt: Suhrkamp 1997

Klafki, Wolfgang; Kann Erziehungswissenschaft zur Begründung pädagogischer Zielsetzungen beitragen?, in: Röhrs, H./Scheuerl, H. (Hrsg.); Richtungsstreit in der Erziehungswissenschaft und pädagogische Verständigung, Frankfurt 1989, S. 147ff.

Kunert, Hubertus; Erziehung, in: Armin Bernhard, Lutz Rothermel (Hrsg.); Handbuch Kritische Pädagogik, Deutscher Studienverlag, Weinheim 1997, S. 57ff.

Lenzen, Dieter; Eine neue Zeitschrift für Erziehungswissenschaft. Editorial, in: Zeitschrift für Erziehungswissenschaft 1/1998, S. 3ff.

Litt, Theodor; Führen oder Wachsen Lassen, Stuttgart: Klett 1962

Meyer, Hilbert; Schulpädagogik Band 1, Berlin: Cornelsen/Skriptor 1997

Ramseger, Jörg; Was heißt ‚durch Unterricht erziehen'? Erziehender Unterricht und Schulreform, Beltz Verlag, Weinheim und Basel 1991

Reusser, Kurt/Reusser-Weyeneth, Marianne (Hrsg.); Verstehen, Bern: Huber 1994

Rotthaus, Wilhelm; Wozu erziehen? Entwurf einer systemischen Erziehung, Heidelberg: Carl-Auer-Systeme-Verlag 1998

Savater, Fernando; Darum Erziehung. Was wir unseren Kindern geben können, Frankfurt: Campus 1998

Scherr, Albert; Subjektorientierte Jugendarbeit, München: Juventa 1997

Schlömerkemper, Jörg; Zum ‚Ende der Erziehung' kommt man nur durch Erziehung!, in: Die Deutsche Schule 4/1996, S. 388ff.

Schulz, Wolfgang; Anstiftung zum didaktischen Denken. Unterricht – Didaktik – Bildung, Beltz Verlag, Weinheim und Basel 1996

Speck, Otto; Chaos und Autonomie in der Erziehung, Ernst Reinhardt Verlag München/Basel, 2. überarb. Aufl. 1997

Stark, Wolfgang; Empowerment. Neue Handlungskompetenzen in der psychosozialen Praxis, Freiburg: Lambertus 1996

Straus, Florian/Höfer, Renate; Entwicklungslinien alltäglicher Identitätsarbeit, in: Keupp, H./Höfer, R. (Hrsg.); Identitätsarbeit heute, Frankfurt: Suhrkamp 1997, S. 270ff.

Stiller, Edwin; Dialogische Fachdidaktik Pädagogik, Paderborn: Schöningh 1997

Stiller, Edwin; Dialogische Didaktik, in: PädagogikUnterricht 1/1998, S. 27ff.

Winkler, Michael; Erziehung, in: Heinz-Hermann Krüger, Werner Helsper (Hrsg); Einführung in Grundbegriffe und Grundfragen der Erziehungswissenschaft, Opladen: Leske + Budrich 1995, S. 53f.

2. Aneignung und Methode: Lernen als konstruktive Aktivität

Alfred Holzbrecher

Wissenschaftliche Texte lassen zumeist den ihnen zugrunde liegenden Erkenntnisprozess nicht sichtbar werden. Sie erscheinen dem Leser als systematische Abhandlung, d.h. als Resultat der gedanklichen Entwicklung eines Autors, der mit seiner Lerngeschichte hinter seinem Text „verschwindet". Dass er als Teil des Bildes kenntlich wird, das er zeichnet, sollte zu einem wissenschaftlichen Erkenntnisprozess gehören, dem sich der Autor aus Gründen der intersubjektiven Überprüfbarkeit und Transparenz verpflichtet weiß: Er wird dann als Subjekt mit seiner Lern*geschichte* erkennbar, die mit ihren Herausforderungen – den „Wegmarken" – seinen Entwicklungsprozess ermöglicht hat: Meine langjährige Lehrtätigkeit in der Schule ermöglichte es mir Unterrichten als Methodenwerkstatt zu organisieren. Nun bietet sich die Gelegenheit diese Praxis aus der Distanz zu betrachten (=griech. *theoriein*) und in Bezug auf den Lern-/Aneignungsprozess und das Methodenkonzept Klarheit zu gewinnen. Damit ist die Denkfigur skizziert, um die es geht: Die Auseinandersetzung mit dem herkömmlichen Methodenkonzept ermöglicht es Umrisse einer didaktischen Perspektive zu entwickeln, bei der Handeln/Lernen nicht mehr nur ziel- und zweckorientiert, sondern als entwicklungsoffener Prozess und als Aktivität des Subjekts konzipiert wird.

„Der erste Schritt zur Schulreform ist die Erneuerung der Unterrichts- und Methodenkultur", schreibt Hilbert Meyer (1997 b, S.159). Seine These vom „Primat der Methodik", die er selbst als „didaktische Außenseiterposition" bezeichnet, begründet er vor allem mit dem Argument heute gelte es zunächst die verlorene Lernbereitschaft der SchülerInnen wiederherzustellen und als „Generalschlüssel" zur Entwicklung von Schlüsselqualifikationen „Methodenkompetenz" aufzubauen. Diese These[1] wirkt wie ein Kontrapunkt in einem didaktischen Diskurs, der mit dem Schlagwort von der Auflösung der Verbindlichkeit der großen didaktischen Modelle gekennzeichnet werden kann. Jahrelang war von einem „Primat der Didaktik" die Rede[2], und trotz der von Klafki (1991, S.114 ff.) postulierten Wechselwirkungsbeziehung zwischen Inhalts-, Methoden- und Organisationsentscheidungen blieb in der Lehrerausbildung Methode zumeist dem Lehr-Lern-*Ziel* untergeordnet. Erklärt dies die marginale Bedeutung, die der Methodentheorieentwicklung in der erziehungswissenschaftlichen Forschung bislang zukommt[3]?

Mit diesem Beitrag soll versucht werden einen Beitrag zur „Rehabilitierung" der Methodenperspektive in der Unterrichtsforschung zu leisten. Vor dem Hintergrund konstruktivistischer Ansätze (auch) in der Pädagogik (vgl. Voß 1997, Reich 1996) soll die Frage erkenntnisleitend sein, inwiefern das *methodische Arrangement* wesentlich dazu beiträgt, in welcher Weise Lernen – im Sinne von Aneignung – stattfinden kann, anders formuliert: Inwiefern es von der *Form* des Lernens abhängt, welche mentalen Verweisungsstrukturen, d.h. Motivationen, Lernbereitschaft, Neugierhaltung etc., entwickelt werden (können). Wenn es beim schulischen Lernen um die „Erzeugung intelligenten Wissens“ (Bildungskommission 1995, S.96) geht, gilt es jene subjektbezogenen Aneignungs- und Integrationsprozesse zu fokussieren, die wir als Organisation von Erfahrung oder einfacher: als „Lernen“ bezeichnen.

2.2 Die Perspektive „Vermittlung“

„Schränkte sich das Lernen auf bloßes Empfangen ein, so wäre die Wirkung nicht viel besser, als wenn wir Sätze auf das Wasser schrieben.“ (Hegel)

Wenn wir von „Methoden“ sprechen, verstehen wir darunter meist „Wege“ oder „Mittel“, die zu einem bestimmten Ziel führen, oder die „Art und Weise der Zielerreichung“ (Adl-Amini 1994, S.56). So ist es üblich, von einem wünschenswerten und didaktisch begründeten (Lern-)Ziel auszugehen und sodann zu fragen, welcher Weg am effektivsten dorthin führt. Wenn Leistung als Funktion von Zeit verstanden wird, ist mit „Effektivität“ gemeint, dass der Lernende auf zeit- und kräftesparendste Weise das definierte Ziel erreicht, – und oft ist dieser Weg identisch mit dem vom Lehrenden favorisierten. Das Zweck-Mittel-Denken, das diesem Methodenkonzept zugrunde liegt, ist aufgrund seines Erfolgs im ökonomischen Bereich zum Paradigma der Moderne geworden. Vor dem Hintergrund eines zu erfüllenden Lehrplans (und der nächsten schriftlichen Leistungsüberprüfung) erscheint uns diese Denkfigur so „normal“, dass andere Methodenkonzepte entweder nicht ins Blickfeld kommen oder ebenfalls instrumentell gedeutet werden: Sie werden sofort nach dem Kriterium beurteilt, ob mit ihnen „effektiver“ die Lernziele erreicht werden können als mit der Methode des Lehrgangs.

Untersucht man die impliziten Vorstellungen, die dieser Perspektive zugrunde liegen, wird erkennbar, dass das instruierende Handeln des Lehrenden fokussiert ist: Aus *seiner* Perspektive wird Lernen und das Erreichen der „Zielgeraden“ betrachtet. *Er* ist es, der aus einem verbindlichen Kanon von Wissensbeständen und Kompetenzen auswählt, den Lernstoff didaktisch und methodisch aufbereitet und im besten Fall die Schüler/innen *mit*beteiligt. Den Blick auf das ihm vorgegebene bzw. von ihm definierte Lehrziel gerichtet, geht er – vereinfacht ausgedrückt – davon aus, dass die Lernenden die vermittelten Inhalte in der beabsichtigten Form abspeichern: Lernen erscheint als „Kennenlernen“ und „Abbilden“ der Realität, und dafür bedürfe es seiner professionellen Vermittlungstätigkeit.

In den Methoden spiegeln sich wissenschaftstheoretische Positionen wider (vgl. Adl-Amini 1994, S.90), Welt- und Menschenbilder scheinen in ihnen verdichtet zu sein. Lernen als Resultat von inszenierter Belehrung zu verstehen, gründet auf einer Handlungstheorie, nach der menschliches Tun primär zweckrational ausgerichtet ist (vgl. Joas 1992, S.56 ff.). Nach dieser Denkfigur scheint zwischen der Lehrtätigkeit – der Ziel-Mittel-Gestaltung – und dem Lernen der Schüler eine monokausale Beziehung zu bestehen. Analog dazu ist es Aufgabe des Lehrers, den Schüler dazu zu bringen, möglichst „effektiv“ zu lernen, d.h. unter Vermeidung „unnötiger" und „irrationaler" Umwege. Die Perspektive „Vermittlung" dürfte einem Weltbild angemessen sein, in dem – teleologisch – von der Gewissheit eines zu erreichenden Ziels ausgegangen werden konnte, das etwa als Kanon von Wissensbeständen Gestalt gewann und aus dem linear Zweck-Mittel-Relationen abgeleitet wurden. Deutet man diese didaktische Denkfigur als Verdichtung gesellschaftlicher Verhältnisse, liegt der Schluss nahe, sie mit Paulo Freire als „Bankiers-Konzept" der Erziehung zu bezeichnen, bei dem die Lernenden als „Container" verstanden werden, die vom Lehrer „gefüllt" werden (müssen) (Freire 1971, S.74).

Aus erkenntnistheoretischer Sicht stellt sich die Frage, ob die Gleichsetzung von Gelehrtem und Gelerntem nicht eher eine Illusion ist, weil trotz immer verfeinerter „Vermittlungsmethoden" des Lehrers die Kluft zwischen Subjekt und Objekt nicht geschlossen werden kann. Christoph Türcke verweist auf Augustinus' These, *„dass kein Mensch einen andern wirklich etwas lehren kann. Zwar können die Menschen einander die vielfältigsten Zeichen geben, und jeder Belehrungsversuch bedient sich ihrer. Doch was unterscheidet Worte und Gebärden von sinnlosen Lauten und Gefuchtel, wenn nicht das Geistige an ihnen, das ihnen eine Bedeutung gibt und sie so erst zu Zeichen macht? (...) Dieser Übergang vom Sinnlichen zum Geistigen, der das Zeichen mit dem Bezeichneten vermittelt, ist das eigentliche Lernen – und genau das kann nicht gelehrt werden"* (Türcke 1994, S.92). Wer Lernen als Folge von Belehrungsversuchen versteht, verkennt den konstruktiven Charakter der Zeichendeutung im Verstehensprozess – der sich letztlich nicht erzwingen lässt. Der Lehrer kann mit seiner Tätigkeit „Zeichen" und Impulse setzen – und hoffen, dass er verstanden wird. „Lernen" ist konsequent als eine Aktivität der Subjekte zu betrachten:

2.3 Die Perspektive „Aneignung"

„Wir inhalieren die Welt und atmen Sinn und Bedeutung aus"
(Salman Rushdie, Des Mauren letzter Seufzer)

Die Realität – v.a. die Erfahrung an uns selbst – lehrt uns, dass Lernen kein gradliniger Prozess ist, der monokausal zu erklären, geschweige denn zu planen ist. Wenn wir Lernen als lebendigen, die Aktivität des Subjekts fordernden Prozess der Aneignung und des Hervorbringens von Bedeutungen verstehen, tritt an die Stelle des linearen, mechanistischen Denkmodells eines, bei dem die Wahrscheinlichkeit bzw. das Möglichkeitsfeld zu zentralen Kategorien der Zieldefinition werden: Es ist bei der Planung und Organisation von Lernprozessen nicht (mehr) möglich, das zu erreichende Lehr-Lern-Ziel in jedem Fall punktgenau zu bestimmen. Wer kann heute noch mit Bestimmtheit sagen, welche Lerninhalte in Zukunft von Bedeutung sein werden? Es sind lediglich Szenarien denkbar, bei denen Wahrscheinlichkeiten eine zentrale Rolle spielen. Mit der trivialen Formel „der Weg ist das Ziel" würde jedoch einseitig der Prozesscharakter fokussiert, ohne dass eine Richtung erkennbar wäre. Institutionell verfasstes Lernen kann und soll nicht auf Zielvorgaben und die Verantwortung des Lehrers verzichten. Jedoch ermöglicht die *Perspektive Aneignung*, Lehr-Lern-Prozesse nicht mehr als einfache „Vermittlung“ zu verstehen, sondern als Aktivitäten und als Gestaltungsaufgabe für Lehrende und Lernende.

Nähern wir uns der Perspektive „Lernen als Aneignung“ zunächst literarisch, d.h. mit Hilfe von (Vorstellungs-)Bildern. Der niederländische Schriftsteller Sybren Polet beschreibt den Kreativitätsprozess mit Hilfe der Metapher der „Flatternden Fledermaus“:

„Die Fledermaus (der erteilte Auftrag, der empfangene Impuls) streift in einem dunklen Raum hin und her, auf der Suche nach verwendbaren oder entfernt verwandten Inhalten, Bildern, Worten (der Auftrag ist vage), und nimmt, unentwegt flatternd, auf, was aus dem immensen Innenraum zu ihrer Mission passt; es gibt unterschiedliche Grade der Verwendbarkeit, über die nicht gleich entschieden werden muss, das geschieht später: um den Bruchteil einer Sekunde später und fast simultan oder in einem bewussteren Stadium, zum Beispiel in der Phase der Feinabstimmung, Reflexion, ‚Verifikation‘. Was die Fledermaus verwenden kann, bleibt an ihr haften und ***bestimmt*** *während des weiteren Umherflatterns* ***mit,*** *was aufgenommen werden soll und was nicht, anfangs unter der Einschränkung, dass es vom initialen Auftrag nicht zu weit abweicht; in einem späteren Stadium, wenn die Fledermaus prall beladen ist mit Anhaftungen (Assoziationen), sind größere Abweichungen möglich, weil die angesammelten Inhalte eine gewichtigere Rolle zu spielen beginnen und weil der Auftrag nach Rückkoppelung und Reflexion entsprechend korrigiert worden ist. Die Fledermaus fliegt weiter und sammelt Anhaftungen, bis der Raum nach verwendbaren Worten, Bildern, Informationen abgetastet ist: das kann Minuten und auch Stunden oder Tage dauern und ist abhängig vom Umfang und von der Genauigkeit des Auftrags, von der Anzahl der Assoziationsmöglichkeiten, von den Tiefen- oder Entfernungspeilungen der Impulse, von der psychodynamischen Motivation, aber natürlich auch von der verfügbaren Menge an Energie, dem Reichtum an gespeicherten Informationen und der Trainiertheit des Gehirns, der Kraft des Gedächtnisses“* (Polet 1993, S.27 f.).

Lernen als Aktivität wäre im Anschluss daran als ergebnisoffener Such- und Konstruktionsprozess zu charakterisieren, bei dem das lernende Subjekt jeden Schritt daraufhin überprüfen muss, ob er „gangbar“ ist: Jede neue Aktivität wird im Spannungsfeld zwischen einem Rückblick, d.h. einer Einordnung in das System bisheriger Erfahrungen, und einer Einschätzung künftiger Möglichkeiten und Wahrscheinlichkeiten beurteilt. Der anvisierte Zielbereich ermöglicht eine ständige Korrektur der Schritte, ebenso wird mit jedem Schritt deutlicher, wie der Zielbereich zu definieren und mit welchen weiteren Aktivitäten dorthin zu gelangen ist.

Ein solches Verständnis gründet auf einem „pragmatischen Handlungsmodell“, wie es Hans Joas im Anschluss an Peirce und Dewey skizziert (Joas 1992, S.190): Immer wieder erweisen sich unsere Handlungsgewohnheiten und Vorstellungen von der Realität als falsch, und wir sind gezwungen, kreative Lösungen zu entwickeln, damit die Welt uns wieder als stimmig erscheint. Dabei spielt die „Einbildungskraft“ eine entscheidende Rolle, *„weil sie in der Welt enthaltene Möglichkeiten erkennt und zu deren Verwirklichung beiträgt“* (ebd., S. 211). Das Handeln selbst führt zu kreativen Problemlösungen, weil es ständig dazu zwingt, aus einer Fülle von Möglichkeiten auszuwählen und neue Anforderungen zu bewältigen (ebd., S. 193). Vor allem John Dewey wird für Joas zum Kronzeugen eines Handlungskonzepts, in dem sich die Logik des Forschens und Entdeckens als ständige Konstruktion und Umorientierung der Wahrnehmung verstehen lässt (ebd., S. 203).

Doch was bewegt den Handelnden dazu, dies zu tun – zumal dieses Tun mit ständigen Ent-Täuschungen verbunden ist? Die Antwort „um ein bestimmtes Ziel zu erreichen“ befriedigt nicht. Ein Bergsteiger dürfte weniger des Ziels wegen („herrliche Aussicht“, soziale Anerkennung etc.) die Mühen auf sich nehmen, sondern vermutlich in erster Linie, um an der Widerständigkeit der Realität die eigenen körperlichen und geistigen „Grenzen“ zu erfahren. Die Arbeit an inneren und äußeren Widerständen verschafft Befriedigung, weil Handeln/Lernen darauf gerichtet ist, sich selbst als Subjekt in Relation zur Objektwelt zu erleben, Modelle von Wirklichkeit zu konstruieren, d.h. die Realität zu verstehen, und erweiterte Handlungsmöglichkeiten zu entwickeln: Erst eine solche Positionierung ermöglicht es dem Subjekt, der Realität Be-Deutung zuzuschreiben, sie sich *in dieser Form* als „Wirklichkeit“ anzueignen bzw. daraus persönlich bedeutsame Handlungsgründe zu entwickeln. Das Spezifikum dieser „Subjektperspektive“ ist es, Lernen aus den Handlungsbedürfnissen der Subjekte heraus zu begründen. Zu diesen Bedürfnissen gehört vor allem sich denjenigen Dingen in der Lebenswelt aktiv zuzuwenden, die „Sinn machen“, anders formuliert: deren Bedeutung man für sich erschließt um jene Bedürfnisse zu befriedigen.

Wenn nicht primär der Stoff für den Lernenden attraktiv ist, sondern die Tätigkeit (Aebli 1995, S. 20), gewinnt die Frage an Bedeutung, welche *Formen* der aktiven Auseinandersetzung mit einer Sache das lernende Subjekt nutzt, um sie sich anzueignen. Welcher Modus des Umgangs mit der Realität bewirkt, dass aus einem Lerngegenstand ein subjektiv bedeutsamer Handlungsgrund wird?

Die Wirklichkeit, wie wir sie wahrnehmen, und die Mittel, mit denen wir die Welt zu begreifen versuchen, sind untrennbar miteinander verbunden. Abraham Maslow hat diese Erkenntnis pointiert so formuliert: „Wer nur einen Hammer hat, dem erscheint die ganze Welt als Nagel“. Die Wege und Instrumente, die für die Auseinandersetzung mit der Welt gelernt werden, tragen entscheidend dazu bei, welche Strukturen der Erfahrungsgewinnung sich entwickeln können.

Sicherlich kommt dem bewussten und sensibilisierten Umgang mit Sprache dabei eine grundsätzliche Bedeutung zu um Sinneseindrücke und emotional aufgeladene Vorstellungsbilder klären, d.h. gedanklich strukturieren und verarbeiten zu können: An-Eignung findet im Prozess des Sich-Mühens um treffende Begriffe statt, die einerseits die äußere Realität erschließen, andererseits eine Positionierung der eigenen Person im Verhältnis zu dieser Realität ermöglichen. Die Arbeit an der Widerständigkeit der Realität – und das kreative Spiel mit Möglichkeiten des Begreifens – ist damit untrennbar verknüpft mit der Arbeit an der eigenen Subjektentwicklung: Das wahrgenommene Objekt wird zu einem „Eigenen“ gemacht, indem geprüft wird, inwiefern es ins bisherige Erfahrungskonzept passt oder aber darüber hinausweist und neue Deutungsmuster notwendig macht: Im Raum des Möglichen werden – zunächst vage – Vorstellungsbilder entwickelt, die über soziales Handeln und den ästhetischen Ausdruck in einen kommunikativen Raum getragen werden und im sozialen Kontakt Konturen gewinnen. Das Subjekt begibt sich also in eine – wie Bernhard Waldenfels es ausdrückt – dialogische „Zwischensphäre“ (1991, S. 64), die es erst ermöglicht, Bedeutungen hervorzubringen und dabei *lebenswelt- und subjektspezifische* Ausdrucks- und Aneignungsformen zu entwickeln.

Es ist davon auszugehen, dass das Subjekt seine Erfahrungen selbst „organisiert“, indem es die Dimensionen der „Wahrnehmung“, des „Ausdrucks“ und der „Reflexion“ in Beziehung zueinander setzt (vgl. Holzbrecher 1997, S. 136ff.). Welche dieser Dimensionen gegenüber anderen stärker gewichtet wird, dürfte v.a. vom entwicklungspsychologischen Alter, von lebensweltlichen bzw. geschlechts- und kulturspezifischen Erfahrungen abhängen:

- *WAHRNEHMUNG/ERLEBEN:* Eine wesentliche Dimension unserer Erfahrung ist das Erleben der Realität mit allen Sinnen. Nicht nur, aber vor allem im Jugendalter entwickelt sich das Bedürfnis nach einer gefühlsintensiven, d.h. psychisch und physisch „unter die Haut gehenden“ Erlebniswelt, nach seelischen und körperlichen Grenzerfahrungen, die eine Konturierung des sich entwickelnden Selbst ermöglichen sollen. Impulse aus dem Unbewussten, Ängste, Wünsche und Hoffnungen fordern zu neuen Syntheseformen heraus, d.h. diese inneren Widerständigkeiten müssen mit den Ich-Idealen und vor allem mit den Anforderungen aus der Umwelt vermittelt werden. Häufig zu beobachten ist dabei ein Pendeln zwischen dem Bedürfnis nach Ich-Entgrenzung und dem Wunsch, das Chaos der Leidenschaften mit Hilfe berechenbarer Objekte und Regeln in den Griff zu bekommen (vgl. ebd., S. 141f.).
- *REFLEXION:* Die zunehmend aktivere Auseinandersetzung mit sich selbst und der Außenwelt verstärkt den Wunsch die Realität mit geschärften Sinnen wahrzunehmen und sich in Beziehung zu ihr zu setzen. Das (jugendliche) Subjekt macht die Erfahrung, dass dieses Begreifen umso besser gelingt, je präziser die Begriffe sind. Erst wenn sie *zur Sprache kommt*, kann die gefühlsmäßige Wahrnehmung Konturen gewinnen und mit anderen Erfahrungen zu einem konsistenten Ganzen zusammengefügt werden. Das Subjekt gewinnt damit eine immer größere Souveränität gegenüber eigenen Empfindungen, Wünschen, Interessen und Weltbildern und kann diese zu Objekten der Selbstreflexion machen. Auf eine Formel gebracht: „Eingebundensein in“ wird abgelöst durch „Beziehungen zu“ (Kegan 1991, S. 112). *„Reflexion ist der Versuch des Subjekts seiner selbst habhaft zu werden. Durch Erinnern, Erzählen, Interpretieren, Bewerten gewinnen Ursprungserlebnisse festere Formen.(...) Gegen den ständigen Verlust von Erlebnissen im Voranschreiten der Zeit setzt der Mensch Reflexion als Verfahren der Aneignung.“* (G. Schulze 1993, S. 45). Aneignung heißt, dass mit Hilfe von Sprache die Empfindung ins Bewusstsein gehoben bzw. eine Brücke zwischen einer vorrationalen Wahrnehmung und dem logischen Denkvermögen geschlagen wird.
- *AUSDRUCK:* Was ein anderer fühlt und denkt, bleibt Außenstehenden verborgen. Erkennbar wird dies allerdings in den Formen des Handelns bzw. Verhaltens („Habitus“), die als Zeichen für ein bestimmtes Lebensgefühl oder eine reflexive Verarbeitung gelesen werden können. Vor allem über die ästhetische Praxis von Jugendlichen wird deren Bemühen erkennbar mit Hilfe kreativer Ausdrucksformen (schreiben, sprechen, gestisch/körpersprachlich darstellen, tanzen, Musik machen/hören...) sich selbst und die äußere Realität neu zu entdecken und zu einem stimmigen Ganzen – zu „Erfahrung“ – zu verarbeiten. „Was nicht klar gesagt werden kann, davon muss man schreiben“. Mit diesem Titel eines Aufsatzes der Kunstpädagogin Maria Peters (1997, S. 449) wird deutlich, dass es oft erst über die ästhetische Praxis möglich erscheint, die ambivalenten Vorstellungsbilder subjektiv begreifbar zu machen: Kreatives Schreiben, bildnerisches Gestalten

oder etwa der körpersprachliche Ausdruck (vgl. Pantomime, Tanz, Theater etc.) – in diesen ästhetischen Ausdrucksmedien kommen nicht nur reflexiv verarbeitete Inhalte zutage, sondern *auch* die mit ihnen erlernten emotionalen Aspekte. In ihrer symbolisierten Gestalt sind etwa die „Bilder des Fremden", Bilder vom Schwarzen Mann, Wunsch- und Angstvorstellungen, Erfahrungen von Ohnmacht und verletztem Selbstwertgefühl enthalten, deren Ausdruck allein oft schon als befreiend erlebt wird. Ästhetische Praxis ermöglicht also – im Wortsinn – ein Hervorbringen von Wirklichkeit. Die Arbeit an der Widerständigkeit des Gegenstandes ist eine doppelte: Zum einen wirkt die schwer fassbare Ambivalenz des Vorstellungsbildes, zum anderen die äußere Realität mit ihren Herausforderungen spannungserzeugend. Kreatives ästhetisches Handeln im kommunikativen Raum stellt damit als solches einen produktiven Suchprozess dar, in dessen Verlauf es möglich wird, das zum Ausdruck Gebrachte diskursiv zu bearbeiten.

Eine aktive Gestaltung der drei Dimensionen in ihrem Wechselspiel ermöglicht dem Subjekt die Entwicklung eines neuen Selbst- und Weltbilds, d.h. die Erarbeitung einer neuartigen Form der Synthese bzw. die Verknüpfung der bewussten Teile des Selbst mit den vor- und unbewussten. Die ästhetische und soziale Praxis ermöglicht eine subjektbezogene Verarbeitung, gleichzeitig aber ein Sich-Öffnen in einen kommunikativen Raum: In der Auseinandersetzung mit der Widerständigkeit der äußeren Realität kann sich Ich-Stärke und Subjekthaftigkeit entwickeln.

Zusammenfassend kann festgehalten werden: Lernen im Sinne einer Förderung der Subjektentwicklung wird ermöglicht, indem *Anforderungen* in Bezug auf die genannten Dimensionen der Erfahrungsorganisation gestellt werden. Gleichzeitig gilt es das lernende Subjekt zu unterstützen und zu ermutigen, neue Perspektiven des Wahrnehmens und Erlebens, des kreativen Ausdrucks sowie der reflexiven Verarbeitung zu entdecken. Vor diesem Hintergrund bekommt die Frage nach der methodischen Gestaltung des Unterrichts ein neues Gewicht:

Für den <u>Lehrenden</u> werden die Lehr-Lern-Formen im offenen didaktischen Prozess, dem *Handeln im Möglichkeitsraum,* zu einer doppelten Herausforderung:

- Seine Methodenfantasie und -kompetenz ist gefragt, aus dem Repertoire der Möglichkeiten intuitiv *und* reflektiert adäquate Lernwege vorzuschlagen, dadurch die Lernenden herauszufordern und sie zu unterstützen.
- In der Handhabung seines Methodenrepertoires zeigt sich seine Fähigkeit, Methoden als „Medien" zu verstehen, um über die Ausdrucksformen der Lernenden auf ihre Denk- und Handlungsweisen schließen zu können: Je breiter sein Methodenspektrum, desto feiner sind seine Erkenntnis-„Instrumente".

Der <u>Lernende</u> kann die Verantwortung für seinen Lernprozess zunehmend selbst übernehmen, wenn die Methoden ihm ermöglichen,

- seine *subjektive Wahrnehmung zum Ausdruck* zu bringen, d.h. wenn er seine (alters-, geschlechts- oder lebenswelt-)spezifischen Verarbeitungsformen ästhetisch und sozial gestalten kann;
- sich auf eine *kreative Suche nach Problemlösungen* zu begeben, mit neuen Denk-, Wahrnehmungs- und Ausdrucksmöglichkeiten „zu spielen" bzw. den Erkundungsprozess im Sinne tastender Versuche in einem „Möglichkeitsfeld" zu organisieren;
- als *Medien der Erfahrungsorganisation* das Wahrgenommene und den ästhetischen Ausdruck *reflexiv zu verarbeiten,* d.h. „zur Sprache" bzw. „auf den Begriff zu bringen", um es als nachhaltig wirksame Erfahrung biografisch zu inte-

grieren: Dies wird subjektiv erlebt als ein „Öffnen von Türen" (vgl. Meueler 1993), d.h. es werden neue Perspektiven des Denkens, Wahrnehmens und des sozialen Handelns bzw. des ästhetischen Ausdrucks entdeckt.

- Methoden werden zu *Medien der Selbst-Erfahrungen,* wenn die Widerständigkeit der Sache es ermöglicht, „Grenzen zu erfahren", d.h. wenn in der Arbeit an und mit den „äußeren" die „inneren" Widerständigkeiten (Ängste, Unsicherheiten, Wünsche...) verändert werden können.
- Die Methoden werden für den Lernenden zu *Medien der Entwicklung von kommunikativer Kompetenz,* wenn sie die Gelegenheit bieten, objektiv und subjektiv bedeutsames Lernen als Teil des gemeinsamen sozialen Lernprozesses zu gestalten: Der Andere ist Bezugspunkt des eigenen Lernens und Handelns, der gemeinsame Suchprozess bleibt der Kontext für den eigenen.

Anmerkungen:

1 H. Meyer will diese These nicht in einem systematischen, sondern in einem „instrumentellen" Sinn verstanden wissen. Systematisch betrachtet könne die Verschränkung von Fach-, Sozial- und Methodenkompetenzen nicht in Frage gestellt werden (Meyer 1997 b, S. 160)

2 vgl. im historischen Rückblick dazu Th. Schulze 1993, S. 143ff.

3 zur „Konjunktur" der unterrichtsmethodischen Forschung der letzten Jahrzehnte vgl. Terhart/Wenzel 1993

Literatur:

Adl-Amini, Bijan (1994): Medien und Methoden des Unterrichts, Donauwörth: Auer

Aebli, Hans (1995): Grundlagen des Lehrens. Eine Allgemeine Didaktik auf psychologischer Grundlage, Stuttgart

Bildungskommission NRW (1995): Zukunft der Bildung – Schule der Zukunft. (Denkschrift), Neuwied/Kriftel/Berlin

Bourdieu, Pierre (1982): Die feinen Unterschiede. Kritik der gesellschaftlichen Urteilskraft, Frankfurt

Cohn, Ruth; Terfurth, C. (1993): Lebendiges Lehren und Lernen. TZI macht Schule, Stuttgart

Holzbrecher, Alfred (1997): Wahrnehmung des Anderen. Zur Didaktik interkulturellen Lernens, Opladen

Holzbrecher, Alfred (1998): Die Lernform qualifiziert den Inhalt. Zur Kritik des erfahrungsorientierten Lernens, in: PÄDAGOGIK 50 (1998) H.1, S.37-41

Freire, Paulo (1971): Pädagogik der Unterdrückten, Stuttgart

Joas, Hans (1992): Die Kreativität des Handelns. Frankfurt

Kegan, Robert (1991): Die Entwicklungsstufen des Selbst. Fortschritte und Krisen im menschlichen Leben, München

Klafki, Wolfgang (1991): Neue Studien zur Bildungstheorie und Didaktik (2.erw.Aufl.), Weinheim/Basel

Meueler, Erhard (1993): Die Türen des Käfigs. Wege zum Subjekt in der Erwachsenenbildung, Stuttgart

Meyer, Hilbert (1997 a): Schulpädagogik Bd. I: Für Anfänger, Berlin

Meyer, Hilbert (1997 b): Schulpädagogik Bd. II: Für Fortgeschrittene, Berlin

Peters, Maria (1997): „Was nicht klar gesagt werden kann, davon muss man schreiben", in: D. Grünwald u.a. (Hg.), Ästhetische Erfahrung. Perspektiven ästhetischer Rationalität, Velber, S. 449-458

Polet, Sybren (1993): Der kreative Faktor. Kleine Kritik der kreativen (Un-)Vernunft, Bensheim/Düsseldorf

Reich, Kersten (1996): Systemisch-konstruktivistische Pädagogik. Einführung in Grundlagen einer interaktionistisch-konstruktivistischen Pädagogik, Neuwied/Kriftel/Berlin

Schulze, Gerhard (1993): Die Erlebnisgesellschaft. Kultursoziologie der Gegenwart, Frankfurt/New York

Schulze, Theodor (1993): Aussichten für eine Theorie der Unterrichtsmethode, in: B. Adl-Amini u.a. (Hg.), Unterrichtsmethode in Theorie und Forschung. Bilanz und Perspektiven (Studien zur Schulpädagogik und Didaktik Bd.8), Weinheim/Basel, S. 135-166

Terhart, Ewald; Wenzel, Hartmut (1993): Unterrichtsmethode in der Forschung: Defizite und Perspektiven, in: B. Adl-Amini u.a. (Hg.), Unterrichtsmethode in Theorie und Forschung. Bilanz und Perspektiven (Studien zur Schulpädagogik und Didaktik Bd.8), Weinheim/Basel, S. 12-56

Türcke, Christoph (1994): Vermittlung als Gott. Kritik des Didaktik-Kults, zu Klampen Verlag, Lüneburg

Voß, Reinhard (Hg.)(1997): Die Schule neu erfinden. Systemisch-konstruktivistische Annäherungen an Schule und Pädagogik, Neuwied/Kriftel/Berlin

Waldenfels, Bernhard (1991): Der Stachel des Fremden, Frankfurt

3. Zum dialogischen Charakter des Lehrens

Uwe Wyschkon

Lehren ist seinem Wesen nach eine interaktive, dialogische Tätigkeit. Dies resultiert in erster Linie daraus, dass es auf die pädagogische Gestaltung von organisiertem Lernen als einer der grundlegenden menschlichen Aneignungsweisen gerichtet ist. Hinzu kommt die mit der gesellschaftlichen Funktion von Schule und Unterricht verbundene Aufgabe der Förderung der Persönlichkeitsentwicklung von Lernenden durch Erziehung im Unterricht.

Die erzieherische Funktion von Unterricht ist umstritten, lässt sich aber nicht „ausschalten", da auch der Unterricht, der nicht bewusst erzieherisch gestaltet wird, erzieherische Wirkungen aufweist, die aber dann häufig als unkontrollierte und mitunter unerwünschte Nebeneffekte verzeichnet werden. Ein unumstößlicher Beleg für diese Tatsache sind unter anderem die vielfältigen Untersuchungsergebnisse zum „heimlichen Lehrplan".

Im Folgenden werde ich versuchen, mit Bezug auf den Unterricht im Fach Pädagogik einige Aspekte des dialogischen Charakters des Lehrens zu artikulieren, die mir sowohl allgemein- als auch fachdidaktisch wichtig erscheinen:

3.1 Dialogische Momente des Lehrens auf der Ebene der Kooperation der Lehrenden
- Abstimmung der Anforderungen – Anforderungsgestaltung
- fächerübergreifende Projektarbeit – Profilbildung
- Förderung von Begabungen/Talenten
- Team-Teaching

3.2 Dialogische Momente des Lehrens bei Lernen durch Lehren
- Übernahme von Lehrfunktionen
- jahrgangsübergreifendes Lernen

3.3 Dialogische Gestaltungselemente im darbietenden Frontalunterricht
- Problematisieren
- These – Antithese – Synthese
- feed-back im Lehrervortrag

3.1 Dialogische Momente des Lehrens auf der Ebene der Kooperation der Lehrenden

Die Kooperation der Lehrenden hat im Kontext der Diskussionen um Schulprofilierung und Schulautonomie wieder stärkere Aufmerksamkeit erfahren. Schulklima und pädagogische Wirksamkeit des Schullebens sind wesentlich vom pädagogischen Konsens im Kollegium abhängig. Damit soll aber nicht gemeint sein, dass eine Uniformierung der pädagogischen Stile und des Führungsverhaltens im Un-

terricht erfolgt, sondern vielmehr im Interesse der Persönlichkeitsentwicklung der Lernenden die erforderlichen Abstimmungen auch wirklich vorgenommen werden.

Einige dieser Aspekte möchte ich im Folgenden beleuchten.

Koordinierung der Anforderungsgestaltung – Abstimmung von Anforderungen aus fachübergreifender Sicht

Ein koordiniertes Forderungsverhalten der Lehrer und Erzieher einer Schule unterstützt wesentlich die Ausbildung fachübergreifend bedeutsamer Persönlichkeitsqualitäten, die unter dem Aspekt der übergreifenden Zielstellungen des Unterrichts in der gymnasialen Oberstufe immer wieder artikuliert werden, wie Mündigkeit, soziale Verantwortung sowie die Fähigkeiten zu elementar wissenschaftlichem Arbeiten und Studieren.

Ohne Koordinierung der Anforderungen an die Lernenden kann es schnell zu Über- und Unterforderungen kommen. Dies betrifft bespielsweise die Abstimmung von Klausuren und sonstigen Leistungskontrollen.

Ein spezielles Problem, das von Lernenden immer wieder einmal artikuliert wird, sind die Differenzen zwischen den mit gleichen Vokabeln belegten Anforderungen in unterschiedlichen Fächern oder sogar im gleichen Fach bei unterschiedlichen Lehrern. Formulierungen in Aufgabenstellungen oder mündlich formulierte Anforderungen wie „Beweisen Sie ...", „Begründen Sie..." werden sowohl im Fach als auch fachübergreifend mit sehr unterschiedlichen Anforderungen verbunden. Es ist daher angebracht, sich unter den Fachlehrern zu fachübergreifend genutzten Anforderungen über deren Ansprüche zu verständigen und möglichst auch in der Terminologie zu einigen. Das hat den großen Vorzug, dass Anforderungen für die Lernenden besser verständlich und damit auch günstiger zu bewältigen sind. Gleichartig formulierte Forderungen mit unterschiedlichen Ansprüchen zu belegen, führt unter anderem zu dem vielfach zu beobachtenden gegenseitigen Ausspielen der Lehrenden durch die Lernenden.

Im Rahmen eines geplanten Forschungsprojektes zur fachübergreifenden Koordinierung der Fähigkeitsentwicklung in der gymnasialen Oberstufe wurden in der Diskussion mit den Fachdidaktikern der einzelnen Unterrichtsfächer an der Brandenburgischen Landeshochschule, später Universität, in Potsdam für fachübergreifend bedeutsame komplexe Lernhandlungen genauere Bestimmungen und Ablaufstrukturen erarbeitet und diskutiert, die ich hier als Anregung für eine mögliche Koordination im Kollegium wiedergeben möchte.

Komplexe Lernhandlungen meinen dabei fixierbare Abschnitte der Schülertätigkeit, denen eindeutig bestimmte Ziele und Motive zugeordnet werden können.

Die Arbeitsgruppe, bestehend aus Vertretern aller Fachdidaktiken, der Allgemeinen Didaktik sowie der Pädagogischen Psychologie, einigte sich darauf, die folgenden Lernhandlungen für ihr Konzept zugrunde zu legen:

1. **Erfassen und Fixieren des Wesentlichen aus Quellen**
2. **Erkunden durch Beobachten, Experimentieren...**
3. **Zusammenfassen von umfangreichen Informationen (sprachliches Verknappen, Verallgemeinern)**
4. **Erklären**
5. **Begründen, Beweisen**
6. **Werten, Beurteilen**

7. **Gestalten (musikalisch, literarisch, zeichnerisch, ...)**
8. **Darstellen**

Wegen der anregenden Wirkung für die Lehrerkooperation in dieser für die Studienvorbereitung bedeutsamen Frage werden im Folgenden die durch die Forschungsgemeinschaft „Abiturstufe" entwickelten Positionen zu Wesen und Verlaufsstruktur der komplexen Lernhandlungen in überarbeiteter Form wiedergegeben.[1]

1. Erfassen und Fixieren des Wesentlichen aus Quellen
(durch Zuhören, Lesen oder Zuschauen) ist eine geistige Tätigkeit, durch die die Lernenden die unter selbst erarbeiteten oder vorgegebenen Aspekten wesentlichen Inhalte eines Quellenmaterials erkennen und in geeigneter Form speichern.
Verlaufsstruktur:
- Analysieren der Aufgabenstellung
- Durcharbeiten der Quelle, Erfassen des Rezeptionsgegenstandes
- Sondieren der für die Aufgabenstellung wesentlichen und unwesentlichen Informationen
- Einordnen der wesentlichen Informationen in vorhandene Kenntnisse und Erfahrungen
- Festlegen geeigneter Speichermedien
- Speichern der Informationen
- Sicherung der Zugänglichkeit der Informationen

2. Erkunden durch Beobachten, Experimentieren ...
ist eine geistige bzw. geistig-praktische Tätigkeit, durch die die Lernenden mittels zielgerichteten Wahrnehmens von Erscheinungen unter natürlichen oder speziell geschaffenen Bedingungen deren Merkmale, räumlich-zeitliche Beziehungen oder den Sinngehalt sowie entsprechende Veränderungen ermitteln.
Verlaufsstruktur:
- Analysieren der Aufgabenstellung
- Festlegen einer angemessenen Erkundungsart (Beobachtung, Experiment, Befragung, Expertenrating...)
- Planen des Lösungsverlaufes (Wege, Mittel)
- Wahrnehmen der zu erkundenden Erscheinung unter Beachtung der aus der Aufgabenstellung resultierenden Erkundungsaspekte
- Fixieren und Interpretieren der Erkundungsergebnisse

3. Zusammenfassen von umfangreichen Informationen (sprachliches Verknappen, Verallgemeinern)
ist eine geistige Tätigkeit, bei der mittels Analyse, Vergleich und Systematisierung umfangreiche Informationen unter vorgegebenen oder selbst gewählten Gesichtspunkten konzentriert und in der Regel für eine weitere Nutzung aufbereitet werden.
Verlaufsstruktur:
- Analysieren der Aufgabenstellung
- Festlegen der Zusammenfassungs-/Konzentrationsaspekte
- Aufbereiten der Informationen unter den festgelegten Aspekten
- Formulieren der Zusammenfassung

4. Erklären
ist eine geistige Tätigkeit, bei der Aussagen über den zu erklärenden Sachverhalt aus Gesetzes- und Bedingungsaussagen abgeleitet werden. Ziel des Erklärens ist die Beantwortung der Frage nach dem Warum eines Sachverhaltes (Grund, Ursache, Bedingung).

Die zum Erklären genutzten Aussagen können gesichert oder hypothetisch sein.

Verlaufsstruktur:
- Erfassen des zu erklärenden Sachverhaltes (Tatsache, Erscheinung, Verhaltensweise...)
- Suchen und Formulieren von Gesetzesaussagen (oder Bilden von Hypothesen), aus denen sich die Aussagen über den zu erklärenden Sachverhalt ableiten lassen
- Feststellen, ob im gegebenen Falle die Bedingungen für das Wirken des Gesetzes (oder der Hypothese) gegeben sind
- Ableiten der Aussagen über den zu erklärenden Sachverhalt aus den Gesetzes- und Bedingungsaussagen, um zu zeigen, dass der Sachverhalt, so wie festgestellt, existieren muss.

5. Begründen, Beweisen
sind geistige Tätigkeiten, mit deren Hilfe die Frage nach der Wahrheit, Glaubwürdigkeit oder Berechtigung von Aussagen durch das Anführen und die logische Verknüpfung geeigneter Gründe (Gesetze, Regeln, Normen,...) und Bedingungen teilweise (beim Begründen) oder vollständig (beim Beweisen) beantwortet wird.

Verlaufsstruktur:
- Erfassen der Behauptungen in den zu begründenden/beweisenden Aussagen
- Suchen und Formulieren von Gründen (Gesetze, Regeln, Normen, als wahr bekannte Aussagen usw.), aus denen sich die zu begründenden/beweisenden Aussagen ableiten lassen
- Prüfen der Bedingungen hinsichtlich der Sicherheit von Voraussetzungen für das Wirken der Gründe
- Ableiten der zu begründenden/beweisenden Aussagen aus den Gesetzen, Regeln, Normen, bekannten wahren Aussagen usw. sowie den Bedingungsaussagen, um zu zeigen, dass die zu begründenden/beweisenden Aussagen wahr, glaubwürdig oder berechtigt sind bzw. dieses nicht zutrifft
- Formulieren einer Aussage über die Wahrheit, Glaubwürdigkeit oder Berechtigung der zu begründenden/beweisenden Aussagen.

Erklären, Begründen und Beweisen besitzen die gleiche logische Struktur. Während beim Erklären die Ausgangssituation darin besteht, dass Sachverhalte der objektiven Realität als wahre Tatsachenaussagen gegeben sind und das Ziel verfolgt wird, das Wesen des Sachverhaltes und die Gründe seiner Existenz aufzudecken, geht es beim Begründen/Beweisen darum, dass Aussagen vorliegen, deren Wahrheitswert unbestimmt ist, und das Ziel darin besteht, deren Wahrheitswert, Glaubwürdigkeit oder Berechtigung nachzuweisen.

6. Werten, Beurteilen
sind geistige Tätigkeiten, durch die die Lernenden in Bezug auf Sachverhalte, Standpunkte oder Verhaltensweisen zu einer Stellungnahme (Wertung, Urteil) im Hinblick auf selbst erarbeitete oder begründet übernommene Wertmaßstäbe gelangen.

Verlaufsstruktur:
- Erfassen der zu wertenden, zu beurteilenden Sachverhalte, Standpunkte oder Verhaltensweisen
- Aufdecken gesellschaftlicher Bezüge (zu Produktion, Ökonomie, Lebensweise, Politik, Weltanschauung, Kultur u.a.)
- Ermitteln und Begründen der einzusetzenden Wertmaßstäbe
- Vergleichen der zu wertenden/beurteilenden Sachverhalte, Standpunkte oder Verhaltensweisen mit den Wertmaßstäben unter Berücksichtigung der aufgedeckten gesellschaftlichen Bezüge
- Formulieren einer Wertung/eines Urteils und Ableiten persönlicher Schlussfolgerungen.

7. Gestalten
ist eine komplexe geistige oder geistig-praktische Tätigkeit, mit deren Hilfe eigene Auffassungen, Gedanken oder Gefühle mit musikalischen, literarischen, bildnerischen oder anderen Mitteln zum Ausdruck gebracht und damit anderen zugänglich gemacht werden.

Gestalterische Elemente sind Bestandteil der Präsentation der Ergebnisse aller vorgenannten Lernhandlungen. Darüber hinaus besitzen sie einen hohen Eigenwert in künstlerisch-ästhetisch akzentuierten Fächern und Aneignungsprozessen.
Verlaufstruktur:
- Vergegenwärtigung und Analyse der zu gestaltenden Auffassungen, Gedanken, Gefühle usw. oder der gegebenen Gestaltungsaufgabe
- Ideenfindung (Suche nach inhaltsadäquaten Gestaltungsvarianten und -mitteln, erstes Erproben, Bestätigen, Verwerfen usw.)
- eventuell Aneignung neuer Gestaltungstechniken
- Präzisierung der Idee, Entscheidung und Planung/Vorbereitung der Realisierung
- Realisierung der Idee (Erprobung der Mittel, Vervollkommnung durch Vergleich mit Vorbildern, Überprüfung der Übereinstimmung mit den eigenen Gestaltungszielen)
- Veröffentlichung der Resultate.

8. Darstellen
ist eine komplexe geistige oder geistig-praktische Lernhandlung zum Zwecke der Präsentation von Handlungsresultaten. Sie ist in der Regel bereits Bestandteil der oben genannten Lernhandlungen bei deren kooperativer Realisierung oder bei der Veröffentlichung von Teilergebnissen. Als relativ eigenständige Lernhandlung bezieht sie sich vorrangig auf das Zugänglichmachen der Ergebnisse eigenen Lernens und Arbeitens für andere. Sie erfordert die Beachtung des Adressatenkreises sowie die Auswahl und den adäquaten Einsatz geeigneter Darstellungsformen und -mittel.
Verlaufsstruktur:
- Bewusstwerden von Darstellungsnotwendigkeiten oder Erfassung der Darstellungsaufgabe
- Strukturieren der darzustellenden Inhalte entsprechend den Erfordernissen der Aufgabenstellung und dem Adressatenkreis
- Suche nach und Erprobung von geeigneten Darstellungsformen und -mitteln

– Entscheidung über die anzuwendenden Darstellungsformen und -mittel
– Erarbeitung und Realisierung der Darstellung
– Wirkungsanalyse und erforderlichenfalls Korrektur.

Das hier wiedergegebene grobe Raster einer Verlaufsstruktur muss gerade bei den für die gymnasiale Oberstufe charakteristischen komplexen Lernanforderungen entsprechend den Erfordernissen der jeweiligen Lerninhalte sowie der zu realisierenden Interaktionsmuster variiert werden.

Mit der Ausbildung dieser Lernhandlungen kann ein Beitrag zur Entwicklung solcher für die Studienvorbereitung bedeutsamer Könnenskomponenten geleistet werden wie:

– Fähigkeiten im Suchen und Erschließen von Informationen aus Quellen,
– Übertragbarkeit von Kenntnissen, Fähigkeiten und Fertigkeiten auf neue Situationen und Bereiche,
– Fähigkeiten zum Finden und Bearbeiten von Problemen,
– Fähigkeiten zum Darstellen und Verteidigen der eigenen Lernergebnisse, insbesondere auch in der freien Rede,
– Organisationsfähigkeiten in Bezug auf die eigene Lerntätigkeit sowie die Arbeit in und die Leitung von zeitweiligen Lerngruppen.

Vergleicht man die aufgelisteten Lernhandlungen mit den auszubildenden Könnenskomponenten, so fällt auf, dass das Finden und Bearbeiten von Problemen nicht als komplexe Lernhandlung aufgenommen wurde. Außerdem ist immer wieder zu fragen, ob diese Liste – im Rahmen des dargestellten Anliegens – vollständig ist. Die entscheidende Frage aber bleibt, auf welche Art und Weise die Lernhandlungen zu initiieren, zu steuern und auszuwerten sind, damit sich bei ihrer Ausführung gleichzeitig und in enger Verbindung mit der Vervollkommnung der Lernhandlungen die genannten Persönlichkeitsqualitäten herausbilden können. Wesentliche Bedingungen dafür sind die Gestaltung eines anregenden Lern- und Arbeitsklimas in der Schule sowie die Entwicklung eines reflektierten Lernverhaltens bei den Schülerinnen und Schülern. Gerade die Fähigkeitsentwicklung ist auf bewusste Reflexion angewiesen, die leider noch viel zu häufig als unterrichtliche Zeitverschwendung angesehen wird.

An der Ausbildung entsprechender Könnenskomponenten wird bereits vor Eintritt in die gymnasiale Oberstufe gearbeitet, und diese wurden dort bereits bis zu einem gewissen Grade entwickelt. Damit ergibt sich zwangsläufig die Frage, worin das **Stufengemäße** bzw. **Stufenspezifische** der jeweiligen Lernhandlungen besteht.

Der entscheidende Bezugspunkt für die Kennzeichnung des Stufengemäßen sollte im Sinne der Wissenschaftspropädeutik der Beitrag zur Befähigung zum Studieren und wissenschaftlichen Arbeiten sein.

Es erscheint möglich und sinnvoll, sich im Kollegium über einen gemeinsamen Gebrauch der oben genannten Lernhandlungen im dargestellten Sinne zu verständigen. Damit wäre auch eine überschaubarere Anforderungsstruktur für die Lernenden gesichert.

Weitere Koordinierungsaspekte der Anforderungsgestaltung, die den Dialog der Lehrenden unumgänglich machen und auf die ich hier nicht näher eingehen möchte, sind zum Beispiel

• die fachübergreifende Abstimmung von Grundanforderungen (an Schülervorträge, formale Gestaltung, Orthografie und Grammatik bei Ergebnispräsentationen und Klassenarbeiten ...),

- die fachübergreifende Koordinierung von Kontrollmaßnahmen (insbesondere Klausuren),
- in grundlegenden Fragen einheitliche Normen für das Regime der Schule und des Unterrichts,
- eine fachübergreifende Abstimmung von Fördermaßnahmen für Schüler, sowohl unter dem Aspekt der Begabtenförderung als auch zur Beseitigung von Defiziten,
- eine koordinierte Hausaufgabengestaltung, insbesondere im Kontext langfristiger Aufgaben für Schülerreferate, Klausurersatzleistungen oder auch unterrichtsbegleitende Projektarbeit.

Profilbildung – fächerübergreifende Projektarbeit

An allen Schulen, die sich mit Fragen der Bildung von Profilen für die Kombination von abiturprüfungsrelevanten Grund- und Leistungskursen befasst haben, zeigte sich ein immenser Bedarf an kollegialem Dialog.[2] Dieser Dialog betraf nicht nur die Fragen der Gestaltung der Profile hinsichtlich der Kombination der Fächer, sondern meist auch die nach den sich aus der Profilbildung ergebenden spezifischen pädagogischen Möglichkeiten. So kann beispielsweise durch Schaffung eines gemeinsamen Stundenfonds zwischen den Profilfächern Raum für fachübergreifende, das jeweilige Profil mitprägende Projektarbeit gesichert werden. Auch die Nutzung dieses Fonds bedarf des Gespräches und der Abstimmung zwischen den Beteiligten.

Wiederkehrende inhaltliche Schwerpunkte der erforderlichen Dialoge der Beteiligten sind unter anderem:

- Herausarbeiten und Kennzeichnen des Profilbestimmenden zwischen den in die Profilbildung einbezogenen Lehrenden und Lernenden;
- Abstimmung der Kriterien für die Leistungsbewertung, insbesondere hinsichtlich der Anrechnung in fachübergreifender Projektarbeit erbrachter Ergebnisse;
- permanente prozessbegleitende Reflexion der pädagogischen Arbeit in den Profilgruppen und Sicherung der erforderlichen Korrekturen und Interventionen;
- Erarbeitung und Verbreitung von Informationsmaterialien für Lernende und deren Eltern;
- Ideenfindung und Abstimmung für fachübergreifende Projektarbeit, Klausurersatzleistungen, inhaltliche und didaktisch-methodische Fragen der Profilentwicklung;
- Management und Finanzierung von Aktivitäten, die sich außerhalb der Schule erforderlich machen (Exkursionen, Praktika ...);
- Darstellung und Veröffentlichung von Ergebnissen.

Mit Sicherheit sind hier noch nicht alle möglichen Dialogfelder aufgelistet. Die genannten inhaltlichen Schwerpunkte sollten lediglich verdeutlichen, welche Vielfalt von Interaktionsanregungen sich aus einem derartigen Vorhaben wie der Profilbildung in der gymnasialen Oberstufe einer Schule ergeben können.

Weitere dialogische Momente des Lehrens auf der Ebene der Kooperation von Lehrenden, auf die im Rahmen dieses Beitrages nicht näher eingegangen wird, sind **Team-Teaching** und die **Abstimmung von Lehraktivitäten im Kontext der Förderung von Begabungen**. Zum Team-Teaching gibt es umfangreiche Literatur aus den 70er-Jahren. Die abgestimmte Förderung begabter und talentierter Lernender ist ein Aspekt einer binnendifferenzierten Unterrichtsgestaltung, der in der entsprechenden Literatur aber meist nur randständig artikuliert wird.

3.2 Dialogische Momente des Lehrens bei Lernen durch Lehren

Bei der **Übernahme von Lehrfunktionen durch Lernende** sowie bei der **Gestaltung jahrgangsübergreifenden Lernens** kommen dialogische Momente des Lernens durch Lehren zum Tragen.

Lernende können im Unterricht in unterschiedlichster Form in Lehrprozesse einbezogen werden beziehungsweise Lehrfunktionen übernehmen. Lernen durch Lehren ist auch ein in der Reformpädagogik vielfältig vertretener Ansatz, der nach wie vor zur Bereicherung des Unterrichts sowie zu dessen Individualisierung beizutragen vermag. Unter anderem können Lernende

- Unterrichtsinhalte unter Anleitung der Lehrenden selbstständig erschließen und in Form von Darbietungen, beispielsweise als Referate oder Demonstrationsexperimente, an die Mitlernenden herantragen,
- nach entsprechender Instruktion durch die Lehrenden Unterrichtsgespräche oder Diskussionen in der Klasse oder einer Lerngruppe leiten,
- als Assistenten, z.B. bei vorlesungsähnlichen Darbietungen oder bei der Gestaltung binnendifferenzierter Unterrichtsphasen, als Laboranten zur Unterstützung beim Experimentieren im naturwissenschaftlichen und Technik-Unterricht oder Konsultanten mit der Aufgabe, den anderen Lernenden als Ansprechpartner bei Schwierigkeiten und Problemen zur Verfügung zu stehen, im Unterricht tätig werden,
- unterrichtsbegleitende Versuche (z.B. Beobachtungen in Erziehungssituationen, kleinere empirische Untersuchungen zu sich aus dem Unterricht ergebenden Fragestellungen, Langzeitexperimente im Biologieunterricht...) durchführen und die Ergebnisse zu vereinbarten Zeitpunkten in den Unterricht einbringen,
- die Leitung von Lerngruppen in Phasen kooperativer Lerntätigkeit übernehmen, das heißt, Aufgabenanalyse, Arbeitsteilung, Zusammenstellung des Arbeitsergebnisses und Reflexion des Lernprozesses in der Gruppe anleiten,
- nicht nur Aufgaben lösen, sondern auch Aufgaben mit Lösungshilfen und Lösungen zur Selbstkontrolle konstruieren und für die Arbeit im Unterricht bereitstellen,
- die Kontrolle und Selbstkontrolle der Lernergebnisse anleiten oder realisieren.

Die Einbeziehung derartiger Gestaltungselemente in den Unterricht erfordert seitens der Lehrenden viel Fingerspitzengefühl, um einerseits den lehrenden Lernenden angemessene Hilfe und Unterstützung zu gewähren und andererseits bei den Mitlernenden nicht das Gefühl des ungerechten Bevorzugens einiger Lernender zu erzeugen. Letzterem ist am günstigsten dadurch zu begegnen, dass alle Lernenden in irgendeiner Form in diese Aktivitäten integriert werden.

Beim Einsatz bzw. der Nutzung aller oben genannten Möglichkeiten der Einbeziehung von Lernenden in das Lehren wird dieses zu einem dialogischen Prozess, da gegenseitige Information, Unterstützung, Abstimmung von Einzelaktivitäten, Festlegen von Zeitregimes, Bereitstellen von Lehr-Lern-Mitteln und vieles andere *gemeinsam* zu regeln sind.

Daneben ist nach unseren Erfahrungen zugleich ein Beitrag zur bewussteren Eigenreflexion des Lernens sowie ein zunehmendes Verständnis für die sozialen und psychologischen Aspekte der Lehrerrolle zu verzeichnen, die auf das Lern- und Arbeitsklima zurückwirken. Diese Effekte sind gerade mit Blick auf den Unterricht im Fach Pädagogik bedeutsam.

Die oben dargestellten Möglichkeiten des Lernens durch Lehren treten bei der Gestaltung jahrgangsübergreifenden Lernens fast automatisch auf. Vielfältige Belege dafür finden sich bei P. PETERSEN, M. MONTESSORI, in der Bewegung „Offener Unterricht“ sowie in der Reggio-Pädagogik. Hier kommt es vor allem darauf an, diese Aktivitäten gezielt zu unterstützen und die lehrenden Lernenden bei auftauchenden Schwierigkeiten und Problemen nicht allein zu lassen.

Im Unterrichtsfach Pädagogik in der gymnasialen Oberstufe bestünde eine Möglichkeit der Realisierung in unterrichtsbegleitender Projektarbeit, die auch durch Arbeitsgruppen aus Lernenden unterschiedlicher Kurse und Jahrgangsstufen gestaltet werden könnte. Voraussetzung dafür sind allerdings schul- und unterrichtsorganisatorisch gesicherte Freiräume für solche Aktivitäten, was wiederum den Dialog im Kollegium der Lehrenden voraussetzt.

3.3 Dialogische Gestaltungselemente im darbietenden Frontalunterricht

Elemente dialogischen Vorgehens sind auch geeignet, in vom Wesen her monologischen Lehrformen als Gestaltungsmittel eingesetzt zu werden. Dabei wird durch unterschiedlichste Mittel erreicht, dass die Lernenden den Eindruck des Dialogs des Lehrenden mit einem imaginären Partner haben bzw. einen widersprüchlichen Denkprozess mit dem Abwägen der Argumente für oder gegen inhaltliche oder Handlungsalternativen versprachlicht miterleben können.

Das letztere ist zum Beispiel durch das **Problematisieren** im Rahmen von Vorträgen oder Demonstrationen durch die jeweiligen Lehrenden möglich. Der Aufbau eines Problemspannungsbogens in einer Darbietung kann wesentlich zur Anregung aktiven Verfolgens dieser beitragen, da das eigenständige Weiterdenken und das Mitdenken stimuliert werden. Voraussetzung dafür ist allerdings, dass durch ein sensibles Aufgreifen von Erfahrungen der Lernenden oder ihrer Fragen und Probleme ein rationaler und emotionaler Zugang zum Problem ermöglicht wird.

Andererseits besteht die Möglichkeit des Interessierens durch das Konstituieren einer Problemsituation oder eine Problemstellung, die anschließend durch einen verbalisierten Denkprozess bearbeitet und gelöst wird. Bereits bei DIESTERWEG finden sich Hinweise auf derartiges Vorgehen im Zusammenhang mit seiner Reflexion der Lehrmethode SCHLEIERMACHERS, die er als heuristisch bezeichnet.[3]

LERNER/SKATKIN haben diese Vorgehensweise in ihrem Methodensystem 1966 als *Problemmethode* bezeichnet und beschrieben.[4] MÜLLER/UEBEL und PETRUCH haben in ihren Publikationen zu den Ergebnissen empirischer Untersuchungen zu „hochschulvorbereitenden Unterrichtsmethoden“ ebenfalls Hinweise zur Gestaltung problemorientierter Darbietungen veröffentlicht.[5]

Ein derartiges Problematisieren ist im Pädagogikunterricht beispielsweise immer dann möglich, wenn für Tatsachen oder Prozesse unterschiedliche Erklärungsvarianten existieren, die in der Regel nur Aspekte oder Seiten einer Erscheinung oder eines Prozesses beleuchten. Das Phänomen des menschlichen Lernens beispielsweise kann unter diesem Gesichtspunkt in den unterschiedlichen lerntheoretischen Erklärungsversuchen gekennzeichnet und damit die Frage nach der „gültigen Erklärung“ aufgeworfen werden.

Ähnlich dialogisch kann mit der Trias **These – Antithese – Synthese** gearbeitet werden. Die Polarisierung von Erklärungsweisen in These und Antithese könnte auch als eine Variante des Problematisierens verstanden und interpretiert werden. Sie wird hier deshalb besonders hervorgehoben, weil sie sich in der Geschichte des Lehrens sehr zeitig als Moment der dialogischen Gestaltung monologischen Vorgehens herausgebildet hat (Sokratische Methode). Im Unterrichtsfach Pädagogik besteht beispielsweise die Möglichkeit dem dialektischen Charakter erzieherischer Prozesse mittels dieses Verfahrens nachzugehen. Erziehungsprozesse sind dadurch gekennzeichnet, dass sie sich in Widerspruchsfeldern entfalten, zwischen deren Polen durch erzieherisches Handeln zu vermitteln ist. Dies betrifft unter anderem

- das Verhältnis von pädagogischer Führung, der damit verbundenen Fremdbestimmung einerseits sowie Selbstbestimmung und eigenständigem Lernen andererseits,
- das Verhältnis von bewussten und unbewussten Momenten der pädagogischen Tätigkeit und des Lernens,
- das Verhältnis zwischen kooperativer Tätigkeit und individueller Aneignung,
- das Verhältnis von Erbe und Umwelt im Erziehungsprozess,
- das Verhältnis objektiver und subjektiver Faktoren in Erziehungsprozessen usw.

In dialektischen Theorien wie zum Beispiel bei HEGEL gilt die Konfrontation mit Widersprüchen und deren Bearbeitung als Grundzug des wissenschaftlichen Arbeitens. Auch wenn HEGEL das folgende bekannte Schema von These, Antithese und Synthese nicht in dieser Art formalisiert dargestellt hat, so beschreibt es doch das, was er als „Selbstbewegung des Geistes“ auffasst[6]:

Die These: Dies kann eine rein hypothetische Aussage sein oder auch das Ergebnis eines vorhergehenden Erkenntnisprozesses (empirisch oder theoretisch). Sie kann sich beispielsweise aus einem Phänomen ergeben oder bei einer Textbearbeitung entstehen.

Die Antithese: Ein Widerspruch tritt auf. Neue Beobachtungen oder Erkenntnisse können eine These vollkommen falsifizieren, so dass diese für die weitere Arbeit unbrauchbar wird. Es ist jedoch auch möglich, dass der auftretende Widerspruch die These nur scheinbar widerlegt. Mit zusätzlichen Informationen und Erklärungen erweist sich die Antithese dann selbst als eine Fehlinterpretation einer Erscheinung oder Aussage. Die These geht somit verifiziert oder zumindest erhärtet aus der Widerspruchsbearbeitung hervor.

Die Synthese: These und Antithese schließen sich häufig nicht vollständig aus (was aber auch möglich ist). Sie differenzieren lediglich die Interpretation von Phänomenen, Ereignissen oder Sachverhalten. In der Synthese werden die jeweils zutreffenden Elemente von These und Antithese zu einer neuen Aussage oder Erklärung zusammengefügt, deren Aussagewert höher ist als der der jeweils separaten Behauptungen von These und Antithese.

Die Formulierung von These und Antithese sowie das Aufspüren ihrer Implikationen, deren Wichtung und Interpretation, können zu einer vertieften Durchdringung der Inhalte und zu einem tieferen Verständnis führen, wenn Möglichkeiten der Synthese gesucht und geprüft werden. Die Darstellung eines derartigen Suchprozesses in einem Lehrervortrag bietet vielfältige Möglichkeiten der Unterstützung der Entwicklungsprozesse reflektierenden Denkens bei den Lernenden.

Für die Entwicklung eines bewussten Entscheidungsverhaltens können **Pro-Kontra-Darstellungen** als dialogische Gestaltungselemente genutzt werden. Immanent können derartige Darstellungen sowohl beim Problematisieren als auch beim These-Antithese-Synthese-Vorgehen integriert sein. Das Prüfen von Problemlösungen, das Abwägen von unterschiedlichen Lösungsvarianten und auch die Betrachtung von These und Antithese implizieren derartige Pro-Kontra-Argumentationen. In der Regel werden auch im Alltag Entscheidungen auf der Grundlage der Folgenabschätzung mit Pro-Kontra-Argumentationen getroffen. Das damit verbundene Verdeutlichen von Entscheidungsprozessen kann viel zum Verständnis des Zustandekommens von Kompromissen und zur Befähigung zu konstruktiver Konfliktbewältigung beitragen.

Monologisches Lehren kann auch durch **feed-back-Elemente** dialogisiert werden. Solche feed-back-Elemente sind beispielsweise rhetorische Fragen, Reflexions- und Rückkopplungsaufträge vor Beginn einer monologischen Lehrphase, das Zulassen bzw. direkte Einfordern von Zwischenfragen der Lernenden, das Arbeiten mit Leitfragen, Leitgedanken und Zusammenfassungen. Alle diese Elemente können dazu beitragen, dass auch in monologisch angelegten Unterrichtsphasen der dialogische Grundzug des Unterrichts zum Tragen kommt.[7]

Der hier vorgenommene Versuch, dialogische Momente des Lehrens im Unterricht zu thematisieren, ist mit Sicherheit unvollständig und in vielerlei Hinsicht kursorisch. Das Anliegen des Beitrages ist erreicht, wenn zur Reflexion des Lehrens auch unter diesem Aspekt angeregt wurde.

Anmerkungen:

1 Vgl. Wyschkon, U.: Zur Gestaltung der Lerntätigkeit unter dem Aspekt der Befähigung zum wissenschaftlichen Arbeiten und Studieren in der gymnasialen Oberstufe. In: Lern- und Lehr-Forschung, Heft 8, August 1994, Universität Potsdam, S. 90 bis 118 (unter Bezug auf das Empfehlungsmaterial der Forschungsgemeinschaft Abiturstufe zur fachübergreifenden Ausbildung von komplexen Lernhandlungen, internes Forschungsmaterial, Pädagogische Hochschule Potsdam 1989)

2 Vgl. z.B. den Bericht von Jochen Schnack zur Profiloberstufe der Max-Brauer-Schule in Hamburg. In: Chancen und Risiken der gymnasialen Oberstufe, herausgegeben von E. Fuhrmann. Berlin: Raabe-Verlag 1995

3 Vgl. Diesterweg, A.: Über die Lehrmethode Schleiermachers. In: Sämtliche Werke, bearbeitet von R. Hohendorf. II. Band, Berlin 1959, S. 251ff

4 Vgl. Lerner, I.J./Skatkin, M.N.: Über die Unterrichtsmethoden. In: Vergleichende Pädagogik, Heft 1/1966, S. 3ff

5 Vgl. die Beiträge der genannten Autoren in „Zu Erfahrungen und Problemen des Unterrichts in der Abiturstufe“. Beiträge zur Pädagogik, Band 2, Berlin: Volk und Wissen Volkseigener Verlag, 1975

6 Vgl. Hösle, Vittorio: Hegels System. Der Idealismus der Subjektivität und das Problem der Intersubjektivität. Bd. 1: Systementwicklung und Logik. Hamburg 1988. Kapitel 4 Widerspruch und Methode, S. 156ff

7 Zu grundlegenden Aspekten des Zusammenhanges von Unterricht und Sprache vgl. die Materialien des Kolloquiums „Unterricht und Sprache". In: Potsdamer Forschungen, Schriftenreihe der Pädagogischen Hochschule Potsdam, 1979, Reihe C, Heft 44, insbesondere die Beiträge von Klingberg, Schmidt und Zech

Zweiter Teil: Praxisberichte

4.1 Spielpädagogik-Werkstatt

Anke Böse

4.1.1. Einleitung

„Erfahrungen sind Einfälle zu Erlebnissen."
(Max Frisch)
„Es gibt Augenblicke, wo man sich wundert über alle, die keine Axt ergreifen. Alle finden sich damit ab, obschon es ein Spuk ist. Arbeit als Tugend. Tugend als Ersatz für die Freude. Und der andere Ersatz, da die Tugend nicht ausreicht, ist das Vergnügen: Feierabend, Wochenende, das Abenteuer auf der Leinwand."
(Max Frisch: Graf Öderland, Frankfurt a. M. 1961)

Im Folgenden wird mein Versuch dokumentiert, den Schülerinnen und Schülern (im Folgenden: SuS) des Pädagogik-Leistungskurses 11/2 auf einer vom Willy-Brandt-Gymnasium Oer-Erkenschwick veranstalteten Stufenfahrt nach Arnsberg Erfahrungen aufgrund von Erlebnissen zu ermöglichen. In der kreativen und schöpferischen Beschäftigung mit dem Spiel und damit verbundenen Lernprozessen konnten Arbeit, Tugend, Freude und Vergnügen miteinander verbunden werden (im Sinne der oben angeführten Zitate).

Die Projektwerkstatt wurde in drei Phasen geplant und durchgeführt und ich habe versucht den Verlauf dieser Woche für die Leser nachvollziehbar zu machen, indem ich auch die gegebenen Rahmenbedingungen der Stufenfahrt einbezogen habe.

Nach den außerordentlich positiven Erfahrungen, die ich mit der Projektwerkstatt „Spieleerfindung" gemacht habe, würde es mich freuen, KollegInnen zu einem solchen Vorhaben anregen zu können.

4.1.2 Ziele und Merkmale des Projektes

1. Merkmal: Situationsbezug

Themen bzw. Gegenstände von Projektunterricht sind Aufgaben oder Probleme, deren Bezugsrahmen nicht die Systematik der Wissenschaften, sondern Lebenssituationen und der Zusammenhang der Dinge in der Wirklichkeit sein sollen.[1]

Unsere Projektwerkstatt ist fachspezifisch konzipiert, enthält aber wesentliche Aspekte, die in jedem Unterrichtsfach und in der Lebenswelt der SuS von Belang sind, wie z.B. die Interaktionsförderung. Die SuS haben für sich selbst einen konkreten Situationsbezug hergestellt, indem sie planten Interaktionsspiele für *Jugendliche* zu erfinden, also für ihre eigene Altersklasse. Somit wurde gewährleistet, dass die Spiele (Produkte) von den SuS selbst gern und mit Freude gespielt werden und Lernziele beinhalten, die die SuS für wichtig halten (siehe erste Phase der Projektwerkstatt).

2. Merkmal: Orientierung an den Interessen der Beteiligten

Unsere Projektarbeit war sehr stark an den Interessen der Beteiligten orientiert. Die SuS wählten die Zieldimensionen ihrer Spieleerfindung selbst aus, nachdem sie Zusammenhänge von Spielen und Lernen erarbeitet, Informationen zu Gruppen- und Interaktionsprozessen bekommen, eigene Spielerfahrungen aktualisiert und einige Interaktionsspiele ausprobiert hatten. Die Spieleerfindung an sich ist von mir vorgeschlagen und angeregt worden und dabei auf großes Interesse seitens der SuS gestoßen.

Im Unterricht zuvor ist der Zusammenhang von Lernen und Spielen (auch in hoher Selbstaktivität der SuS) erarbeitet worden. So hatten die SuS sich bereits sehr intensiv mit der Thematik auseinander gesetzt, bevor die Fahrt angetreten wurde, so dass sie ihre Interessen deutlich formulieren konnten. Worin meine Interessen/Ziele lagen, machte ich den SuS transparent, und es zeigte sich, dass wir zu einer sehr guten Übereinstimmung gelangten.

3. Merkmal: Selbstorganisation und Selbstverantwortung

Unbedingt notwendig für den Projektunterricht ist, dass die SuS Zielsetzung, Art und Methode des Lernens gemeinsam mit dem Lehrer/der Lehrerin planen. Dabei ist die Hilfestellung durch die Lehrperson natürlich genauso nötig[2].

In meiner Planung der Projektwerkstatt ging ich von den Interessen der SuS aus, und die Planung blieb immer offen und revisionsfähig. In der Phase der Zielfindung und Vorbereitung übernahm ich die Planung, die ich allerdings als Vorschlag den SuS vorstellte und wobei ich Änderungen nach ihren Wünschen und Vorstellungen sowie in Anpassung an situative Gegebenheiten zuließ.

Die Gestaltung der Hauptarbeitsphase blieb den SuS freigestellt, wobei ich nur die Besprechungen im Kursverband festlegte.

Gudjons beschreibt solche Reflexions- und Koordinationspausen als ganz entscheidend für die Realisierung der Selbstplanung und Eigenverantwortung.[3]

„Frey nennt sie „Fixpunkte", die als organisatorische Schaltstellen den Teilnehmern Gelegenheit geben, sich gegenseitig über den Stand ihrer Tätigkeiten zu informieren, die nächsten Schritte zu organisieren, den Bezug zum Gesamtvorhaben herzustellen, aufkommende Hektik oder Produktionszwang zu hinterfragen. (...) Ähnliches gilt auch für metakommunikative Phasen, in denen über die Art und

Weise bisheriger Verständigung, des Umgangs mit den Projektzielen und untereinander kritisch reflektiert wird."[4]

Auch die Auswertungsphase organisierten die SuS selbst, mit meiner Unterstützung.

4. Merkmal: Gesellschaftliche Praxisrelevanz

Lernen besteht *„nicht lediglich im Übernehmen von Wirklichkeit, im Aneignen oder Speichern von Informationen über die Wirklichkeit (mit der vagen Hoffnung, diese später vielleicht einmal „anwenden" zu können), sondern Lernen heißt zugleich auch Schaffen von Wirklichkeit.*"[5]

Dieser sicherlich hohe Anspruch an die Projektarbeit kann wohl nicht in jedem Projekt vollends realisiert werden, jedoch soll durch diese Blickrichtung vermieden werden, dass *„Projektunterricht zur Bastelarbeit, Freizeitbeschäftigung oder Hobbythek degeneriert.*"[6]

LehrerInnen sollten beachten, dass sich die SuS bei der (gelungenen) Projektarbeit intensiv mit einem Thema bzw. Problem auseinander setzen, konkrete Ziele verfolgen und auch ein wie auch immer geartetes Produkt erstellen (siehe auch Merkmal 6). Allzu oft landen diese Ergebnisse/Produkte in Ablagemappen und haben danach weder für SuS noch für LehrerInnen, geschweige denn für die Öffentlichkeit eine Bedeutung.

Es gibt m. E. zwei Hauptgründe, die dafür sprechen, die gesellschaftliche Praxisrelevanz herzustellen: Erstens umgeht man ohne sie die eigentliche Absicht des Projektes und zweitens ist die Motivation aller Beteiligten sicher höher, wenn sichergestellt ist, dass die Ergebnisse Adressaten erreichen und/oder einen konkreten Gebrauchswert haben.

Diese Überlegungen sind auch in meine Planung unserer Projektwerkstatt eingegangen. Wie im Folgenden näher erläutert wird, haben wir konkrete Ziele verfolgt, die wir mit den Spielen erreichen wollten (Stichpunkt ‚Interaktionsförderung'), Spiele produziert, diese auf der Stufenfahrt und im gesamtschulischen Rahmen präsentiert und ausprobieren lassen und haben uns Gedanken gemacht über konkrete Einsatzmöglichkeiten der Spiele, die wir für alle zugänglich in der Schule deponiert haben.

Zu Beginn des folgenden Schuljahres kamen die SuS zusätzlich auf die Idee, ein besonders aktionsreiches Spiel, „Böses[7] Blindschleiche", anlässlich des Weltkindertages am 20. September 1997 auf dem Marktplatz von Oer-Erkenschwick, wo auch andere Veranstaltungen und Angebote für Kinder stattfanden, einer breiteren Öffentlichkeit vorzustellen. Diesen Plan setzten die SuS völlig selbstständig um und ihr Unternehmen fand sogar Resonanz bei der Lokalpresse.

5. Merkmal: Zielgerichtete Projektplanung

In unserem Fall haben die SuS auf der Grundlage ihres Wissens über den Zusammenhang von Spiel und Lernen (Unterrichtsreihe) und über Gruppenprozesse (Teil der ersten Phase) Ziele für ihre Spieleerfindung formuliert und ihre Arbeit selbstständig organisiert.

Für mich galt es vor Antritt der Fahrt eine zielgerichtete Planung vorzunehmen um den SuS diese selbstständige Arbeit zu ermöglichen und sie unterstützen zu können. So mussten Rahmenbedingungen geklärt, Materialien bereitgestellt und Arbeits- und Gruppenprozesse in Gang gesetzt werden. Die Planung erfolgte „von hinten nach vorne“[8], also ausgehend vom Produkt mit dem Versuch, genug Raum für „Such- und Experimentierphasen“[9] offen zu lassen, zu diesen sogar (da als notwendig eingeschätzt) ebenfalls anzuregen.

6. Merkmal: Produktorientierung
Für unsere Projektarbeit war die Produktorientierung mit das wichtigste Merkmal. Wie bereits oben erwähnt, sollten Spiele mit konkretem Gebrauchswert erfunden werden. Für mich und die SuS war ziemlich schnell klar, dass wir die Spiele von anderen SuS, Lehrern und Lehrerinnen ausprobieren lassen und auch auswerten wollten (Erstellung eines Spieltest-Fragebogens). Bei den SuS lag ein großes Interesse vor zu erkunden, ob die Spiele nun auch das erreichen, was man erreichen wollte und ob sie „auch gut ankommen“, also Spaß machen. Die Einbettung unseres Projektes in ein größeres Schulprojekt war uns dadurch möglich, dass (über das Kurshalbjahr verteilt) ein Schulprojekt ‚Spielraum Schule‘ stattfand (siehe schulische Rahmenbedingungen).

7. Merkmal: Einbeziehen vieler Sinne
Wir hatten in dem außerschulischen Tätigkeitsort ideale Bedingungen und waren zeitlich nur auf die Essenszeiten festgelegt.

Gudjons führt das Spiel als ein Beispiel an, das besonders gut dazu geeignet ist, geistige und körperliche Arbeit zu vereinigen.[10] Bei der Erfindung und Erprobung von Spielen werden zwangsläufig alle Sinne involviert und auch die Bewegung/Motorik nimmt einen hohen Stellenwert ein. Da die Kreativität und Fantasie der SuS ebenfalls sehr stark angesprochen wurde, versprach ich mir von diesem Merkmal eine hohe Motivationswirkung und ein anderes Empfinden von Lernen.

8. Merkmal: Soziales Lernen im Projekt
In unserem speziellen Projekt ging es im doppelten Sinne um soziales Lernen. Wie es sich im Fach Pädagogik häufiger anbietet, wurden Interaktionsformen, die die SuS anwandten, und Gruppenprozesse, die sie direkt betrafen, zum Thema gemacht (siehe erste Phase), das heißt auch inhaltlich thematisiert. Das Wissen über Gruppen- und Interaktionsprozesse war notwendige Bedingung, um Interaktionsspiele erfinden zu können. Auch die Gruppenarbeit selber wurde zum Thema gemacht und die SuS sammelten ihre Erfahrungen damit. Ich versuchte Hilfestellungen für eine erfolgreiche Gruppenarbeit zu geben, ohne die Selbstständigkeit der SuS zu unterlaufen.

9. Merkmal: Interdisziplinarität – Einordnung in die Fachdidaktik
Dieses Merkmal von Projektunterricht trifft auf unser Projekt nicht zu. Es handelt sich um ein fachspezifisches Projekt der Pädagogik.

Da das Thema unseres Projektes ein erziehungswissenschaftliches (und auch im Unterricht theoretisch aufbereitetes) war, sehe ich in diesem Zusammenhang keinen Nachteil. Das Thema ‚Spiel‘ konnte so auch in seiner Komplexität behandelt werden, ohne fachbedingte künstliche Grenzen wahren zu müssen. Folgende von Stiller formulierte Prinzipien wurden von mir bei der Planung in den Blick genommen: das empathische und kooperative, das forschende, das kreativ-gestaltende und in Ansätzen auch das biografische Lernen.[11]

Entsprechend der Matrix von Qualifikationen für pädagogisches Handeln (Biografie, Interaktion, Erziehungspraxis, Erziehungstheorie), die im Pädagogikunterricht in den verschiedenen Ebenen der Auseinandersetzung mit Erziehungswirklichkeit (Wahrnehmen, Erkennen, Darstellen – Deuten, Analysieren, Erklären – Urteilen, Entscheiden, Stellung nehmen – Planen, Simulieren, Handeln) erreicht werden sollen, befinden wir uns in der Projektwerkstatt hauptsächlich auf der Ebene der Handlung und in den Qualifikationsfeldern Interaktion und Erziehungspraxis.[12]

Die Biografie spielt auch mit hinein, was von mir durch eine Fantasiereise angeregt werden sollte, und die Erziehungstheorie war vor allem in der vorher durchgeführten Unterrichtsreihe bedeutsam, floss in die Erfindung von Spielen mit ein bzw. wurde nach Entscheidung und Stellungnahme durch die SuS handelnd umgesetzt.

Die bewusste und reflektierte Gestaltung von pädagogischer Handlung oder die Vorbereitung auf sie ist meines Erachtens von entscheidender Bedeutung für das (Selbst-) Verständnis unseres Faches.

„Handlung, im Sinne einer erzieherischen Handlung, ist Ausgangspunkt jeglicher Pädagogik als Handlungswissenschaft und zugleich Zielpunkt unter dem Leitaspekt auf dem Weg zur Mündigkeit (...).
Pädagogisches Handeln im Unterricht kann sich auf fünf Ebenen abspielen:
- *Reflexion und bewusste Gestaltung der erzieherischen Beziehung in der Lerngruppe*
- *Handelnde Aneignung von Lerngegenständen im engeren Sinne einer handlungsorientierten Methodik des Unterrichts*
- *Produktorientierte Gestaltung von Lern(gegen)ständen*
- *Simulation und Reflexion erzieherischen (Fremd-) Handelns*
- *Erzieherisches Handeln im engeren Sinne, in dem Schülerinnen und Schüler sich im Handlungsraum der Schule oder auch darüber hinaus erzieherisch betätigen, z.B. als Tutoren für Unterstufen-(K)lassen, in spielpädagogischen Aktionen auf dem Schulhof, in der Hausaufgabenbetreuung usw.“*[13]

Ich denke, dass alle fünf Ebenen besonders gut in der Projektarbeit umgesetzt werden können, da hierbei das selbsttätige handelnde Lernen der SuS im Vordergrund steht. Die Schwerpunkte unserer Projektwerkstatt befinden sich auf der dritten und fünften Ebene, wobei auch Anteile der anderen drei Ebenen einbezogen wurden.

10. Merkmal: Bezug zum Lehrgang

Für unser Projekt erachtete ich es als notwendig, eine „Input-Phase“ in Form eines Lehrgangs in die Phase der Zielfindung und Vorbereitung zu integrieren. Die SuS haben natürlich mannigfaltigste Erfahrungen mit ‚Interaktion‘ gemacht, jedoch brauchten sie meines Erachtens genauere (auch theoriegestützte) Informationen zu Gruppenprozessen, um zielgerichtet Interaktionsspiele entwickeln zu können. Durch diesen Lehrgang wollte ich vermeiden, dass die Zielperspektive den SuS unklar bleibt und dass sie mit zu diffusen Vorstellungen an die Spieleerfindung gehen. Zudem hatten sie auf diese Weise die Möglichkeit eigene Gruppenprozesse zu reflektieren (siehe Merkmal 8).

4.1.3 Schulische Rahmenbedingungen

Bei der Planung und Durchführung eines solchen Projektes sind die schulischen Rahmenbedingungen ganz besonders wichtig und bedeutsam. Vor allem als ReferendarIn, aber auch als LehrerIn ist man darauf angewiesen, dass die Institution Schule den notwendigen Spielraum (hier in doppelter Bedeutung!) für innovativere Lernformen gewährt.

Das Willy-Brandt-Gymnasium Oer-Erkenschwick bot mir für mein Vorhaben sehr günstige Bedingungen, die ich im Folgenden darlegen möchte.

Das Schulprojekt „Spielraum Schule“
Die Zielsetzungen des Projektes, die mit dem Titel verbunden sind, wurden gemeinsam im Kollegium erörtert: aufzeigen, welche (auch alternativen) Möglichkeiten die Schule bieten kann, gemeinsam mit SuS Neues erproben, das über den Unterrichtsalltag hinaus geht, ausloten, welche Chancen in spielerischen Lernformen stecken und welche es überhaupt gibt. Der Titel soll also in doppelter Bedeutung aufgefasst werden: 1. Spielraum als Erfahrens- und Erkundungsraum für LehrerInnen und SuS, 2. spielerische Elemente im und für den Unterricht.

Um zu verdeutlichen, welche vielfältigen Möglichkeiten sich in diesem Rahmen ergeben und um ggf. zu ähnlichen Projekten anzuregen, führe ich einige Themenbeispiele für die Projektgruppen an:
- Theaterspiel: Wie aus Fremdheit Freundschaft entsteht
- Spiel mit künstlerischen Mitteln und Wahrnehmungsprozessen
- (Hör-)Spiel über eine entscheidende Situation/Szene der Weltgeschichte
- Ich-Stärkung und Selbstverteidigung in Spielszenen
- Singen im Grenzbereich
- Wir Rechenkünstler
- Wir gestalten ein englisches Hörspiel
- Spiel mit Proportionen – Spielsteine werden zur Plastik
- Natur- und Walderfahrungsspiele
- Spielend lernen: Internet-Seiten erstellen
- Spielend Grenzen überwinden – Deutsch-russischer Spieleabend
- Klangwerkstatt oder Krachmaschinen u. Co.
- Wie man sich als Einzeller in der Welt zurechtfindet
- Entwicklung von Rätseln und Spielen aus dem Bereich der Naturwissenschaften
- Spielerische Zugänge zum Theater
- Optisches Dartspiel mit dem Laser

Angeregt durch dieses Schulprojekt kam ich auf die Idee, das Thema ‚Lernen durch Spiel/Spielerisch lernen‘ im Pädagogikunterricht zu bearbeiten. Das Fach Pädagogik bietet hierbei gute Möglichkeiten auch den theoretischen Hintergrund des Phänomens ‚Spiel‘ zu beleuchten, um fachlich fundiert *für* das Spielen in der Schule zu argumentieren. Der von den Richtlinien verbindlich vorgegebene Lernbereich für den Kurs 11/2 „Erziehungswirklichkeit unter den Aspekten von Interaktion und Lernen“ und das Kursthema „Das Phänomen Lernen unter pädagogischem Aspekt“[14] bietet meines Erachtens den idealen Rahmen, um Lernprozesse im Spiel zu thematisieren. Zudem reizte mich persönlich die Beschäftigung mit dem Thema sehr. Die Möglichkeit, ein Projekt zu diesem Thema gemeinsam mit den SuS des Pädagogik-Leistungskurses 11/2 durchzuführen, war mir durch die Stufenfahrt nach Arnsberg gegeben. Auf diese Weise entstand mein Vorschlag an die SuS Spiele zu erfinden; ein Vorhaben, das sich meiner Meinung nach sehr gut in den gegebenen Rahmen einordnen lässt. Unsere Ergebnisse (Produkte) wurden daher auch am Präsentationstag dieses größeren Projektes allen interessierten LehrerInnen, SuS und Eltern vorgestellt. Wir erreichten damit eine Bereicherung der praktischen Umsetzungsmöglichkeiten des „Spielraums Schule".

Die 11er-Stufenfahrt
Das Gymnasium Oer-Erkenschwick veranstaltet mit jeder Stufe 11 eine einwöchige Fahrt zur Jugendbildungsstätte des Sauerländischen Gebirgsvereins Arnsberg. Die Fahrten finden jeweils statt, kurz nachdem sich die Leistungskurse im zweiten Halbjahr gebildet haben. Wie alle Fahrten, die die Schule unternimmt, sollen auch diese den SuS dazu dienen, sich besser/anders kennen zu lernen, den Zusammenhalt untereinander zu stärken, neue Erfahrungen zu sammeln, aber auch dazu, ihre jeweiligen Begleitlehrer einmal von einer anderen, eher privaten Seite kennen zu lernen.

In der Jahrgangsstufe 11 kommt noch eine Besonderheit hinzu: Die SuS bleiben im Leistungskursverband einer Kursschiene und arbeiten an einem für ihr Fach wichtigen und interessanten Thema, vorzugsweise in Projektform. Somit soll also auch die fachliche Arbeit im Leistungskurs durch diese Fahrten eingeleitet und angeregt werden, indem die SuS sich gemeinsam mit ihrem/ihrer FachlehrerIn intensiv mit einer fachlichen Frage bzw. Aufgabe beschäftigen.

Bezüglich der Leistungsmotivation der SuS während des Arnsberg-Aufenthaltes gibt es zwei mögliche Tendenzen, mit denen die LehrerInnen in den vergangenen Jahren bereits Erfahrungen gemacht haben: Die SuS können einerseits durch die Gegebenheiten der Fahrt zusätzlich motiviert werden oder andererseits mit Unlust reagieren, da sie eher andere (privatere) Interessen in den Vordergrund stellen in dem Gefühl, „schließlich nicht in der Schule" zu sein. Daher ging ich in meiner Planung davon aus, dass ein Thema gefunden werden muss, das für die SuS einen hohen Reiz hat, dass ich aber auch vor allem in der Vorbereitungsphase zielgerichtet motivieren muss. Genauso rechnete ich mit zeitweiligen Schwierigkeiten während der Hauptarbeitsphase, die durch Ermüdung, Konflikte in den Gruppen oder Ratlosigkeit auftreten könnten.

Das Risiko, aber auch die besondere Chance meines Vorhabens war an die Durchführung der Stufenfahrt und an die Arbeitsbereitschaft/Motivation der SuS gebunden, so dass ich hierauf mein besonderes Augenmerk richtete.

Der Aufenthalt in der Jugendbildungsstätte belief sich auf eine knappe Woche: Anreise am Montagmittag, Abreise am Freitagmorgen (10.–14. März 1997). Die Arbeitszeiten in den Leistungskursen betrug pro Einheit drei Stunden, inklusive einer halbstündigen Pause (jeweils von 9–12 und von 14–17 Uhr). Da der Mittwochnachmittag den SuS, Lehrern und Lehrerinnen zur freien Verfügung gestellt werden sollte und der Donnerstagnachmittag als Präsentationstag für die Ergebnisse der jeweiligen Leistungskurse geplant war, standen uns fünf Arbeitseinheiten zur Verfügung.

Glücklicherweise wurde uns ein Raum zur Verfügung gestellt, der es zuließ, den Werkstattcharakter des Vorhabens zutage treten zu lassen.

Die BegleitlehrerInnen und ich stellten vor Antritt der Fahrt sicher bzw. sorgten selbst dafür, dass technisches und anderes Material vorhanden war, das wir benötigen würden (z.B. OHP, Kopierer, Videokameras, Schneidegerät, Fernseher, Kassettenrekorder, Tapeten usw.).

Ein entscheidender Vorteil für unser Unternehmen war, dass der Leiter der Fahrt ein sehr gutes und die SuS wie auch uns BegleitlehrerInnen ansprechendes Rahmenprogramm bot, welches das Miteinander förderte:

1. Abend: Durchführung von Interaktionsspielen als ‚Warming-up'

2. Tag und Abend: Auftrag an die Zimmergruppen (jeweils vier SuS), eine Szene, einen Sketch oder Ähnliches zum Thema: „Frühlingserwachen in Arnsberg" (das Thema wurde von den SuS gewählt) zu konzipieren und zu spielen. Die Spielszenen wurden auf Videoband aufgenommen und abends allen Anwesenden vorgeführt.

3. Abend: Angebot, eine Kabarett-Generalprobe einer anwesenden Schülergruppe aus Wuppertal anzusehen;

ab 23.00 Uhr: Mitternachtskonzert (Der Musiklehrer reiste an und musizierte mit einigen SuS der Jahrgangsstufe.)

4. Abend: Abschlussfete mit kleinen von SuS vorbereiteten Unterhaltungseinlagen (z.B. „Arnsberg-Rap", Parodie der „Spice girls", Bauchtanz türkischer und deutscher Mädchen).

Zur Planung und Koordination der genannten Aktivitäten und auch solcher, die sich spontan entwickelten (wie z.B. ein Fußballspiel zwischen dem Sowi- und dem Pädagogik-Leistungskurs), nutzten wir die Essenszeiten und hängten zusätzlich große Wandpaper an die Tür des Speisesaals, auf denen alle SuS ihre Vorschläge notieren konnten.

Außerdem fand jeden Abend eine Besprechung der BegleitlehrerInnen mit den KurssprecherInnen statt, um zu gewährleisten, dass die Belange der SuS berücksichtigt werden konnten.

Auch in ihrer Freizeit wurden die SuS also dazu angeregt, sich kreativ und vor allem gemeinsam zu beschäftigen. Die Angebote wurden sehr gerne angenommen und führten dazu, dass sich ein überdurchschnittlich gutes Gemeinschaftsgefühl entwickelte.

4.1.4 Unterrichtliche Konkretisierung: Einordnung der Projektwerkstatt ‚Spieleerfindung' in den Reihenzusammenhang

Reihenthema:
Lernen durch Spiel – Spielerisch lernen
Einführung in den Zusammenhang von Spielen und Lernen mit dem Ziel, die Hauptbeschäftigung von Kindern bzw. eine beliebte Beschäftigung Jugendlicher und Erwachsener besser verstehen und pädagogisch nutzbringend einsetzen zu können.

Sequenzthemen

1. Sequenzthema: Einführung in den Begriff ‚Lernen' unter Berücksichtigung eigener (positiver und negativer) Lernerfahrungen sowie einer kritischen Auseinandersetzung mit drei Lerntheorien (klassisches und operantes Konditionieren, Modelllernen) mit dem Ziel, eine Arbeitsdefinition von ‚Lernen' zu formulieren und dafür zu sensibilisieren, dass menschliches Lernen zwar bestimmten Prinzipien folgt, jedoch sehr komplex verläuft (Grenzen der Theorien).

Bezüglich dieser Sequenz ist anzumerken, dass die drei Lerntheorien nur in Grundzügen eingeführt wurden. Der Schwerpunkt lag darauf, den SuS bewusst zu machen, dass menschliches Lernen nur sehr begrenzt mit Hilfe der behavioristischen Theorien erklärbar ist und dass der aktive Aneignungsprozess des Lernens auch über das Modelllernen hinausgeht.

Entscheidend war für unseren Zusammenhang, dass es verschiedene Erklärungsmodelle gibt und dass der Begriff ‚Lernen' mit Inhalt gefüllt werden kann. Unsere Arbeitsdefinition des Begriffs war dementsprechend eine eher offene:

Lernen = Veränderung von → Verhalten(spotenzial)
→ kognitiven Strukturen
→ Einstellungen

2. Sequenzthema: Ist das alles ein Kinderspiel? Phänomenologische Betrachtung des Spiels, seiner Merkmale und möglichen Funktionen für Kinder und Jugendliche, um eigenes Spielverhalten zu reflektieren und die Vielfältigkeit und Bedeutsamkeit des Phänomens (auch für das Lernen) aufzuzeigen.

Im Anschluss an diese Sequenz wählten die SuS die grobe Zielrichtung der Spieleerfindung. Diese Festlegung zu einem sehr frühen Zeitpunkt vor der Projektwerkstatt war notwendig, damit sich die SuS, aber auch ich mich, auf die Projektarbeit vorbereiten konnten; die SuS in dem Sinne, dass sie sich „hineindenken" und an der weiteren Planung der Unterrichtsreihe beteiligt werden können, ich auch bezüglich der fachdidaktischen Vorausplanung. Zudem war dies für mich wichtig im Hinblick auf die Motivation und die angestrebte Selbsttätigkeit der SuS.

Ich schlug ihnen daher drei Zielrichtungen vor, die für mich denkbar waren, mit dem Hinweis auf die Möglichkeit der Erweiterung der Liste durch die SuS, falls Ideen erwachsen oder schon vorhanden waren:

- Spiele für Kindergarten- bzw. Kleinkinder (Exkursion in einen Kindergarten)
- Vorbereitung, Planung und Durchführung einer schulpädagogischen Aufgabe (z.B.: ein Spiele-Nachmittag für SuS der Orientierungsstufe, spielpädagogische Gestaltung des Schulhofes)
- Spiele für Jugendliche

Die SuS wählten nach einem Gespräch über Möglichkeiten der Realisierung der jeweiligen Zielrichtung sehr spontan und einstimmig die Erfindung von Spielen für

Jugendliche („für uns selbst"). Diese Wahl war für mich sehr verständlich, da die SuS sich nicht nur von der Erfindung, sondern auch von der Erprobung und Durchführung der Spiele sehr viel Spaß versprachen. Sie wollten also einen ganz direkten Bezug zu ihrer eigenen Lebenssituation nicht nur als Erzieher, sondern auch als Zu-Erziehende herstellen. Eine Doppelrolle, die ich ebenfalls als sehr reizvoll für sie einschätzte. „Schließlich können wir uns am besten vorstellen, was Jugendlichen auch Spaß macht!" war ein Argument, das eindeutig für die Wahl der SuS sprach.

Die zweite Frage, die sich in unserem Kontext stellte, war die nach der inhaltlichen Dimension der Spieleerfindung: Was soll durch die Spiele, die wir erfinden wollen, gelernt werden? Die SuS hatten inzwischen (siehe Sequenzthema) verschiedene Formen und Funktionen des Spiels kennen gelernt, einige Spiele im Unterricht durchgeführt (Wissensquiz zur Thematik der ersten Sequenz, Interaktionsspiele) sowie eigene Spielvorlieben ihrer Altersgruppe thematisiert (Brett-, Karten-, Rollenspiele). Die Interaktionsspiele waren für die meisten SuS zuvor unbekannt, hatten aber ihr starkes Interesse geweckt, so dass sie sich für diese Form entschieden. Mir kam diese Wahl sehr entgegen, da ich die Förderung von Interaktion als ein sehr wichtiges Erziehungsziel ansehe, das sich zudem besonders für die Thematisierung im Fach Pädagogik eignet.

Dass das Lernen, das sich in diesem Zusammenhang vollzieht, nicht allein auf die drei behandelten Lerntheorien beschränkt werden kann, wurde den SuS ziemlich schnell deutlich, so dass sich die Arbeit in den folgenden Sequenzen auch für sie ersichtlich sachlogisch anschloss.

3. Sequenzthema:
Warum spielt der Mensch?
Erarbeitung der psychologischen Sicht des Spiels in arbeitsteiliger Gruppenarbeit mit dem Ziel, die Perspektive verschiedener Theoretiker (Piaget, Heckhausen, Freud) kennen zu lernen, kritisch zu hinterfragen und ggf. eine eigene fundierte Vorstellung zu entwickeln (Synthese?).

4. Sequenzthema:
Wetteifern oder Zusammenarbeit?
Erarbeitung des Zusammenhanges von der Entwicklung des kindlichen Sozialverhaltens und Spiel sowie von der Erörterung der pädagogischen Streitfrage: ‚Konkurrenz- vs. Kooperationsspiele' ausgehende Erarbeitung der Theorie und Praxis von Interaktionsspielen mit dem Ziel, die eigene Interaktion (im Kurs, aber auch außerhalb) zu thematisieren und mit dem Thema ‚Spiel' in Zusammenhang zu setzen.

Die Unterrichtsreihe gipfelt und endet in der dokumentierten Sequenz:

5. Sequenzthema:
Projektwerkstatt „Spieleerfindung"
Erfindung und Erprobung von Interaktionsspielen für Jugendliche auf einer Stufenfahrt mit dem Ziel, die erworbenen Kenntnisse durch praktische Umsetzung zu vertiefen und die entstandenen Spiele (Produkte) anhand selbst erstellter Kriterien zu bewerten.

Übersicht: Projektwerkstatt „Spieleerfindung“			
Zeitskala	Montagnachmittag	Dienstagvormittag und -nachmittag, Mittwochvormittag, Donnerstagvormittag	Donnerstagnach-mittag (Fortsetzung in der Schule: 1 Doppel- und 1 Einzelstunde)

Artikulation	**Phase I: Zielfindung und Vorbereitung**	**Phase II: Hauptarbeits-phase**	**Phase III: Auswertung und Bewertung**
Einstieg	Durchführung eines Interaktionsspieles	Fantasiereise	Präsentationstag
Erarbeitung	1) Kurs-Sternen-himmel 2) „Input“: Gruppendynamik 3) Erstellung eines Zielkataloges für die Spieleerfindung → Einteilung der AGs	1) „Bücherhaufen“ → Ausprobieren von Interaktionsspielen mit ähnlicher Ziel-setzung wie die der Gruppe, Lektüre 2) Gruppenarbeit: Erfindung von Inter-aktionsspielen, Schreiben der Spiel-anleitung	1) Auswertung der Spieltest-Fragebögen, Bewertung der Spiele (Produkte) 2) Auswertung des Arbeitsprozesses (Schwerpunkt: Gruppenarbeit)
Sicherung/ Bewertung	Erstellung eines Spieltest-Frage-bogens	Fixpunkte: Besprechung im ganzen Kurs je erste und letzte halbe Stunde	Abschlussreflexion

4.1.5. Zur Durchführung

Phase der Zielfindung und Vorbereitung

Geplanter Verlauf

Artikulation	**Inhalt**	**Form**	**Medien**
Hinführung	Ref. informiert SuS über zeitlich-organisatorische Rahmenbedingungen, SuS nennen ggf. Alternativ-vorschläge zur Grobplanung Erläuterung und Durchführung des Interaktions-spieles Auswertung des Spieles/Reflexion: Wie hat es euch gefallen? Was wird deutlich? Welche Ziele verfolgt das Spiel? Wie passen diese Ziele zu unserer Situation?	L-Info SB L-Info UG	Wand-paper je nach Spiel

Erarbeitung I (+ Sicherung)	Ref. erläutert den Reflexionsbogen zur Beziehungsebene im Kurs SuS füllen ihre Sterne aus, erstellen einen Kurs-Sternenhimmel, besprechen für sie auffällige, relevante Punkte	L-Info EA freies UG	Din A3-Blatt: Reflexionsbogen, blauer Kartonbogen
Erarbeitung II (+ Sicherung)	Ref. informiert über Aspekte der Gruppendynamik bzw. von Interaktionsprozessen, lässt SuS Zwischenfragen stellen, eigene Erfahrungen zum Thema einbringen, Beziehungen zu Förderungsmöglichkeiten durch das Spiel herstellen Ref. teilt Kopien zum LV und Text über Interaktionsspiele und über Spiele für Jugendliche aus	LV/UG	OHP (Folien) Kopien (Grafiken und Texte)
Erarbeitung III und Sicherung	SuS erstellen einen Zielkatalog für die Spieleerfindung nach eigenen Interessen und bilden Arbeitsgruppen zu jeweils einer von ihnen gewählten Zieldimension	freies UG	Tafel
Sicherung (bzw. Vorbereitung auf Aus- und Bewertung in Phase III)	SuS erstellen einen Spieltest-Fragebogen: Sie formulieren Kriterien für die spätere Bewertung der Spiele und eine geeignete Bewertungsskala	freies UG	zunächst Tafel → dann Übertrag auf Din A 4-Blatt

Hinweise und Begründungen:
Der Einstieg in die Projektwerkstatt ist besonders wichtig, da er drei Funktionen erfüllen soll, die die weitere Arbeit entscheidend beeinflussen können:

1) In erster Linie sollen die SuS motiviert werden, sich (trotz der Atmosphäre einer Stufenfahrt, die für die SuS auch ganz andere Anreize als die zur Arbeit bietet) intensiv mit der Erfindung von Interaktionsspielen zu beschäftigen. Daher ist in dieser Phase besonders auf Methoden- und Medienvielfalt zu achten, um die SuS dementsprechend anzuregen.

2) Inhaltliche Voraussetzungen müssen geschaffen werden, d.h. die SuS müssen ihr Wissen über Gruppendynamik/Interaktionsprozesse erweitern, damit sie überhaupt in der Lage sind, zielgerichtet zu arbeiten und Interaktionsspiele zu erfinden. Daher ist es notwendig, dass ein Lehrgang bzw. ein Lehrervortrag in die Phase der Vorbereitung integriert wird.

3) Vereinbarungen über die Arbeitsweise bzw. das methodische Vorgehen müssen getroffen werden, so dass eine effektive und selbstständige Arbeit der SuS im Rahmen der gegebenen Bedingungen möglich ist.

Je nach Vorwissen und Motivationslage der SuS können Passagen dieser ersten Phase variiert, vertauscht, gekürzt oder weggelassen werden. Ich habe die Erfahrung gemacht, dass SuS viel weniger Schwierigkeiten bei der Bestimmung ihrer

Zielrichtung haben als angenommen. Die Wandpaper waren uns eine sehr gute Hilfe, da sie den SuS einen Überblick vermittelten und diese von Anfang an die Struktur unserer Projektwerkstatt kannten und auch zwischendurch eine Orientierung bekamen.

Hauptarbeitsphase

Geplanter Verlauf

Artikulation	Inhalt	Form	Medien
Einstieg	Ref. informiert SuS über Zweck und Art der Durchführung der Fantasiereise	L-Info	
	Durchführung der Fantasiereise „Spielen in der Kindheit“	LV	Kassettenrekorder (Entspannungsmusik), Teelichter, Text der Fantasiereise, Mappen
	Reflexion/Auswertung	erst EA, dann PA, dann freies UG (SB)	Mappen
	Vorführung des Liedes „Abenteuerland“ (Pur)	EA/PA	Kassettenrekorder, Liedtext
Erarbeitung I	„Bücherhaufen“: SuS sichten Material, erproben Spiele mit ähnlicher Zielsetzung wie die der Gruppe, lesen für sie wichtige Aspekte	GA	Spiele, Spielekarteien, Bücher (s.o.)
Erarbeitung II	SuS erfinden und erproben eigene Interaktionsspiele für Jugendliche und schreiben eine Spielanleitung Ref. gibt Hilfestellung, Anregung	längere GA	Material (s.o.)
Sicherung	Fixpunkte: Besprechung im ganzen Kurs jeweils in der ersten und letzten halben Stunde der Arbeitseinheit (Anregung, Austausch, Erprobung, Zielüberprüfung, Hilfe...)	SB	je nach Verlauf und Zeitpunkt im Arbeitsprozess

Text der Fantasiereise
Setze dich bequem auf deinen Stuhl *„in einer Haltung, die dir angenehm und vertraut ist. Schließe die Augen.*

Atme ein und tiiiief wieder aus... (Mehrmals wiederholen!)

Spüre den Strom deines Atems durch deinen Körper gehen... Lass Gedanken und Bilder aufsteigen, halte sie nicht fest... Nimm wahr, wie du (...) (dasitzt), wie dein(e Füße) (...) Kontakt zum Boden (...) (haben) (...).[15]

(...) Geh jetzt in Gedanken von oben nach unten durch deinen Körper. Wo du Anspannungen spürst, verstärke sie und lasse sie dann los. Atme weiter tief und gleichmäßig.[16]

Versuche dich als Kind beim Spielen zu sehen. Lass verschiedene Bilder entstehen und schau dich in den Bildern um! Halte einige fest und schau sie dir genauer an!“

Der/die Moderator/in lässt etwa 5 Minuten Zeit und gibt dann im Abstand von ca. 2 Minuten folgende Hilfsfragen. Die Teilnehmer/innen sollen Notizen machen und pendeln zwischen Vorstellungsbildern und Aufschreiben:

- Wo hast du gespielt? Draußen, drinnen, auf der Straße, auf dem Hof, im Park, wo am liebsten?
- Mit wem hast du gespielt? Waren es Nachbarn, Verwandte, Schulkameraden? Denk dabei an verschiedene Altersstufen.
- Welches waren deine Lieblingsspielzeuge, -geräte, -instrumente?
- Wer warst du beim Spielen? Welche Rolle hattest du: zum Beispiel eher Mitläufer/in, Star, Schiedsrichter/in, Außenseiter/in, eher untergeordnet oder führend, mehr „drin“, „am Rande“ oder „draußen“?
- Welches war das vergnüglichste Spiel? Welches Spiel mochtest du überhaupt nicht?

Nachdem die Teilnehmer/innen auf diese Weise ca. 15 Minuten individuell gearbeitet haben, werden sie gebeten die Notizen nochmals anzuschauen:

- Was fällt mir auf?
- Wer war ich als spielendes Kind?
- Woran bleibe ich hängen?
- Sehe ich irgendeinen Zusammenhang mit meinem heutigen Leben? [- Welche Bedeutung hat/hatte das Spielen für mich?]

(Zeit: 5 Min.)

(...)

In Untergruppen.([17])

Leitfragen:

- Welche Bedeutung haben meine Spielerfahrungen für meine Entwicklung?
- Was wird an der Art des Spielens über mich selbst klar?
- Welche (...) (Wünsche, Ängste) bleiben?“[18]

Hinweise und Begründungen
Nachdem nun inhaltliche und organisatorische Bedingungen geklärt, inhaltliche Voraussetzungen geschaffen, konkrete Zielsetzungen gefunden und die Arbeitsgruppen gebildet worden sind, geht es an die eigentliche Erfindung der Spiele.

Die Fantasiereise zu Beginn der Hauptarbeitsphase soll 1. eine Anbindung an die eigene Spielvergangenheit der SuS ermöglichen, diese aktualisieren und in ihrer Sozialisationsbedeutung reflektierbar machen, eventuell existierende Hemmungen der Jugendlichen dem Spiel gegenüber abbauen helfen; 2. die SuS weiterhin motivieren durch eine Methode, die den SuS evtl. noch unbekannt, aber wohl sehr angenehm ist; 3. die Kreativität und Fantasie der SuS anregen, welche bei der Erfindung stark gefordert ist.

Der Verlauf des gestuften Auswertungsgespräches ist kaum plan- oder vorhersehbar, doch ist zu vermuten, dass die SuS einen Zusammenhang zwischen ihren früheren Spielerfahrungen und heutigen -vorlieben ziehen und die Bedeutung, die das Spiel für sie speziell hat, artikulieren.

Die Funktion der Fixpunkte wurde bereits erläutert. Hinzufügen möchte ich noch, dass dadurch gewährleistet wird, dass die SuS auch während der Kleingruppenarbeit die Kursgruppe als Bezugssystem erleben und den Kurs als Gemeinschaft erfahren, die an einer gemeinsamen Sache arbeitet und sich gegenseitig unterstützen und anregen kann.

Während dieser Besprechungen entstand in unserem Kurs der Plan, die letzte Arbeitsphase vor der Veröffentlichung als „Generalprobe“ zum gegenseitigen Erproben der Spiele und zum Schreiben bzw. Verbessern der endgültigen Spielanleitungen zu nutzen. Dieses Vorgehen erwies sich als vorteilhaft, da noch vorhandene Unklarheiten, beispielsweise bezüglich der Spielregeln, ausgeräumt werden konnten. Einige Gruppen wollten auch ihre (Lern-) Zielvorstellungen dazuschreiben, so dass LehrerInnen und SuS später ihre Spiele zielgerichtet auswählen und einsetzen können.

Phase der Auswertung und Bewertung

Geplanter Verlauf

Artikulation	Inhalt	Form	Medien
Einstieg	Präsentation der Arbeitsergebnisse: SuS erläutern den Kontext der Spieleerfindung (Unterrichtsreihe) und ihr methodisches Vorgehen und laden die anderen SuS der Jahrgangsstufe sowie die BegleitlehrerInnen zur Erprobung ihrer Produkte ein; hierbei äußern sie den Wunsch die Spieltest-Fragebögen nach der Erprobung auszufüllen	SV	
Durchführung	Spiele werden von allen Interessenten getestet, SuS übernehmen Spielleiter-Funktion, Fragebögen werden ausgefüllt	GA	Spiele, Spieltest-Fragebögen
Ab hier wurde in der Schule weitergearbeitet.			
Sicherung/ Bewertung I	SuS machen Vorschläge wie wir bei der Auswertung der Fragebögen vorgehen könnten, Auswertung entsprechend der Entscheidung der SuS, SuS ziehen Gesamtresümee (Bewertung der Spiele anhand der selbst entwickelten Ziele/ Kriterien)	SG GA/UG? (je nach Entscheidung der SuS) SB	ausgefüllte Fragebögen, Mappen Mappen

Transfer	Überlegung: Welche Einsatzmöglichkeiten unserer Spiele bieten sich in der Schule? Sammlung an der Tafel, Planung der Veröffentlichung der Spiele am Präsentationstag des Schulprojektes „Spielraum" Schule Wo deponieren wir die Spiele, so dass sie für LuL, SuS jederzeit verfügbar sind?	freies UG freies UG freies UG	Tafel
Sicherung/ Bewertung II	SuS füllen einen Fragebogen zur Arbeitsweise aus Abschlussreflexion: Wie verlief der Arbeitsprozess in den Gruppen? Wie entstand die Idee und wie wurde sie umgesetzt? Würdet ihr gerne öfter in Projekten arbeiten? Hat sich das Kursklima positiv verändert?	EA freies UG	Fragebogen zur Gruppenarbeit

Hinweise und Begründungen

Die Phase der Aus- und Bewertung des Arbeitsprozesses und der Ergebnisse beginnt mit der Vorstellung des gesamten Unternehmens und der Spiele am Präsentationstag. Dadurch geraten die SuS auf der einen Seite unter Produktionsdruck, erfahren aber andererseits Interesse und Anerkennung von allen Anwesenden für ihre erbrachten Leistungen. Da im Falle dieses Projektes auch damit zu rechnen ist, dass evtl. nicht alle Gruppen ein „vorzeigbares" Ergebnis erbringen werden und um die SuS nicht zusätzlich unter Druck zu setzen, sollte man die Alternative offen lassen, auch „halbfertige" Produkte zu präsentieren oder bereits existierende Interaktionsspiele (z.B. aus den Spiele-Karteien) unter der Leitung einer Gruppe erproben zu lassen. Auf diese Weise wären die SuS nicht ganz so frustriert und könnten trotzdem Stolz auf ihre Arbeit empfinden.

Im günstigsten Falle werden die SuS (entweder ein Sprecher für alle oder eine „Delegation" aus den Arbeitsgruppen) in einem kurzen Vortrag schildern, wie die Arbeit in den Rahmen der Unterrichtsreihe einzuordnen ist und wie sie bei der Spieleerfindung vorgegangen sind. Danach werden die SuS und LehrerInnen eingeladen die Spiele in einem entsprechend vorbereiteten Raum zu testen.

Die SuS fungieren bei diesen Tests als Spielleiter und Beobachter, können sich aber auch abwechseln und zusammen mit den SuS der anderen LKs Spiele anderer Gruppen ausprobieren. Schon während dieser Spieltests beginnt für sie die Auswertung, da sie direkt erfahren, ob ihre Spielregeln auch für Außenstehende verständlich sind, wie die Spieler agieren und reagieren und ob die Spiele Spaß bereiten. Ihnen wird vielleicht jetzt bereits deutlich, ob und inwiefern sie ihre selbst gesetzten Ziele erreicht haben. Zusätzlich erfahren sie, welche Aufgaben einem Spielleiter zukommen.

Die Erprobung ihrer eigenen Spiele durch die anderen SuS und durch die LehrerInnen stellt für die SuS sicherlich eine wertvolle Erfahrung dar, da sie ganz direkt erleben können, welche Leistung sie vollbracht haben und dass ihr pädagogisches Wissen sie zur Handlung und Produktion befähigt und auf sehr sinnvolle und lustvolle Weise umgesetzt werden kann.

Auch aufgrund dieser Erlebnisse ist mit einem recht lang anhaltenden Lerneffekt und einer positiven Wirkung auf die Motivation bezüglich der weiteren Arbeit im Leistungskurs zu rechnen. Die SuS des Kurses erleben sich stärker als Gemeinschaft, auch zusammen mit dem/der FachlehrerIn.

Vermutlich kann (wie auch bei unserem Projekt) die Auswertung der Fragebögen und der Gruppenarbeitsprozesse erst in der folgenden Woche in der Schule erfolgen. Einen großen Vorteil sehe ich darin, dass ein sanfter und zweckgerichteter Übergang der Projektwerkstatt in den Schulalltag möglich ist. Die SuS bekommen den Auftrag, sich bis zur nächsten Stunde Gedanken darüber zu machen, wie sie die Auswertung organisieren möchten und welche Einsatzmöglichkeiten sich jeweils für „ihr" Spiel in der Schule ergeben.

Die Auswertung kann entweder im ganzen Kurs erfolgen (gemeinsames Auszählen/Besprechen) oder wieder in den Gruppen, so dass jede Gruppe die Auswertung ihres Spieles vornimmt und anschließend den anderen SuS das Ergebnis mitteilt. Wie dies genau geschieht, hängt natürlich von der Art der Fragebögen und den methodischen Vorschlägen der SuS ab.

Da wir wollten, dass die Spiele in der Schule eingesetzt werden, mussten sie einem breiteren Personenkreis vorgestellt werden. Diese Gelegenheit bot sich am Präsentationstag des Schulprojektes „Spielraum" Schule. Durch diese Präsentation im größeren Rahmen wurden unsere Spiele den SuS, LehrerInnen, Eltern, Geschwistern, Freunden usw. bekannt, begeistert aufgenommen und später für zahlreiche Anlässe ausgeliehen. Wir deponierten die Spiele für alle Interessenten zugänglich in der Schulbibliothek.

Zum Schluss soll die Arbeitsweise in den Gruppen thematisiert werden.

Die SuS füllten einen von mir vorbereiteten Fragebogen aus, der ihnen zur vertiefenden Reflexion des Arbeitsprozesses und auch ihres eigenen Verhaltens in der Gruppe und somit als Denkanstoß, mir als Rückmeldung (man kann und sollte auch nicht jede Arbeitsphase jeder Gruppe beobachten) auf meine Planung diente.

In der Abschlussreflexion wurde jede Gruppe aufgefordert zu erläutern, wie die (Spiel-) Idee entwickelt und umgesetzt wurde, wo es Schwierigkeiten/Probleme gab und wie sie gelöst wurden. Abschließend interessierte mich die Einschätzung der Projektmethode (allgemein) und unserer Projektwerkstatt (konkret) sowie ihrer Auswirkungen auf das Kursklima durch die SuS.

4.1.6 Zu den Spielen (Produkten)

Bei der Spieleerfindung entstanden Interaktionsspiele, die verschiedene Qualitäten aufwiesen. Anders als bei bekannten Interaktionsspielen aus der Literatur wurden meist mehrere Aspekte des sozialen Lernens von den SuS eingebaut, wobei die SuS allerdings Schwerpunkte bezüglich ihrer gewählten Zielrichtung setzten. Die Erprobung und die Auswertung der Spieltest-Fragebögen zeigten, dass die SuS Spiele erfunden hatten, die einen hohen Grad an Spielspaß beinhalteten, aber auch ihre gesteckten (Lern-) Ziele transportierten. Nach meiner Einschätzung und Beobachtung ist davon auszugehen, dass intuitive und sehr bewusste kognitive Denkprozesse bei der Erfindung eine Rolle spielten. Die SuS konnten ihr Wissen bewusst einsetzen, sich selbst darüber hinaus speziell informieren (was sie bei der Arbeit auch immer wieder taten) sowie ihre Fantasie und Kreativität einbringen, indem sie auch an ihre eigene Spielvergangenheit anknüpften und sich bewusst machten, welche Spiele sie bevorzugen und aus welchen Gründen. Zudem haben sie erfahren können, dass ihr pädagogisches Wissen direkten Gebrauchswert haben kann und nicht nur abstrakte, realitätsferne Denkmodelle umfasst.

Das Spiel der Erfindergruppe 1: „Fisch sucht Fahrrad" war unter der Zielrichtung ‚Vertrauensspiel' entstanden. Zu Beginn des Spieles, aber auch immer wieder während des Spieles findet eine Partner-Suche statt. Der Spielpartner, der sich sicher zu sein glaubt, dass er seinen Partner gefunden hat (der andere Partner kann noch völlig im „Dunkeln tappen"), zieht diesen einfach mit den Worten „Vertraue mir" mit sich. Der gewählte Spielpartner muss nun davon ausgehen, dass er der richtige Partner ist, und sich ihm erst einmal anschließen. Die eingebauten Aufgaben, die die beiden zusammen lösen müssen, sind echte Vertrauensübungen und fördern die Interaktion der Partner. Da sich während des Spieles immer neue Partner finden (Wechsel-Felder), kommt es zu keinem echten Konkurrenzkampf, sondern die Paare müssen sich immer wieder neu aufeinander einstellen, bis sich alle Teilnehmer miteinander spielerisch betätigt haben. Finden sich neue Paare, zieht der Stärkere (der mit der führenden Position bezüglich der Spielfelder) den Schwächeren immer mit, so dass der „Sieger" bis zum Schluss nicht feststehen kann und auch nicht dadurch gewinnt, die anderen geschlagen, sondern dadurch, sich mit ihnen am besten auseinander gesetzt zu haben bzw. einfach durch Glück.

Das Spiel der Erfindergruppe 2: „Alle in einem Boot" erfordert die Zusammenarbeit aller Spieler, die darum „kämpfen", dass ihr Boot nicht untergeht. Die Aufgaben sind nur in Kooperation lösbar und dienen dem gemeinsamen Ziel, möglichst wenige Steine aus einem bedrohlichen Haifischmaul in das Boot setzen zu müssen. Die Aufgaben beschäftigen sich alle mit dem Thema Kommunikation und führen dazu, dass die Spieler ihr Ausdrucks- und Wahrnehmungsvermögen schulen. Gewinner des Spiels ist im glücklichen Fall die ganze Gruppe, wenn das Boot am Schluss des Spiels nicht gekentert ist (durch das Gewicht der Steine, die im Misserfolgsfalle in das Boot gesetzt werden). Die Gestaltung des Spieles ist sehr ansprechend und fordert zum Spiel auf; sie symbolisiert auch in sehr anschaulicher Weise das Ziel des Spieles.

Das Spiel der Erfindergruppe 3: „Böses Blindschleiche" wurde ebenfalls, wie „Fisch sucht Fahrrad", unter der Zielrichtung ‚Vertrauensspiel' erfunden. Das Vertrauen zu den Mitspielern wird durch die zahlreichen Aufgaben angeregt. Hinzu kommt, dass es durchweg Aufgaben sind, die mit Körperkontakt einhergehen und sehr aktionsgeladen sind. Ich konnte beobachten und selber erfahren, dass sie zusätzlich eine nahezu euphorisierende Wirkung auf die Spielgruppe haben. Für einige Aufgaben braucht man wirklich Mut (z.B. das Hineinfallen in die Arme der Gruppenmitglieder) und ist nachher der Gruppe gegenüber, die einen trägt und auffängt, sehr positiv eingestellt. Die einzelnen Spielgruppen erleben ein einzigartiges Zusammengehörigkeitsgefühl, so dass man fast traurig ist, wenn das Spiel beendet wird. Durch den Einsatz von Bewertungskarten wollte die Erfindergruppe auch die Konkurrenz der Spielgruppen untereinander aufheben. Es sollte nicht darum gehen, besser als eine andere Gruppe zu sein, sondern darum, zusammen Spaß zu haben. Die Bewertungskarten enthalten lustige Kommentare und Reime, die deutlich machen, dass es nicht ernsthaft um die Bewertung einer Leistung geht. Die Idee, dass sich die Spielfiguren küssen müssen, wenn eine von ihnen auf ein Blindschleichen-Feld kommt, sollte zusätzlich dafür sorgen, dass die Gruppen sich auch untereinander positiv zuwenden. Auch hierbei hängt der „Sieg“ einer Gruppe vom Zufall ab. Den Spielern geht es aber im Verlauf des Spieles überhaupt nicht um das Verlieren oder Gewinnen, so dass der „Sieg“ nur das Ende des Spieles herbeiführt.

Das Spiel der Erfindergruppe 4: „Ich und Du – Müllers Kuh“ ist als Kennenlernspiel nicht ganz so spektakulär wie die anderen Spiele. Die Erfindergruppe hat bei der Erprobung die Erfahrung gemacht, dass das Spiel dann etwas langatmig wirkt, wenn die Spieler sich bereits sehr gut kennen. Da dieses bei einem Kennenlernspiel aber wohl auch den Zweck verfehlt, sehe ich hierin keinen Nachteil. Bei der Präsentation der Spiele haben wir nach einer Weile darauf geachtet, dass Personen miteinander spielten, die sich wirklich erst kennen lernen mussten. In diesem Falle erwies sich das Spiel als durchaus wirksam, da die Spieler Informationen über sich austauschten und ins Gespräch kamen. Ich könnte mir auch vorstellen, dass Hemmungen zwischen Menschen abgebaut werden können, aufeinander zuzugehen, wenn sie sich völlig fremd sind, doch derartige Hemmungen gab es unter den SuS der Stufe nicht, da sie sich spätestens am Ende dieser Woche zumindest ansatzweise alle kannten und die Rahmenbedingungen der Fahrt sehr auflockernd wirkten.

4.1.7 Fazit

Für mich war diese Projektwerkstatt eine völlig neue Erfahrung. Ich bemühe mich zwar auch im normalen Schulalltag um Selbsttätigkeit der SuS und um Problem-, Handlungs- und Schülerorientierung, jedoch waren die Bedingungen, die sich während der Stufenfahrt boten, ganz besonders ideale. Im Nachhinein betrachtet, hätte ich den SuS auch schon während der ersten Phase der Projektwerkstatt mehr Selbstständigkeit zutrauen können. Ich habe diese Phase sehr vorsichtig und intensiv geplant, da ich mir des Risikos bewusst war, dass die SuS bei mangelnder Motivation oder fehlender Zielrichtung nicht effektiv selbstständig hätten arbeiten können. Doch offensichtlich hätte ich noch mehr Vertrauen in die Neugier und den Schaffensdrang der SuS setzen können.

Schwierig war für mich einzuschätzen, wann die SuS meine Hilfe oder Unterstützung brauchten und wann sie ihre fachlichen Schwierigkeiten oder Konflikte in den Gruppen selbstständig lösen konnten. Dies habe ich von Fall zu Fall für mich entschieden und versucht, Anregungen zu geben, die SuS zu ermuntern, ihre Ideen einfach einmal auszuprobieren oder Fragen zu stellen, so dass sie ihre Schwierigkeiten klären und die Arbeit selbst wieder aufnehmen konnten.

Besonders positiv empfand ich, dass ich die SuS viel näher kennen gelernt habe und dass wir ein sehr partnerschaftliches Lernklima herstellen konnten. Auch für mich war diese Spieleerfindung eine Expedition ins Ungewisse, so dass deutlich wurde, dass ich genau wie die SuS dazulernte.

Der Kontakt zu den SuS auch außerhalb der Arbeitseinheiten war von freundlicher und warmer Atmosphäre geprägt und ich war positiv überrascht, wie kreativ sie auch in ihrer Freizeit waren.

Für mich war unsere Projektwerkstatt und die ganze Stufenfahrt ein ausgesprochen positives Erlebnis, da ich mich in der Rolle der Prozessbegleiterin sehr wohl fühlte und die SuS von einer neuen Seite kennen lernte.

Meines Erachtens wurde ein ganzheitliches, selbstständiges und produktorientiertes Lernen der SuS initiiert. Auf Prozessebene lernten die SuS Konflikte zu lösen, ihre Interaktion zu verbessern, zielgerichtet, forschend und selbstständig zu arbeiten. Sie konnten ihren Lernprozess unter eigener Regie steuern und ihre Arbeitsergebnisse be- und auswerten. Die Ergebnisse beweisen, dass sie auch auf inhaltlicher Ebene viel dazugelernt bzw. ihr Wissen vertieft und umgesetzt haben.

Einige Beispiele für Rückmeldungen aus den Fragebögen der SuS bezüglich der Projektwerkstatt:

„Ich finde, dass diese Woche sehr erfolgreich gewesen ist. Die produzierten Spiele sind originell und haben einem auch Freude bereitet. Solches Projektlernen sollte man meiner Meinung nach öfter veranstalten, vor allem wenn das Thema so interessant ist. Es hat Spaß gemacht Schritt für Schritt auf neue Ideen zu kommen und sie auch zu verwirklichen.“[19]- *„Ich wünsche mir mehr praktische Arbeiten in der Schule, weil ich auf diesem Gebiet besser bin als sonst und auch einen Sinn für mich darin sehe.“*[20] – *„Man lernt bei solchen praktischen Arbeiten viel mehr als bei theoretischen. Sie sind interessanter und lustiger, weil wir uns auch selber Schwerpunkte setzen können.“*[21]

Für die SuS ergaben sich wertvolle Erfahrungen, sich auch über den Rahmen der Woche in Arnsberg hinaus als pädagogisch Handelnde zu erleben. Sie bereicherten das Schulprojekt „Spielraum Schule“, indem sie ihre selbst erstellten Produkte einer größeren Öffentlichkeit präsentieren konnten. Die große Anerkennung, die den SuS zuteil wurde, beflügelte sie so, dass sie selbstständig auf die Idee kamen, das beliebteste Spiel (“Böses Blindschleiche“) am Weltkindertag den Kindern und Jugendlichen anlässlich einer Feierlichkeit auf dem Marktplatz von Oer-Erkenschwick anzubieten. Die SuS baten mich und die Fachlehrerin (Marianne Frie-Segtrop) um Rat, wie sie für ihr Vorhaben werben könnten. Frau Frie-Segtrop lud daraufhin die Lokalpresse ein, zwei Reporter mit Fotografen besuchten uns in der Schule und es wurden zwei Artikel veröffentlicht, die auf das Angebot der SuS aufmerksam machten. Da am Weltkindertag auch der Lehrerausflug des Gymnasiums stattfand, übernahmen die SuS die Planung und Durchführung ihres Spielangebotes vollkommen in eigener Regie und, wie sie später berichteten, mit großem Erfolg. Ich war über ihr Engagement wirklich begeistert, da es zeigte, dass sie ihre Produkte selbst als sehr sinnvoll einschätzten und dass sie nicht nur zu pädagogischer Handlung befähigt worden waren, sondern diese im zweckgerichteten Rahmen auch gerne durchführen wollten.

Zu unserer Freude wurden unsere Spiele auch von anderen OberstufenschülerInnen und KollegInnen ausgeliehen und durchgeführt. So leitete z.B. eine Schülerin eine Pfadfindergruppe, ein Schüler wollte ein Spiel auf einer Geburtstagfeier spielen und eine Kollegin thematisierte das Lernen durch Spiel ein Jahr später an einer anderen Schule. Die Produkte der SuS landeten also nicht, wie sonst oft üblich, im Papierkorb bzw. im Ablageschrank, sondern die SuS erfuhren den praktischen Anwendungszweck ihrer Arbeit und den Nutzen, den pädagogisches Wissen haben kann.

Zusammenfassend möchte ich noch einmal betonen, dass die schulischen Rahmenbedingungen für unsere Projektwerkstatt ideal waren. So wurde es mir durch das von der Fachlehrerin in mich gesetzte Vertrauen ermöglicht, die ganze Unterrichtsreihe selbstständig zu planen und durchzuführen. Die Stufenfahrt bot außerordentlich geeignete Bedingungen, um projektorientiert zu arbeiten, und der Leiter der Fahrt ermöglichte durch zahlreiche Freizeitangebote für die SuS, die auch noch thematisch perfekt zu unserem Vorhaben passten, zusätzlich das Entstehen einer Atmosphäre, die im normalen Schulalltag kaum herzustellen ist. Ohne diese Bedingungen ist ein solches Vorhaben nur unter erheblichen Einschränkungen durchführbar. Für die SuS ergaben sich vielfältige Möglichkeiten, Erfahrungen zu machen, die sicherlich auch auf zukünftige Lernprozesse in der Oberstufe fördernd wirken.

Schüler spielen um Vertrauen statt um Sieg

Gymnasiasten beteiligen sich mit selbst entworfenem Spiel am Programm zum Weltkindertag

OER-ERKENSCHWICK. (oli) Mit einem selbst entworfenen Spiel werden sich Schüler des Willy-Brandt-Gymnasiums am Programm zum Weltkindertag am 20. September auf dem Berliner Platz beteiligen. „Böses Blindschleiche" nennt sich das interaktive Spiel.

Bei der Namensgebung spielen die Schüler des Leistungskurses Pädagogik 12/1 auf ihre Referendarin Anke Böse an, die das Spiel mit den Gymnasiasten im Rahmen eines Projektes erarbeitet hat.

Mit ihrer Lehrerin Marianne Frie-Segtrop (oben) und ihrer Referendarin Anke Böse (unten) demonstrierten gestern die Gymnasiasten des Pädagogik-Leistungskurses ihr interaktives Spiel. (Foto: Kleine)

In der Konzeption des Spieles wurde der übliche Wettbewerbsgedanke weitgehend ausgeklammert. Statt des Strebens um den Sieg sollen die gemeinsam zu lösenden Aufgaben vielmehr die Kooperation innerhalb der Spielgruppe und das gegenseitige Vertrauen fördern.

Gespielt wird auf einem etwa zehn mal zehn Meter großen, mit Kreide auf den Asphalt gemalten Spielfeld. Die Spielfiguren werden von Mitspielern verkörpert, die von ihrer Spielgruppe auf Stühlen über das Feld bewegt werden.

Gemeinsam müssen die achtköpfigen Gruppen Aufgaben lösen, wie zum Beispiel einen Mitspieler gemeinsam unter dem Einsatz von jeweils zwei Fingern in der Schwebe über dem Boden zu halten.

„Das Spiel ist ganz bewusst aktionsbetont und mit viel Körperkontakt verbunden. Es macht Spaß und stärkt den Zusammenhalt", so Anke Böse.

(Stimberg-Zeitung Oer-Erkenschwick v. 17.9.1997)

Anmerkungen:

1 vgl. H. Gudjons: Was ist Projektunterricht?, in: J. Bastian/H. Gudjons (Hrsg.): Das Projektbuch, 4. Aufl., Hamburg 1994, S.16

2 vgl. ebd., S.19

3 vgl. ebd., S.19

4 ebd., S.19

5 ebd., S.20

6 ebd., S.20

7 Bei der Namensgebung dieses Spieles bezogen sich die SuS auf mich als ihre Kursleiterin. Von dem Einfall waren sie auch nicht abzubringen, da sie ihn so lustig fanden.

[8] ebd., S.21
[9] ebd., S.21
[10] vgl. ebd., S.22
[11] vgl. E. Stiller: Dialogische Fachdidaktik Pädagogik, Paderborn 1997, S. 80-84
[12] Matrix aus: ebd., S. 87
[13] ebd., S. 84-85
[14] Der Kultusminister des Landes NRW (Hrsg.): Richtlinien Erziehungswissenschaft (1981), S. 41
[15] ebd., S.87-88
[16] ebd., S. 89
[17] gemeint ist hier das Gespräch mit einem Partner
[18] ebd., S. 148-149
[19] Gruppe 1
[20] Gruppe 3
[21] Gruppe 2

Literatur:

Klaus Antons: Praxis der Gruppendynamik, Übung und Techniken, 6. Aufl., Göttingen/Bern/Toronto/Seattle 1996

Reinhold Appelmann: Projektarbeit in der alltäglichen Schule? in: Verband der Pädagogiklehrer und Pädagogiklehrerinnen (Hrsg.): „Das Richtige tun – auch ungewissen Ausgangs“, Festschrift zum 65. Geburtstag von Prof. G. Böhm, Wesel 1997, S. 31-43

Ulrich Baer, Akademie Remscheid für musische Bildung und Medienerziehung e.V.: Der „Spielmarkt“ in der Akademie Remscheid, in: Bundesministerium für Familie, Senioren, Frauen und Jugend (Hrsg.): KABI (Konzentrierte Aktion Bundes Innovationen), Nr. 34, Bonn 1997, ohne Seitenangabe

Ulrich Baer: Spielpraxis, Eine Einführung in die Spielpädagogik, 2. Aufl., Seelze-Velber 1996

Ulrich Baer: Wörterbuch der Spielpädagogik, Basel 1981

Johannes Bastian/Herbert Gudjons: Das Projektbuch, Theorie – Praxisbeispiele – Erfahrungen, 4. Aufl., Hamburg 1994

Bundesministerium für Familie, Senioren, Frauen und Jugend (Hrsg.): KABI (Konzentrierte Aktion Bundes Innovationen), Nr. 34, Bonn 1997

Der Kultusminister des Landes NRW (Hrsg.): Richtlinien Erziehungswissenschaft, Köln 1981

Heinz Dorlöchter/Edwin Stiller: Möglichkeiten projektorientierten Arbeitens, in: Verband der Pädagogiklehrer und Pädagogiklehrerinnen (Hrsg.): Pädagogik Unterricht, Projekte im Pädagogik-Unterricht, Heft 1, Februar 1997, S. 37-41

Heinz Dorlöchter/Gudrun Maciejewski/Edwin Stiller: Phoenix, Der etwas andere Weg zur Pädagogik, Bd. 2, Paderborn 1997

Wolfgang Einsiedler: Das Spiel der Kinder, Zur Pädagogik und Psychologie des Kinderspiels, 2. Aufl., Bad Heilbrunn 1994

Andreas Flitner: Spielen – Lernen, Praxis und Deutung des Kinderspiels, 10. überarb. Aufl., München 1996

Karl Frey: Die Projektmethode, 4. Aufl., Weinheim u. Basel 1991

Herbert Gudjons: Handlungsorientierter Unterricht, Begriffskürzel oder Theoriedefizit? in: Pädagogik 1/97, S.6-10

Herbert Gudjons: Pädagogisches Grundwissen, Bad Heilbrunn 1994

Herbert Gudjons: Spielbuch Interaktionserziehung, 6. überarb. Aufl., Bad Heilbrunn 1995

Herbert Gudjons: Was ist Projektunterricht?, in: Johannes Bastian/Herbert Gudjons: Das Projektbuch, Theorie – Praxisbeispiele – Erfahrungen. 4. Aufl., Hamburg 1994, S. 14-27

Klaus Heidenreich (Hrsg.): Grundwissen Pädagogik, Freising 1996

Hilbert Meyer: Unterrichtsmethoden II: Praxisband, 2. Aufl., Frankfurt a. M. 1989

Meinert A. Meyer/Ute Rampillon/Gunter Otto/Ewald Terhart (Hrsg.): Friedrich Jahresheft XV, Lernmethoden Lehrmethoden, Seelze 1997

Hans Scheuerl: Das Spiel, Untersuchungen über sein Wesen, seine pädagogischen Möglichkeiten und Grenzen, Bd. 1, 11. Aufl., Weinheim u. Basel 1990

Edwin Stiller: Dialogische Fachdidaktik Pädagogik, Paderborn 1997
Verband der Pädagogiklehrer und Pädagogiklehrerinnen (Hrsg.): Pädagogik Unterricht, Projekte im Pädagogik-Unterricht, Heft 1, Februar 1997
Verband der Pädagogiklehrer und Pädagogiklehrerinnen (Hrsg.): „Das Richtige tun – auch ungewissen Ausgangs", Festschrift zum 65. Geburtstag von Prof. G. Böhm, Wesel 1997
Klaus W. Vopel: Interaktionsspiele für Jugendliche Teil 3, 5. Aufl., Salzhausen 1994
Dieter Wolff: Lernen lernen, Wege zur Autonomie des Schülers, in: Meinert A. Meyer/Ute Rampillon/Gunter Otto/Ewald Terhart (Hrsg.): Friedrich Jahresheft XV, Lernmethoden Lehrmethoden, Seelze 1997, S.106-108

Weitere Literatur, die in der Projektwerkstatt den SuS zur Verfügung stand:

Jürgen Abresch: Konkurrenz im Spiel, Spiele ohne Konkurrenz, 2. Aufl., Gießen 1981
Sabine Alex/Klaus W. Vopel: Lehre mich nicht, lass mich lernen! Neue Interaktionsspiele für Kinder und Jugendliche Teil 3, 3. Aufl., Salzhausen 1995
Ulrich Baer/Knut Dietrich/Gunter Otto (Hrsg.): Friedrich Jahresheft XIII/1995, Spielzeit, Spielräume in der Schulwirklichkeit, Seelze 1995
Ulrich Baer (Hrsg.): Remscheider Diskussionsspiele, Remscheid 1990
Ulrich Baer u.a.: Remscheider Spielkartei, 24 Spielketten mit über 200 Spielen zum sozialen Lernen, 5. Aufl., Bremen 1985
Wolfgang Bort u.a.: Schulspielkartei, 3. Aufl., Münster 1994
Ursula Coburn-Staege: Lernen durch Rollenspiel, Theorie und Praxis für die Schule, Frankfurt a. M. 1977
Bryant J. Cratty: Aktive Spiele und soziales Lernen, Ravensburg 1977
Benita Daublebsky: Spielen in der Schule, Vorschläge und Begründungen für ein Spielcurriculum, 8. Aufl., Stuttgart 1983
Ulrike Finke/Reinhard Hübner/Fritz Rohrer: Spielstücke für Gruppen, Eine Praxis der Spielpädagogik, München 1977
Dorothea Freudenreich: Das Planspiel in der sozialen und pädagogischen Praxis, München 1979
Jürgen Fritz: Methoden des sozialen Lernens, 3. Aufl., Weinheim u. München 1993
Herbert Frommberger/Ulrich Freyhoff/Werner Spies (Hrsg.): Lernendes Spielen – Spielendes Lernen, Hannover 1976
Rüdiger Gilsdorf/Günter Kistner: Kooperative Abenteuerspiele, Praxishilfe für Schule und Jugendarbeit, 2. Aufl., Seelze-Velber 1995
Rolf Gutte: Gruppenarbeit: Theorie und Praxis des sozialen Lernens, Frankfurt a. M. 1976
Ulrich Heimlich: Einführung in die Spielpädagogik, Eine Orientierungshilfe für sozial-, schul- und behindertenpädagogische Handlungsfelder, Bad Heilbrunn 1993
Claus-Jürgen Höper/Ulrike Kurzleb/Alke Stobbe/Bertram Weber: Die spielende Gruppe, 115 Vorschläge für soziales Lernen in Gruppen, 9. Aufl., Wuppertal 1982
Wolfram Jokisch: Spielkartei, Elemente zur Entfaltung von Kreativität, Spiel und schöpferischer Arbeit in Gruppen, 3. Aufl., Münster 1989
Kallmeyersche Verlagsbuchhandlung/Ulrich Baer (Hrsg.): Gruppe und Spiel, Zeitschrift für kreative Gruppenarbeit, Seelze-Velber 4/94
Kallmeyersche Verlagsbuchhandlung/Ulrich Baer (Hrsg.): Gruppe und Spiel, Zeitschrift für kreative Gruppenarbeit, Seelze-Velber 4/96
Willy Klawe: Arbeit mit Jugendlichen, Einführung in Bedingungen, Ziele, Methoden und Sozialformen der Jugendarbeit. 2. überarb. Aufl., Weinheim u. München 1991
Jürgen Lehmann (Hrsg.): Simulations- und Planspiele in der Schule, Bad Heilbrunn 1977
Eva Manteufel/Norbert Seeger: Selbsterfahrung mit Kindern und Jugendlichen, Ein Praxisbuch, 2. Aufl., München 1994
Rolf Oerter: Psychologie des Kinderspiels, Ein handlungtheoretischer Ansatz, München 1993
Herbert Pielmaier (Hrsg.): Training sozialer Verhaltensweisen, Ein Programm für die Arbeit mit dissozialen Jugendlichen, München 1980

Reinhold Rabenstein: Lernen kann auch Spaß machen! Einstieg, Aktivierung, Reflexion: Themen bearbeiten in Gruppen, 4. überarb. Aufl., Darmstadt 1992

Klaus Vopel: Interaktionsspiele für Jugendliche Teil 2, 5. Aufl., Salzhausen 1994

Klaus W. Vopel/Rainer E. Kirsten: Kommunikation und Kooperation, Ein gruppendynamisches Trainingsprogramm, 7. Aufl., München 1993

Jamie Walker: Gewaltfreier Umgang mit Konflikten in der Sekundarstufe I, Spiele und Übung, Frankfurt a. M. 1995

Tom Werneck: Leitfaden für Spieleerfinder und solche, die es werden wollen, Ravensburger Spieleverlag 1993

4.2 „Die Gruppe holt sich, was sie braucht" – Zur Weiterentwicklung der Methode Expertenbefragung im Pädagogikunterricht

Anette Cronau

4.2.1 Einleitung

„Gewalt ist das geilste, was es gibt. Es ist ein irres Gefühl"[1]. Diese Äußerung eines Jugendlichen, der sich selbst als Hooligan bezeichnet, wirkt auf die meisten Menschen befremdlich, schockierend und in keinster Weise nachvollziehbar. Hooligan gilt als Schreckenswort, das für die Gewalt rund um den Fußball steht. Aber wer sind diese Hooligans? Unbegreifliche Rohlinge von einem anderen Stern oder Produkte – gar Opfer? – unserer eigenen Gesellschaft? Und stimmt unser Bild von diesen Jugendlichen? Oder wird es von bestimmten Medien gemacht oder zumindest beeinflusst?[2] Worin liegt der Reiz, sich allwöchentlich zu Massenschlägereien zu verabreden und dabei die Gefahr für Leib und Leben zu riskieren? Und wie soll eine Gesellschaft mit diesen Jugendlichen umgehen? Brauchen sie die Erfahrung klarer Grenzen durch ein massives Polizeiaufgebot und verschärfte Sanktionsmaßnahmen oder einfühlsame pädagogische Hilfe?

All dies sind höchst spannende Fragestellungen, mit denen sich die fußballbegeisterte Lerngruppe des Pädagogik-Leistungskurses der Jahrgangsstufe 12 auf eigenen Wunsch beschäftigen wollte. Mit der Durchführung dieser Unterrichtsreihe über Hooligans habe ich den Versuch unternommen, ein für den Pädagogikunterricht nicht ganz alltägliches Thema fachdidaktisch aufzubereiten und meine themenbezogenen Fachkenntnisse sowie meine pädagogischen Fähigkeiten in den Dienst dieses Schüleranliegens zu stellen, mit dem Ziel, Lernprozesse zu initiieren, die zu einer spannenden und konstruktiven Auseinandersetzung mit den oben genannten Fragestellungen führen.

Ein besonderes Bedürfnis war es mir, mit dieser Unterrichtsreihe einen Beitrag zu schülerorientiertem und problemzentriertem Lernen zu leisten, wie es meinen Vorstellungen von einem guten Pädagogikunterricht entspricht. Die Problembearbeitung sollte möglichst praxisnah und erfahrungsorientiert erfolgen. Aus diesem Grund wurde der methodische Schwerpunkt auf die Planung, Durchführung und Auswertung von zwei Expertenbefragungen gelegt, wodurch sich die Lerngruppe besonders fachkundig über unterschiedliche Handlungsmaßnahmen zur Lösung des Gewaltproblems von Hooligans informieren konnte. Befragt wurden zwei Mitarbeiter von Fanprojekten, die für die sozialpädagogische Arbeit mit Problemfans zuständig sind, und zwei szenekundige Polizeibeamte, die sich durch besondere Kenntnisse der Fußballfanszene auszeichnen und deren Aufgabengebiet die Strafverfolgung von Delikten darstellt, die sich im Rahmen von Fußballveranstaltungen ereignen. Die Erkundung dieser beiden Praxisfelder sollte einer differenzierten Beurteilung von Handlungsmöglichkeiten zur Lösung des Problems dienen. Bei der Durchführung wurde besonderer Wert auf Schülerpartizipation, selbstständiges eigenverantwortliches Lernen und die Förderung von Teamfähigkeit gelegt. Damit orientiert sich die Unterrichtsreihe an neueren bildungstheoretischen Ansätzen und Überlegungen zur inneren Schulreform.

Die Idee, eine Unterrichtsreihe zum Thema Hooligans durchzuführen, wurde von dem Fachlehrer des Leistungskurses der Jahrgangsstufe 12 als Vorschlag im Rahmen der Halbjahresplanung eingebracht und von den Schülerinnen und Schülern mit überwältigender Mehrheit angenommen. Da es sich bei dem Kurs um eine außerordentlich fußballinteressierte Lerngruppe handelte (nicht nur die Jungen, auch der größte Teil der Mädchen zeigte großes Interesse an Fußball), war das Abstimmungsergebnis nicht überraschend. Ein großer Teil der Schüler sieht sich regelmäßig Fußballspiele im Fernsehen oder im Stadion an, ein Schüler war eine Zeit lang selbst als Ordner bei Fußballveranstaltungen tätig. Der Unterrichtsgegenstand stand somit im Zusammenhang mit einem bedeutsamen Freizeitbereich der Schülerinnen und Schüler. Dadurch wurde ein subjektiver Zugang zum Thema ermöglicht, bei dem, ausgehend von der Reflexion eigener Stadionerfahrungen, Einstellungen zu Hooligans und eventuelle emotionale Reaktionen auf deren Verhaltensweisen thematisiert werden konnten.

Die Erlaubnis, in dem Kurs meine Examensreihe durchführen zu dürfen, war mit der Auflage verbunden, mich an die abgesprochene Halbjahresplanung zu halten. Auf diese Weise sah ich mich mit einem thematischen Zusammenhang konfrontiert, der zwar Interesse und Motivation vonseiten der Lerngruppe erwarten ließ, meiner eigenen Lebenswelt aber völlig fern lag. Nachdem ich mich jedoch auf eine aufwändige, aber äußerst spannende Literaturrecherche begeben hatte, konnte ich mich der Faszination des Themas nicht mehr entziehen. Die Fülle an Forschungsliteratur offenbarte allerdings drei grundlegende Defizite: Erstens gibt es kaum didaktische Literatur, jedenfalls keine, die ohne weiteres auf das Fach Erziehungswissenschaft anwendbar ist, zweitens existieren kaum brauchbare Erklärungsansätze, die sowohl gesellschaftliche Bedingungen als auch personeninterne Faktoren berücksichtigen, und drittens – daraus resultierend – fehlen umfassende Handlungskonzepte über Präventions- und Interventionsmaßnahmen, die auf einer Ursachenanalyse basieren anstatt Symptome zu bekämpfen. Zuerst hatte es den Anschein, als reagiere man auf das abweichende Verhalten von gewaltbereiten Fußballfans allein mit ordnungspolitischen Maßnahmen. Doch dann erfuhr ich von der Existenz von Fan-Projekten, die sich um eine sozialpädagogische Arbeit mit den Fans bemühen. Also nahm ich Kontakt auf zu der Koordinationsstelle der Fan-Projekte (KOS) in Frankfurt, wo man mir bereitwillig Auskunft auf meine Fragen gab und eine Fülle von Materialien zusandte, die mir einen Einblick in die sozialpädagogische Praxis gaben. Die KOS ermöglichte auch meine Teilnahme an der dreitägigen Bundeskonferenz der Fan-Projekte in Bremen, wo sich Fan-Arbeiter aus ganz Deutschland und zum Teil auch aus den europäischen Nachbarstaaten (Holland, Belgien, Österreich, Schweiz, Frankreich, Italien) einmal im Jahr zum Zwecke von Fortbildung und Erfahrungsaustausch zusammenfinden. In den verschiedenen Arbeitskreisen, Diskussionsveranstaltungen und Vorträgen, ganz besonders jedoch in den zahlreichen Gesprächen am Rande, konnte ich mich umfassend über die sozialpädagogische Arbeit der Fan-Projekte informieren. Hier entstand auch der erste Kontakt zu den Fanarbeitern, die sich später als Experten für die Befragungen der Schüler zur Verfügung stellten. Die persönlichen Erfahrungen, die ich auf der Bundeskonferenz sammeln konnte, waren wertvoller und für die Unterrichtsplanung förderlicher als die gesamte Literaturrecherche. Nicht zuletzt aufgrund dieser Einsicht entstand die Idee, auch den Schülerinnen und Schülern die Möglichkeit zur Informationsbeschaffung durch persönliche Befragungen zu eröffnen.

4.2.2 Hooligans als jugendliche Subkultur: Erscheinungsweisen, Erklärungsansätze, Handlungsmöglichkeiten

Um dem Leser einen vagen Einblick in das äußerst komplexe Thema zu ermöglichen, fasse ich im Folgenden einige Informationen kurz zusammen, die ich aus der Literatur und den Gesprächen mit Fanarbeitern und Polizei gewonnen habe.

Massenschlägereien zwischen gegnerischen Fangruppen, Zusammenstöße zwischen Fans und Polizei, verwüstete Eisenbahnwaggons, demolierte Autos und Schaufensterscheiben bilden seit Beginn der Achtzigerjahre das Rahmenprogramm zu Fußballgroßveranstaltungen. Strafanzeigen und freiheitsentziehende Maßnahmen sind an der Tagesordnung. Wie aus dem Jahresbericht Fußball 1997 des Landeskriminalamtes NRW hervorgeht, stand bei den im Rahmen von Fußballveranstaltungen begangenen Delikten in der Saison 1995/96 die Körperverletzung mit Abstand an der Spitze, gefolgt von Landfriedensbruch, Sachbeschädigungen, Diebstahl, Erschleichen von Leistungen[3]. Wer aber sind diese Jugendlichen, die immer wieder durch ihre Randale- und Gewaltaktivitäten für Schlagzeilen sorgen?

Die Polizei nimmt unter dem Differenzierungskriterium Gewaltbereitschaft eine Unterteilung der Zuschauer in die Kategorien A, B, und C vor. Zur Kategorie A gehören die gewaltfreien Zuschauer (ca. 80%), zur Kategorie B die bei Gelegenheit gewaltgeneigten Fans (ca. 19%), zur Kategorie C die zur Gewalt entschlossenen Fans, bei denen die Gewaltausübung bei Spielbesuchen im Vordergrund steht (weniger als 1%)[4]. Zur Kategorie C zählt, wer schon mehrfach durch gewalttätiges Verhalten auffällig geworden ist. Die sich selbst als Hooligans bezeichnenden Jugendlichen sind nach Angaben der Polizei in erster Linie unter den C-Fans zu suchen.

Das häufig kolportierte Vorurteil, bei den gewaltbereiten Fußballfans handele es sich zumeist um sozial deprivierte Angehörige der Unterschicht, die die Fußballrandale zum Abbau ihrer Alltagsfrustrationen benutzen, kann durch wissenschaftliche Untersuchungen nicht bestätigt werden. Gunter Pilz, einer der ältesten und renommiertesten Fanforscher, resümiert: „*Entgegen den allgemeinen Vorurteilen bezüglich der sozialen Herkunft und schulischen, beruflichen Situation sind unter den Hooligans kaum Arbeitslose zu finden. Hooligans rekrutieren sich aus allen Sozialschichten, unter ihnen befinden sich viele Abiturienten, Studenten, Jugendliche in guten beruflichen Positionen. Diese Jugendlichen haben meist zwei Identitäten: eine bürgerliche Alltagsidentität und eben ihre sub- oder besser jugendkulturelle Hooliganidentität"*[5].

Laut Heitmeyer und Peter, die eine umfangreiche Studie über jugendliche Fußballfans im Bielefelder Raum durchgeführt haben, stellt die Erlebnisorientierung das wesentliche Kennzeichen von Hooligans dar. Bei den *erlebnisorientierten Fans* ist die sportliche Bedeutung des Fußballspiels laut Heitmeyer ambivalent. Fußball wird als „Spektakel" erlebt. Die Hauptmotivation für den Stadionbesuch bildet das Erleben von spannungsreichen Situationen, die notfalls selbst erzeugt werden, und der Kontakt zu anderen Jugendlichen. Zwar stellt das Stadion ein wichtiges Präsentationsfeld für Anerkennungsprozesse bereit, doch wenn sich andere Felder auftun, wechselt man weitgehend unabhängig vom Spielverlauf[6].

Dass Erlebnisorientierung bei den Aktivitäten der gewaltbereiten Fußballfans eine zentrale Rolle spielt, belegen auch die Selbstaussagen von Hooligans: *„Wenn du natürlich jetzt mit so 'nem Übermob antobst und dann eben alles niedermachst, also das schönste Gefühl ist das eigentlich. Dann fliegen vielleicht 'n paar Flaschen oder Steine. Und dann rennt der andere Mob, und dann jagst du die anderen durch die Gegend. Also siebenter Himmel. Das würdest du mit keiner Frau schaffen oder mit keiner Droge. Dieses Gefühl, das ist schön"*[7].

Diese Selbstäußerungen korrespondieren auch mit den Ergebnissen verschiedener empirischer Untersuchungen zur Erklärung des Fanverhaltens. Gabler/Schulz/Weber fanden heraus, dass man zwar von einer „Multithematik des Motivsystems" ausgehen muss, jedoch seien die Motive Reizsuche (*Sensation-Seeking-Motiv*) und die Suche nach Anerkennung und Anschluss (*Affiliation-Motiv*) in ihrer Bedeutung herausragend. Das häufig benannte Aggressionsmotiv, bei dem es um die Möglichkeit des Auslebens von Ärger- und Wutgefühlen mit anschließenden aggressiven Tendenzen geht, spiele dagegen eine untergeordnete Rolle. Vielmehr gehe es den meisten Fans um das Durchleben einer breiten affektiven Aktivierung auf einem für sie angenehmen, relativ hohen Erregungsniveau[8].

Die Entstehung dieser Motivationen kann im Kontext von gesellschaftlichen Modernisierungsprozessen thematisiert werden, die unter den Etikettierungen „Erlebnisgesellschaft"[9] und „Risikogesellschaft"[10] Eingang in die gesellschaftstheoretische Diskussion gefunden haben[11]. Das *Sensation-Seeking-Motiv* kann als Produkt der Erlebnisgesellschaft interpretiert werden, deren zentrales Kennzeichen eine erlebnisorientierte Lebensauffassung und -gestaltung ist, wo Spaß haben und intensive Erlebnisse in den Mittelpunkt des individuellen Handelns rücken. Das *Affiliation-Motiv* korrespondiert mit den Erscheinungsformen von Vereinzelung und Wurzellosigkeit infolge der Auflösung sozialer Milieus in der Risikogesellschaft. Diese Individualisierungstendenzen erzeugen ein überhöhtes Bedürfnis nach Gemeinschaft und Gruppenzugehörigkeit, das im Extremfall, wie in der Hooligan-Szene, in ein völliges Aufgehen im Kollektiv münden kann. Die Gruppenzugehörigkeit übernimmt identitätstiftende Funktionen, möglicherweise werden durch sie auch persönliche Identitätsverluste kompensiert. Der archaisch anmutende szeneneigene Ehrenkodex, dessen zentrale Kategorien die Begriffe Macht, Ehre und Männlichkeit darstellen, weist dem Einzelnen in einer von Orientierungslosigkeit und Verunsicherung gekennzeichneten Gesellschaft handlungsleitende Normen und klare Verhaltensstrategien zu[12].

Die hohe Bedeutung von Emotionen in der Erlebnis- und Risikogesellschaft sieht Gunter Pilz in dem enormen zivilisatorischen Druck moderner Industriegesellschaften begründet, der, wie Elias in seiner Zivilisationstheorie ausführt, die Menschen zur ständigen Kontrolle und Unterdrückung ihrer Affekte und Emotionen zwingt. Dies führe zu einem verstärkten Bedürfnis nach affektiven Erlebnissen, deren Erprobungs- und Erfahrungsspielräume immer seltener und enger werden. Pilz leitet daraus ab, dass die *„zuweilen irritierenden, gewaltförmigen Verhaltensweisen Jugendlicher als durchaus angemessene, emotionale Antworten auf ihre widersprüchliche Lage zu verstehen"* sind[13]. Da jedoch nur ein geringer Prozentsatz eine dissoziale Antwort auf diesen „zivilisatorischen Druck" gibt, drängt sich die Frage auf, ob diese Jugendlichen überhaupt in der Lage sind die für den Zivilisationsprozess notwendige Triebregulierung zu leisten. Die Suche nach Erklärungen für das abweichende Verhalten von Hooligans muss demnach auch personeninterne Faktoren berücksichtigen. Die Analyse von Einstellungen und Verhaltensmustern von Hooligans legt die Vermutung nahe, dass eine defizitäre Ausbildung der Ich-Identität eine Persönlichkeitsdisposition darstellt, die unter Hooligans häufig zu finden ist. Ein Ich-schwacher Mensch ist nicht in der Lage zwischen den normativen Anforderungen der Außenwelt und seinen eigenen Bedürfnissen zu vermitteln. Die Steuerung durch das Lustprinzip, Selbstunsicherheit, Unfähigkeit zur Empathie, Anomie und fehlende Frustrationstoleranz sind charakteristisch für ihn. Diese Defizite können Folge eines Erziehungsstils sein, der die Bedürfnisbefriedigung des Kindes zum obersten Erziehungsziel erhebt und es versäumt, den Kindern Grenzerfahrungen und die Bewältigung von Enttäuschung und Versagung abzuverlangen[14].

Bei der Diskussion um Handlungsmaßnahmen zur Verhinderung der gewalttätigen Ausschreitungen von Fußballfans hatte der Schutz der Zuschauer anfangs absolute Priorität, wohingegen der Aspekt „Hilfe für die Problemfans" gar nicht vorkam. Es wurden bauliche und odnungspolitische Maßnahmen umgesetzt, die darauf zielen, dass gegnerische Fangruppen gar nicht erst aufeinander treffen (separate Fan-Blöcke, Absperrungen, Polizeiketten im Stadion, Videoüberwachung der Fanblöcke, Polizeieskorten, die die Fußballfans bei der An- und Abreise zum Stadion bzw. zum Bahnhof begleiten). Um die potenziellen „Problemfans" besser identifizieren und damit bereits präventiv tätig werden zu können, wurde das Modell der szenekundigen Beamten ersonnen. Diese Polizisten zeichnen sich durch detaillierte Milieukenntnisse aus, die sie sich durch ihren regelmäßigen Stadionbesuch und durch Kontakte zu Fans aneignen. Sie bearbeiten alle Delikte, die im Rahmen von Fußballveranstaltungen vorkommen, und können bei Stadioneinsätzen ihren Kollegen mitteilen, auf wen sie besonders zu achten haben. Auf diese Weise werden die gewaltbereiten Fußballfans aus ihrer Anonymität, die es ihnen erleichtert, Straftaten zu verüben, herausgehoben. Inzwischen hat jede Bundesligastadt mindestens einen, in der Regel zwei szenekundige Beamte.

Während ordnungspolitische und polizeiliche Maßnahmen primär den Bedürfnissen der normalen Zuschauer nach Schutz und Sicherheit im Stadion Rechnung tragen, verstehen sich die in Fanprojekten tätigen Sozialarbeiter als Anwälte der Fans und versuchen als kulturelles Bindeglied zwischen der jugendlichen Subkultur der Fußballfans und der Erwachsenen-Kultur unserer Gesellschaft zu wirken.

Der pädagogische Ansatz der Fanprojekte entspricht dem, was sich in der Jugendarbeit seit Mitte der 70er-Jahre als bedürfnisorientierte Konzeption durchgesetzt hat. Statt sich auf die Defizite und Dissozialität der Fans zu konzentrieren, beachten die Pädagogen die Bedürfnisstrukturen, die hinter den teilweise problematischen Verhaltensweisen der Jugendlichen stehen, und suchen ihnen gerecht zu werden: den Bedürfnissen nach Solidarität, Anerkennung, Mitgestaltung, sinnvoller Aktivität, körperlicher Bewegung, Spaß, Erlebnis und Entspannung.

Konkrete Ziele und Aufgaben der Fanprojekte wurden von der AG „Nationales Konzept Sport und Sicherheit" ausgearbeitet und stellen sich wie folgt dar:

- *„Eindämmung von Gewalt; Arbeit im Präventivbereich, z.B. Hinführung zu gewaltfreier Konfliktlösung im Rahmen von Selbstregulierungsmechanismen mit der Perspektive Gewaltverhinderung;*
- *Abbau extremistischer Orientierungen (Vorurteile, Feindbilder, Ausländerfeindlichkeit) sowie delinquenter oder Delinquenz begünstigender Verhaltensweisen;*
- *Steigerung von Selbstwertgefühl und Verhaltenssicherheit bei jugendlichen Fußballanhängern; Stabilisierung von Gleichaltrigengruppen;*
- *Schaffung eines Klimas, in dem gesellschaftliche Institutionen zu mehr Engagement für Jugendliche bewegt werden können;*
- *Rückbindung jugendlicher Fußballanhänger an ihre Vereine*"[15].

Realisiert werden diese Ziele durch Teilnahme an der Lebenswelt der Fußballanhänger (Begleitung zu Heim- und Auswärtsspielen, Besuche an Treffpunkten und sonstige Maßnahmen im Rahmen von »Streetwork«, Förderung der Beziehung zum Verein), durch Schaffung von Freizeitangeboten (Sporttreff, Arbeitslosentreff, Organisation von Fußballturnieren, Diskussionsveranstaltungen, Filmprogrammen, Fanzeitungs-Workshops etc.), durch Unterstützung der Fans bei der Selbstorganisation von Aktivitäten (Herausgabe einer Zeitung, Organisation von Auswärtsfahrten, Gründung eines Clubs, Beschaffung von Räumlichkeiten zur Gestaltung ihrer Fan-Kultur etc.), durch erlebnispädagogische und bildungsorientierte Freizeiten. Bei all diesen Projekten geht es darum, die Jugendlichen zu veranlassen regressive Identitätsformationen zurückzubilden.

4.2.3 Hooliganismus als Thema im Pädagogikunterricht

Das Thema Hooligans findet in den Lehrplänen des Faches Erziehungswissenschaft der gymnasialen Oberstufe keinerlei Erwähnung, entsprechend gibt es auch keine fachdidaktische Literatur, die der Lehrperson helfen könnte, das Thema unter dem Focus spezifisch pädagogischer Fragestellungen aufzubereiten. Wodurch erfährt ein solch exotisches Thema überhaupt seine Existenzberechtigung innerhalb des Pädagogikunterrichts?

Zunächst einmal wurde das Thema behandelt, weil die Schüler sich mit großer Mehrheit dafür entschieden haben. Im Rahmen eines schülerorientierten Unterrichts stellt diese Tatsache schon fast eine hinreichende Legitimation dar. Aber eben nur fast, denn die institutionellen Bedingungen von Schule lassen keinen Zweifel daran, dass Unterrichtsplanung nur dann von Schülerinteressen ausgehen kann, wenn diese sich innerhalb der Handlungsspielräume bewegen, die der allgemeine Bildungsauftrag von Schule und die curricularen Obligationen des Faches eröffnen.

Die Thematisierung von abweichendem Verhalten am Beispiel der jugendlichen Subkultur von Hooligans im Pädagogikunterricht entspricht den Anforderungen von neueren bildungstheoretischen Ansätzen, die die Bearbeitung von gesellschaftlichen Schlüsselproblemen als eine zentrale Aufgabe von Bildung ansehen[16]. Dass es sich bei dem hier zur Debatte stehenden Thema um ein solches Schlüsselproblem handelt, beweist die breite gesellschaftliche Aufmerksamkeit, die den Erscheinungsweisen von Hooliganismus gewidmet wird. Nicht zuletzt die traurigen Ereignisse bei der Fußball-WM 1998 in Frankreich, wo ein französischer Gendarm von deutschen Hooligans lebensgefährlich verletzt wurde, zeigen, dass Fanausschreitungen ein internationales Problem darstellen und dass das Thema von zeitloser Aktualität und Brisanz ist.

Relevanz für den Pädagogikunterricht hat ein bedeutsames gesellschaftliches Problem jedoch erst dann, wenn es im Focus der Erziehungswirklichkeit unter einer spezifischen pädagogischen Fragestellung behandelt wird. Diese pädagogische Akzentuierung ist mit der Anbindung an das in den Richtlinien ausgewiesene Halbjahresthema „Entwicklung und Sozialisation. Gefährdungen, Störungen, Chancen, Hilfen“[17] gegeben, denn das abweichende Verhalten von Hooligans kann als Erscheinungsform von gestörter Entwicklung und Sozialisation behandelt werden, deren Ursprünge unter anderem in Wandlungsprozessen der gesellschaftlichen und familialen Sozialisationsformen zu suchen sind. Die inhaltliche Strukturierung der Unterrichtsreihe gliedert sich in die drei Teilbereiche Erscheinungsweisen, Erklärungsansätze und Handlungsmöglichkeiten und entspricht den drei in den Richtlinien angegebenen thematischen Schwerpunkten „Erscheinungsweisen gestörter Entwicklung und Sozialisation“, „Beeinträchtigende Faktoren von Entwicklung und Sozialisation und Versuche ihrer wissenschaftlichen Erfassung“ und „Möglichkeiten pädagogischer Hilfen und Maßnahmen“[18].

In der ersten Sequenz wurde das Problem des abweichenden Verhaltens von Hooligans aus mehreren Perspektiven betrachtet um die Fragen zu klären, was für die Jugendlichen und jungen Erwachsenen, die sich der Subkultur Hooligans zuordnen, kennzeichnend ist und welche Verhaltensweisen wir meinen, wenn wir von Hooliganismus sprechen. Dabei wurden Selbstdarstellungen von Hooligans mit Berichterstattungen aus den öffentlichen Medien und mit empirischen Untersuchungsergebnissen verglichen. In der zweiten Sequenz stand die Problemfrage, wie das abweichende Verhalten von Hooligans zu erklären ist, im Zentrum der Unterrichtsplanung. Die dritte Sequenz, die aus der Vorbereitung, Durchführung und Auswertung der beiden Expertenbefragungen bestand, beschäftigte sich mit der Problemfrage: „Mit welchen Präventions- und Interventionsmaßnahmen lässt sich das Problem der gewalttätigen Ausschreitungen von Hooligans lösen?“. Im Folgenden findet sich ein knapper Überblick über die gesamte Unterrichtsreihe, um den Kontext des hier zu beschreibenden Unterrichtsvorhabens zu verdeutlichen. Die weiteren Ausführungen beziehen sich nur noch auf die dritte Sequenz mit dem methodischen Schwerpunkt Expertenbefragung.

Unterrichtsreihe über Hooligans **Pädagogik LK 12/2**

1. Sequenz: Erscheinungsweisen

Leitfrage: Von welchen Phänomenen sprechen wir und welche Jugendlichen meinen wir, wenn wir uns mit dem Problemfeld Hooliganismus beschäftigen?

1/2: Erfahrungsorientierter Einstieg: Austausch über Bilder aus der Fan-Szene, Einbeziehung eigener Erfahrungen und Einstellungen.
Erarbeitung einer Differenzierung der Fanszene und einer Definition von Hooligan

3/4: Film „Undercover“[19]

5/6: Filmbesprechung.
Analyse von Selbstdarstellungen und Fremddarstellung von Hooligans und ihren Verhaltensweisen anhand von Fanzine-Berichten, Zeitungsartikeln und wissenschaftlichen Beschreibungen.

2. Sequenz: Erklärungsansätze

Leitfrage: Wie ist das abweichende Verhalten von Hooligans zu erklären?

7/8: Einführung: Überblicksreferat über populäre Erklärungsmuster (Matrix von H.J. Schulz: „Aggressive Handlungen von Fußballfans“) .
Erarbeitung einer Gegenüberstellung von Äußerungen von Fans zur Erklärung ihres Verhaltens versus Äußerungen von Wissenschaftlern und Praktikern (Text: „Pulvern, das ist wie eine Sucht“)

9/10: Gesellschaftsbezogener Erklärungsansatz: Die Suche nach dem „Kick“ im Kontext gesellschaftlicher Modernisierungsprozesse (Text: Pilz, G.: „Zur Bedeutung von Emotionen in der Risiko- und Erlebnisgesellschaft“).

11/12: Personenbezogener Erklärungsansatz: Der Zusammenhang zwischen Ich-Schwäche und dem gewalttätigen Verhalten in der Masse (Text: Waßong:„Entwicklungspsychologische Ansätze“).

13/14: Evtl. Schülerreferat zu einem weiteren Erklärungsansatz (z.B. Zusammenhang zwischen Gewalt im Fußballsport und Zuschauergewalt oder zunehmende Kommerzialisierung des Fußballsports).
Beurteilung des komplexen Bedingungsgefüges von gewaltauslösenden Faktoren (gesellschaftliche, individuelle, situative, sportspezifische, medienbezogene Faktoren)
Schwerpunkt: gesellschaftliche und individuelle Ursachen (s.o.)

3. Sequenz: Handlungsmöglichkeiten

Leitfrage: Mit welchen Präventions- oder Interventionsmaßnahmen lässt sich das Problem lösen oder zumindest eindämmen?

15/16: Vorbereitung des Expertengesprächs mit den beiden Fan-Arbeitern

17/18: Durchführung des Expertengesprächs mit den Fan-Arbeitern vom Fanprojekt Bochum und Gelsenkirchen

19/20: Auswertung des Expertengesprächs

21/22: Vorbereitung des Expertengesprächs mit den szenekundigen Beamten aus Gelsenkirchen

23/24: Durchführung des Expertengesprächs mit den beiden Polizeikommissaren

25/26: Gesamtauswertung: Abschließende Beurteilung der erkundeten Handlungsmaßnahmen zum Problem Hooliganismus; (evtl. Erarbeitung eines Konzeptes über eine mögliche Koordination von Sozialarbeit und Polizeiarbeit oder Podiumsdiskussion mit verteilten Rollen oder Zeitungsartikel schreiben etc.)

4.2.4 Die Methode Expertenbefragung

Mit Expertenbefragung im weiten Sinne werden grundsätzlich alle Informationsprozesse bezeichnet, bei denen Fachleute aus der Praxis Schülern über bestimmte Sachzusammenhänge Auskünfte erteilen. Methodisch kann dies durch Demonstrationen, durch Interviews oder durch Vorträge erfolgen. Expertenbefragungen können am Arbeitsplatz oder am Wirkungsort des Fachmannes, also außerhalb der

Schule erfolgen – in dieser Form sind sie meist Bestandteil von Erkundungsbesuchen bestimmter Institutionen – oder innerhalb der Schule, wenn der Fachmann als Informator in den Unterricht eingeladen wird. Bei der letztgenannten Variante spricht man von Expertenbefragung im engeren Sinne[20]. Für die Gestaltung des Experteneinsatzes in der Klasse sind gemeinhin drei Möglichkeiten bekannt (Mischformen sind selbstverständlich auch möglich):

1) Der Experte hält zunächst ein Referat und die Schüler stellen anschließend Fragen.
2) Die Schüler interviewen den Experten und holen sich so die für die Bearbeitung des Unterrichtsgegenstandes benötigten Informationen.
3) Der Experte wird in Unterrichtsaktivitäten eingebunden, z.B. in ein Rollenspiel oder die Bearbeitung von Fallbeispielen.

Da die Sequenz, in deren Zusammenhang die Expertenbefragungen eingebettet sind, auf die Erkundung von Handlungsansätzen und deren kritische Beurteilung zielte und zudem eine schülerorientierte Vorgehensweise angestrebt wurde, erschien mir die zweite Variante am sinnvollsten[21]. Sie steht unter dem Motto: „Die Gruppe holt sich, was sie braucht“[22]. Mit diesem Motto wird zugleich eine wichtige Qualifikation angesprochen, die die Schüler durch die Methodenbeherrschung erlangen sollen, nämlich sich des Sachverstandes und Erfahrungsschatzes von Fachleuten gemäß den eigenen Bedürfnissen und Interessen zu bedienen.

Es ist eigentlich erstaunlich, dass die Methode Expertenbefragung nicht gängige Praxis im Schulalltag ist, denn sie besitzt den Vorteil einer hohen Authentizität und führt verhältnismäßig schnell zum Ziel. Durch die Beiträge eines Außenstehenden kann der Unterricht belebt und Wissen besonders praxisnah vermittelt werden. Gut vorbereitet, durchgeführt und nachbereitet kann eine Expertenbefragung grundsätzlich drei didaktische Funktionen erfüllen:

- Wissensvermittlung: Durch die Fachleute erhalten die Schüler besonders sachkundige Auskünfte.
- Motivation: Das Einbeziehen von Fachleuten aus der Praxis kann das Interesse an dem Unterrichtsstoff verstärken.
- Übung praktischer Fertigkeiten: Die Durchführung einer Expertenbefragung erfordert eine kompetente Fragetechnik vonseiten der Schüler. Das Gespräch beinhaltet auch die Möglichkeit Rückfragen zu stellen, um Erklärungen zu bitten, d.h. ein sachgerechtes Informationsverhalten zu trainieren[23].

Das bedeutsamste Argument für die Durchführung einer Expertenbefragung scheint mir jedoch zu sein, dass Informationen gezielt und praxisnah eingeholt werden können, und zwar unmittelbar an den Schülerinteressen orientiert und auf das Unterrichtsvorhaben bezogen. Dies ist durch keine mediale Vermittlung zu leisten. Welche Funktion eine Expertenbefragung hat, hängt sehr stark von den Zielsetzungen des Unterrichtsvorhabens und von der Stellung innerhalb der Unterrichtsreihe ab. Am Anfang einer Unterrichtsreihe kann sie dazu dienen, sich einen allgemeinen Überblick über das Thema zu verschaffen, um aus den gewonnenen Grundinformationen weiterführende Fragestellungen zu entwickeln. Am Ende einer Unterrichtsreihe kann durch die Befragung eines Experten das erarbeitete Wissen an der Praxis überprüft bzw. Theoriekenntnisse durch Praxiserfahrungen ergänzt werden oder ein bestimmter thematischer Aspekt durch die spezifischen Kenntnisse eines Experten vertieft werden. Meines Erachtens ist es günstiger, eine Expertenbefragung in der Mitte oder am Ende einer Unterrichtsreihe durchzuführen als am Anfang, wo die Schüler nur sehr allgemeine Fragen stellen könnten. Grundsätzlich gilt, je später der Experte vor die Schüler tritt, desto mehr wissen diese bereits über das Thema und desto gezielter und detaillierter können sie fragen. Die meisten Fragen entwickeln sich ja erst aus der Beschäftigung mit dem Gegenstand. Aus diesem Grund habe ich den Schülern zu Beginn der Unterrichtsreihe empfohlen sich Fragen zu notieren, die im Laufe des Unterrichtsprozesses entstehen, um sie dann später an die Experten stellen zu können.

Innerhalb des vorliegenden Unterrichtsvorhabens haben die beiden Expertenbefragungen mit den Fanarbeitern und den szenekundigen Polizeibeamten die Funktion, durch Erkundung zweier Praxisfelder, die sich mit Handlungsmaßnahmen bezüglich des abweichenden Verhaltens von Hooligans beschäftigen, Antworten auf die Problemfrage der dritten Sequenz zu finden und diese adäquat zu beurteilen. Sie dienen damit der Anbahnung von Urteilskompetenz und Problemlösungsfähigkeit in Bezug auf ein bedeutsames pädagogisches Problem. Beide Ziele stellen Teilqualifikationen von erzieherischer Handlungskompetenz dar, die gemeinhin als Globalziel des Pädagogikunterrichts gilt. Für die Realisierung des Unterrichtsanliegens, Urteilskompetenz auszubilden, war es von besonderem Vorteil, dass pro Befragung zwei Experten eingeladen wurden. Durch die teilweise unterschiedlichen Sichtweisen wurden die Schüler mit verschiedenen Perspektiven konfrontiert, was für die Urteilsbildung immer förderlich ist. Außerdem wird auf diese Weise einer blinden Expertengläubigkeit entgegengewirkt.

Eine Expertenbefragung ist kein bequemer Selbstläufer, sondern verlangt vom Lehrer viel Vorbereitungsarbeit und Geschick bei der Planung und Nachbereitung. Der Fachmann allein garantiert noch keinen Erfolg. Eine Expertenbefragung wird auf drei Ebenen vorbereitet: Organisation, Information des Experten, Vorbereitung der Schüler.

– *Organisation*:
Zur organisatorischen Vorbereitung gehört vor allem die rechtzeitige Terminplanung. Da die Expertenbefragung einen Baustein innerhalb der Reihenkonzeption bildet, sollte vor der Terminabsprache geklärt werden, welche Funktion die Befragung in dem thematischen Zusammenhang der Unterrichtsreihe erfüllt und – in Abhängigkeit davon an welcher Stelle die Durchführung günstig ist. Da ich schon in dem ersten Planungsgespräch vor Beginn der Unterrichtsreihe mit den Schülern vereinbart hatte, zwei Expertengespräche mit Fanarbeitern und szenekundigen Beamten in der dritten Sequenz durchzuführen, konnte ich frühzeitig mit der Auswahl und der Kontaktaufnahme zu den Experten beginnen. Dabei kamen mir die auf der Bundeskonferenz der Fanarbeiter geknüpften Kontakte sehr zugute. Es ist immer von Vorteil, wenn man den eingeladenen Experten persönlich kennt, um nicht an einen Selbstdarsteller zu geraten, bei dem die Schülerinnen und Schüler kaum eine Chance haben zu Wort zu kommen. In einem solchen Fall kann eine noch so gut vorbereitete Expertenbefragung zu einem frustrierenden Erlebnis für die Lerngruppe werden. Da der Schuletat in der Regel keine Erstattung von Reisekosten oder Honorare für eingeladene Fachleute vorsieht, ist bei der Auswahl der Experten darauf zu achten, dass diese möglichst aus der näheren Umgebung stammen, um deren Kosten und Zeitaufwand möglichst gering zu halten. Aufgrund der räumlichen Nähe, der Tatsache, dass Bochum und Schalke die Lieb-

lingsvereine der Schülerinnen und Schüler waren und nicht zuletzt aufgrund der freundlichen Aufgeschlossenheit der Gelsenkirchener und Bochumer Fanarbeiter während der Bundeskonferenz fiel die Wahl auf je einen Vertreter des Schalker und des Bochumer Fanprojekts. Über das Schalker Fanprojekt bekam ich auf Anfrage auch den Tipp, mich an die dort ansässigen szenekundigen Beamten zu wenden, die als sehr umgänglich gelten und sich einer recht großen Beliebtheit erfreuen. Auch sie zeigten sich meinem Anliegen gegenüber aufgeschlossen, machten mich jedoch auf die Beantragung einer Genehmigung für das Vorhaben bei dem Polizeipräsidenten aufmerksam. Eine genaue Terminabsprache wurde zu einem späteren Zeitpunkt – nach Vorliegen der Genehmigungen von Schulleitung und Polizeipräsident und nach der konkreten, mit den Schülern abgesprochenen Reihenplanung – vereinbart.

– *Information des Experten*:
Es reicht nicht, mit den Experten lediglich einen Termin zu vereinbaren. Da eine solche Befragung immer in einen Unterrichtszusammenhang eingebettet ist, muss der Experte über diesen Zusammenhang informiert werden, damit er beurteilen kann, welche Sachverhalte er vereinfacht ansprechen sollte, welche er ausweiten kann und von welchen Vorkenntnissen der Schüler er ausgehen kann. Dabei ist es Aufgabe des Lehrers nicht nur den Stoff zu skizzieren, sondern auch darzulegen, welche intentionalen Schwerpunkte verfolgt werden und welche didaktische Funktion die Expertenbefragung erfüllen soll. Unbedingt notwendig ist auch die Einweisung der Experten in die Methode. Sie müssen darüber informiert werden, dass sie keinen Vortrag vorbereiten sollen, sondern dass die Schüler im Unterricht Fragen vorbereiten werden, die dann in der Befragung gestellt werden. Diese Vorinformationen habe ich im Rahmen einer schriftlichen Einladung realisiert und noch einmal in einem Vorgespräch unmittelbar vor der Durchführung der Befragung konkretisiert, so dass die Experten Gelegenheit hatten eventuelle Rückfragen an mich zu richten. An der Vorbesprechung nahm auch eine Schülerin teil, die sich zur Übernahme der Moderation bei der Expertenbefragung bereit erklärt hatte.

– *Vorbereitung der Schüler*:
Die Qualität und das Ergebnis einer Expertenbefragung steht und fällt mit der Vorbereitung der Schüler. Der vorangehende Unterricht muss bereits darauf ausgerichtet sein, den Schülern die notwendigen Vorkenntnisse zu vermitteln, und sie in die Lage versetzen intelligente Fragen zu stellen. Ebenso wie der Experte müssen auch die Schüler mit der Methode, ihrer didaktischen Funktion und den Zielsetzungen der Unterrichtsreihe vertraut gemacht werden. Keinesfalls sollte man sich als Lehrperson darauf verlassen, dass den Schülern während der Expertenbefragung schon etwas einfallen wird. Möglicherweise fühlt sich dann keiner so recht verantwortlich für den Ablauf des Gesprächs und verlässt sich darauf, dass die anderen schon etwas sagen. Außerdem neigen Schüler erfahrungsgemäß, wie Heinz Heinrich Wolf betont, beim Auftreten von Fremden im Unterricht eher dazu, sich zurückzuhalten[24]. Auch wenn dadurch ein Stück weit Spontaneität eingeschränkt wird, würde ich immer zu einer vorherigen Ausarbeitung eines Fragenkataloges raten. Man muss sich ja bei der Durchführung nicht sklavisch daran halten, situative Modifikationen sind immer möglich, aber man hat zumindest ei-

nen roten Faden, an den man sich halten kann. Bei der Erarbeitung von Fragen kann auf die üblichen Methoden zurückgegriffen werden: Sammeln von Fragen im Klassengespräch, Erarbeitung durch Gruppen, Zusammenstellen von Fragen als häusliche Vorbereitungsaufgabe, Erarbeitung von Fragen durch die Auswertung von Texten, Fallbeispielen, Filmen[25]. Um den propagierten Zielen von Mitbestimmung, selbstständigem und eigenverantwortlichem Lernen gerecht zu werden, habe ich der Lerngruppe die Entscheidung über die Vorgehensweise bei der Vorbereitung der Fragen überlassen.

4.2.5 Unterrichtliche Konkretisierung: Vorbereitung, Durchführung und Auswertung der beiden Expertenbefragungen

Die Methode Expertenbefragung sollte in jedem Fall aus dem Dreischritt „Vorbereitung, Durchführung und Nachbereitung“ bestehen. Es wäre fatal die Nachbereitung wegzulassen, da erst durch den wechselseitigen Austausch mit den Mitschülern bestimmte Aspekte bewusst gemacht werden und kritische Reflexion entstehen kann. Die Vorbereitung, Durchführung und Auswertung der beiden Expertenbefragungen umfasste insgesamt 6 Doppelstunden. In der ersten Doppelstunde wurde die Expertenbefragung mit den Fanarbeitern geplant und vorbereitet. Dazu mussten demokratische Entscheidungen über Ziele, Inhalte und methodische Vorgehensweise getroffen und umgesetzt werden. Die Schülerinnen und Schüler waren zwar partielles selbstständiges Arbeiten gewöhnt, z.B. in Form der eigenständigen Bearbeitung eines vorgegebenen Arbeitsauftrages, die Planung eines ganzen Unterrichtsvorhabens inklusive Zielfindung und methodischer Entscheidungen war jedoch für die Lerngruppe neu. Aus diesem Grund konnte man sie bei dieser neuen Erfahrung keinesfalls sich selbst überlassen, sondern es galt den Prozess – zumindest am Anfang – behutsam zu steuern, ohne jedoch die Selbst- und Mitbestimmungsmöglichkeiten der Schüler zu untergraben. Die Steuerungsfunktion durch mich als Lehrkraft wurde im Verlauf des fortschreitenden Unterrichtsprozesses sukzessive zurückgenommen, um die Selbstständigkeit der Schüler zu fördern.

Voraussetzung für das Unterrichtsvorhaben in der ersten Doppelstunde waren Transparenz im Hinblick auf die Gesamtkonzeption der Unterrichtsreihe und die Vermittlung der Methodenkenntnis für die folgenden Expertenbefragungen. Die Struktur der Unterrichtsreihe war der Lerngruppe bereits aus dem Planungsvorschlag, den ich vor Beginn der Unterrichtsreihe zur Diskussion gestellt hatte, bekannt. Um den Schülerinnen und Schülern noch einmal bewusst zu machen, dass nach der Wahrnehmung und Deutung der Problematik des abweichenden Verhaltens von Hooligans nun die Dimension „Urteilen, Entscheiden, Stellung nehmen“[26] in den Vordergrund rückt, hatte ich eine Folie vorbereitet, die die „Dimensionen des Umgangs mit Erziehungswirklichkeit“ in Zuordnung zu der jeweiligen Sequenz darstellte und von einer Schülerin erläutert wurde. Diese methodische Entscheidung hatte die Funktion einer Standortbestimmung und diente der Lerngruppe als wertvolle Orientierung für die folgende Zielformulierung. Auf dieser

Grundlage wurde gemeinsam folgende sequenzbezogene Problemfrage formuliert: „Welche Handlungsmöglichkeiten bezüglich des gewalttätigen Verhaltens von Hooligans gibt es und wie sind diese zu beurteilen?“ Für die Planung der ersten Expertenbefragung mussten die Schülerinnen und Schüler sich also überlegen, was sie wissen müssen, um die Arbeit von Fanprojekten adäquat beurteilen zu können, und daran ihre Fragen orientieren.

Als primäres Ziel einigten sich die Schülerinnen und Schüler darauf, sich über die Arbeit der Fanprojekte zu informieren. Ein weiteres Ziel sollte die Überprüfung von im Unterricht erworbenem Wissen sein, insbesondere sollten die Fanarbeiter zu Aspekten befragt werden, die in der Literatur widersprüchlich dargestellt oder als problematisch erkannt wurden (z.B. die Differenzierung der Fanszene, Definition von Hooligans etc.).

Die Einführung in die Methode erfolgte mit Hilfe eines Thesenpapiers, das den Ablauf einer Expertenbefragung auf anschauliche Art darstellte (siehe Materialien). Die Lerngruppe verständigte sich darauf, die dort vorgeschlagene Vorgehensweise – allerdings mit geringfügigen Modifikationen – zu übernehmen. Als Nächstes musste geklärt werden, wie bei der Vorbereitung der Fragen vorgegangen werden soll. Sollten die Fragen spontan aufgeschrieben und dann geordnet und systematisiert werden oder sollte die Ausarbeitung der Fragen bereits nach strukturierten Fragebereichen erfolgen? Sollte die Erarbeitung im Plenum oder in Gruppen geschehen oder sollte sich jeder in Stillarbeit eine Frage überlegen, die ihn besonders interessiert? Die Vorbereitung der Fragen erfolgte nach einem Mehrheitsbeschluss in Kleingruppen, die nach Fragebereichen differenziert waren. Auf diese Weise konnten die Schülerinnen und Schüler interessensbezogen arbeiten und der Einzelne seine Partizipationsmöglichkeiten besser wahrnehmen als im Plenum, denn dort besteht immer die Gefahr, dass einige Schüler unbemerkt untertauchen und ihre Chance zur Mitbestimmung nicht nutzen.

Da es für einige Schüler ein systematisches Problem war, sich an den vorgegebenen Fragebereich zu halten, und einige Fragebereiche inhaltliche Überschneidungen aufwiesen, war es besonders wichtig für das Gelingen der Expertenbefragung, nach der Erarbeitung der Fragen eine Endredaktion durchzuführen. Dabei wurden die ausgearbeiteten Fragen noch einmal einer kritischen Prüfung unterzogen: Gehen die ausgearbeiteten Fragen konform mit den erarbeiteten Zielsetzungen? Gibt es Überschneidungen oder Wiederholungen bei einzelnen Fragen? Sind die Fragen verständlich formuliert, und lassen sie konkrete Antworten erwarten? Können die Fragen in der zur Verfügung stehenden Zeit beantwortet werden? Wo sind Prioritäten zu setzen? usw. Durch diese kritische Beurteilung der ausgearbeiteten Fragen erkannten die Schüler, dass die Ergebnisse einer Befragung zu einem großen Teil von der Fragetechnik abhängen und dass diese Fertigkeit erst durch Übung erworben werden muss. In diesem Zusammenhang lernten sie auch den Wert konstruktiver Kritik schätzen. In der Endredaktion wurden die Fragen noch in eine sinnvolle Reihenfolge gebracht, um eine logisch aufgebaute Gesprächsstruktur zu entwickeln. Außerdem musste noch geklärt werden, wer die Fragen stellt, wer moderiert, wie die Ergebnisse festgehalten werden, welche Sitzordnung gewählt werden soll usw. Die Wahl der Moderatorin erfolgte im Plenum, die Funktionen des Fragens und Protokollierens regelten die einzelnen Gruppen eigenverantwortlich unter sich. Jeder Gruppenprotokollant war demnach für das Festhalten der Antworten des gruppenspezifischen Fragebereichs verantwortlich.

Auf diese Weise verteilte sich die Aufgabe des Mitprotokollierens auf mehrere Schüler, was sich als sehr sinnvoll erwies, da ein einzelner Schüler mit dieser Aufgabe überfordert gewesen wäre. Für die Anfertigung von Protokollen sollte jedoch eine einheitliche Form vereinbart werden, entweder Verlaufsprotokolle in Interviewstil oder Ergebnisprotokolle in indirekter Rede.

Die vielen Entscheidungsprozesse, die die Lerngruppe bei der Vorbereitung der Expertenbefragung zu bewältigen hatte, stellten für die Schüler ein wichtiges Übungsfeld für demokratisches und soziales Handeln dar. Der Einzelne konnte hier lernen, für seine Interessen einzutreten, er konnte aber auch lernen die eigenen Bedürfnisse zugunsten einer Gruppenentscheidung zurückzunehmen. Auf diese Weise erfuhren die Schüler, dass sie kooperativ und solidarisch zusammenarbeiten müssen, wenn sie zu Entscheidungsprozessen kommen wollen. Um Eigenverantwortung und Selbstständigkeit der Schüler zu stärken, war es notwendig, mich in meiner Lehrerrolle stark zurückzunehmen. Meine Aufgaben konzentrierten sich primär auf die Leitung des Planungsgesprächs, die Unterstützung von Prozessen der Entscheidungsfindung sowie die Vervielfältigung des erarbeiteten Fragenkatalogs.

Unmittelbar vor der Expertenbefragung fand ein Vorgespräch statt, bei dem die beiden Fanarbeiter, die Moderatorin und ich anwesend waren. Für die Experten war es wichtig zu wissen, was die Schüler an Vorwissen bereits mitbringen, um sie mit ihren Antworten nicht zu langweilen. Die Gäste erhielten dabei Gelegenheit, schon einmal einen Blick auf den erarbeiteten Fragenkatalog zu werfen und sich abzusprechen, wer zu welcher Frage mehr sagen kann. Die Entscheidung, den Fanarbeitern den Fragenkatalog zum Mitlesen während der Expertenbefragung auszuhändigen, hat sich im Nachhinein als sehr positiv erwiesen, da die Experten bei der am Schluss aufkommenden Zeitknappheit äußerst flexibel reagieren konnten, indem sie den letzten Fragenkomplex zusammenfassend beantworteten. So konnte die Arbeit von allen Gruppen gewürdigt werden und niemand musste mit dem schalen Gefühl nach Hause gehen, die ganze Vorbereitungsarbeit in der Gruppe sei umsonst gewesen. Von Vorteil war auch, dass während der Befragung zwei Experten zur Verfügung standen, da die Schüler auf diese Weise unterschiedliche Wahrnehmungen und Deutungen des Problems Hooliganismus vermittelt bekamen. Unterschiedlich war auch das pädagogische Konzept und das berufsbezogene Selbstverständnis der Fanarbeiter. Während der Schalker Fanarbeiter seinen Schwerpunkt auf Gruppenaktivitäten und die Förderung der Vereinsbindung legte, war für den Bochumer Fanarbeiter die Einzelfallhilfe, die darin besteht, konkrete Hilfe in Krisensituationen zu leisten, sehr bedeutsam. Diese partiell unterschiedlichen pädagogischen Positionen und Argumentationen waren dem intendierten Prozess der Urteilsbildung durchaus förderlich.

In der Durchführung der Befragung bewährte sich die sorgfältige Planung der Expertenbefragung. Die Fragen der Schüler waren zielgerichtet und führten zu den gewünschten, für die Problembeurteilung wichtigen Informationen. Der Gesprächsverlauf folgte einer guten Strukturierung. Transparenz und zielgerichtetes kommunikatives Handeln wurden damit auch den Experten ermöglicht, was ihre Aufgabe erheblich erleichterte. Mit verschiedentlich eingeflochtenen Anekdoten aus der Praxis vermittelten die Fanarbeiter den Schülern einen lebendigen Eindruck von ihrem Klientel und der Fanprojektarbeit. Auch die Schüler kommunizierten kompetent und flexibel, indem sie manche Fragen an den aktuellen Gesprächsverlauf anpassten und geringfügig modifizierten, bzw. wenn eine noch nicht gestellte Frage im Zusammenhang mit einer anderen bereits beantwortet worden war, wurde eine vertiefende Frage eingebaut. Als Hausaufgabe bekamen die Schüler einen Fragebogen, der als Vorbereitung für die Auswertung der Expertenbefragung diente.

In der folgenden Stunde wurde die Expertenbefragung durch eine kritische Reflexion über Ziele, Inhalte und methodische Vorgehensweise ausgewertet und die Fanprojektarbeit unter der Fragestellung, ob sie ein geignetes Konzept für den Umgang mit Hooligans darstellt, beurteilt. Die Nachbereitung bezüglich der realisierten Ziele und der methodischen Vorgehensweise fand in den ehemaligen Kleingruppen statt. Dabei hatten die Schüler Gelegenheit sich zunächst über ihre im Fragebogen festgehaltenen individuellen Eindrücke auszutauschen. Die Konfrontation mit anderen Wahrnehmungen, Interpretationen und Argumenten innerhalb der Kleingruppe sollte der Entfaltung eines progressiven Reflexionsprozesses dienen, der sich insgesamt auf drei Ebenen vollzieht: der individuellen, der Gruppen- und der Plenumsebene. Danach wurde mit Hilfe der inzwischen vervielfältigten Gruppenprotokolle überprüft, ob die gesteckten Ziele erreicht und alle Fragen des jeweils zu bearbeitenden Fragebereichs zufrieden stellend beantwortet worden waren. Bei weiterem Informationsbedarf formulierten die einzelnen Gruppen noch offene Fragen, die anschließend im Plenum erörtert wurden. Dort, wo Unzufriedenheit mit den Ergebnissen auftauchte, reflektierten die Gruppen über die Ursachen und entwickelten methodische Verbesserungsvorschläge für die nächste Expertenbefragung. Insgesamt gesehen waren die Schüler jedoch mit der Durchführung und den Ergebnissen der Expertenbefragung sehr zufrieden und erkannten bei der Reflexion über das eigene Handeln den Wert der guten Vorbereitung.

Die inhaltliche Auswertung konzentrierte sich auf die Erarbeitung und Problematisierung des pädagogischen Handlungsansatzes der Fanprojekte. Dazu wurde mit Hilfe der Protokolle zu den jeweils relevanten Fragebereichen erarbeitet, welche Aufgaben und Ziele die Fanprojekte verfolgen und mit welchen Maßnahmen sie diese zu realisieren versuchen. Auf diese Weise sollte aus den zahlreichen Einzeläußerungen der Experten das der Arbeit zugrunde liegende Handlungskonzept der Fanprojekte und dessen pädagogische Begründung abgeleitet werden. Dieser Arbeitsschritt hatte demnach keinen rein reproduktiven Charakter, sondern erforderte durchaus auch strukturelle und abstrahierende Fähigkeiten. Zugleich bildete er die Basis für die folgende Beurteilung der Fanprojektarbeit, bei der u.a. der bedürfnisorientierte Ansatz und die erlebnispädagogischen Maßnahmen kontrovers diskutiert wurden.

Bei der Ergebnissammlung wurde deutlich, dass die Schüler bei der Expertenbefragung sehr viel Wissen erworben hatten. Viele Äußerungen der Experten waren noch fast bis in den Wortlaut hinein in den Schülerköpfen präsent. Die Gedächtnisleistung scheint bei dieser Methode höher zu sein als bei der Textarbeit. Gründe dafür könnten die höhere Schülermotivation sein und die Tatsache, dass bei erfahrungsorientiertem Lernen mehrere Eingangskanäle angesprochen werden. Aus den Schüleräußerungen wurde außerdem deutlich, dass das Gespräch mit den Fanarbeitern zu einer Einstellungsänderung gegenüber Hooligans und zu einer stärker pädagogisch ausgerichteten Problemwahrnehmung geführt hatte. Während sich die Schüler bei einer schriftlichen Befragung zu Einstellung und Vorwissen gegenüber Hooligans, die ich vor Beginn der Unterrichtsreihe durchgeführt hatte, äußerst negativ und abwertend über diese jugendliche Subkultur äußerten und bei der Frage nach geeigneten Handlungsmaßnahmen nur das Schutzbedürfnis der Zuschauer im Auge hatten, war nun die einseitig negative Bewertung einer differenzierteren Beurteilung gewichen und der Aspekt „Hilfe für die Problemfans" stärker ins Bewusstsein gerückt.

Zur Vertiefung und Vorbereitung auf die Befragung mit den szenekundigen Polizeibeamten bearbeiteten die Schüler in der Hausaufgabe einen Text, der aus pädagogischer Sicht unerwünschte Nebenwirkungen von Stadionverboten darstellt[27]. Dieser Text wurde von dem Bochumer Fanprojektmitarbeiter geschrieben, der bei der Expertenbefragung zu Gast war. Nach meiner Erfahrung hat die Behandlung einer Veröffentlichung des Experten im Unterricht eine motivierende Funktion, da die persönliche Bekanntschaft mit dem Autor das Interesse an dem Text erhöht.

Die Vorbereitung der zweiten Expertenbefragung erfolgte im Großen und Ganzen wie bei der ersten. Allerdings wurden zu Stundenbeginn die in der vorangegangenen Stunde gesammelten Verbesserungsvorschläge vorgelesen und diskutiert. Die Lerngruppe verständigte sich darauf, bei der Befragung der Polizeibeamten weniger Fragen auszuarbeiten, um noch mehr Raum für Rückfragen oder eine Diskussion am Schluss zu lassen. Rückfragen sollten auch sofort gestellt werden und nicht erst nach der Abarbeitung des gesamten Fragenkatalogs. Dadurch sollte die Befragung etwas aufgelockert werden.

Die vorgenommenen Modifikationen erwiesen sich in der Durchführung der Expertenbefragung mit den szenekundigen Beamten insofern als glückliche Entscheidung, als die kommunikative Situation weniger rigide und stereotyp wirkte. Die Schüler stellten zahlreiche vertiefende Fragen oder gaben kritische Stellungnahmen zu einzelnen Aspekten ab, so dass sich die Befragung hin und wieder mit Diskussionselementen mischte. Dadurch konnte das Informationsbedürfnis der Lerngruppe noch besser befriedigt werden als bei der ersten Expertenbefragung, die aufgrund der hohen Anzahl der vorbereiteten Fragen inhaltlich etwas überfrachtet war. Die Anforderungen an die Moderatorin und die Protokollanten waren jedoch höher. Nach meinen Erfahrungen sollten für eine 90-minütige Expertenbefragung auf keinen Fall mehr als 20 Fragen vorbereitet werden.

An dem entwickelten Fragenkatalog fiel auf, dass die Lerngruppe ihre Fragetechnik im Vergleich zur ersten Befragung insofern verbessert hatte, als die Fragen präziser und umfassender hinsichtlich des zu erwartenden Informationsgehalt ausfielen. Auch in der interaktiven Situation wirkten die Schüler kommunikativ kompetenter und selbstsicherer in ihrer Befragerrolle. Es gelang ihnen jetzt noch besser, für ihre Interessen einzutreten und sich des Sachverstandes der Experten zu bedienen. Diesen beobachtbaren Lernfortschritt haben die Schüler aus ihren eigenen Erfahrungen gewinnen können und damit gezeigt, dass selbstgesteuertes, eigenverantwortliches Lernen in der Schule möglich ist.

Auf der inhaltlichen Ebene erfuhren die Schüler bei der Befragung der szenekundigen Beamten eine Menge über die von der Polizei angewendeten Interventions- und Präventionsmaßnahmen zur Verhinderung von Gewalt im Rahmen von Fußballveranstaltungen. Während bei der Expertenbefragung mit den Fanarbeitern die Probleme und Bedürfnisse der gewaltbereiten Fans im Mittelpunkt standen, wurde durch die Perspektive der Polizei als Vertreter von Recht und Ordnung das Schutz- und Sicherheitsbedürfnis der übrigen Zuschauer in den Blickpunkt gerückt, so dass die Schüler Gelegenheit hatten das Problem von zwei Seiten zu beleuchten. Die szenekundigen Beamten gaben an ein gutes Verhältnis zu den Fans zu haben, obwohl sie konsequent gegen Regelverstöße im Stadion vorgehen und häufig Strafen verhängen müssen. Im Gegensatz zu den Fanarbeitern, die Stadionverbote und Arreste eher kritisch sahen, da sie einer weiteren Ausgrenzung und Stigmatisierung der Fans Vorschub leisten, hielten die Polizeibeamten Sanktionsmaßnahmen für legitim und sinnvoll. Indem die Schüler die Argumentationsstrukturen und Maßnahmen der Polizei zu denen der Fanprojekte in Beziehung setzten, konnten sie zu einer differenzierteren Betrachtung des Problems gelangen und sich aus den gesammelten Informationen ein Urteil über geeignete Handlungsmaßnahmen zur Lösung des Gewaltproblems von Hooligans bilden.

Um den Prozess der Urteilsbildung zu intensivieren und einer handlungsorientierten Erprobung zuzuführen, wurde in der letzten Doppelstunde der Unterrichtsreihe eine Podiumsdiskussion mit verteilten Rollen durchgeführt. Dazu formulierten die Schüler zunächst eine These, die der Position der Polizei entsprach und danach eine zweite These, die die Sicht der Fanprojekte wiedergab. Folgende zwei Thesen, die den Konflikt zwischen polizeilichen und sozialpädagogischen Handlungsmöglichkeiten verdeutlichten und eine gute Basis für eine kontroverse Podiumsdiskussion darstellten, wurden an der Tafel festgehalten:

1) Polizeieinsätze und Sicherheitsmaßnahmen sind notwendig, um die Zuschauer im Stadion vor gewalttätigen Übergriffen zu schützen.
2) Mit repressiven Maßnahmen wird das Gewaltproblem nicht gelöst, sondern allenfalls verlagert, wenn nicht gar verschärft. Deshalb sind sozialpädagogische Maßnahmen notwendig.

Zur Vorbereitung der Podiumsdiskussion wurden vier Gruppen gebildet, wobei zwei Gruppen Argumente zur Stützung der ersten These und zwei Gruppen Argumente für die zweite These zu sammeln hatten. Die einzelnen Gruppen schlüpften dabei in verschiedene Rollen. Ein szenekundiger Polizeibeamter und ein DFB-Vertreter befürworteten die polizeilichen und ordnungspolitischen Maßnahmen, ein Fan und ein Fanarbeiter propagierten die Gegenposition und erarbeiteten Begründungen für die Erhaltung der Freiräume der Fans im Stadion und für die Sozialarbeit innerhalb der Fanprojekte. Jede Gruppe bestimmte einen Gruppensprecher, der die erarbeiteten Argumente in der Podiumsdiskussion vertreten sollte. Streitpunkte der Podiumsdiskussion waren unter anderem folgende Aspekte: Integration von Hooligans versus Ausgrenzung; Symptomkurierung versus Ursachenbekämpfung; Schutz der Zuschauer versus Hilfe für Problemfans – was hat Vorrang?; Sind Sanktionen eine wirksame Maßnahme?; Ist Bedürfnisorientierung ein geeigneter pädagogischer Ansatz? Polizeieinsätze – Gewaltprävention oder Beitrag zu Eskalation?; Bewegungsfreiheit für die Fans oder noch mehr Zäune und Sitzplätze?

Die vier Gruppensprecher führten eine lebhafte kontroverse Diskussion, bei der die einzelnen Schüler ganz in ihren Rollen aufgingen. Zum Schluss hatten die Zuschauer der Diskussion Gelegenheit, zu den vertretenen Positionen und Argumenten Stellung zu nehmen und ihre persönliche Meinung darzulegen. Als Konsens stellte sich die Ansicht heraus, dass sowohl polizeiliche als auch sozialpädagogische Maßnahmen notwendig seien. Generell lösen könne man das Gewaltproblem von Hooligans jedoch nicht, da unsere Gesellschaft solche Phänomene hervorbringe. Die getroffenen Maßnahmen könnten zwar das Problem entschärfen, aber nicht aus der Welt schaffen. Um den sich abweichend verhaltenden Hooligans bei ihrer Lebensbewältigung zu helfen, sei die Fanprojektarbeit sicherlich eine gute Sache. Aber Präventivarbeit müsse bereits viel früher beginnen, in der Erziehung und der Schule. Außerdem müssten genügend Arbeitsplätze und Freizeitangebote geschaffen werden, damit die Jugendlichen Möglichkeiten fänden, Selbstbestätigung zu erfahren und ein gesundes Selbstbewusstsein zu entwickeln.

In der sachgerechten und differenzierten Argumentation der Schüler am Ende der Unterrichtsreihe zeigte sich, dass sie ein wesentlich größeres Problembewusstsein besaßen als zu Beginn der Unterrichtsreihe[28]. Durch das simulative Handeln in Form einer Podiumsdiskussion erhielt das in den Expertenbefragungen erworbene Wissen einen konkreten Anwendungsbezug und die angebahnte Problemlösefähigkeit einen handlungsorientierten Erprobungsspielraum. Meines Erachtens ist es immer sinnvoll, die Informationen aus einer Expertenbefragung nicht rein rezeptiv zu verarbeiten, sondern innerhalb eines anwendungsbezogenen Kontextes. Dies kann durch Formen simulativen Handelns realisiert werden (Streitgespräche, Planspiele, z.B. die Gerichtsverhandlung eines Hooligan, Fallberatung etc.) oder noch besser durch reales Handeln, das konkret in die gesellschaftliche Wirklichkeit eingreift, beispielsweise durch einen Zeitungsartikel, eine Ausstellung, einen Maßnahmenkatalog zur Lösung des Problems etc. In dem letztgenannten Sinne wäre die Öffnung von Schule, bei der meist außerschulische Vertreter in die Schule hineingeholt werden, keine Einbahnstraße, sondern die Schule würde durch das Heraustragen von Unterrichtsergebnissen in die Öffentlichkeit wieder auf die gesellschaftliche Wirklichkeit zurückwirken.

Aber auch dort, wo auf konkrete Handlungsmöglichkeiten im Unterricht verzichtet wird, sollte die Durchführung und Auswertung der Expertenbefragung auf jeden Fall in eine konkrete Fragestellung eingebunden sein, denn eine Methode als Form der Erkundung und Bearbeitung eines konkreten Problems einzusetzen ist nur dann sinnvoll, wenn den Schülern auch bewusst ist, welchem Zweck die Erkundung dient. Meines Erachtens ist das hohe Maß an Transparenz, das von Anfang bis Ende die Unterrichtsreihe durchzog, auch ein wesentlicher Faktor für das Gelingen des erfolgreichen selbstständigen Arbeitens der Schüler. Abgesehen davon können sich Schüler nur dann sinnvoll aktiv an der Unterrichtsgestaltung beteiligen, wenn sie durchschauen bzw. mitbestimmen, wohin der Unterrichtsprozess führen soll.

4.2.6 Fazit

Das didaktische Prinzip der Schülerorientierung war handlungsleitend für die Planung und Durchführung der gesamten Unterrichtsreihe. Es begann mit der selbstständigen Themenwahl durch die Schüler und der empirischen Erhebung von Vorkenntnissen und Schülerinteressen, setzte sich fort in variablen Unterrichtsplanungen, schülerorientierten Modifikationen bis hin zur eigenständigen Planung und Durchführung von Expertenbefragungen durch die Schüler. Der Lerngruppe wurde dabei sukzessive immer mehr Mitspracherecht und Selbstbestimmung bei der Gestaltung des Lernprozesses eingeräumt.

Die Methode Expertenbefragung erwies sich als eine gute Konkretisierung des didaktischen Prinzips der Schülerorientierung. Dabei wurden den Schülern weit reichende Selbstbestimmungsmöglichkeiten eingeräumt, die sie verantwortlich und kompetent zu nutzen wussten. Es wurden Vorschläge diskutiert, Pro-und-Kontra-Argumente gegeneinander abgewogen, Entscheidungen getroffen und wieder revidiert, wenn sie sich bei der Erprobung nicht bewährt hatten, mit einem Wort, die Schüler machten wertvolle Erfahrungen mit kommunikativem und demokratischem Handeln. Solche Unterrichtserfahrungen sollten eigentlich in einer demokratischen Gesellschaft die Regel sein, ein Blick in die gängige Schulpraxis zeigt jedoch, dass dem nicht so ist. Jedoch kann die Bildung zum autonomen Subjekt und zum verantwortlichen Mitglied der Gesellschaft nur dort gelingen, wo der Einzelne auch reale Erfahrungen von Selbst- und Mitbestimmung machen kann. Der mit dem Begriff „Subjektorientierung" bezeichnete Paradigmenwechsel innerhalb der Pädagogik und Didaktik wird trotz redlichen Bemühens einzelner Lehrkräfte im Bewusstsein der Schüler so lange eine „Leerformel" darstellen, wie Ohnmachtserfahrungen gegenüber institutionellen Zwängen und das subjektive Erleben von Fremdbestimmung dominieren.

Durch das hohe Maß an Autonomie, das ich der Lerngruppe insbesondere in der beschriebenen Sequenz zugestanden habe, konnten weitgehend selbstbestimmte Lernprozesse initiiert werden, die zu einem hohem Schülerengagement führten. Planen, Entscheiden, Handeln und Verantwortung für diese Handlungen übernehmen waren für die Schüler neue, aber wertvolle Erfahrungen. Hier konnten sie sich tatsächlich als Subjekte erleben, deren Meinung ernst genommen wird und sichtbare Konsequenzen nach sich zieht.

Für die Lehrperson bedeutet dies jedoch auch Verantwortung abgeben zu können, was ein gewisses Vertrauen in die Schüleraktivitäten voraussetzt. Da ich die Schüler weitgehend selbstständig arbeiten lassen wollte, hatte ich den schwierigen Drahtseilakt zu vollbringen, mich einerseits über den Lernprozess und Kenntnisstand der Schüler zu vergewissern (durch Hausaufgaben, Fragebögen, Beobachtung der Gruppenarbeit) um gegebenenfalls darauf reagieren zu können, und die Schüler andererseits auch nicht zu sehr zu beeinträchtigen.

Auf der unterrichtlichen Ebene trug der Besuch der Experten zu einer Belebung des Unterrichtsalltags bei und führte zu einer besonders sachkundigen und praxisnahen Vermittlung von Wissen. Die Lerngruppe hatte Gelegenheit ein Problem aus mehreren Perspektiven zu beleuchten und sich einen Einblick in zwei unterschiedliche Beufsbilder zu verschaffen. Dadurch wurde ein Beitrag zur Ausbildung von Urteilsfähigkeit und Problemlösungskompetenz geleistet.

Dass Letzteres gelungen ist, zeigte nicht nur das Streitgespräch in der letzten Stunde, sondern auch die Ergebnisse der Abschlussbefragung, die eine leicht modifizierte Wiederholung der Eingangsbefragung darstellte und zur Sichtbarmachung der Lernfortschritte durchgeführt wurde. Veränderungen waren insbesondere auf der Einstellungsebene zu beobachten. Die Schüler hatten ein neues Bild von Hooligans gewonnen, das sich von der einseitig auf den Gewaltaspekt reduzierten Betrachtungsweise zu Beginn der Unterrichtsreihe stark unterschied. Klischees und Stigmatisierungsprozesse, wie sie durch die Darstellungen in den öffentlichen Medien geschürt werden, waren weitgehend abgebaut worden, wenngleich das gewalttätige Verhalten der Hooligans weiterhin abgelehnt wurde. Am auffälligsten waren die Unterschiede bei der Frage nach den für sinnvoll erachteten Handlungsmaßnahmen. Während sich zu Beginn der Unterrichtsreihe die Schüler fast ausschließlich für ordnungspolitische und polizeiliche Maßnahmen ausgesprochen hatten, wurde in der Endbefragung die sozialpädagogische Arbeit für genauso bedeutsam befunden und in differenzierter Weise begründet, dass das Problem mit polizeilichen und sozialpädagogischen Maßnahmen allein nicht zu lösen ist.

Zusammenfassend kann ich meine Erfahrungen mit der beschriebenen schülerorientierten Arbeitsweise nur als positiv bewerten. Die Vorbereitung, Durchführung und Auswertung der Expertenbefragungen hat der Lerngruppe großen Spaß gemacht und zu Unterrichtsergebnissen geführt, mit denen sich die Schüler identifizieren konnten. Wenn man Schülern die Gelegenheit gibt sich aktiv zu beteiligen und Verantwortung zu übernehmen, kann dabei sehr viel Positives herauskommen.

Anmerkungen:

1 Pilz 1997, S. 30
2 Vgl. Mathesius 1992, Klappentext
3 Landeskriminalamt NRW. Jahresbericht Fußball. Saison 1995/96, Düsseldorf 1997, S. 1, Anlage 3
4 Vgl. ebd. und Jahresbericht Fußball des Landeskriminalamt NRW 1997, S. 3
5 Pilz 1997, S. 29
6 vgl. Heitmeyer/Peter 1988, S. 32/33
Diese Sichtweise, dass Hooligans keine richtigen Fußballfans seien, wurde in den Expertengesprächen von den Fanarbeitern und den szenekundigen Beamten nicht bestätigt und wird auch in der Literatur sehr unterschiedlich dargestellt.
7 Pilz 1997, S. 29
8 Vgl. Gabler/Schulz/Weber 1982 und Schulz 1986
9 Vgl. das gleichnamige Buch von Gerhard Schulze
10 Vgl. das gleichnamige Buch von Ulrich Beck
11 Die Schülerinnen und Schüler des Kurses hatten sich in 12/1 mit den gesellschaftstheoretischen Positionen von Heitmeyer, Schulze und Beck auseinander gesetzt, so dass hier eine wertvolle Verknüpfung mit dem Lernstoff des vorangegangenen Halbjahres stattfinden konnte.
12 Allerdings zeugt die Berichterstattung in der Presse und den Fanzine-Berichten davon, dass die aufgestellten Verhaltensregeln zunehmend verletzt werden und sich gruppeninterne Selbstregulierungsmechanismen mehr und mehr auflösen. Wachsende Brutalität und Skrupellosigkeit sind die Folge.
13 Pilz 1997, S. 18
14 Bei der Behandlung des Zusammenhangs von Ich-Schwäche und gewalttätigem Verhalten können die Schülerinnen und Schüler ihre psychoanalytischen und entwicklungspsychologischen Vorkenntnisse gut einbringen.
15 KOS-Schriften 1 1994, S.117
16 Vgl. Klafki 1994
17 Richtlinien, S. 49
18 Ebd.
19 Spannender Spielfilm, in dem ein verdeckter Ermittler immer mehr in den Sog einer englischen Hooliganszene gerät und am Ende selber zum Hooligan wird
20 Vgl. Wolf 1992, S. 741
21 Wenn ich im Folgenden von Expertenbefragung spreche, meine ich diesen zweiten Typus.
22 Vgl. den gleichnamigen Aufsatz in Lipp/Will, 1996, S. 49 ff.: Expertenbefragung – die Gruppe holt sich, was sie braucht.
23 Vgl. Wolf 1992, S. 741
24 Wolf 1992, S. 744
25 A.a.O., S. 745
26 Die Reihenplanung orientierte sich an dem fachdidaktischen Ansatz von Stiller, der vier Dimensionen des Umgangs mit Erziehungswirklichkeit unterscheidet: 1. Wahrnehmen, Erkennen, Darstellen, 2. Deuten, Analysieren, Erklären, 3. Urteilen, Entscheiden, Stellung nehmen, 4. Planen, Simulieren, Handeln. (Vgl. Stiller 1997, S. 56)
27 J. Scheidle, Stadionverbote – Wie reagieren die Fans, wie reagiert die Pädagogik? In: KOS-Schriften 5, S. 79 ff.
28 In der Eingangsbefragung vor Beginn der Unterichtsreihe hatte sich der größte Teil der Schüler bei der Frage nach geeigneten Maßnahmen zur Lösung des Gewaltproblems für Polizeischutz und Strafmaßnahmen ausgesprochen.

Literatur:

Beck, Ulrich, Risikogesellschaft. Auf dem Weg in eine andere Moderne, Frankfurt 1986

Becker, P., Fußballfans. Vormoderne Reservate zum Erwerb und zur Verteidigung männlicher Macht und Ehre, in: Völger, G./Welck, K. von (Hg.), Männerbünde, Köln 1990, S. 149-156

Becker, P., Polizei und/oder Sozialpädagogik, in: Gehrmann, Th. (Hg.): Fußballrandale, Hooligans in Deutschland, Essen 1990

Becker, P./Pilz, G.A., Die Welt der Fans. Aspekte einer Jugendkultur, München 1988

Bohnsack, R./Loos, P./Städtler, K./Schäffer, B./Wild, B., Die Suche nach Gemeinsamkeit und die Gewalt der Gruppe. Hooligans, Musikgruppen und andere Jugendcliquen, Opladen 1995

Buford, B., Unter Hooligans. Geil auf Gewalt, München 1994

Bundesinstitut für Sportwissenschaft, Fanverhalten, Massenmedien und Gewalt im Sport, Köln 1988

Farin, K./Hauswald, H., Die dritte Halbzeit: Fußballfans und Hooligans, 1993

Gabler/Schulz/Weber, Zuschaueraggressionen – eine Feldstudie über Fußballfans, in: Pilz, G. A. (Hg.), Sport und Gewalt, Schorndorf, 1982, S. 23-59

Gehrmann, Th., (Hg.), Fußballrandale, Hooligans in Deutschland, Essen 1990

Glöckel, H., Schülerorientierter Unterricht, in: Pädagogische Welt, 1/1977, S. 20-33

Heitmeyer, W./Peter, J.I., Jugendliche Fußballfans, München 1988

Horak, R./ Reiter, W./Stocker, K. (Hg.), Ein Spiel dauert länger als 90 Minuten – Fußball und Gewalt in Europa, Hamburg 1988

Klafki, W., Schlüsselprobleme als inhaltlicher Kern intentionaler Erziehung, in: Seibert, N./Serve, H.J (Hg.), Bildung und Erziehung an der Schwelle zum dritten Jahrtausend, München 1994

Koordinationsstelle Fan-Projekte bei der Deutschen Sportjugend (Hg.), Soziale Arbeit mit Fußballfans. KOS-Schriften 1, Frankfurt/Main 1994

Koordinationsstelle Fan-Projekte bei der Deutschen Sportjugend (Hg.), Anstoß: Impulse für die Fan-Arbeit. Eine Dokumentation der 1. Bundeskonferenz der Fan-Projekte in Bochum. KOS-Schriften 2, Frankfurt/Main 1994

Koordinationsstelle Fan-Projekte bei der Deutschen Sportjugend (Hg.), „Wij halen onze fietsen terug – wir holen unsere Fahrräder zurück“ Vom Prozess einer nachbarschaftlichen Annäherung, KOS-Schriften 4, Frankfurt/Main 1995

Koordinationsstelle Fan-Projekte bei der Deutschen Sportjugend (Hg.), Nord-Süd-Gipfel: Eine Dokumentation der 3. und 4. Bundeskonferenz der Fan-Projekte in München und Hamburg, KOS-Schriften 5, Frankfurt/Main 1997

Kübert, R./Neumann, H./Hüther, J./Swoboda, H., Fußball, Medien und Gewalt. Medienpädagogische Beiträge zur Fußballfan-Forschung, München 1994

Kultusminister des Landes Nordrhein-Westfalen (Hg.), Gymnasium Oberstufe. Richtlinien Erziehungswissenschaft, Düsseldorf 1981

Landeskriminalamt NRW, Jahresbericht Fußball Saison 1995/96, Düsseldorf 1997

Leisenheimer, G., Ziel unserer Schulentwicklung: Lernziel Selbstständigkeit, in: Pädagogik 2/1997, S. 18-22

Lipp, U./Will, H., Das große Workshop-Buch. Konzeption, Inszenierung und Moderation von Klausuren, Besprechungen und Seminaren, Weinheim 1996

Matthesius, B., Anti-Sozial-Front. Vom Fußballfan zum Hooligan, Opladen 1992

Pilz, G.A./Schippert, D./Silberstein, W. (Hg.), Das Fußballfanprojekt Hannover. Ergebnisse und Perspektiven aus praktischer Arbeit und wissenschaftlicher Begleitung, Münster 1990

Pilz, G. A., „Emotionen beleben das Geschäft“ – Vom widersprüchlichen Umgang mit der Gewalt: eine sozialkritische Analyse, in: Nord-Süd-Gipfel: Eine Dokumentation der 3. und 4. Bundeskonferenz der Fan-Projekte in München und Hamburg. KOS-Schriften 5, Frankf./M. 1997, S. 16-43

Schippert, D., Immer Ärger mit den Fans. Unterrichtshilfen zu einer sport- und gesellschaftspolitischen Thematik, Hildesheim 1988

Schirp, H., Öffnung von Schule und projektorientiertes Arbeiten, in: Gagel, W./Menne, D. (Hg.), Politikunterricht. Handbuch zu den Richtlinien NRW, Düsseldorf 1988, S. 201 ff.
Schulz, H.J., Aggressive Handlungen von Fußballfans, Schorndorf 1986
Schulze, G., Die Erlebnisgesellschaft, Frankfurt/M. 1996
Stiller, E., Dialogische Fachdidaktik. Paderborn 1997
Waßong, E., „...und dann machen wir eben Randale", Düsseldorf 1986
Wolf, H.H., Die Expertenbefragung als Methode im Politik- und Wirtschaftslehreunterricht, in: Geschichte, Erziehung, Politik 12/1992, S. 739-748

4.3 Schüler reflektieren Schule – Arbeiten mit „Phoenix", Band 1

Gabriele Krafeld

4.3.1 Pädagogikschüler suchen den Dialog

Im Grundkurs Pädagogik 11 des Städtischen Gymnasiums Haltern (elf Schülerinnen und zwei Schüler) wurde im November 1996 ein Projektvorschlag des Lehrbuches *„Phoenix"*[1] aufgegriffen, eine Podiumsdiskussion zum Thema Erziehungswirklichkeit in der Schule zu planen und durchzuführen. Die Thematik der Podiumsdiskussion wurde von den Schülerinnen und Schülern[2] offener als im *„Phoenix"* vorgeschlagen formuliert: *„Das Lehrer-Schüler Verhältnis am Städtischen Gymnasium Haltern"*.

Curricular bewegte sich der Unterricht des Kurses im folgenden Rahmen[3]:

Lernbereich:	Erziehungswirklichkeit unter den Aspekten von Interaktion und Lernen
Kursthema:	Erziehungssituationen und Erziehungsprozesse
Schwerpunkt /Aspekt:	Erzieherrolle und Erzieherverhalten

Innerhalb der Unterrichtsreihe *„Was ist Erziehung?"* waren der Durchführung des Projekts die folgenden drei Sequenzen vorausgegangen:

Thema der Unterrichtsreihe:

Was ist Erziehung und was kann ich im Pädagogikunterricht über mich selbst und über Erziehung in meinem sozialen Umfeld lernen?

Im Vordergrund stand die bewusste Wahrnehmung von Erziehungssituationen und Erziehungsprozessen (unter besonderer Berücksichtigung von Erzieherverhalten und Erziehungsstilen).
Die Schüler sollten für Fragestellungen und Themen des Faches Pädagogik interessiert werden, in ersten Ansätzen erzieherisches Handeln differenziert beurteilen und in erzieherischen Situationen handlungsfähig werden.

Sequenzen der Unterrichtsreihe:

1. **„Erziehung – muss das denn (so) sein?"**
   Erziehung und Erzogen werden

Einführung in das Fach Pädagogik, um die Schüler einen ersten Einblick in pädagogische Fragestellungen und Themen gewinnen zu lassen.
Die Lernenden sollten zur begründeten Formulierung eines wertfreien Erziehungsbegriffes befähigt werden sowie die Bereitschaft und die Fähigkeit entwickeln, eigene Erfahrungen mit Erziehung zu reflektieren und mitzuteilen.

2. **„Solange du deine Füße unter meinen Tisch stellst ..."**

Analyse und kritische Bewertung von Erziehungsverhältnissen und Erziehungsstilen als Grundmuster pädagogischen Handelns. Die Lernenden sollten verschiedene Erziehungsstile (permissive, autoritäre, demokratische) kennen lernen, um diese in ihren Mustern und Intentionen zu erfassen sowie Vor- und Nachteile kritisch herauszuarbeiten.
Auf dieser Basis sollten die Schüler dazu befähigt und veranlasst werden, einen ihrer Meinung nach idealen Erziehungsstil zu entwerfen und reale Möglichkeiten seiner Umsetzung in Erziehungssituationen zu diskutieren.

3. **„Man kann nicht nicht kommunizieren!"[4]**

Die Sequenz war darauf ausgerichtet, die Wahrnehmung kommunikativer Aspekte pädagogischen Handelns anzuleiten. Die Lernenden sollten Kommunikation als einen wesentlichen Aspekt nicht nur im Verhältnis zwischen Erzieher und zu Erziehendem, sondern zwischenmenschlicher Beziehungen überhaupt kennen lernen. [5]

4. **„Wir wollen, dass es anders wird. Wir stellen die Lehrer zur Rede."**
   Pädagogikschüler suchen den Dialog

Planung, Durchführung und kritische Reflexion des Projekts: „Das Lehrer-Schüler-Verhältnis am Städtischen Gymnasium Haltern". Ziel:

1. Erfahrungen mit projektorientiertem Arbeiten machen;
2. eigene Ansprüche und Wünsche als realisierbare Vorschläge formulieren, angemessen präsentieren und zur Diskussion stellen.[6]

4.3.2 Planung des Projekts

Die Schüler des Pädagogikkurses begründeten ihre Entscheidung für das gewählte Projektthema in einem offenen Gespräch, in dem deutlich wurde, dass sie das Verhältnis zwischen Lehrenden und Lernenden als problematisch erfahren haben.

Als Hauptmotiv stellte sich in diesem Gespräch heraus, dass die Projektteilnehmer sich in ihrer Schülerrolle gegenüber den Lehrenden oft als macht- und sprachlos empfinden.

Gerade angesichts zunehmender Anforderungen in der Oberstufe fühlten sich die Schüler durch das belastete Verhältnis zu den Lehrpersonen in ihrer Lernmotivation und Leistungsfähigkeit eingeschränkt.

Von einem Dialog mit Lehrern versprachen sie sich eine offene Auseinandersetzung mit ihren Problemen und eine gemeinsame Problemfindung.

Mit der Wahl des Projektthemas zeigten die Lernenden die Bereitschaft, Konflikte nicht einfach hinzunehmen, sondern Probleme auch dann aufzugreifen und anzugehen, wenn sie in Autoritätsverhältnissen scheinbar festgefahren sind.

Als zweite Motivation zur Wahl des Projektthemas kristallisierte sich im Verlauf des Gesprächs das Anliegen heraus, die Lehrer-Schüler-Situation auch für die Fünftklässler zu verbessern, bei denen einige Projektteilnehmer Patenschaften übernommen hatten. Dieser Wunsch resultierte aus der eigenen Erfahrung der Pädagogikschüler, dass frühe Erfahrungen von Angst und Ohnmacht gegenüber autoritären und unsensiblen Lehrpersonen das Verhältnis zu den Betreffenden nachhaltig prägten und bis in die Oberstufe belasteten. In dieser Hinsicht fühlten sich die Kursteilnehmer für ihre Mitschüler verantwortlich, deren Situation sie – neben der eigenen – im Rahmen des Projekts zu verbessern hofften.

Das zu Beginn der Unterrichtssequenz zunächst nur vage umrissene Thema „*Das Lehrer-Schüler-Verhältnis*“ musste nun differenzierter und konkreter gefasst werden.

Auf der Basis eigener Beobachtungen und Erfahrungen nutzten die Schüler die Möglichkeit, mit Hilfe eines Kartenszenarios[7] spontan Anregungen, Vorschläge und kritische Fragen zu formulieren, die in der Diskussion an Lehrer gerichtet werden sollten. Die Karten wurden nach Bereichen geordnet, Nebensächliches und Dopplungen wurden aussortiert und Schwerpunkte gesetzt. Hiervon ausgehend entschlossen sich die Schüler, das Gesamtergebnis des Kartenszenarios in Form von Fragen festzuhalten, die den Lehrern gestellt werden sollten:

Fragen an Lehrer und Referendare (bearbeitetes Ergebnis des Kartenszenarios):

- Wie erklären Sie sich die Lustlosigkeit, mit der Schüler oft am Unterricht teilnehmen?
- Was machen Sie, wenn Sie merken, dass Ihre Schüler nicht mehr aufpassen?
- Wie würden Lehrer den idealen Schüler beschreiben?
- Finden Sie, dass Schüler eher in der Schule oder eher zu Hause erzogen werden?
- Meinen Sie, dass Menschlichkeit, Offenheit, Spontaneität, Direktheit in unserer Gesellschaft verloren gegangen sind?
- Vermissen Sie bestimmte Einflüsse auf die Schüler?
- Wie stellen Sie sich ein ideales Lehrer-Schüler-Verhältnis vor?
- Was halten Sie von einem kameradschaftlichen Verhältnis zu Schülern?
- Ist Ihnen das persönliche Verhältnis zu Ihren Schülern eher wichtig oder eher gleichgültig?
- Was für ein Verhältnis haben Sie zu Ihren Schülern?
- Wie sollten die Formen des Umgangs miteinander sein?
- Warum müssen sich manche Lehrer vor ihren Schülern beweisen, indem sie blöde Kommentare abgeben oder einen bestimmten Schüler vor der Klasse „runterputzen“?
- Haben Sie Autorität oder sind Sie eine Autorität?
- Haben Sie Interesse an den Schülern „als Person”, also auch an deren Problemen usw.?
- Würden Sie einem Schüler anmerken, ob er ein Problem hat? Wenn ja, würden Sie auf ihn zugehen und ihm Hilfe anbieten?
- Machen Sie sich Gedanken über die Ursachen schlechter Zensuren?
- Bieten Sie schlechten Schülern Hilfe an?

- Gehen Sie mit zu Kurstreffen, um die Schüler kennen zu lernen und sie besser zu verstehen?
- Welchen Erziehungsstil bevorzugen Sie in Ihrem Unterricht?
- Wie wurden Sie erzogen (permissiv, autoritär, demokratisch)?
- Wie erziehen Sie Ihre Kinder?
- Glauben Sie, dass sich Ihr Umgang mit den Kindern nach deren Alter richtet?
- Was denken Sie über autoritäre Erziehung?
- Glauben Sie, dass die Erziehung durch den Lehrer ein Kind in seinem späteren Leben beeinflusst?
- Beschreiben Sie Ihren Unterrichtsstil und begründen Sie ihn.
- Wie sieht für Sie der ideale Unterrichtsablauf aus?
- Gehen Sie streng nach dem Lehrbuch vor oder lassen Sie sich auf Abweichungen ein?
- Tun Sie etwas Bestimmtes um Ihren Unterricht interessant zu gestalten?
- Nach welchen Kriterien unterrichten Sie?
- Versuchen Sie Fachwissen mit Erziehung zu koppeln?
- Was halten Sie von Gruppenarbeit?
- Beziehen Sie die Schüler in die Planung Ihres Unterrichts mit ein?
- Was halten Sie von Unterrichtsprojekten?

Im Anschluss an diese Sammelphase planten die Schüler selbstständig ihr weiteres Vorgehen. Auf der Grundlage dieses Fragenkatalogs wurden im Plenum Thesen gesammelt, aus denen sich vier herauskristallisierten:
1. Lehrer haben nur ihr Lernziel vor Augen;
2. Lehrer haben (zeigen) kein Interesse an Schülern;
3. Durchsetzungsmittel: Druck;
4. Lehrer nutzen ihre Machtposition.

Zu diesen Themenstellungen bildeten sich Arbeitsgruppen, in denen weiterführende Fragen entwickelt sowie eigene Vorstellungen und Wünsche formuliert wurden. In Reflexions- und Koordinationsphasen des Plenums berichteten die Gruppen über den Stand ihrer Arbeit. Mitschüler gaben sich gegenseitig Hilfestellung, ergänzten und präzisierten die Ergebnisse der einzelnen Gruppen. Im Plenum wurden jeweils am Stundenende Vorschläge für die Weiterarbeit diskutiert.

Ausgehend von den Ergebnissen der Arbeitsgruppen entschied sich der Kurs, folgende Leitfrage für die Podiumsdiskussion festzulegen: „*Wie sieht das ideale Lehrer-Schüler-Verhältnis aus der jeweiligen Perspektive aus?*"

Im Plenum wurden auf der Grundlage der Ergebnisse der Arbeitsgruppen konkrete Veränderungsvorschläge und Wünsche zu den Unterrichtsmethoden, zu den Inhalten und zur Qualität der Beziehung zwischen Lehrenden und Lernenden formuliert.

Folgende Vorschläge wurden für die Diskussion mit den Lehrpersonen zusammengestellt:

Ziele/Absichten des Gesprächs:
- Lehrer sollen Schüler als ganzen Menschen sehen;
- mehr Respekt auf beiden Seiten;
- Lehrer halten 45 Minuten-„Vorlesungen" – Wunsch nach weniger Frontalunterricht;
- Lehrer sollen mehr auf Schüler (insbesondere auf deren Interessen) eingehen;
- es sollte mehr **miteinander** gearbeitet werden;
- Lehrer sollen mehr Interesse an der Meinung der Schüler haben und dieses Interesse auch zeigen;

- Lehrer sollen ihre eigene Meinung auch benennen und dazu stehen;
- Lehrer sollen Schülern mehr Möglichkeiten zu Diskussionen geben;
- Lehrer sollen sich auf Diskussionen mit Schülern einlassen;
- Wunsch nach mehr Praxisbezug im Unterricht (z.B.: Exkursionen);
- Schüler sollen in die Unterrichtsplanung einbezogen werden: z.B.: im Deutschunterricht selbst wählen und entscheiden dürfen, welche Bücher gelesen werden; z.B.: mitentscheiden können, welche Inhalte, Themen ... eines Buches besprochen werden;
- Wunsch, eine Jahresarbeit (fächerübergreifend) zu erstellen;
- Lehrer sollen den Unterricht anschaulicher und „glanzvoller" gestalten; z.B.: Einsatz von Karikaturen;
- Unterricht sollte nicht zu streng und nicht zu locker sein;
- Wunsch, die Möglichkeit zu erhalten, gemeinsam an einem Projekt zu arbeiten: z.B. dass im Fach Kunst nicht jeder für sich arbeitet, sondern dass gemeinsam eine große Skulptur für den Schulhof erstellt wird.

4.3.3 Zur Organisation und Durchführung des Projekts

Nachdem die Schüler beschlossen hatten, Mitschüler des zweiten Pädagogikkurses der Jahrgangsstufe 11 zu dieser Veranstaltung als Gäste einzuladen, wurde im Plenum lebhaft diskutiert, welche Lehrer und Referendare eingeladen werden sollten. Entscheidend für die dann erfolgte Auswahl war, dass neben Lehrern, deren Unterricht und Erziehungsstil die Mehrzahl der Schüler kritisierte, auch Lehrer eingeladen werden sollten, deren Unterricht und Erziehungsstil die Schüler schätzten.

Ein großer Raum wurde ausgewählt und eine geeignete Sitzordnung für die Podiumsdiskussion vereinbart. Der Ablauf der Podiumsdiskussion wurde festgelegt und folgende Aufgaben delegiert: Diskussionsleiter, Protokollführer, Beobachter, Erstellung eines Plakates, Aufnahme per Video.

Um zu gewährleisten, dass die Verantwortung für das Gelingen der Diskussion aufseiten der Pädagogikschüler gleichmäßig verteilt war, wurden alle oben angeführten Vorschläge an die Schüler des Kurses verteilt und eine Reihenfolge verabredet, in der die Fragen gestellt werden sollten.

Ein zunächst unterschätztes Problem war die Terminierung der Veranstaltung. Sie sollte in einer Doppelstunde des Pädagogikkurses stattfinden, und das brachte einige organisatorische Schwierigkeiten mit sich, da die eingeladenen Lehrer und Referendare (sofern sie keine Freistunde hatten) ihren Unterricht verlegen oder vertreten werden mussten. Die Schüler des Kurses überzeugten den Schulleiter in einem persönlichen Gespräch von ihrem Projekt und erreichten die Freistellung der eingeladenen sechs Lehrer und fünf Referendare.

Die eineinhalbstündige Podiumsdiskussion erwies sich als großer Erfolg für die Schüler, die sich engagiert und couragiert für ihre Ziele einsetzten. Als positiv stellte sich insbesondere heraus, dass Aufgabenbereiche im Vorfeld verpflichtend delegiert worden waren und sich dadurch alle Schüler des Kurses aktiv beteiligten. Hilfreich war, dass die Schüler eine Reihenfolge verabredet hatten, in der sie ihre Fragen stellen konnten. Hierdurch wurde ihnen nach der Begrüßung der Diskussionsleiterin besonders der Einstieg in eine erste Kontroverse erleichtert.

Einen exemplarischen Eindruck vom thematischen Spektrum der Diskussion soll der folgende Auszug aus den Aufzeichnungen der Protokollanten geben:

Angesprochene Aspekte der Diskussion:

Kritik von Lehrern an der Institution Schule:
- Schule als Institution (insbesondere der vorgegebene 45 Minuten-Takt) verhindert menschliche Begegnung;
- Kritik an den RL-Vorgaben;
- hohe Belastung durch viele Korrekturen

Kritik von Lehrern an Schülern:
- Schüler sind zu passiv;
- Schüler machen keinen Gebrauch von Angeboten;
- Kurstreffen kommen nicht zustande;
- Schüler kommen nicht zu Sprechtagen

Kritik von Schülern an Lehrern:
- Schüler erfahren zu wenig über Lehrer;
- Lehrer machen Schüler „runter";
- Lernen mit Angst! Ursache vor allem: Einschüchterung bereits in der 5. Klasse

Wünsche von Lehrern in Bezug auf institutionelle Voraussetzungen:
- längere Zwischenpausen, die ein Gespräch mit Schülern nach einer Stunde ermöglichen;
- Möglichkeiten für Teamarbeit von Lehrern

Wünsche von Lehrern an Schüler:
- andere Form von Kurstreffen planen;
- mehr Initiative von Schülern/innen;
- kontinuierlichere und z.T. bessere Vorbereitung auf den Unterricht

Wünsche von Schülern an Lehrer:
- persönlicher Kontakt, besonders in der Klasse 5;
- mehr Mitbestimmung im Unterricht, besonders in den Planungsphasen;
- mehr Rückmeldung im Unterricht;
- eine Schülerin: Druck kann auch positiv und notwendig sein

Reflexion der Podiumsdiskussion:
Die Podiumsdiskussion wurde in der folgenden Stunde kritisch reflektiert und ausgewertet. Hierzu tauschten die Schüler zunächst in einem Brainstorming ihre Eindrücke und Beobachtungen aus. Neben der kritischen Überprüfung des eigenen Verhaltens in der Diskussion ging es vor allem darum, die stattgefundenen Interaktionsprozesse zu analysieren und die Ergebnisse der Diskussion zu beurteilen.

Auch außerhalb des Kurses stieß die Podiumsdiskussion bei Schülern und Lehrern auf breites Interesse, was die Pädagogikschüler dazu motivierte, das Projekt *„Lehrer-Schüler-Verhältnis"* nicht nur zu dokumentieren (Schülerzeitung), sondern auch im Hinblick auf die gesetzten Ziele weiterzuführen. Einen besonderen Schwerpunkt bildete dabei die Untersuchung, welche konkreten Wünsche Schüler der fünften Klassen haben um das Verhältnis zu ihren Lehrern zu verbessern.

4.3.4 Abrundung und Dokumentation des Projekts:

In Arbeitsgruppen bereiteten die Schüler eine Befragung der fünften Klassen vor und führten diese durch. Die Schüler der Klassen 5 erhielten farbige Karteikarten, auf denen sie (anonym) notierten,was ihnen in der Schule gut gefällt und was sie sich anders wünschten. Die Antworten der Schüler wurden vom Kurs arbeitsteilig ausgewertet und im Plenum wurde mit den nach Bereichen geordneten Originalkarten eine sowohl inhaltlich aussagekräftige als auch optisch ansprechende Wandzeitung für das Lehrerzimmer erstellt.

Auszüge aus der Wandzeitung:

„Was wir uns von Lehrern wünschen!"

Befragung der fünften Klassen — Pädagogik GK, 11/1, 1996

„Dass niemand an die Tafel muss bei Vokabeln!"	„Viel mehr Gruppenarbeit."	„Dass man (z.B. in Englisch) auch mal Lieder singt oder etwas vorspielt."
30x: „Weniger Hausaufgaben".	„Mehr Vertretungsstunden!"	**22x:** „Mehr zusammen unternehmen!"
„Weniger Hausaufgaben! Keine Strafe, sondern nachholen."	„Nicht so schnell diktieren."	„Dass Freiarbeit nächstes Jahr weiter geht und nicht abgebrochen wird."
„Keine Strafarbeiten!"	„Der Unterricht soll nicht laut sein."	„Nicht in die Pause reinarbeiten!"
„Die Lehrer sollten mehr Geduld haben."	**51x:** „Die Lehrer sollen nicht so viel schreien!"	„Interessante Themen!"

Diese Wandzeitung stieß auf großes Interesse des Kollegiums, lieferte Gesprächsstoff und führte zu Nachfragen bei den Schülern des Kurses. Lobend äußerte sich der Schulleiter, der sich besonders erfreut über die positive Resonanz der Fünftklässler auf die neu eingeführte „Freiarbeit" zeigte. Die Pädagogikschüler zeigten großes Interesse an der von vielen Fünftklässlern positiv beurteilten Freiarbeit. Um einen Einblick in diese Unterrichtsform, die sie selbst nicht kennen gelernt hatten, zu gewinnen, besuchten sie die Klasse 5 d in einer Unterrichtsstunde, in der „Freiarbeit" praktiziert wurde, und zeigten sich begeistert.

Nach diesen gemeinsamen Aktionen wurde abschließend in drei Gruppen an der Dokumentation der Projektergebnisse gearbeitet. Die erste Gruppe verfasste einen Projektbericht für die Schülerzeitung mit den Punkten: erste Projektidee, Verbesserung des „*Lehrer-Schüler-Verhältnisses*", Podiumsdiskussion, Resonanz seitens der Lehrer und Schüler, Veränderungen im „Lehrer-Schüler-Verhältnis", Reflexion des Projektes, Weiterarbeit am Projekt.

Gruppe 2 erarbeitete einen Fragenkatalog um die Wünsche der Lehrer zum „*Lehrer-Schüler-Verhältnis*" zu erfahren. Die ausgefüllten Bögen wurden von der Gruppe ausgewertet und die Wünsche der Lehrer per Wandzeitung den Schülerinnen und Schülern aller Jahrgangsstufen in einem Schaukasten zugänglich gemacht.

In der dritten Gruppe wurde ein Spiel „(Labyrinth)" entwickelt, bei dem es darum ging, den Weg zu einer besseren Schulwirklichkeit zu finden. Spieler (Lehrer und Schüler) gelangen auf Felder, auf denen man Aufgaben zu bewältigen hat, um an Kreuzungen weitergehen zu dürfen. Unerwünschtes Umgehen bzw. falsche Entscheidungen führen auf Irrwege und damit ins Aus, während erwünschtes Verhalten die Teilnehmer einen Schritt weiter führt, auf dem weiten Weg zum Ziel, an dem es ein optimales „Lehrer-Schüler-Verhältnis" gibt.

Zusammenfassend kann gesagt werden, dass die Durchführung des Projekts als eine gelungene Auseinandersetzung der Schüler mit sozialen Problemen im Allgemeinen und mit pädagogischen Problemen im Besonderen bezeichnet werden kann. In der Diskussion mit den Lehrern zeigten die Schüler Kommunikations- und Handlungsfähigkeit, Selbstbewusstsein und Zivilcourage. Diese Erfahrung wurde von den Lernenden sehr positiv erlebt und als direkter Erfolg gewertet.

Der langfristige Erfolg der Verbesserung des Lehrer-Schüler-Verhältnisses wird davon abhängen, ob die in der Diskussion gemachten Erfahrungen von beiden Seiten im Alltagshandeln umgesetzt werden können.

Anmerkungen:

1 Vgl. hierzu: „Projektvorschläge zum selbstständigen Weiterarbeiten: Organisieren Sie eine Podiumsdiskussion zu der These: ‚Ohne demokratische Erziehung keine Demokratie in der Schule!'" [...] H. Dorlöchter/G. Maciejewski/E. Stiller: Phoenix – Der etwas andere Weg zur Pädagogik. Ein Arbeitsbuch, Band 1, Paderborn 1996, S. 65.

2 Im Folgenden werden die Begriffe Schüler, Referendare und Lehrer geschlechtsneutral verwendet.

3 Vgl.: Richtlinien für die gymnasiale Oberstufe in Nordrhein-Westfalen. Erziehungswissenschaft. Hrsg. vom Kultusminister des Landes Nordrhein-Westfalen, Köln 1981, S. 37.

4 Watzlawik, P. u.a.: Menschliche Kommunikation, Bern 14/1990, S. 50ff.

5 Die Schülerinnen und Schüler sollen den Vorschlag Thomas' Gordons, „konfrontative Ich-Botschaften" auszusenden, als eine Möglichkeit kennen lernen, schwierige Kommunikationssituationen zu bewältigen. Danach sollen sie ihn in einem Rollenspiel erproben um dazu befähigt zu werden, die Chancen, Möglichkeiten und Grenzen von „Ich-Botschaften" in Kommunikationssituationen erfassen, beurteilen und anwenden zu können. Vgl. Thomas Gordon, „Die neue Familienkonferenz", Hamburg 1993, S. 161ff.

6 Zur genaueren Beschreibung der Ziele vergleichen Sie bitte die letzte Seite dieses Berichtes.

7 Die Schüler erhielten hierzu Karteikarten und Edding-Stifte. Auf jeder Karteikarte durfte nur eine Frage oder ein Stichwort vermerkt werden. Geordnet wurden die Karten, indem jeweils ein/e Schüler/in eine Karte vorlas und inhaltlich zugehörige Karten von den Mitschülern erhielt. Das Ergebnis des Kartenszenarios wurde festgehalten.

4.4 Das Konflikttraining

Christina Vogt

4.4.1 Einleitung/Anliegen

Das hier in gestraffter und gekürzter Form dargestellte Konflikttraining ist vor dem Hintergrund der Stärkung des Subjekts im Hinblick auf Zivilcourage zu sehen. Dieser Ansatz impliziert den innovativen Versuch, der einer realen, teilweise „geduldeten", weil nicht „bekämpften" Gewalt präventiven Nutzen leisten kann und unter anderem auch die Rolle der scheinbar Unbeteiligten berücksichtigt. Insofern steht im Zentrum der Aufmerksamkeit dabei die Orientierung am Subjekt bzw. die Subjektwerdung. D.h. dass die Hilfestellung für die Schülerinnen und Schüler, den Weg zu sich selbst zu finden, ein gestärktes Ich oder/und größere Empathiefähigkeit zu entwickeln, als wesentliche Komponente gesehen wird.

Ausschlaggebend für diesen Ansatz war das von den Schülerinnen eines 12er Leistungskurses gewünschte Thema, bei dem sie etwas für sich persönlich (d.h. sowohl auf der kognitiven als auch auf einer emotionalen und körperlichen, weil handelnden Ebene) lernen konnten. Dieser Wunsch ließ sich gut mit meinem Anliegen kombinieren. Meiner Meinung nach sollte Lernen nach dem Prinzip der Schülerorientierung stattfinden. Gerade durch ein derart gestaltetes Lernen, in dem die Schülerinnen und Schüler nicht nur als Objekte Inhalte vermittelt bekommen, sondern als Subjekte konkret an der Planung und Mitgestaltung teilhaben, wird meines Erachtens ein „richtiges" Lernen ermöglicht. Die Schülerinnen und Schüler sollen als aktive und bewusste Subjekte behandelt werden. Dementsprechend müssen bestimmte Bedingungen geschaffen werden, die ihnen diese Subjektbildung ermöglicht.

Für einen aktuellen Bezug dieser Faktoren sorgten zu der Zeit einige Zeitungsartikel, die über eine in der S-Bahn passierte Vergewaltigung einer Frau vor den Ohren und Augen der Mitreisenden berichteten. In diesen Artikeln wurde über die passive Haltung der Mitreisenden, die eventuell aus Angst, mangelnder Courage oder Gleichgültigkeit resultieren könnte, berichtet. Da gerade im Kontext der Richtlinien „Entwicklung und Sozialisation: Gefährdungen, Störungen, Chancen, Hilfen" psychische Gewalt am Gymnasium und dort im Besonderen Mobbing in der Jahrgangsstufe 12 thematisiert werden kann, war mein Anliegen, auch in Bezug auf die aktuellen Zeitungsmeldungen, gerade ein Aktivsein bzw. ein gestärktes Selbst zu trainieren.

4.4.2 Hinführung/Beobachtungen

Die von mir beobachtete Gewalt an Gymnasien in der Oberstufe ist subtil, weil sie sich überwiegend auf einer psychischen Ebene vollzieht. Dieses lässt sich teilweise auch auf der Lehrer-Schüler-Ebene, der Schüler-Schüler-Ebene und der Schüler-Lehrer-Ebene beobachten. Es geht in diesem Zusammenhang nicht um einmalige gewalttätige Aktionen, die eventuell als harmlos, weil zufällig aufgetreten, bezeichnet werden können, sondern um das Mobben. Mobbing erscheint allerdings bislang in der Literatur hauptsächlich in dem Kontext von Betrieben. Laut Leymann[1] impliziert der Begriff Mobbing *„(...) negative kommunikative Handlungen, die gegen eine Person gerichtet sind (von einer oder mehreren anderen) und die sehr oft und über einen längeren Zeitraum hinweg vorkommen und damit die Beziehung zwischen Täter und Opfer kennzeichnen.“*[2]

Wenn man von der Prämisse ausgeht, dass über eine Million Menschen in Deutschland von Mobbing betroffen sind und gerade auch die Begrifflichkeiten in diesem Zusammenhang, wie z.B. Täter und Opfer, markant erscheinen, besteht meines Erachtens Handlungsbedarf.

Leymanns Definition weiter verfolgend und den Ausdruck der negativen kommunikativen Handlungen gegen eine Person dezidierter betrachtend, kann davon ausgegangen werden, dass bei den Tätern, die die Opfer mobben, „Defizite“ im Konfliktverhalten bestehen. Diese Sichtweise ermöglicht einen viel intensiveren, weil engeren, persönlicheren Zugriff für einen Präventionsansatz als die bislang eingesetzten Möglichkeiten. Wenn wirklich von einer Steigerung der Gewalt in der Schule und steigender Gewaltbereitschaft von Kindern und Jugendlichen ausgegangen werden kann, sehe ich hier, unabhängig von der Vielzahl an äußeren Möglichkeiten, wie z.B. Schul(hof)gestaltung oder Einrichtung der Klassen, die sicherlich auch nicht vernachlässigt werden dürfen, einen wertvollen und gravierenden „Ergänzungszugriff“, der einerseits bei der Person, der Individualität jedes Einzelnen ansetzen kann und andererseits jedoch nicht nur als „Ergänzung“ betrachtet werden darf. Insofern halte ich die Thematik des Mobbing als eine Form von Konfliktverhalten, gerade auch in dieser Reduzierung, die den Inhalt pointiert darstellt, für einen wesentlichen Unterrichtsinhalt, der nicht nur auf das Fach Pädagogik beschränkt bleiben kann. Deshalb würde ich auch denjenigen, die ein solches Training mit Schülerinnen und Schülern durchführen möchten, empfehlen, fächerübergreifend zu arbeiten. Für ein fächerübergreifendes Arbeiten kämen meines Erachtens die Fächer Deutsch und Sport in Frage. Im Deutschunterricht können z.B. verbale und nonverbale Kommunikation behandelt werden, mit dem Schwerpunkt auf Ich-Botschaften[3] und Rhetorik. Allein wegen des benötigten Platzes bei den Entspannungsübungen, Spielen und weiteren Übungen bietet sich schon die Sporthalle an. Im Sportunterricht kann dann begleitend über Entspannungsübungen, pantomimische Darstellungen, selbststärkende Übungen und Spiele, um nur einiges zu nennen, geredet und diese können ausprobiert werden. Hier wird aber schon deutlich, dass die Trennung zwischen den einzelnen Fächern nicht stringent erfolgen kann. Viele Aspekte, wie z.B. die nonverbale Kommunikation (Körpersprache/ Pantomime), können auch im Deutschunterricht oder in Pädagogik thematisiert werden. Generell geht es aber immer um Anknüpfungspunkte für eine Gewaltprävention. Bei dem zentralen Stellenwert der Schülerinnen und Schüler, als selbst aktiv werdende Subjekte, und der Orientierung an ihnen, sollen sie zur Selbstständigkeit herausgefordert werden. In diesem Zusammenhang erscheint es dann auch sinnvoll und notwendig, die Empathie zu fördern. Die *„Bereitschaft und Fähigkeit sich mit anderen zu verständigen, mit anderen zusammenzuarbeiten, zu urteilen und zu entscheiden"*[4] ist wichtig und unverzichtbar, um eine Selbstverwirklichung in sozialer Verantwortung zu erreichen. Das Programm zur Prävention ist dann am wirkungsvollsten, wenn auch zentrale Dinge von emotionalen und sozialen Kompetenzen vermittelt werden, da auch hier von einer Ganzheitlichkeit ausgegangen wird.

Um den ganzheitlichen Gedanken zu fördern, würde ich jetzt rückblickend empfehlen, das Training als Projekt im Fach Pädagogik durchzuführen. Das Konflikttraining sollte auf eine längere Dauer hin angelegt werden, da sich längerfristig wesentlich mehr positive Möglichkeiten abzeichnen. Bei einem Projekt können weiterhin viele Schülerinnen und Schüler angesprochen und man kann der Komplexität des Themas gerecht werden. Die Komplexität belegt jedoch auch, dass die einzelnen Inhalte nicht der Reihe nach abgehandelt werden können, sondern der ständigen Übung und Wiederholung bedürfen.

Im Bereich des Mobbing sind außer den oben genannten Aspekten noch weitere Momente von Bedeutung, wie z.B. mögliche Ursachen und Auswirkungen des Mobbing, die Täter- und die Opferposition und eventuelle, typische Charaktermerkmale. In diesem Zusammenhang kann sicherlich nicht von einem umfassenden Katalog mit charakteristischen Merkmalen eines typischen Opfers oder Täters ausgegangen werden, in dem alle spezifischen Typisierungen enthalten sind und der demzufolge als Checkliste zur Verfügung steht. Dennoch können deutliche Tendenzen bestimmter Persönlichkeitsmerkmale für ein „typisches" Opfer oder einen „typischen" Täter, wie einige Untersuchungen belegen, nachgewiesen werden. Das „typische" Opfer ist eher als ruhig, zurückhaltend, sensibel und tendenziell als physisch schwächer zu charakterisieren. Es kann auf einen Angriff mit Weinen oder absolutem Rückzug in sich und Isolation reagieren oder auf der anderen Seite mit einer Persönlichkeits- und damit verbundenen Verhaltensveränderung dahingehend, dass es eher aggressiv wird. Demgegenüber hat der „typische" Täter eine eher positive Einstellung zur Gewalt und tritt aggressiv auf. Sein Verhalten kann als impulsiv, dominant und wenig einfühlsam gegenüber anderen bestimmt werden. Er fällt darüber hinaus auch durch regelverletzendes und antisoziales Verhalten auf.

4.4.3 Das Training/Aufbau

Das Training wird zu Präventionszwecken eingesetzt, um einerseits die Rolle der scheinbar Unbeteiligten bei einem Konflikt aufzuzeigen und somit den Empathiegedanken zu stärken. Andererseits soll gerade auch das Subjekt gefördert und gestärkt werden, damit es nicht eventuelle Opfercharakteristika aufweist und sich wehren kann. Weiterhin soll den Schülerinnen und Schülern aber auch die Position des Täters bewusst gemacht werden. Zunächst wird die Unterrichtsreihe durch einen wissenschaftspropädeutischen Untergrund gefestigt, bei dem die Schülerinnen und Schüler zu Beginn einen eher allgemeinen Einblick ins Thema Gewalt in der Schule erlangen. Von ihren Erfahrungen, Fragen, Problemstellungen und Interessen ausgehend, wird der Bereich des Mobbing dezidierter betrachtet und als ein Aspekt herausgegriffen, der den Realitätsbezug für die Lerngruppe aufweist. Der theoretische Unterbau wird jedoch nicht nur auf der rein kognitiven Ebene vermittelt, sondern auch durch Fallbeispiele und Umsetzungen in Rollenspiele konkretisiert und veranschaulicht. Die Schülerinnen und Schüler sollen hier das Fundament für die weitere Arbeit erwerben, in dem sie ihre weiteren Kenntnisse, Fähig- und Fertigkeiten gut verankern können. In dem eigentlichen Konflikt*training* bekommen jedoch die praktischen Spiele und Übungen einen herausragenden Stellenwert, da sie eigentlich in dieser Form und Intensität für den Pädagogikunterricht ein Novum darstellen.

Zur besseren Veranschaulichung des Aufbaus und um einen Überblick zu erlangen, habe ich das Konflikttraining bildlich dargestellt.

Gewalt in der Schule → MOBBING

Das Dach und die einzelnen Parzellen sind als Ziele der Sequenz anzusehen. Eventuell wird die in der Grafik vorgenommene Aufteilung deutlich, wenn man davon ausgeht, dass die in den Säulen aufgeführten Inhalte die Bereiche darstellen, die die entsprechende Übung oder das entsprechende Spiel aufgreifen. Die Parzellen stellen dann demzufolge das dar, was bei dem Einzelnen erreicht werden und wozu er befähigt werden soll. Sie sind als „kleinere" Ziele auf dem Weg zu dem höchsten zu erreichenden Ziel des Aktivwerdens zu sehen. Das Aktivwerden ist allerdings nicht als bloßer Aktionismus zu verstehen. Hierunter wird bewusstes Handeln, Sich-Einsetzen für andere, um nicht zu den scheinbar Unbeteiligten zu gehören, und ein konkreter, auch kognitiver Hintergrund gefasst.

Die Sequenz ist so aufgebaut, dass erst Übungen gemacht werden, die einen Inhalt transportieren (eine Säule), und dann im Verlauf der Sequenz Kombinationen aus den unterschiedlichen Säulen erfolgen.

4.4.4 Der Gesamtzusammenhang der Reihe

Phase	**Inhalt**	**Methode**
Einführung, Orientierung, Auswahl 1. Std.	Wissen und Erfahrung: Gewalterfahrungen	Lied[5]: → Schnellschreiben
Planung, Erarbeitung 1 2./3.	eigene Kategorisierungen von Gewalt in der Schule	Kartenszenario
4./5.	Ausarbeitung und Verknüpfung der im Kartenszenario aufgeworfenen Bereiche	Mindmaps
6./7.	Mobbing	theoretischer Text Leymann, Wandzeitung
8./9.	mögliche Ursachen für Mobbing	eigene grafische Modelle
Vertiefung, Beurteilung 10./11.	Außerschulische Ursachenbereiche für Gewalt in der Schule	theoretischer Text Hurrelmann, Fallbeispiel
12./13.[6]	mögliche Folgen, Auswirkungen von Mobbing	Rollenspiel
14./15.	Ambivalenz des Konfliktbegriffs → Chance zur Veränderung → eigener Konfliktstil	Rollenspiel, Standbilder Fragebogen
Anwendung, Erarbeitung 2, Beurteilung 16./17.	Stellenwert des Ichs für die Konfliktprävention	Rollenspiel, Ich-stärkende Übung
18./19.	Bedeutsamkeit von verbaler und nonverbaler Sprache	Rollenspiel → Ich-Botschaften, Ich-stärkende Übung

20./21.	**Mimik und Körpersprache[7] → Gefühlsdarstellung**	**Schminken, Polaritätenspiel**
22./23.	Pantomimischer Gefühlsausdruck, eigene Wertschätzung	Pantomime, Ich-stärkende Übung, „Anker setzen", „Brief an sich selbst"
24./25.	verbale und nonverbale Kommunikation	Übung für das Körpergefühl, verbale Übung, Spiel
Anwendung, Vertiefung, Beurteilung 26./27.	Umsetzen des Erlernten, De-Eskalation einer Mobbingsituation	Rollenspiel
28./29.	kognitive „Umwälzung" des Erlernten für die Klausur[8]	Wandzeitung

4.4.5 Zielvorstellungen

Insgesamt soll die Unterrichtsreihe die Schülerinnen und Schüler zum Handeln befähigen, sie ermutigen und stärken, um aktiv zu werden.

Im Folgenden werde ich auf dieses recht anspruchsvolle und global gehaltene Ziel und die damit verbundenen Methoden näher eingehen.

Die Schülerinnen und Schüler sollen auf einer theoretischen Grundlage aufbauend und unter Berücksichtigung und Ausformung der Empathiefähigkeit grundlegende Kompetenzen im Bereich der verbalen und nonverbalen Kommunikation, der Kreativität, der Selbstsicherheit (z.B. Ichstärke, selbstsicheres Auftreten), das Formulieren von Ich-Botschaften und den Einsatz von Körpersprache durch eine Schulung der kognitiven, emotionalen und körperlichen Ebenen erlangen, um gerade auch Mobbing-, d.h. Konfliktsituationen, besser bewältigen und konstruktiv begegnen zu können. Schon durch die Formulierungen wird deutlich, dass der Schwerpunkt des Trainings handlungsorientierte, methodische Zugriffe impliziert. Hier ist auf eine breite Auswahl zu achten, da eventuell einige Schülerinnen und Schüler sich mehr auf die Ebene des Szenischen Spiels einlassen können, während andere vielleicht mehr durch selbststärkende Übung lernen und für sich erreichen können.

Das Konflikttraining ist u.a. darauf ausgerichtet, sozial ängstlichen, also zurückgezogenen und schüchternen Schülerinnen und Schülern zu einem selbstsicheren Auftreten zu verhelfen. Als Ziele stehen demnach Selbstbehauptungs- und Durchsetzungsreaktionen im Vordergrund, z.B. Ablehnen von Forderungen, Ausdruck von Ärgergefühlen, Wunschäußerungen, Anmelden und Durchsetzen von Interessen und Stellen von Forderungen. Diese aufgeführten Ziele können aber auch auf eine Förderung der gesamten zwischenmenschlichen Interaktion ausgeweitet werden.

Weiterhin soll auch die Bedeutung von Empathiefähigkeit eine wesentliche Berücksichtigung finden. Denn einige Schülerinnen und Schüler „passen" nicht unbedingt in ein „Schema des Opfers", sondern können auch der Täterseite zugerechnet werden. Diese brauchen nicht unbedingt eine Stärkung oder Vertiefung der Selbstsicherheit, sondern müssen eher die Fähigkeit ausbilden, für Abgrenzungen zwischen z.B. Selbstsicherheit und Aggression, zwischen Schwäche und Nachsicht, Selbstbehauptung und Rechthaberei sensibilisiert zu werden, diese zu erkennen und zu treffen. Meine Entscheidung spiegelte sich darin wider, dass viele Schülerinnen und Schüler nämlich nicht das Problem haben, ihre Meinung zu vertreten oder zu widersprechen, sondern in diesem Zusammenhang eher die „Dosierung" problematisch zu sein scheint. Die Schülerinnen und Schüler ließen Äußerungen manchmal mit einer unangemessenen Heftigkeit oder im falschen Moment gegenüber eher Schwächeren verlauten, um nur einige Schwierigkeiten zu benennen.

4.4.6 Methoden

In dem Training kommen unterschiedliche Formen der dargestellten Methoden vor. Es kann dort einerseits zwischen Ich-stärkender Übung und andererseits Übung zur Schulung der Wahrnehmung und der Empathiefähigkeit usw. (s. bildliche Darstellung) differenziert werden. Zur generellen Auswahl der Übung ist anzumerken, dass grundsätzlich nur die Persönlichkeitsstruktur fördernde und stabilisierende Übungen eingesetzt werden. Eine mögliche Regression unterstützende und damit strukturherabsetzende Übungen werden in diesem Kontext nicht behandelt. Denn Diagnosen und Therapien müssen stets den Ärztinnen, Ärzten und anderen Fachleuten überlassen bleiben, sie sind nicht von der Schule zu leisten.

Ich habe mich bei dem Konflikttraining u.a. für erfahrungsorientierte Übungen und Spiele entschieden, da der biografische Hintergrund der Lerngruppe von großer Bedeutung ist.

Der Aufbau ist folgendermaßen geplant: Zunächst werden allgemeine Instruktionen zu den Übungen und Spielen erteilt. Darauf bauen die Verhaltensübungen mit Hilfestellungen auf, die mit einem Verhaltensfeedback abgeschlossen werden. Im Anschluss daran werden Verstärkungen gegeben.

Als grundsätzliche methodische Entscheidung ist anzuführen, dass das praktische Training, das eine Integration von Kopf, Herz und Hand impliziert, auf leichteren, d.h. einen Inhalt bzw. Aspekt umfassenden, bis hin zu längere und komplexere Inhalten umfassenden Übungen und Spielen aufbaut. Die Schülerinnen und Schüler lernen teilweise erst auf der theoretischen Ebene ein Problem oder Thema kennen und erarbeiten dieses dann auf einer eher ganzheitlich orientierten Ebene, indem sie es beispielsweise als Rollenspiel einsetzen oder üben anzuwenden. Im Verlauf des Trainings wird dann dieser Aspekt von einer anderen Übung aufgegriffen und mit weiteren kombiniert, sodass gegen Ende des Trainings (und auch der Reihe) alle erlernten Inhalte angewendet werden müssen. Ein Rollenspiel wird jedoch zu Beginn der Reihe eingesetzt, um bestimmte Verhaltensmuster, Gefühle, Reaktionen sowohl aufseiten des Opfers als auch aufseiten der Täter und scheinbar Unbeteiligten in Mobbingsituationen vor Augen zu führen. Am Ende des Konflikttrainings wird dann das inhaltlich gleiche Rollenspiel nochmals durchgespielt, um die während der Reihe erarbeiteten und gelernten Aspekte und Verhaltensweisen anzuwenden. Hierbei kann durch den Einsatz einer Videokamera der Lerngruppe, zusätzlich zu den von ihnen beobachteten und erfahrenen Unterschieden, der nonverbale Unterschied transparent gemacht werden. Zusätzlich dient die Kamera hier zur Dokumentation und Überprüfung.

4.4.7 Exemplarische Darstellung einer Übung: „Balance zwischen Misstrauisch-sein und Vertrauen-haben[9]"

Als Einstieg wird eine Folie mit unterschiedlichen, gemalten Mimiken oder Fotos gewählt, die von der Lerngruppe zu interpretieren sind, um die Mehrdeutigkeit, d.h. die Vielzahl der Interpretationen einer Mimik herauszustellen. Da in den vorherigen Stunden überwiegend der Schwerpunkt auf der Thematisierung der Sprache lag, weil diese ja auch einen wesentlichen Teil des persönlichen Auftretens ausmacht, wird bei dieser ausgewählten Übung der Schwerpunkt im Bereich der Körpersprache, insbesondere im Bereich der Pantomime ausgeweitet werden. Dieses Vorgehen halte ich für wichtig, da ein selbstbewusstes Auftreten bzw. eine Selbstsicherheit aus beiden Komponenten besteht und ein Training ganzheitlich sein sollte. Hier an diesem Punkt der Unterrichtsreihe „beherrschen" die Schülerinnen und Schüler im Großen und Ganzen den sprachlichen Bereich, der z.B. die Ich-Botschaften und das möglichst sachliche Argumentieren umfasst. Diese speziellen Aspekte müssen allerdings wie alles andere immer wieder geübt werden und können nicht als eine bereits erledigte Grundvoraussetzung betrachtet werden. Hier in dieser näher beschriebenen Doppelstunde soll jedoch zunächst einmal als neue Komponente das Gefühl und die Wahrnehmung für den mimischen bzw. pantomimischen Ausdruck sensibilisiert werden.

Im Anschluss an die präsentierten Mimiken überlegen sich die Schülerinnen und Schüler weitere Gefühlspaare wie z.B. „Trauer und Freude" oder „Verzweiflung und Erleichterung", die an die Tafel geschrieben werden. Davon ausgehend suchen sie sich von den bereits präsentierten Gefühlen oder eigenen, zusammen mit dem Partner überlegten, ein Gefühlspaar aus und überlegen sich für eine nonverbale Darstellung Ausdrucksmöglichkeiten. Zusätzlich besteht für die Schülerinnen und Schüler die Gelegenheit, sich passend zu dem darzustellenden Gefühl in den Paaren gegenseitig zu schminken, um einzelne Gesichtspartien stärker hervortreten zu lassen, z.B. bei der klischeehaften Darstellung der Aufgeregtheit das Hervorheben der Blässe, der roten Wangen, der großen Augen,... . Dabei muss jedoch starke Körpernähe zugelassen werden, wenn eine Person der anderen die Interpretation der Mimik schminkt, wobei über grundsätzliche, typische Merkmale der Mimik vorher im Team gesprochen werden muss.

Die Schülerinnen und Schüler bilden Paare, die sich gegenüberstehen. Ein Partner spielt in mimischer Form z.B. einen freundlichen, offenherzigen Menschen, der andere Partner spielt demgegenüber einen desinteressierten Menschen. Dabei beginnen beide mit der extremsten Darstellung ihrer Gefühle. Das Ziel dieser Übung ist es, einen „Gleichklang", eine Ebene im Ausdruck zu finden, die beiden Partnern angenehm ist.

Die Gefühlsdarstellung ist besonders in Konfliktsituationen von großer Bedeutung, wenn zwei extreme Positionen aufeinander treffen. Es kann davon ausgegangen werden, dass zunächst einmal *eine* Ebene zwischen den Positionen gefunden werden muss, um überhaupt eine Einigung zu erzielen. Dieser Aspekt ist ein wesentliches Ziel dieser Stunden. Die Schülerinnen und Schüler sollen in den Paaren, wo sie sich als Extreme gegenüberstehen und sich für den Moment wirklich in die Rolle des z.B. „zutiefst Gekränkten" schlüpfen und ausprobieren, wie sie am besten durch körpersprachliche Zeichen signalisieren können, dass sie sich von ihren extremen Polen aufeinander zu bewegen. Eine Annäherung muss deshalb von beiden Seiten erfolgen. Dieses wird allein schon dadurch plausibel, wenn ich mir vorstelle, dass jemand weinend vor mir steht, während ich vor Freude jauchzen könnte. Das stellt keine Ebene dar, auf der ich mit meinem Gegenüber kommunizieren kann. Man muss deshalb versuchen, auf einen möglichst neutralen Level zu gelangen, auf dem nicht die extremen Gefühlswelten aufeinander prallen. Es wird also Empathie vorausgesetzt, um ein Gespräch zu ermöglichen. Dieser Aspekt soll durch die Übung „Balance zwischen Misstrauisch-sein und Vertrauen-haben" veranschaulicht werden. Auf meine Erfahrungen mit dem 12er-Kurs zurückblickend, kann ich sagen, dass sich bei den Schülerinnen und Schülern gezeigt hat, dass sie sich intensiver in ein Geschehen oder in Erkenntnisse hineindenken können bzw. sie durch die Übungen und Spiele das bereits erworbene kognitive Wissen im Ganzen nachvollziehen können und es so noch nachhaltiger in ihrem Bewusstsein vertieft und verankert wird.

Gleichzeitig soll das Darstellen von anderen Gefühlen auf der pantomimischen Ebene als ein Einnehmen von anderen Rollen fungieren. D.h., besonders die sehr ruhigen, zurückhaltenden Schülerinnen und Schüler sollen in dieser Übung die Gelegenheit erhalten, für sie eventuell untypisches Auftreten unter dem Deckmantel des Spiels auszuprobieren und für sich andere Dinge zu erfahren. Wie ist z.B. die Wirkung auf mich und andere, wie fühlt sich das überhaupt an, sich auf diese Art und Weise zu verhalten?

Eine wesentliche Rolle kommt in dieser Übung auch der spielerische Charakter zu. Durch die Aufteilung in Teams, nur für sich allein das „Gefühlsspiel" auszutesten und dieses nicht vor der gesamten Lerngruppe vorzuführen, ist zum einen eine gewisse Sicherheit gegeben. Die Schülerinnen und Schüler können für sich die Dinge ausprobieren und auch frei ihren Partner wählen. Andererseits kann der Aspekt des „Spielens von Gefühlen" auch einen gewissen Anreiz bieten. Es macht Schülerinnen und Schülern erfahrungsgemäß größtenteils mehr Spaß, Dinge auszuprobieren, obwohl es von ihnen auch mehr Einsatz verlangt, als nur über die kognitive Komponente bestimmte Inhalte zu lernen und diese rein kognitiv zu verarbeiten.

Tipp: Bei einer Einbettung der Stunden in den normalen Stundenplan ist darauf zu achten, dass die Schülerinnen und Schüler noch genügend Zeit für das Abschminken haben!

4.4.8 Erfahrungsbericht/Rückblick

Die Problematik des Mobbing scheint an einigen Schulen sehr brisant zu sein. Insofern kann eine Bearbeitung des Themas, eine offene, d.h. für alle zugängliche Präsentation durch eine Wandzeitung problematisch werden, da man mit ihr auf

Blockaden vonseiten der Lehrerin/des Lehrers, der Schülerinnen und Schüler stoßen kann und somit eventuell auch heftige Konfrontationen nicht vermeiden kann, die die anstrengende, weil sehr ichbezogene Arbeit zusätzlich erschweren. Aber gerade diese Brisanz, die durch Störungen von anderen belegt wird, macht den Handlungsbedarf in diesem Bereich deutlich.

Ich habe die Erfahrung gemacht, dass man zum einen als Lehrerin diesem Thema doch im ersten Moment eher hilflos gegenübersteht. Zum anderen erfordert das Thema Mobbing in Kombination mit einem Konflikttraining von der Lerngruppe das Zulassen von sehr viel Nähe und Öffnung. Positiv ist in diesem Kontext anzumerken, dass, wenn die Lehrerin/der Lehrer es schafft, den Realitätsbezug auf eine sehr behutsame Weise herzustellen, so dass den Schülerinnen und Schülern einerseits bewusst wird, dass es nicht nur um eine wissenschaftliche Betrachtung des Themas geht, sondern um ihren Alltag, und es ihnen andererseits ermöglicht wird, sich selbst mit ihren individuellen Erfahrungen trotz allem Einbezug auch so weit zurückhalten zu können, wie sie möchten, dann ist ein weites Feld der Prävention geöffnet, das viele Möglichkeiten beinhaltet. Es darf allerdings auch nicht außer Acht gelassen werden, dass durch viele Aspekte wie z.B. die Voraussetzungen einer positiven Beziehungsebene der Schülerinnen und Schüler untereinander, zwischen der Lerngruppe und der Lehrerin/dem Lehrer, dem Einlassen der Schülerinnen und Schüler auf Ich-stärkende Übungen und generell auf biografisches Lernen, um nur einige Aspekte zu nennen, dem Training Grenzen aufgezeigt werden.

Auch die Lehrerin/der Lehrer nimmt in dem Kontext des Trainings eine wesentliche Funktion ein. Es ist an ihr/ihm, die Inhalte nicht nur kognitiv zu vermitteln, sondern als Moderator Bedingungen, in denen beispielsweise das Mitorganisieren Platz hat, zu schaffen, in denen die Schülerinnen und Schüler aktiv und selbstständig lernen können. Dabei kommt auch der Motivation der Lerngruppe ein wesentliches Augenmerk zu.

Die Möglichkeiten, die sich durch das Konflikttraining erschlossen haben, sind sehr vielfältig. Grundsätzlich muss jedoch zwischen kurzfristigen und längerfristigen Möglichkeiten unterschieden werden. Gerade auf den kurzfristigen Bereich bezogen, können sehr wohl positive und effektive Tendenzen aufgeführt werden. Wenn bei den längerfristigen Möglichkeiten des Trainings angeknüpft wird, kann von einer großen Chance ausgegangen werden, die Kinder und Jugendlichen ganzheitlich zu stärken und eine Steigerung ihrer Kompetenzen, Fähig- und Fertigkeiten zu erreichen. Insofern liegt es nahe, das Konflikttraining in den Kontext eines Projekts zu integrieren und nicht erst in der Jahrgangsstufe 12 damit zu beginnen. Ich denke, dass sich hier auch vielfältige Möglichkeiten und Anknüpfungspunkte für den fächerübergreifenden Wahlbereich in der Klasse 9 und 10 ergeben.

Das Konflikttraining kann bzw. einige Aspekte aus diesem können unter die emotionale Erziehung, die bereits in Amerika als eigenständiges Schulfach eingeführt ist[10], subsumiert werden.

Ein Beispiel für eine Annäherung an die Erschließung des Ichs, die auch im Kontext der emotionalen Erziehung aufgegriffen wird, beinhaltet folgende Übung: Die Schülerinnen und Schüler sollen in einem „Brief an sich selbst"[11] Ziele für ihr Ich und damit verbundene Gefühle beim Erreichen formulieren. Dieses dient der Selbststärkung und eigenen Unterstützung. Es wird u.a. die kommunikative Kompetenz impliziert, die auch innerhalb des Trainings einen gravierenden Stellenwert hatte. Die Schülerinnen und Schüler haben in den Rollenspielen, Übungen und auch bei den schriftlichen Aufgabenstellungen eine Steigerung im kommunikativen Bereich erfahren, wie z.B. durch die verfassten Texte und durch die Videoaufzeichnungen im nonverbalen Bereich. Auch die Ebene des Umgangs mit zwischenmenschlichen Beziehungen hat durch das Training eine wesentliche Bereicherung erfahren. Bei den Reflexionen der Übungen und Spiele ergab sich, dass die Schülerinnen und Schüler im Verlauf der Sequenz eine gesteigerte Fähigkeit, Beziehungen zu analysieren und zu verstehen, erworben haben. Sie erwiesen sich als besser im Lösen von Konflikten und traten dort selbstsicherer und gewandter auf. Zusätzlich wurde auch im Bereich der Möglichkeiten das Feld der Empathie und das damit verbundene Interpretieren von Gefühlen anderer gefördert.

4.4.9 Dieses Material lag der Unterrichtseinheit zugrunde:

Stunde/n	Material/Quelle
1.	– Lied: Die Ärzte „Schrei nach Liebe“
2./3.	– Karteikarten
4./5.	– Mindmapping aus: Lipp, U.: Mind-Mapping in der Schule. Pädagogik 10/94
6./7.	– Text in Auszügen aus: Leymann, H.: Mobbing. Hamburg 1996
8./9.	– Die eigenen grafischen Modelle wurden von der Lerngruppe entwickelt.
10./11.	– Text Hurrelmann aus: Hurrelmann, K.: Kind-Jugend-Gesellschaft 36/92. Wie kommt es zu Gewalt in der Schule und was können wir dagegen tun? – Fallbeispiel aus: Kindler, W., Linneborn, L.: Ausgrenzung und Mobbing an Schulen (unveröffentliches Manuskript)
12./13.	– ABC-Rollenspiel aus: Faller, K., Kerntke, W., Wackmann, M.: Konflikte selber lösen. Mediation für Schule und Jugendarbeit. Mülheim 1996, S. 20ff.
14./15.	– „Brief an einen Außerirdischen“ aus: Ebd., S. 43 Daraus wurden Rollenspiele u. Standbilder (Lit.: O`Neill, C., Renk, H.: Sekundarstufe II – Macbeth. In: Praxis Deutsch 1986, S. 66ff.; Scheller, I.: Szenische Interpretation mit Standbildern. In: Praxis Deutsch 1986, S. 60ff.) von der Lerngruppe entwickelt. – Fragebogen: Test zur Ermittlung des persönlichen Konfliktstils aus: Tarcus – Gesellschaft für Organisations- u. Personalentwicklung. Nebeling, T.: „Mobbing“. Programm für Tagesleiter (unveröffentlichtes Manuskript)
16./17.	– Rollenspiel: Faller, K., Kerntke, W., Wackmann, M.: a.a.O. – Entspannung und Körperwahrnehmung zur Einstimmung aus: Gudjons, H., Pieper, M., Wagener, B.: Auf meinen Spuren. Das Entdecken der eigenen Lebensgeschichte. Hamburg, 2. Aufl., 1992, S. 88f. – Ich-stärkende Übung aus: Kindler, W., Linneborn, L.: a.a.O.
18./19.	– Ich-Botschaften: Kommunikationsmodell von Schulz v. Thun als Grundlage – Ich-stärkende Übung aus: Trainingskollektiv für Gewaltfreie Aktionen und kreative Konfliktlösung (Hrsg.): Training zum gewaltfreien Eingreifen gegen Rassismus und rechtsextreme Gewalt. Köln 1994, S. 93ff.
20./21.	– Mimiken als Einstieg zum Spiel aus: Kliebisch, U.: Kommunikation und Selbstsicherheit. Interaktionsspiele und Infos für Jugendliche. Mülheim 1995, S.48 – Übung in Anlehnung an das Trainingskollektiv für Gewaltfreie Aktionen und kreative Konfliktlösung (Hrsg.): a.a.O.

22./23.	– Pantomime „Sprachlose Geschichten" in Anlehnung an: Kliebisch, U.: a.a.O., S. 51 – Ich-stärkende Übung von Satir, V.: Das Satir-Modell. Paderborn 1995, S.41 – „Anker setzen" aus: Informationsmaterial für das Seminar „Konflikte produktiv bewältigen" am GEW-Tag 1997 in Essen (Quelle unbekannt) – „Brief an sich selbst": Quelle unbekannt
24./25.	– Übung für das Körpergefühl aus: Trainingskollektiv für Gewaltfreie Aktion und kreative Konfliktlösung Köln (Hrsg.), a.a.O., S. 93ff. u. Kliebisch, U.: a.a.O., S.126 – verbale Übung/Spiel aus: Ebd., S. 119
26./27.	– Rollenspiel „Mobben des Klassenbesten" aus: Kindler, W., Linneborn, L.: a.a.O.
28./29.	– Wandzeitung: von den Unterrichtsergebnissen der gesamten Reihe entwickelt

Anmerkungen:

1 Leymann ist Betriebswirt und promovierter Diplompsychologe. Er ist einer der führenden Untersucher in diesem Themengebiet und erlangte sein Wissen durch groß angelegte Studien und statistische Erhebungen in Schweden.

2 Leymann, H.: Mobbing. Psychoterror am Arbeitsplatz und wie man sich dagegen wehren kann. Hamburg 1996, S. 21

3 Unter Ich-Botschaften werden bestimmte Kommunikationsregeln wie z.B. „eigene Bedürfnisse und Meinung klar formulieren", „versuchen auch im Dissens sachlich zu bleiben", „dem anderen gut zuhören und das Gesagte reflektieren", „den anderen ausreden lassen" und „offen sein" impliziert. Vgl. auch Faller, K., Kerntke, W., Wackmann, M.: Konflikte selber lösen. Mediation für Schule und Jugendarbeit. Mülheim 1996, S. 87

4 Vgl. Kultusministerium des Landes NRW (Hrsg.): Richtlinien für die gymnasiale Oberstufe in Nordrhein-Westfalen, Erziehungswissenschaft, S. 17

5 Im Kapitel 4.4.9 können Sie die einzelnen Quellen der Materialien nachlesen.

6 Hier beginnt das eigentliche Konflikttraining.

7 Diese Übung finden Sie im Kapitel 4.4.7 „Exemplarische Darstellung einer Übung" ausführlich beschrieben.

8 In der Klausur bearbeitete die Lerngruppe ein Fallbeispiel aus der Sicht von Leymann und Hurrelmann vor dem Hintergrund der theoretischen Ergebnisse. Darüber hinaus mussten die Schülerinnen das Fallbeispiel weiterentwickeln und einen Dialog zwischen dem Klassenlehrer und den Schülern schreiben, der die dargestellte Konfliktsituation zu einem positiven Ausgang bringt, und diesen mit knappen Regieanweisungen zu möglichen Verhaltensweisen der Diskussionsteilnehmer versehen.

9 Diese Übung erfolgt in Anlehnung an das Trainingskollektiv für Gewaltfreie Aktionen und kreative Konfliktlösung (Hrsg.): Training zum gewaltfreien Eingreifen gegen Rassismus und rechtsextreme Gewalt. Köln 1994, S. 97

10 Vgl. Goleman, D.: Emotionale Intelligenz. München, Wien 1996

11 Dieser Brief wurde als Hausaufgabe eingesetzt. Jeder schreibt ihn nur für sich persönlich. In dem „Brief" wird im Prinzip eine Abmachung mit sich selbst getroffen und ein bestimmtes Ziel, das man sich selbst gesetzt hat, formuliert. Da dieses Vorgehen zu dem biografischen Lernen gezählt werden kann und dieses besonders vorsichtiger und sensibler Veröffentlichungs- bzw. Auswertungsverfahren bedarf (vgl. dazu auch Stiller, E.: Dialogische Fachdidaktik Pädagogik. Paderborn 1997), ergibt sich auch, dass er nicht im Plenum veröffentlicht wird. Der „Brief" wird aber von der Lehrperson eingesammelt (verschlossener Umschlag), damit der Inhalt einen offiziellen Charakter und eine bestimmte Wichtigkeit erlangt, und an einem bestimmten Termin den Schülerinnen und Schülern wieder ausgehändigt.

4.5 Erzieherische Anstiftungen zum Eigen-Sinn Suchtvorbeugung im Pädagogikunterricht

Frank Wittig

4.5.1 Prolog

Wenn sich Schülerinnen und Schüler eines Pädagogikkurses für das Thema Sucht mit dem Schwerpunkt Vorbeugung entscheiden, dann mag der Titel *Erzieherische Anstiftungen zum Eigen-Sinn. Suchtvorbeugung im Pädagogikunterricht* auf den ersten Blick befremdlich erscheinen. *Anstiftung* nämlich besitzt auch die Konnotation *gefährlich*, und *Eigen-Sinn* gar die von *Egoismus*. Dass dieses nicht gemeint ist, dass vielmehr *gute Gründe* dafür sprechen, einen solchen Titel zu wählen bzw. mit diesem eine Unterrichtsreihe zur Suchtvorbeugung zu planen und durchzuführen, soll im Folgenden gezeigt werden (4.5.2). Um die Tragfähigkeit der guten Gründe *in medias res* zu prüfen, kann dann Einblick in einen konkreten Vorschlag für eine Unterrichtsreihe genommen werden (4.5.3), sodann sind die *Anstiftungserfahrungen* mit diesem Versuch zu erfahren (4.5.4). Der *Epilog* erweitert die Anstiftungserfahrungen ein wenig und beendet die folgenden Ausführungen zugleich mit Reflexionen zum Umgang mit der „Dialogischen Fachdidaktik" (4.5.5).

4.5.2 Gute Gründe

4.5.2.1 Gute Zeiten – Schlechte Zeiten oder: Riskante Freiheiten

Pädagogikunterricht findet idealiter nicht in und für die pädagogische Provinz statt, sondern für Schüler und in und für gesellschaftliche Wirklichkeit. Ob diese nun philosophisch mit dem Begriff Postmoderne oder soziologisch mit dem Begriff Risikogesellschaft bezeichnet werden soll, mag hier dahingestellt sein, entscheidend sind die Merkmale: Mit der Freisetzung aus ständischen bzw. klassen- und schichtorientierten Lebensbezügen erhöhen sich für den Einzelnen die Chancen zur freiheitlichen Lebensgestaltung. Der Verlust an normierenden Vorgaben in Bezug z.B. auf die Berufswahl, das Zusammenleben oder die Religion erweitert die Wahlmöglichkeiten für den Lebenslauf. Zugleich aber steigt das Risiko des Scheiterns, weil der Verlust an normierenden Vorgaben zugleich ein Verlust an kognitiver und emotionaler Sicherheit ist. Berufswahlentscheidungen können sich als Sackgasse erweisen, der Lebenslauf wird zum Bastel-Projekt (vgl. Beck 1986, S. 217), Beziehungen entwickeln sich im „ganz normalen Chaos der Liebe" (Beck/Beck-Gernsheim 1990) und Sinnlosigkeitsgefühle (Frankl 1994, S. 26) stellen sich ein. Fazit: Vieles ist möglich, nichts selbstverständlich –„Riskante Freiheiten" eben.

Bei aller Helligkeit, die das Licht dieses Modernisierungsschubes erzeugt – die „Schattenseiten" (Heitmeyer 1994, S. 39) sind unverkennbar. Die Zunahme von z.T. rechtsradikal motivierter Gewalt ist ein solcher Schatten, aber auch die steigende Zahl Süchtiger und die zunehmende Vielfalt süchtiger Verhaltensweisen, Verhaltensweisen also, die sich nicht nur auf Drogenabhängigkeit beschränkt. Neben der Abhängigkeit von stoffgebundenen Drogen, insbesondere von Ecstasy und anderen synthetischen Drogen, sind auch die Vielfalt der Ess- und Brechkrankheiten, der Spielsucht u.v.m. gemeint. Gemeinsam ist diesen Süchten, dass ihnen ein „innerer Zustand des Unglücklichseins, der Spannung und Unruhe oder der qualvollen Leere" (Schiffer 1997[6], S. 8), ein „illusionierendes Lebensgefühl [und] quälende Wirklichkeit" (LSW 1988, S. 8) zugrunde liegt. Sucht und ihre Vorstadien, „Öde und Langeweile" (Schiffer 1997[6], S. 10), sind damit Ausdruck einer mangelnden Ich-Stärke. Die Flucht in eine zeitlich begrenzte Illusion ersetzt also gewissermaßen das nicht vorhandene Gefühl, im Vertrauen auf eigene Fähigkeiten und Stärken mit sich und seinem Leben etwas anfangen zu können, ihm einen Sinn zu geben, eben – den Eigen-Sinn.

4.5.2.2 Stärken heißt schützen

In Anbetracht solcher gesellschaftlicher Analysen ist seit geraumer Zeit eine Änderung der Konzepte zur Suchtvorbeugung zu beobachten. Die sozialpädagogischen Bemühungen verfolgen nicht mehr nur eine an die Vernunft appellierende Abschreckungsstrategie, welche die persönlichkeitszerstörenden Folgen des Drogenkonsum durch anschauliches Material vor Augen führen sollen. Die Postulate „Kinder stark machen" (BfgA), Anstiftung zum Eigen-Sinn (vgl. Schiffer 1997[6], S. 18) oder „Stärken heißt schützen" (Blank/Kratz-Bosbach 1998, S.22ff) zeigen vielmehr, dass in den suchtvorbeugenden Bemühungen verstärkt die (positive wie negative) Rolle der Erziehung in den Vordergrund rückt. In therapeutischer wie präventiver Absicht geht es in den Ratschlägen für pädagogisches Handeln um den Versuch, Kindern und Jugendlichen einen eigenen oder neuen Zugang zu sich selbst zu ermöglichen, indem sie ihre Ängste, aber auch Zutrauen zu sich selbst und zur äußeren Realität spüren und erfahren. Abseits eines rein der kognitiven Dimension verhafteten Vorgehens gewinnen erlebnis- und erfahrungsorientierte Elemente für drinnen und draußen an Bedeutung, z.B. Segeltouren, Wandertouren, Wahrnehmungs- und Interaktionsübungen etc.

4.5.2.3 Erziehender Unterricht

Die Diskussion um die Zukunft der Bildung und die Schule der Zukunft ist auch eine Diskussion um die Reform von Unterricht. In ihr wird u.a. angeregt, das Lernen neu zu denken, um den Herausforderungen des endenden 20. und des beginnenden 21. Jahrhunderts gerecht zu werden. Bei aller Unterschiedlichkeit ist dabei den Konzepten gemeinsam, dass sie die Gleichrangigkeit des Erziehungsauftrages zur Wissensvermittlung von Schule betonen. Dadurch soll weniger das theoretische Denken als vielmehr eine Unterrichtspraxis überwunden werden, die trotz anderweitiger Postulate überwiegend ausschließlich die kognitive bzw. wissenschaftspropädeutische Leitlinie favorisiert und ritualisiert (etwa in Form von Tafelbildern und/oder einer Orientierung an klausurrelevantem Wissen), die aber die Schülerinnen und Schüler scheinbar zunehmend demotiviert und eher kurzfristige Lernerfolge hervorbringt.

Was hier allgemein vor dem Hintergrund gesellschaftlicher Gegenwart und Zukunft neu gedacht ist, gilt im Besonderen für den schulischen Auftrag zur Suchtvorbeugung. In der Anerkenntnis dieses Auftrages regen neuere Konzepte zur schulischen Sucht- und Drogenprävention das Ernstnehmen der erzieherischen Aufgaben an (vgl. LSW 1988, S. 8), dies bei allen Grenzen, die in Schule und die Lehrerinnen und Lehrern gegeben sind (vgl. ebd.). Ausdruck findet diese Anregung in der Orientierung des Unterrichts an Komponenten, die neben der Ebene der Wissenvermittlung z.B. auch die Komponenten Sozialverhalten und Persönlichkeitsstärkung kennt (vgl. ebd., S. 9).

4.5.2.4 Eigen-Sinn im Quadrat

Als Konsequenz aus diesen drei Aspekten – für den Pädagogikunterricht im Allgemeinen sowie für eine Unterrichtsreihe zu einer aktuelle Erscheinung gestörter Entwicklung und Sozialisation aus dem Bereich der Erziehungswirklichkeit, also zur Sucht und Suchtvorbeugung im Besonderen – ergeben sich m.E. gute Gründe für die Überlegung bzw. für einen unterrichtspraktischen Versuch, der nicht ausschließlich und im engeren Sinne wissenschaftspropädeutisch orientiert ist.[1] In Anbetracht der gesellschaftlichen Herausforderungen in Gegenwart und Zukunft, der Erkenntnisse aus der Suchtpräventionsforschung und der Erfahrungen mit ‚traditionellem' Unterricht erscheint es angemessener und vielversprechender, mehrdimensional zu verfahren, z.B. in der Orientierung an „vier Säulen der Bildung" (Deutsche Unesco-Kommission 1998, S. 73ff)[2] oder, fachdidaktisch gesprochen, in der Erweiterung der bekannten didaktischen Leitlinien *Wissenschafts-* und *Handlungspropädeutik* um zwei Komponenten, nämlich um *Biografie-* und *Interaktions'propädeutik'*. Als didaktischer Rahmen für die suchtvorbeugende Unterrichtsreihe erscheint somit eine Förderungsabsicht in Bezug auf vier Qualifikationsfelder (vgl. Stiller 1997, S.54f) sinnvoll.

Biografie *Subjektstärkung*		Erziehungstheorie *Sachkompetenz*
	Dialogischer Eigen-Sinn Suchtvorbeugung im PU	
Dialogfähigkeit Interaktion		*Handlungsfähigkeit* Erziehungspraxis

Viel versprechend erscheint ein solches Konzept zum einen deshalb, weil mit dem Qualifikationsfeld *Biografie* der steigenden Bedeutung des Prinzips der Subjektorientierung konsequent Rechnung getragen und eine bewusste Auseinandersetzung mit der eigenen Lebensgeschichte zu initiieren versucht wird. Auf konsequentere Weise sind damit *„Hilfestellungen zur Konstruktion von ‚Eigen-Sinn' (...), ‚Eigen-Wert' und ‚Eigen-Verantwortung'"* (Stiller 1997, S. 54) in Sicht, die einen Beitrag für die notwendig gewordene Fähigkeit leisten können, die Biografie zu basteln, damit also die Chancen, die sich dem Einzelnen in der Moderne bieten, nutzbar machen und ihre Schattenseiten, z.B. die Sucht, vermeiden helfen.

Viel versprechend zum Zweiten ist die quadratische Gesamtkonstruktion, durch welche die zu fördernden Qualifikationen – jedenfalls im Idealfall – gerade nicht unabhängig voneinander oder isoliert gedacht werden. Es geht weder nur um das biografische Anhängsel, das die individuelle Erfahrung zu Beginn und zum Ende einer Unterrichtsreihe durch zwei Fragen einholt, noch geht es – wie mitunter eingewendet wird – um die Reduktion auf Selbsterfahrung oder gar um ‚biografische Nabelschau'. Sinnvoll erscheint vielmehr die Verknüpfung unterschiedlicher Qualifikationsfelder. Gemeint ist dann z.B. nicht biografische Selbstreflexion allgemein, sondern die Reflexion der lebensgeschichtlichen Verankerung von Themen, Fragen, Problemen des Suchtphänomens. Eine solche Reflexion geschieht in der Aneignung von Wissen, der handelnden Auseinandersetzung mit den Bedingungen der Erziehungswirklichkeit und im Dialog, findet also im Kontext von sozialem Raum und historischer Zeit statt. Dabei geht es um die *„Erkenntnis der Erscheinungsweise allgemeiner und übergreifender gesellschaftlicher Prozesse in der individuellen Biografie."* (Gudjons 1986, S. 28) Das zu vermittelnde Verstehen ist dabei nicht nur ein rationaler, kognitiver Akt, sondern schließt auch das Erinnern ein, d.h. das *„wieder in das Innere hineinholen von abgespaltenen Emotionen."* (ebd., S. 34). Und es ist zugleich ein dialogischer Akt, d.h., dass in der Möglichkeit zu wechselseitiger Anerkennung die Chance liegt, eine positive Selbstbeziehung und damit Selbstbewusstsein zu fördern (vgl. Honneth 1990, S. 1048).

Das Wissen bleibt auf diese Weise nicht abstrakt, den Schülern gleichsam äußerlich, sondern ist mit den persönlichen Erfahrungen, Deutungs- und Handlungsmustern verknüpft. Theoretisches Wissen kann so durch Erfahrungen bereichert werden, Erfahrungen sowie Deutungs- und Handlungsmuster lassen sich in der dialogischen Hin- und Herbewegung mit Wissen und Handlung reflektieren, ggf. verändern. In diesem Sinne könnte ein Beitrag zu einer individuellen Sinnstiftung, d.h. zur Entwicklung von Eigen-Sinn und damit zur Suchtvorbeugung geleistet werden.

Dass eine solche Verknüpfung von zu initiierenden Lernprozessen in unterschiedlichen Qualifikationsfeldern nicht für jede, gleichwohl für einzelne Stunden einer Unterrichtsreihe, insbesondere aber für eine gesamte Unterrichtsreihe geplant werden kann, ist dem Vorschlag zu einem Verlauf einer Unterrichtsreihe zu entnehmen (vgl. 4.5.3.2). Zuvor jedoch gilt es, einen Blick auf die Grenzen pädagogischen und unterrichtlichen Handelns, damit auf die Grenzen einer zur Suchtvorbeugung anstiftenden Unterrichtsreihe zu werfen.

4.5.2.5 Grenzziehungen

Wenn einer Unterrichtsreihe – wie dieser – ein Erziehungsbegriff zugrunde liegt, der Erziehung als Aufforderung zur Selbsttätigkeit versteht (vgl. Schleiermacher 1826, S. 9), schließt das automatisch mit ein, dass zum Lernen zwar aufgefordert, das Lernen und das Lernergebnis selbst jedoch nicht im eigentlichen Wortsinn erzeugt werden kann. Der Versuch im Pädagogikunterricht und in der Unterrichtsreihe zur Suchtvorbeugung Lernprozesse biografischer, interaktiver, theoretischer und praktischer Art zu initiieren, ist damit Angebot, Aufforderung und/oder Anstiftung. Das Gelingen selbst hängt wesentlich von der Selbsttätigkeit der Schülerinnen und Schüler ab.

Die pädagogische Wirklichkeit ist ‚schmuddelig', theoretisch Gedachtes geht in der Praxis meist nie ganz auf, zumindest sind Brüche, Widersprüche, Spannungen, Ungereimtheiten nie völlig auszuschließen. Z.B. können sich biografische Erfahrungen und Einstellungen als Grenze für Lernprozesse in anderen Qualifikationsfeldern erweisen, etwa in Form von mangelnder Auseinandersetzungs- oder Kooperationsbereitschaft oder von Entscheidungsschwierigkeiten. Erziehungspraktische Handlungen, ob simulativ oder real, können enttäuschend verlaufen oder scheitern, weil das ihnen zugrunde liegende Wissen nicht bruchlos im Sinne eines Rezept in der Praxis anwendbar ist oder weil z.B. der dialogisch-kooperative Aspekt zu wenig Berücksichtigung findet. Lernerfolge können sich „nur" auf ein oder zwei Qualifikationen beziehen, weil die Zugänge zu anderen Qualifikationsfeldern trotz methodischer Inszenierung verschlossen bleiben etc. Eine Garantie für das Gelingen pädagogischer Praxis gibt es auch bei gewissenhaftester Planung nicht.

Biografische Lernprozesse erfordern Offenheit, die im Rahmen von Unterricht nicht zwanghaft, womöglich im Sinne eines ‚Outing', erzeugt werden dürfen. Für die lebensgeschichtliche Verankerung des Suchtphänomens gilt dies ebenso. Auch von daher gebietet sich der Aufforderungs- oder Anstiftungscharakter der Unterrichtsreihe, und es bleibt die Hoffnung auf nicht-veröffentlichte, aber erfolgte Lernprozesse.

Dass am Ende einer fünfwöchigen Unterrichtsreihe zur Suchtvorbeugung nicht Abstinenz oder Immunität vor Sucht stehen kann, gehört ebenfalls zu den Grenzen unterrichtlichen Handelns. Zum einen sind die Rahmendaten von Schule (z.B. 45-Minuten-Takt etc.) nicht gänzlich zu sprengen, und zum Zweiten geht es nicht um Therapie, sondern um erzieherische Anstiftungen, also um Beiträge und Anregungen zu einem Lernprozess, der möglicherweise über die Unterrichtsreihe hinausgeht.

Der erzieherische Versuch einer Anstiftung gegen Sucht hat also Grenzen. Gleichwohl wäre eine Chance vertan, wenn in der Konsequenz Schule und Unterricht als reine Wissens- und Unterrichtsanstalt reetabliert würden. Dies soll in den folgenden Kapiteln gezeigt werden.

4.5.3 In medias res

4.5.3.1 Quadratische Anstiftung

In Rücksicht auf die bisherige Analyse und auf die grundsätzliche Mitwirkung von Schülerinnen und Schülern in Bezug auf Fragestellungen, Themen und Entscheidungen zu Beginn, während und am Ende der Unterrichtsreihe könnte die Anstiftung z.B. mit folgenden Zielen und Inhalten erfolgen:

Biografie Bereitschaft und Fähigkeit zur Wahrnehmung, Reflexion, ggf. Erweiterung der biografischen Deutungs- und Handlungskompetenz in Bezug auf Suchtphänomene, initiiert durch Methoden biografischen Lernens, z.B. durch die Übung *Suchtsack*, durch Methoden biografischen Schreibens (z.B. Clustertexte) oder durch Fantasiereisen. *Subjektstärkung*	Erziehungstheorie Aneignung von Sachwissen zum Thema *Sucht und Suchtvorbeugung* (Phänomen, Ursachen, Therapiemöglichkeiten, Vorbeugungsmaßnahmen), exemplarisch z.B. erarbeitet anhand von E. Schiffers Buch *Warum Huckleberry Finn nicht süchtig wurde.* *Sachkompetenz*
Dialogischer Eigen-Sinn	**Suchtvorbeugung im Pädagogikunterricht**
Dialogfähigkeit Bereitschaft und Fähigkeit zum ggf. konfliktreichen Dialog und zur Kooperation mit anderen, initiiert durch Interaktionsübungen (Übungen sozialen Lernens), z.B. *Gordischer Knoten*, und durch gemeinsames Handeln Interaktion	*Handlungsfähigkeit* Bereitschaft und Fähigkeit zu verantwortungsbewussten erzieherischen Handlungen in suchtvorbeugender Absicht, initiiert durch simulatives und erziehungspraktisches Handeln, z.B. in einer Zukunftswerkstatt bzw. der Gestaltung eines Pavillons an der Schule Erziehungspraxis

Bevor im übernächsten Abschnitt Einblick in konkrete Unterrichtsmaterialien genommen werden kann (vgl. 4.5.3.3), sind erläuternde Hinweise zur inhaltlichen Füllung des Quadrats notwendig.

Der Bezug zur **Biografie** kann initiiert werden durch biografie-, erlebnis- und erfahrungsorientierte Übungen und Spiele, wozu auch Übungen biografischen bzw. kreativen Schreibens gezählt werden können. Es geht dabei nicht um therapeutische Maßnahmen oder um Unterhaltung als Allheilmittel gegen langweilige Unterrichtsgestaltung, sondern um Rekonstruktion (Erinnerung), Aktualisierung und Bearbeitung individuell-biografischer Sinnentwürfe. Auswahlkriterium sollte ferner sein, dass geeignete Bezüge zum Thema bzw. anderen Qualifikationsfeldern herzustellen sind, konkret: Bezüge zum Thema Sucht (Übung *Suchtsack*) und Bezüge zu einzelnen Aspekten aus dem zu vermittelnden Sachwissen (Ansatz von Schiffer), z.B. zum Leistungsgedanken (Cluster-Text *Leistung*) oder zu kindlichen Erziehungs- und Spielerfahrungen (Fantasiereise *Erinnerungen*). Für die Durchführung solcher Übungen biografischen Lernens sollten Prinzipien bzw. Vorsichtsmaßregeln beachtet werden (vgl. Stiller 1997, S. 81).

In Bezug auf das zu vermittelnde Sachwissen (**Erziehungstheorie**) könnte exemplarisch der Ansatz von Eckhard Schiffer erarbeitet werden. Ziel dieses Ansatzes ist es, vor aller Therapie Suchtvorbeugung durch Selbstwertstärkung und Förderung des Eigen-Sinn zu ermöglichen, und zwar vermittelt durch leistungs- und bewertungsfreies Erleben, Erfahren, Entwerfen der eigenen Persönlichkeit. *„Gemeint ist die Verschränkung von Fantasie und äußerer Welt im Erzählen, Spielen und freien Gestalten. Eine lebendige Fantasie, mit der über eigene Bilder verfügt werden kann und die über das Spielen den Anschluss an die äußere Realität wieder findet, stellt den besten Schutz gegen jedwede Suchterkrankung dar. Denn nur auf diese Weise können eigene Entwürfe für den eigenen Sinn gefunden und erprobt werden."* (Schiffer 1997[6], S. 68). Das Buch, das auszugsweise oder als Ganzschrift gelesen werden kann, gewährleistet einen guten und grundlegenden Einblick in Erscheinungsformen, Ursachen, Therapiemöglichkeiten von süchtigem Verhalten und enthält zahlreiche Ratschläge für suchtvorbeugendes Erzieherverhalten in Familie und Schule. Der konkrete Bezug zu Fallgeschichten erhöht dabei den Grad der Anschaulichkeit. Trotz des populärwissenschaftlichen Sprachduktus erweist sich das Werk z.B. in seiner Fachbegrifflichkeit von hohem Anspruchsniveau. Die Exemplarizität des Modells ergibt sich aus der Vielfalt wissenschaftlicher Zugriffsweisen: (individual)psychologische Überlegungen werden ebenso genutzt wie psycho-soziale, sozialpsychologische und soziologische.

Lernprozesse in Bezug auf die Fähigkeiten zur **Interaktion** sind nahezu immer möglich, z.B. in der gemeinsamen Reflexion biografischer Erfahrungen, in der gemeinsamen Erarbeitung von Sachwissen oder in gemeinsamer Planung und Handlung. Dabei ist es jedoch nicht immer möglich oder sinnvoll, die Interaktionen bzw. die jeweiligen Lernprozesse explizit zu reflektieren. Eigens für die Qualifikation der Interaktionsfähigkeit angebotene Übungen, wie hier die Übungen *Gordischer Knoten* oder *Grabbelkiste*, lassen eine solche Reflexion zu. Eine bewusste Wahrnehmung – auch von Defiziten – der Interaktionen stärkt letztlich den Gemeinsinn einer Gruppe, damit auch den Eigen-Sinn der Einzelnen. Die Auswahl der Übungen muss sich nicht, aber kann sich am jeweiligen Thema orientieren.

Handelnde Eingriffe in die **Erziehungspraxis** können simulativ (z.B. im Rollenspiel) oder – wie in diesem Vorschlag – real erfolgen. Reale Handlungen lassen weit mehr noch als simulative die Möglichkeiten und Grenzen pädagogischen Handelns erfahrbar werden, was wiederum positive Auswirkungen auf die Lernprozesse in Bezug auf die anderen Qualifikationen haben kann (vgl. 4.5.2.4). Auch ein Scheitern oder das Nicht-Erreichen gesetzter Ziele kann – wird es reflektiert – die unterschiedlichen Qualifikationen steigern. Sicherlich sind realen pädagogischen Handlungen durch unterrichtliche Eckdaten Grenzen gesetzt, z.B. Grenzen finanzieller, rechtlicher und organisatorischer Art. Und natürlich sind Schülerinnen und Schüler noch keine Fachleute, sondern wollen es (vielleicht) einmal werden. Gleichwohl lassen auch diese Grenzen genügend Spielraum für verantwortliches Tun, und so genannte Sachzwänge erweisen sich nicht immer als unüberwindliche Hindernisse. Die hier vorgeschlagenen Handlungen gehen zurück auf konkrete Entscheidungen und Handlungen von Schülerinnen und Schülern, und sie stehen im konkreten Bezug zu dem erarbeiteten Sachwissen (z.B.: Entwicklung von Kreativität durch die Gestaltung eines Schulpavillons als Förderung eines suchtvorbeugenden Verhaltens). Denkbar im Zusammenhang mit erziehungspraktischen Handlungen zur Suchtvorbeugung sind auch andere Möglichkeiten, z.B. die Initiierung eines Mentorensystems, in dem Schülerinnen und Schüler der Oberstufe den Jüngeren mit Blick auf Suchtvorbeugung beratend zur Seite stehen, mit ihnen fantasiefördernde Spiele entwickeln oder durchführen etc. Ein Elternabend an der Schule oder die Durchführung von kreativen Pausen könnten ebenso verantwortliche und suchtvorbeugende Eingriffe in die Erziehungspraxis darstellen.

Abgesehen von den handelnden Eingriffen in die Erziehungspraxis lässt sich Handlungsorientierung auch im engeren Sinne als Methode verstehen. Gemeint ist die handelnde, d.h. nicht nur kognitive Aneignung von Wissen, die z.B. durch biografisches Lernen oder Interaktionsübungen erfolgen kann.

4.5.3.2 Vorbeugender Verlauf

Der folgende Vorschlag zum Verlauf einer Unterrichtsreihe geht zurück auf eine konkrete Unterrichtsreihe an einem Gymnasium in Marl (NRW). In der Hoffnung, dass er anstiftend wirkt, sei er im Folgenden wiedergegeben.

	Inhalt/Ziel	**Methode/Gegenstand**	[1)]
Einführung Orientierung	Versteckt – und doch bekannt? Biografischer Bezug und Entwicklung von Fragestellungen für die Unterrichtsreihe	– Übung *Suchtsack*	B I H
Erarbeitung	Was ist Sucht? – Definitionen	– Textvergleich: Schülertexte; KM 1989, S.11; Schiffer 1997^6, S.10	E I
	Was und warum ist Sucht? Phänomene und Ursachen nach Schiffer	– Text Schiffer: Unterschiedliche Fallbeispiele und S.113-115	E I
	Das Unsichtbare sichtbar machen – Leistung(sdruck) und seine Überwindung durch therapeutische Hilfen	– Biografisches Schreiben: *Cluster-Text Leistung* – Text Schiffer: Fallbeispiele	B E I
	Suchtvorbeugender Eigen-Sinn – Persönlichkeitsentwicklung nach Schiffer und der eigene Eigen-Sinn	– Fantasiereise – Erinnerung – Text Schiffer: S. 35-40, 65-68	B E I
Vertiefung	(Selbst)Vergewisserung – Erfahrungen eines Experten zu Theorie und Praxis unter Berücksichtigung praktischer Übung (Veranschaulichung); zugleich: Sensibilisierung für Interaktionsmuster und die eigene Fantasie	– Experteninterview [2)] – Interaktionsübungen *Gordischer Knoten* und *Grabbelkiste*	B E I H
Anwendung Planen	Was wollen wir tun? Planen verantwortlicher Handlungen zur Suchtvorbeugung	– „Zukunftswerkstatt“ [3)] – Anregung durch Vorschläge Schiffers	E I H

Handeln	(Selbst)Anstiftung gegen Sucht	– Kreative Gestaltung eines Pavillons (Außenwand) – Gespräch mit Schulleitern über Verbesserungen in Bezug auf Suchtvorbeugung – Verzicht auf Suchtmittel	B E H I
Beurteilung	Anstiftungserfahrungen – Reflexion des Lernprozesses		
	Klausur		

1) Diese Spalte gibt an, welche Qualifikationen jeweils gefördert werden sollen (B = Biografie; E = Erziehungstheorie; I = Interaktion; H = Handlung bzw. Erziehungspraxis).
2) Das Experteninterview wurde möglich durch einen Mitarbeiter Schiffers. Er war zugleich verantwortlich für die Durchführung der Interaktionsübungen.
3) Es handelt sich hierbei um die „Minimal-Zukunftswerkstatt" (vgl. Stiller 1997, S. 121).

4.5.3.3 Anstiftungsmaterial

Die folgenden Materialien sind nach Qualifikationsfeldern getrennt dargestellt. Sie können und sollen einen Eindruck, keinen umfassenden Einblick gewähren.

***Biografisches Lernen*[3]**

- **Übung *Suchtsack*** (vgl. Voigt-Rubio 1990, S. 55f)
  In einem nicht durchsichtigen Sack sind entsprechend der Teilnehmerzahl Gegenstände enthalten, die direkt oder symbolisch auf Suchtmittel aller Art verweisen können: z.B. eine Alkoholflasche, eine Zigarettenschachtel, eine Tafel Schokolade, ein Game-Boy, ein Würfel, Tabletten, eine Wettzeitschrift u.v.m. Aufgabe der Teilnehmer ist es, dem Sack einen Gegenstand zu entnehmen und sich zu diesem zu äußern. Die allgemeine Aufforderung, sich zum Gegenstand zu äußern, wird vermutlich nicht bei jedem Gegenstand, aber doch bei einigen, zu biografischen Assoziationen führen. Die Assoziationen können dann Impulse geben für Äußerungen anderer Teilnehmer zum gleichen Gegenstand und damit für ein Gespräch. Gegenstandsentnahme, Äußerung und Gespräch sollten im Wechsel erfolgen.
  Die Gespräche können für die Teilnehmer einen guten Ausgangspunkt bilden, Fragen zum Thema/zur Unterrichtsreihe zu entwickeln.
- **Cluster-Text *Leistung*** (vgl. z.B. v. Werder 1992, S. 33)

Cluster-Text Leistung

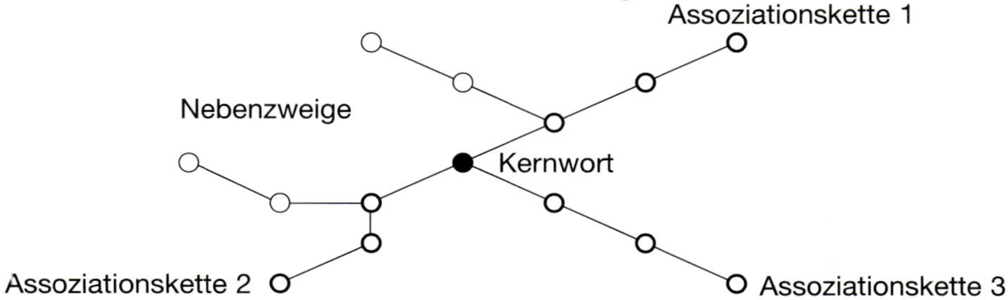

Vorgehensweise:
1. Nimm ein Din A4-Blatt im Querformat. Schreibe das Wort *Leistung* in die Mitte und kreise es ein. Schreibe alles, was dir zu dem Wort *Leistung* einfällt, in Assoziationsketten nach der Cluster-Methode auf, möglichst schnell und ohne intensives Nachdenken oder innere Zensur. Begrenze die Zeit auf ca. 5 Min.
2. Schaue dir dein Produkt in Ruhe an und überlege, welches für dich die wichtigsten Aspekte sind. Unterstreiche diese.
3. Schreibe dann einen kurzen Text (z.B. ein Gedicht), in dem der letzte und der erste Satz gleich sind und das Wort *Leistung* enthalten.

- **Fantasiereise *Erinnerungen*[4]**

... Erinnerungen ...

Versuche dich zu entspannen ...
Suche dir eine bequeme Sitzhaltung ...
Lasse den Atem ruhiger werden ...
Schließe für einen Moment die Augen und versuche dich weiter zu entspannen ...
Konzentriere dich nun auf dich selbst, deine Gedanken ... deine Gefühle ...
Versuche dich zurückzuversetzen ... in eine Zeit, als du noch Kind warst ...
Vielleicht erinnerst du dich an ein Spiel, das du besonders gerne gespielt hast ... bei dem es vielleicht abenteuerlich zuging ... bei dem du Spaß hattest ... oder vielleicht auch Angst ...
oder an ein Bild, mit dem du etwas ganz besonderes verbindest ... Stolz ... Freude ... Schmerz ... Ungerechtigkeit ...
oder an eine Geschichte (Buch), welche dir erzählt wurde ... die du selbst gelesen hast ... welche du mit Spaß gelesen hast ... bei der es spannend zuging ...
Versuche nun, dich langsam von den Bildern zu lösen, die du vor Augen hast.
Kehre zurück in die Gegenwart, in den Raum, in dem du sitzt.
Öffne die Augen.
Notiere alles in Stichworten, was in der Erinnerung noch frisch ist!

Erziehungstheorie

- **Eckhard Schiffer: *Warum Huckleberry Finn nicht süchtig wurde*** (Auszüge)

„Das Problem unserer Patienten mit den eben genannten Krankheiten ist eine leere, öde innere Welt ohne lebendige Fantasie. Deswegen mussten bislang Suchtmittel herhalten, um diese Öde aufzubessern.
Die Fantasie des Huckleberry Finn ist alles andere als öde und schlaff. Sein inneres Erleben ist für ihn immer wieder der Grund, auf seine äußere Welt zuzugehen, diese auszuprobieren, so wie es ihm selbst gerade in den Sinn kommt. Er kann mit seiner Welt etwas anfangen. Fabelhaft: Schwimmen, Tauchen, Rudern, Klettern, Schnitzen, Fluchtburgen bauen, Zündeln, Raufen, Rennen, Springen – Huck erfährt seine Welt mit all seinen Sinnen und nach seinen Bedürfnissen. Er geht an die Welt heran, wie es ihm Spaß macht. Auf diese Weise kann er dann auch ohne Suchtmittel überleben, wenn er viele Dinge aushalten muss, die ihm ganz und gar keine Freude bereiten.
Meine Patientin Wiebke hatte mit sechs Jahren eine Käthe-Kruse-Puppe bekommen. Mit der durfte sie aber nur am Sonntag spielen, weil die ja echte Haare hatte. Als sie das mit den ‚echten Haaren' ausprobieren wollte und sie der Puppe einen prächtigen Bubikopf verpasste, gab es, wie sie sich selber aus-

drückte, ‚Stress'. Die Puppe war weg und lag erst sieben Jahre später mit einer anderen Puppe zusammen auf dem Gabentisch zum 13. Geburtstag – als sie nach Meinung der Eltern vernünftig genug war, damit zu spielen. Statt der Puppe gab es dann schon im Grundschulalter zweimal Klavierunterricht die Woche, einmal Ballett und dreimal Flötenunterricht. Bald spielte sie so gut Flöte, dass sie an Wettbewerben teilnehmen konnte. Zur Freude der Eltern siegte (!) sie bei diesen Wettbewerben wiederholt. Mit ihrer einzigen Freundin, die gleichfalls mit der Flöte meisterhaft umzugehen wusste, spielte sie zusammen – Flöte. Das Problem begann, als die Freundin ebenfalls an Wettbewerben teilnahm, worüber es zum Krach und zum Bruch der Freundschaft kam. Wenig später legte Wiebke die Flöte beiseite, um sie bis heute nicht wieder anzurühren, nachdem sie bei Bewerbungen an den Hochschulen Beurteilungen bekommen hatte, die ihren Erwartungen an sich selbst nicht entsprachen. Das sei zu kränkend gewesen. ‚Alles oder nichts' war ihre Devise. Später erkrankte sie an Magersucht. (...) Huckleberry Finn hatte Glück, dass er keine Eltern hatte, die aus Sorge um die Zukunft ihrer Kinder diese zu Sklaven machen, diesen – in unserer Zeit, die Leistung vergötzt – Wettbewerb und Leistung aufnötigen, wo Raum für spontanes Spielen, Ausprobieren, Sinnenlust und Spaß erforderlich wäre. Spiel ist alles das, so Schiller, was ‚weder äußerlich noch innerlich nötigt'. (...)
Die Chance des Spielens besteht jedoch darin, das Eigene umzusetzen ohne Nötigung. In solch einem Spiel bin ich bereits ich selbst. (...) Wird das Spielen noch vorprogrammiert, lernen wir nie ein ursprünglich Eigenes kennen, nie einen eigenen Sinn entwickeln. (...)
Was an dem literarischen Huckleberry Finn aufgezeigt werden soll, ist, dass ein solches Erleben der Welt mit allen Sinnen – die Erfahrung der eigenen Kompetenz – eine fehlende Geborgenheit zum Teil ersetzen kann. (...) Dies meint zugleich, dass ich die Fähigkeiten, die in mir schlummern, ausprobiere, ohne dass ich den Interessen und Weisungen eines anderen folge, d.h. mich selbst finde und ‚verwirkliche', indem meine Motivation im Spielen umgesetzt wird. (Schiffer 1997[6], S. 13ff)
Ein aus freier Gestaltung heraus unterscheidbares Bild meint also zweierlei: Die lustvoll erfahrene Freiheit in der Gestaltung und die Demonstration eines: ‚Schau her, das ist meins, das bin ich!' (...)
Der Satz ‚Guck mal, das ist mein Bild' verweist auf die frühesten Szenen, in denen das Kind Unterscheidbarkeit probt. Gemeint ist in der Formulierung Donald W. Winnicotts der »Intermediärraum«. Dieser umfasst zunächst den Lebensabschnitt zwischen ‚Daumenlutschen und Liebe zum Teddybären'. In dieser Zeit beschäftigt sich das Kind mit Gegenständen, die nicht Teil des kindlichen Körpers sind, jedoch vom Kind noch nicht völlig als zur Außenwelt gehörig anerkannt werden. (...) Winnicott vertritt weiter die These, dass zu jeder Zeit im Leben des Menschen die Befreiung vom dem Druck der äußeren Realität – in unserem Fall vom Schulstress – »nur durch einen nicht in Frage gestellten intermediären Erfahrungsbereich (in Kunst, Religion usw.) geboten wird. Dieser intermdiäre Erfahrungsbereich entwickelt sich direkt aus dem Spielbereich kleiner Kinder.« (...) Auch Bilder haben so gesehen den Charakter eines Übergangobjektes. (...) Ein Pendeln im Sinne eines Grenzverkehrs zwischen dem Raum der äußeren Realbelastung und dem Intermediärraum führt zu einer dauerhaften innerseelischen ‚Artenvielfalt', einer Bereicherung, die

sich auch außerhalb des Intermediärraumes zeigt. (...) Für die Schule hieße das zum Beispiel ganz konkret, die Kunststunden – aber auch Musik- und Sportstunden – so zu legen, dass sie zwischen den ‚Paukfächern' liegen." (Schiffer 1997[6], S. 34ff)

„Gemeint ist die Verschränkung von Fantasie und äußerer Welt im Erzählen, Spielen und freien Gestalten. Eine lebendige Fantasie, mit der über die eigenen Bilder verfügt werden kann und die über das Spielen den Anschluss an die äußere Realität wieder findet, stellt den besten Schutz gegen jedwede Suchterkrankung dar. Denn nur auf diese Weise können eigene Entwürfe für den eigenen Sinn gefunden und erprobt werden." (Schiffer 1997[6], S. 68)

Interaktion

- **Übung *Gordischer Knoten*** (vgl. Gudjons 1992, S. 136)
  Die Teilnehmer schließen die Augen und stehen sich zugewandt in einem Kreis. Auf ein Signal bewegen sie die Hände in den Kreis und suchen nach anderen Händen. Wenn jeder an jeder Hand eine andere hält, öffnen die Teilnehmer die Augen. Aufgabe ist es nun, das Knäuel zu entwirren, wobei die Hände möglichst nicht losgelassen werden.
- **Übung *Grabbelkiste*** [5]
  Eine Kiste enthält alle möglichen, spontan und nach Zufall gesammelte Gegenstände, z.B. Fahrradersatzteile, Holz, Metallstücke, Papier, Puppen etc. Jeder Teilnehmer nimmt sich einen Gegenstand, überlegt, was er damit anfangen kann und spielt gemeinsam mit anderen mit diesem Gegenstand. Anschließend wird über die Erfahrungen reflektiert.

Erziehungspraxis

- **Handlungsplanung: *Gedankenspiel Zukunftswerkstatt*[6]**
  Was können, was wollen wir tun?
  Stellt in eurer Gruppe folgende Fragen und beantwortet sie in Stichworten:
  1. Wenn ihr an eure Schule denkt, dann ärgert euch im Hinblick auf das Thema Sucht am meisten:

  ⇒
  ⇒
  ⇒ ...

  2. Wenn ihr alle Macht der Welt hättet und alle Dinge nach eurem Willen verändern könntet, was wäre dann das utopische Gegenteil zu eurer Kritik?

  ⇒
  ⇒
  ⇒ ...

  3. Rom wurde auch nicht an einem Tag erbaut! Was wären richtige, kleine Schritte in die oben beschriebene Richtung, mit denen ihr schon morgen beginnen könnt?

  ⇒
  ⇒
  ⇒ ...

  Auf der Grundlage der Gruppenergebnisse wird gemeinsam über Handlungen entschieden.

4.5.4 Anstiftungserfahrungen

Weder die biografischen Übungen oder die Auseinandersetzung mit der Position von Schiffer noch die Interaktionsübungen oder erzieherischen Handlungen haben dazu geführt, dass die Schüler oder der Autor z.B. mit dem Rauchen aufhörten. Keiner wird an dem bemalten Pavillon der Schule vorbeigehen und sagen: „Ab jetzt verzichte ich." Die Unterrichtsreihe wird nicht dazu führen, dass sich die Drogenszene in Frankfurt oder anderswo auflösen oder die Zahl der Spielsüchtigen schon morgen verringern wird. Inwiefern also Anstiftung?

In der gebotenen Kürze mögen die folgenden Anstiftungserfahrungen aus diesem – inzwischen mehrfach durchgeführten – Anstiftungsversuch anstiftend wirken.

Dass eine solche Unterrichtsreihe „anders war als sonst", weil man „viele eigene Erfahrungen einbringen konnte", und dass sie „Spaß" gemacht habe, gehört zu den allgemeinen Eindrücken eines Großteils der Schülerinnen und Schüler. Mit ‚Neuheit' und ‚Spaß' sind zwar nicht die entscheidenden, gleichwohl wichtige Kriterien der Beurteilung angesprochen, zeigen sie doch die Motivation der Schülerinnen und Schüler und damit letzlich, in welcher Intensität ein Thema erarbeitet wurde. Die genannten Erfahrungen sind also auch Indikator dafür, dass ein Thema nicht nur kurzfristig, ‚rein äußerlich' in den Köpfen haften bleibt. Die Bestätigung für diesen Eindruck findet sich auch bei einem Blick auf die Lernprozesse, die in vier unterschiedlichen Qualifikationsfeldern erfolgten.

Stellvertretend für biografisches, subjektstärkendes Lernen mögen drei Beispiele sein, deren erstes aus der Kombination von Fantasiereise und Texterarbeitung stammt (vgl. 4.5.3.2). Im Kontext z.B. der Erinnerung an ihr eigenes kindliches Spiel bzw. an ein selbst gemaltes Bild sagte eine Schülerin: „Mir ist deutlich geworden, dass ich an frühere Erfahrungen, die ich beim Spielen und Malen gemacht habe, anknüpfen kann. Denn mir ist aufgefallen, dass ich mein Bild zwar heute hässlich finde, aber früher stolz darauf war. Das hat, glaube ich, mein Selbstbewusstsein gesteigert. Das war wahrscheinlich viel wichtiger als das Bild. Schiffer sagt ja auch: Der Prozess ist wichtiger als das Produkt." Diese auf den ersten Blick vielleicht banal erscheinende Aussage enthält m. E. zum einen Hinweise auf den verknüpften Charakter des Lernens, denn der Erfahrungszuwachs hinsichtlich der eigenen Biografie steht im engen Kontext zum Modell Schiffers, womit deutlich wird, dass die Schülerin ihre früheren Erfahrungen vor dem Hintergrund der erarbeiteten Kenntnisse deutete. Die Äußerung zeigt zweitens auch ein neues Deutungs- und Handlungsmuster, einen neu erfahrenen Eigen-Sinn, nämlich die Sicherheit oder Gewissheit, in (neuen) Handlungssituationen, in denen möglicherweise auch das Suchtphänomen eine Rolle spielt, zu bestehen, weil in früheren Spiel- und Kreativerfahrungen die eigene Stärke erfahren wurde. In der geäußerten Anknüpfungsmöglichkeit wird das aus der Erinnerung gespeiste Gefühl sichtbar, im Vertrauen auf eigene Fähigkeiten und Stärken mit sich und seinem Leben etwas anfangen zu können, ihm einen Sinn zu geben, eben – den Eigen-Sinn.

Der Eigen-Sinn im Sinne eines Sinnes für das Eigene drückt sich aus in einer Äußerung, die dem handlungsbezogenen Kontext des Suchtmittelverzichts entstammt: „"Für mich war es wirklich schwer, auf das Kauen an den Fingernägeln zu verzichten, und ich habe es auch nicht geschafft. Oft habe ich völlig unbewusst weitergekaut. Sofort hier an der Schule, als wir besprochen hatten, auf etwas zu verzichten, war ich wieder in der Versuchung. Die Frustration und Nervosität der letzten Tage ließen dies nicht zu. Aus den Erfahrungen kann ich gut nachvollziehen, wie es ist, in gewisser Weise »süchtig« zu sein. Es macht einen unfrei, weil ich z.B. gesehen habe, dass meine Gedanken oft darum kreisen". Die hier geäußerte Erfahrung bezieht sich auf die Grenzen des eigenen Verhaltens, mag also im Sinne des zu entwickelnden Eigen-Sinns bzw. Selbstbewusstseins auch kontraproduktiv wirken. Gleichwohl enthält die Äußerung auch den positiven Aspekt der Einsicht in eigene Grenzen, was zumindest als Voraussetzung oder Teil eines Eigen-Sinns interpretiert werden kann. Dass zudem die geschilderten Grenzen nicht dauerhaft sein müssen, spricht aus der Erfahrung der ‚Unfreiheit'. Durch sie, so bleibt berechtigterweise zu hoffen, werden neue Versuche suchtabstinenten und eigen-sinnentwickelnden Verhaltens angeregt.

Die Grenzen pädagogischen Handelns und biografischen Lernens (vgl. auch 4.5.2.5) verdeutlicht die Äußerung eines Schülers aus Anlass der Reflexion der ersten Leseerfahrungen mit dem Text von Schiffer. Da er sich, so der Schüler, persönlich, allerdings nicht bezogen auf Sucht, in ein paar Fallgeschichten wieder erkenne, habe er im Ganzen schon eine gewisse Abneigung gegen einzelne Themen. Da er sich schon oft mit seinen persönlichen Verhaltensweisen beschäftigt habe und ihm so die Gründe, die in diesem Buch erscheinen, völlig klar seien, habe er nicht den Nerv, deshalb dauernd über sich nachzudenken. Angesichts solcher Äußerungen auf biografischen Lernfortschritt zu drängen hieße, die pädagogische Subjektorientierung zu verlassen und, je nach Maßnahme, die Grenze zur Therapie zu überschreiten. Die Sensibilität der biografischen Erfahrung zu achten, ist also eine Anstiftungserfahrung. Dagegen ist es keine Anstiftungserfahrung, auf die Initiierung biografischen Lernens bzw. die Entwicklung von Eigen-Sinn zu verzichten. Die ersten beiden Beispiele, die den Anstiftungserfahrungen zufolge stellvertretend für Lernprozesse des überwiegenden Teils der Schülerinnen und Schüler stehen, sprechen dagegen.

Sachkompetenz nachzuweisen ist Aufgabe in den so genannten Lernerfolgskontrollen, in den meisten Fällen auch ‚Klausur' genannt. Die auch in diesem Reihenkontext erstellten schriftlichen Arbeiten machen, so die Erfahrung, deutlich, dass eine erfahrungs- und handlungsorientierte Erarbeitung keinesfalls zum Besinnungsaufsatz, d.h. zu Abstrichen in sachgerechter Erfassung, fachsprachlicher Fomulierkunst und textstellenbezogener Analyse führen muss. Darüber hinaus entscheidend ist jedoch, dass sich Sachkompetenz in Verbindung mit anderen Qualifikationen zeigt, sich also z.B. in Selbstdeutungen oder in Handlungen widerspiegelt. Das oben genannte Beispiel zeigt eine solche Verknüpfung von biografischer Erfahrung und angeeignetem Wissen. Daneben wird insbesondere in den Handlungen (s.u.) sichtbar, dass Schülerinnen und Schüler Sachkompetenz erworben haben, die nicht nur abstrakt bleibt. Wenn Schülerinnen sich für die Gestaltung eines Pavillons an der Schule entscheiden, dann geht dies zurück auf entsprechende Argumentationen Schiffers in Bezug auf die Bedeutung der Kreativität und einer fantasievollen Umgebung für die Suchtvorbeugung. In der Anerkennung einer solchen Gestaltung durch Fremde (s.u.) wirken sachkompetente Handlungen zudem zurück auf die Sachkompetenz bzw. das angeeignete Wissen: es erweist sich nämlich als ‚richtig' bzw. wirkungsvoll.

Lernprozesse zur Interaktionsfähigkeit erfolgen insbesondere dann, wenn Konflikte entstehen. Dieses ist den Anstiftungserfahrungen zufolge weniger in den Interaktionsübungen (vgl. 4.5.3.2 und 4.5.3.3) der Fall gewesen. Durch diese können jedoch positive Erfahrungen des Gemeinsinns hervorgebracht werden, die wiederum in Konfliktfällen oder etwa Schwierigkeiten in Bezug auf die Entscheidung über erzieherische Handlungen (Wie soll die Außenwand gestaltet werden?) hilfreich sein können, andererseits aber auch nicht müssen. Die verschiedenen Eigen-Sinne jedenfalls sind in den Anstiftungsversuchen nicht immer leicht in Gemeinsinn zu überführen gewesen, was im Sinne einer notwendigen Dialektik von Eigen-Sinn und Gemeinsinn weder wünschenswert noch zu erwarten ist. Dass dennoch Lernprozesse in diesem Bereich zu initiieren sind, zeigt der bei Schülern zu bobachtende Stolz über das gemeinsam Erreichte (s.u.). Vermutlich ist dies auf die Verknüpfung von Lernprozessen im interaktiven und im erziehungspraktischen Bereich zurückzuführen. Der Ausblick auf die Anerkennung der Person oder der Gruppe über ein erbrachtes Werk führt dazu, in schwierigen Situationen oder Konflikten auch Abstriche vom Eigen-Sinn machen zu können.

Inwiefern erziehungspraktische Handlungskompetenz erworben wurde, erweist sich daran, ob die Möglichkeiten ebenso wie die Grenzen des Handelns erfahren werden können. Wenn Schülerinnen und Schüler in einem Gespräch mit ihren Schulleitern über suchtvorbeugende Bedingungen an der Schule (‚mit Schiffer im Kopf') z.B. darauf drängen, dass etwa die Bewertungsfunktion solcher Fächer wie Kunst und Sport reduziert und deren Bedeutung als Intermediärraum wahrgemacht wird („...zwischen die Paukfächer legen ..."), und wenn die Schulleiter daraufhin von der gesetzlich bestimmten „Ausgleichsfunktion" und anderen „stundenplantechnischen Sachzwängen" reden, dann werden den Schülerinnen und Schülern Grenzen der Wirksamkeit von erziehungspraktischen Handlungen deutlich. Zugleich wirken diese Erfahrungen auch zurück auf das erworbene Wissen, weil ein Postulat Schiffers durch die Konfrontation mit schulrechtlichen und praktischen Rahmenbedingungen möglicherweise eine neue Bewertung durch die Schüler erfährt. Wenn aber zugleich eine Schulleiterin anregt und verspricht, in einer Konferenz der Kunstlehrerinnnen und -lehrer das Thema Bewertung mit dem Ziel anzusprechen, andere als bekannte Formen der Bewertung zu entwickeln, dann werden die Möglichkeiten erfahrbar, die Handlungen haben können. Selbst wenn am Ende ob der Wahrmachung des Versprechens bei den Schülerinnen und Schülern Skepsis bleibt, so bleibt doch die Erfahrung, dass das Erzeugen von Aufmerksamkeit zwar den Erfolg nicht garantiert, aber ein wichtiger Baustein pädagogischen Handelns ist.

Aufmerksamkeit an der Schule erzeugt auch ein von Schülern selbst gestalteter Pavillon. Dabei kann die verblüffende Möglichkeit pädagogischen Handelns erfahren werden, dass es „der Pädagoge nicht immer nur mit Kindern zu tun hat". Darüber hinaus wirken solche Handlungen gegen Sucht anstiftend in doppeltem Sinne. Der Stolz über das eigene Werk und der Wunsch, dass alle Schülerinnen und Schüler sich mit Namen an irgendeiner Stelle des Pavillons kenntlich machen, zeigt, dass nicht nur Eigen-Sinn, sondern auch Gruppen-Eigen-Sinn in Form eines Gemeinschaftswerkes entwickelt werden kann. Wenn Schülerinnen dabei mögliche Sprayer davor warnen, Graffiti über das Gemeinschaftswerk zu sprühen, dann entspricht dies der suchtvorbeugenden Anstiftung, die Schiffer der kreativen Gestaltung zuweist: *„Ein aus freier Gestaltung heraus unterscheidbares Bild meint also zweierlei: Die lustvoll erfahrene Freiheit in der Gestaltung und die Demonstration eines: ‚Schau her, das ist meins, das bin ich!'* (Schiffer 1997[6], S. 36).

Wenn darüber hinaus nicht beteiligte Schülerinnen oder Schüler während der Gestaltungsaktion loben, dass „endlich mal was Produktives aus einem tristen Anblick gemacht wird“, dann zeigt dies auch die anstiftende Wirkung suchtvorbeugender Handlungen auf Nichtbeteiligte bzw. auf die Schule.

Sicherlich gibt es keinen Grund, diese Äußerung oder auch erziehungspraktische Handlungen von Schülerinnen und Schülern an der Schule überhaupt zu überschätzen. Die Schüler selbst sind meistens realistisch genug zu wissen, dass z.B. die Bemalung eines Pavillons „bestimmt nicht ausreicht“. Aber in der Erfahrung von der begrenzten Reichweite pädagogischen Handelns, das machen die Anstiftungserfahrungen zu den Lernprozessen der Schülerinnen und Schüler deutlich, sind sehr wohl Anstiftungen möglich – für die eigene Handlungsfähigkeit und für weitere erziehungspraktische Eingriffe in die Wirklichkeit der eigenen Schule.

4.5.5 Epilog

Wer sich im Kontext des von Schülerinnen und Schülern gewählten Themas Sucht und Suchtvorbeugung an der „Dialogischen Fachdidaktik“ (Stiller 1997) orientiert, der lässt sich in der Tat auf den „didaktischen Sonderfall“ (vgl. 1. in diesem Buch) ein. Die Erfahrungen aus der Praxis zeigen dabei, dass die neueren didaktischen Impulse und Methoden Hilfestellung geben können dafür, dass aus dem Sonderfall ein Normalfall werden kann.

Diese Hilfestellungen ergeben sich z.B. aus der Möglichkeit zur klaren Orientierung an Qualifikationsfeldern, deren Anerkennung als didaktische Prinzipien für den Pädagogikunterricht und damit für den Schüler gegenwarts- und zukunftsbedeutsam erscheint. Die Vielzahl an methodischen Aspekten wirkt nicht nur anregend für eine vielperspektivische Unterrichtsgestaltung, sie erleichtert zudem die ‚didaktische Kleinarbeitung‘, d.h. die konkret inhaltliche Füllung unterschiedlich zu initiierender Lernprozesse. Dass diese für Schüler in motivierender und erfolgreicher Weise gelingen können, haben die Erfahrungen mit der dargestellten Unterrichtsreihe zu zeigen versucht.

Schließlich findet auch der Hinweis auf die Notwendigkeit zur biografischen Selbstreflexion der Pädagogiklehrer (vgl. Stiller 1997, S.11ff) seine Berechtigung. Ein im dargestellten Sinne geplanter und durchgeführter Unterricht impliziert auch eine veränderte Lehrerinnen- und Lehrerrolle: Er oder sie ist viel mehr mitbeteiligt am Lernprozess bzw. selber lernend als nach ‚altem Verständnis‘. Die Anstiftung der Schüler zur Offenheit z.B. für biografische Lernprozesse erfordert die eigene Offenheit – auch für den eigenen Lernprozess. Damit wird die leidige Kathederhaltung abgebaut und Nähe erzeugt, ohne die auch notwendige Distanz im Verhältnis zu den Schülerinnen und Schülern aufzugeben. Dies ist, wie die Orientierung an den neueren didaktischen Überlegungen insgesamt, anstrengend. Eine solche Orientierung erfordert die Anstrengung des Begriffs, die Anstrengung der Auseinandersetzung auch mit Nicht-Geplantem, die Anstrengung der Überwindung schulischer Rahmenbedingungen u.v.m.

Wer aber sagt, dass der Lehrerinnen- und Lehrerberuf nicht ein anstrengender Normalfall ist?

Anmerkungen

[1] Eine Konzentration auf wissenschaftspropädeutisches Arbeiten bzw. die reine Unterrichtsfunktion von Schule, die seit einiger Zeit als eine Art Reaktion auf die reformerischen Bemühungen postuliert wird (vgl. z.B. Gieseke 1993), erscheint m.E. keine adäquate Antwort auf den so genannten ‚neuen Schüler' oder die Herausforderungen des endenden oder beginnenden Jahrhunderts. Ein solches Beharren auf dem wissensvermittelnden Auftrag der Schule zuungunsten der Erziehungsaufgabe kennt die Schüler nicht als Subjekte ihres Lernprozesses; diese sind lediglich Objekte zur „Mobilisierung des verfügbaren Humankapitals" (Gieseke 1993, S. 97), damit der ausschließlich gesellschaftlichen Funktion der Schule untergeordnet. Zudem wird letztlich völlig verkannt, dass durch die Orientierung an solchen Prämissen gerade jene Erscheinungen mitverursacht werden, die zu überwinden angestrebt wird, also z.B. unkonzentrierte, unmotivierte und z.T. leistungsschwache Schüler.

[2] Als „Säulen der Bildung" für einen zukünftig tragfähigen Lernbegriff werden genannt: „Lernen, Wissen zu erwerben", „Lernen zu handeln", „Lernen zusammenzuleben" und „Lernen für das Leben".

[3] Weitere, auch unabhängig vom Suchtkontext einsetzbare „Varianten biografischen Lernens" finden sich z.B. bei Stiller (vgl. Stiller 1997, S. 86ff).

[4] Autorentext

[5] Die Übung wurde entwickelt vom Experten, der in der entsprechenden Unterrichtsstunde zu Gast war.

[6] Vgl. den ähnlichen Text bei Stiller 1997, S.19

Literatur:

Beck, U.: Risikogesellschaft. Auf dem Weg in eine andere Moderne. Frankfurt am Main 1986

Beck, U./Beck-Gernsheim, E.: Das ganz normale Chaos der Liebe. Frankfurt/M. 1990

BfgA = Bundeszentrale für gesundheitliche Aufklärung: Kinder stark machen – zu stark für Drogen (Broschürereihe zur Suchtvorbeugung). Köln/Bonn o.J.

Blank, J./Kratz-Bosbach, E.: Stärken heißt schützen. In: Kindergarten heute 6/98, S.22-28

Deutsche Unesco-Kommission (Hg.): Lernfähigkeit. Unser verborgener Reichtum. Unesco-Bericht zur Bildung für das 21. Jahrhundert. Berlin 1997.

Frankl, V.: Eine Sinnlehre gegen die Sinnleere. In: Psychologie heute 10/94, S.26-28

Gieseke, H.: Wozu ist die Schule da? In: Neue Sammlung 3/95, S. 93-104

Gudjons, H. u.a.: Auf meinen Spuren. Das Entdecken der eigenen Lebensgeschichte. Reinbek bei Hamburg 1986

Gudjons, H.: Spielbuch Interaktionserziehung – 185 Spiele und Übungen zum Gruppentraining in Schule, Jugendarbeit und Erwachsenenbildung. Bad Heilbrunn 1992

Heitmeyer, W.: Freigesetzte Gewalt. In: Pädagogik 6/94, S. 35-40.

Honneth, A.: Integrität und Missachtung. Grundmotive einer Moral der Anerkennung. In: Merkur 501/90, S. 1043ff

LSW = Landesinstitut für Schule und Weiterbildung (Hg.): Sucht- und Drogenvorbeugung in der Schule. Materialien und Medien in 9 Bausteinen. Baustein 3: Unterricht und Schule. Soest 1988

Schiffer, E.: Warum Huckleberry Finn nicht süchtig wurde. Anstiftung gegen Sucht und Selbstzerstörung bei Kindern und Jugendlichen. Weinheim, Berlin 1997

Stiller, E.: Dialogische Fachdidaktik Pädagogik. Paderborn 1997.

Schleiermacher, F. E. D.: Pädagogische Schriften I. Die Vorlesungen aus dem Jahre 1826. Unter Mitwirkung von T. Schulze hrsg. v. E. Weniger. Frankfurt am Main, Berlin 1983.

Voigt-Rubio, A.: Suchtvorbeugung in der Schule – mal ganz anders. Erlebnisorientierte Übung ab 12 Jahren. Lichtenau 1990

Werder, L. von: Lehrbuch des Kreativen Schreibens. Berlin 1992

Dritter Teil: Weiterentwicklung

5.1 Wege eigenständigen Lernens – die Facharbeit

Heinz Dorlöchter

Die Ausführungen gliedern sich in einen zunächst eher theoretischen Teil, welcher der Offenlegung der Vorstellung des Autors über Lernprozesse dient, und einen praktischen Teil, in dem konkret gemachte Unterrichtserfahrungen wiedergegeben werden – naturgemäß handelt es sich dabei um einen Zwischenstand bisheriger Überlegungen. In einem dritten Teil wird eine Einordnung der hier vorgetragenen Überlegungen vorgenommen und ein kurzer Ausblick versucht.

5.1.1 Wege des eigenständigen Lerners

In den folgenden Abschnitten wird die Thematik aus unterschiedlichen Perspektiven betrachtet: Aus der Perspektive des lernenden Subjekts wird auf den systemischen Kontext geschlossen, der im darauf folgenden Abschnitt eingehender untersucht wird. Eine Begriffsbestimmung eigenständigen Lernens wird abschließend in den Zusammenhang dialogischer Lehr-Lernprozesse gestellt.

5.1.1.1 Verantwortung übernehmen – der eigenständige Lerner

Die Ein-Drücke von der Welt sind keine bloßen Ab-Drücke einer objektiv erfassbaren Realität – die Konstruktivismusdebatte weist nachdrücklich auf diesen Sachverhalt hin. Der Vorgang des Lernens ist ohne die Persönlichkeit und Eigenart des Lerners nicht zu erfassen, da das Lernen hiernach einen Konstruktionsprozess beschreibt, der das erkennende Subjekt und das zu erkennende Objekt untrennbar miteinander verbindet[1]. Einer ‚Distanztheorie' des Lernens, die das Objekt des Lernens als ‚Implantationselement' ansieht, welches möglichst geschickt dem Subjekt verinnerlicht werden sollte, wird damit ebenso energisch widersprochen wie einer Sichtweise von Lernen, die sich nur an der Erfassung des Gegenstandes orientiert und davon ausgeht, dass der Lerngegenstand und seine Struktur den Lernprozess determiniert. Eine Subjektorientierung in dem Sinne, bei der das Wahrnehmen und Erkennen als Prozess und der Prozess des Erkennens selbst als ein Spannungselement des Lernens erlebt wird, führt zu einem Verständnis eines Lerners, der seine subjektiven Lernerfahrungen wahrnimmt und selbst reguliert[2].

Dieser Ansatz bliebe schematisch, würden nicht die Persönlichkeitsmerkmale des Lerners, seine Stärken und Schwächen, Vorerfahrungen, Einstellungen usw. berücksichtigt[3].Dieser Ansatz bliebe starr, würde nicht die unberechenbare, kreative Dynamik der Person des Lernenden betont, der sich veranlasst sieht, eigene wie fremde Konstruktionsprozesse in Frage zu stellen. Dieser Ansatz bliebe fremdbestimmt, würde nicht die Verantwortung des Lernenden betont, die Bereitschaft, durch Bewegung und Aktivität, manchmal das Hinausgehen aus sich selbst, Antworten auf eigene Fragen zu finden. Diese Überlegungen blieben einseitig, würde nicht der Kontext des Lerners mit seinen anregenden und hemmenden Wirkungen gesehen, die Eigendynamik von Kommunikationssituationen und würden nicht systemische Prozesse berücksichtigt.

Die personale: *„Der Lerner oder die Lernerin besitzt die Wahl- und Entscheidungsfähigkeit, für das eigene Lernen Ziele zu setzen, das Vorgehen zu planen, den Lernprozess zu steuern und das Lernergebnis zu evaluieren* (Guldimann 1996, S. 11) und die kontextabhängige Perspektive *„... dass sich Lernerinnen und Lerner unter Berücksichtigung situativer, personeller und institutioneller Bedingungen als eigenständig erleben und dies als Grundkompetenz betrachten, von der sie auch Gebrauch machen“* (Guldimann 1996, S. 15) führen letztlich zu einer mehrperspektivischen Betrachtungsweise eines eigenständigen Lerners, der in dem systemischen Kontext von Lehren und Lernen die Möglichkeit bekommen muss, Eigenständigkeit zu erfahren und damit eine persönlichkeitsfördernde Kompetenz zu erwerben.

Der eigenständige Lerner kann der Paradoxie einer instruierten Eigenständigkeit nur dadurch entrinnen, dass im Kontext des Lernens Verantwortungsbereiche festgelegt werden – Verantwortung abgegeben und übernommen wird und dies wiederum zum Verhandlungsgegenstand im Prozess des Lernens wird. Wer Verantwortung übernimmt, geht ‚außer sich‘ um ‚in sich zu gehen‘, er bezieht Stellung gegenüber ausgesprochenen oder unausgesprochenen Erwartungen. Dies gilt auch für Lernprozesse und ihre Ergebnisse und führt entsprechend der konstruktivistischen Sichtweise zu inneren Dialogen – zu Konstruktions-, Rekonstruktions- und Dekonstruktionsprozessen[4] – und sinnstiftenden Fragehaltungen. Hier werden unmittelbar innere Einstellungen zu einer Antwort herausgefordert. Verantwortung übernehmen bedeutet sich auf einen Prozess einzulassen, der durch Antworten und Fragen gekennzeichnet ist und damit eine Selbstständigkeit herausfordert, nämlich der Bereitschaft ‚sich zu stellen‘. Antworten auf Fragen des ‚wozu?‘ des Lernens sind damit untrennbar mit dem Lernprozess verbunden. Die Kompetenz der Selbststreflexivität (bewusste Betrachtung der eigenen inneren Vorgänge und damit auch der Konstruktionsprozesse von Wirklichkeit), die Bereitschaft zur Verantwortungsübernahme, die Fähigkeit zum Diskurs werden damit zu einem wesentlichen Ziel ‚erziehenden Unterrichts‘[5] in einer sich als ‚Lernende Schule‘ begreifenden Institution.

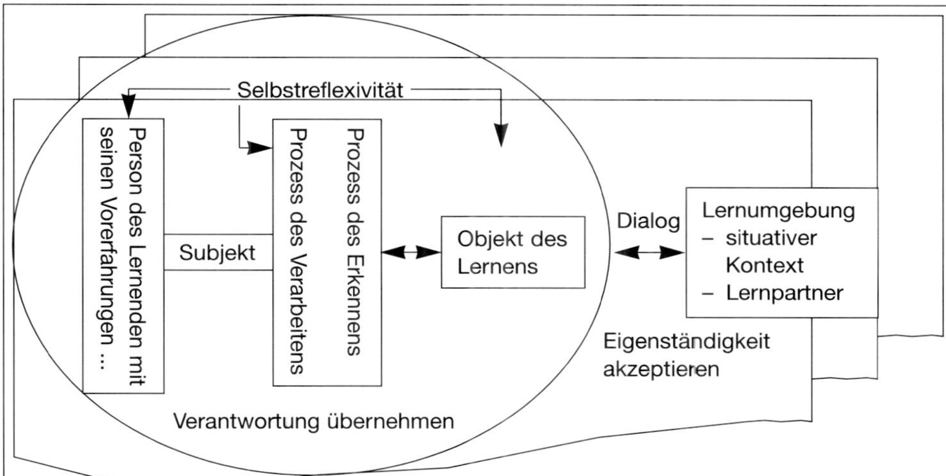

Systemischer Kontext des eigenständigen Lerners

Der eigenständige Lerner ist eine Zielperspektive, welche das Subjekt des Lernenden betont und gleichzeitig metareflexive und dialogische Kompetenzen der Lernpartner in einem offenen System mit demokratischen Strukturen, den Selbstwert der Beteiligten achtend, einfordert.

Erwin Beck, Titus Guldimann und Michael Zutavern formulieren folgendermaßen:

„Auf der Grundlage der bisherigen Forschung erweisen sich eigenständige Lerner als Experten des Lernens, die sich durch die folgenden Kompetenzen charakterisieren lassen:
Kognitive Kompetenz
Eigenständig Lernende sind fähig differenziert zu denken, beweglich Probleme zu lösen und verfügen über gut organisiertes Wissen. (...)
Kommunikative Kompetenz
Eigenständig Lernende können sich ausdrücken und mit anderen verständigen. (...)
Soziale Kompetenz
Eigenständig Lernende verstehen es, von anderen und mit anderen zu lernen. (...)
Motivation
Eigenständig Lernende sind an der Sache und am Lernen selbst interessiert. Sie sind antriebsstark und intrinsisch motiviert. (...)
Metakognitive Kompetenz
Eigenständig Lernende verfügen über Strategien, eigene Erfahrungen zu nutzen und daraus zu lernen. Sie
- *verstehen es, ihre eigenen Stärken und Schwächen einzuschätzen;*
- *steuern, beobachten und kontrollieren sich selbst beim Ausführen einer Handlung;*
- *denken über ihr Lernverhalten nach;*
- *reflektieren über Mittel – Zweck – Zusammenhänge."*

(Eigenständig Lernende Schülerinnen und Schüler, in: Dies. 1996, S. 27)

Besonders die hier unter dem Stichwort ‚metakognitive Kompetenz' angeführten Merkmale können dazu beitragen, eine ‚fähigkeitsbezogene Identität', wie sie sich durch die Triade ‚Fähigkeits-Selbstwertgefühl' (emotional), ‚Fähigkeits-Selbstkonzept' (kognitiv) und ‚Fähigkeits-Kontrollüberzeugung' (motivational) beschreiben lässt, aufzubauen (vgl. Karl Haußer, Identitätsentwicklung – vom Phasenuniversalismus zur Erfahrungsverarbeitung, in: Keupp/Höfer 1997, S. 127ff.).

Nur wenn Lernen als Teil einer Persönlichkeitsentwicklung (Subjektentwicklung) verstanden wird, können Standpunkte entwickelt, kann Sinnhaftigkeit hinterfragt und Eigenständigkeit entwickelt werden.[6]

Im Vorgriff auf die folgenden Ausführungen kann die folgende Übersicht als Veranschaulichung dienen:

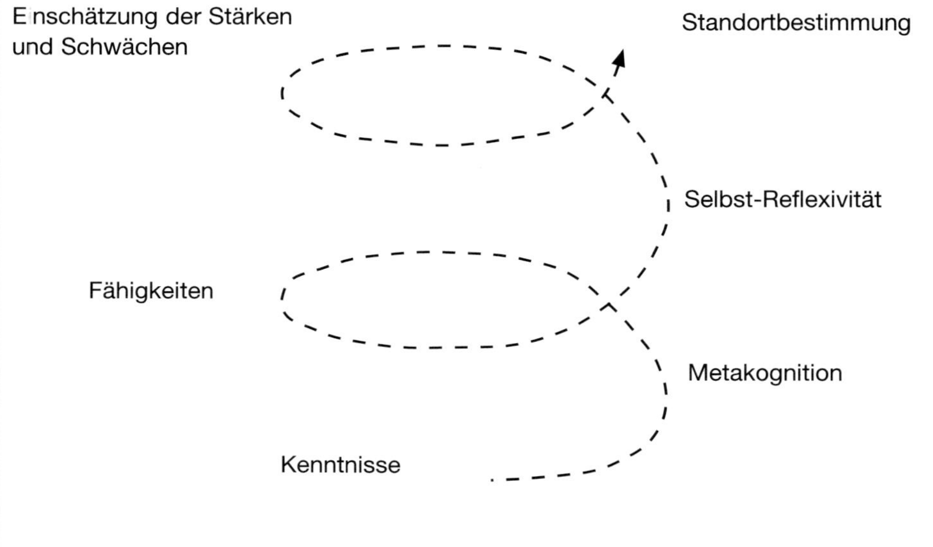

Persönlichkeitsentwicklung und Lernen

5.1.1.2 Interaktive Lehr-Lernumgebungen gestalten

Umgebungen schaffen Entwicklungsräume, Lernlandschaften ermöglichen Perspektiven und helfen Wege zu erschließen, Räume ermöglichen Rückwärtsbewegungen und Zeit zum Innehalten. Lernlandschaften, das Arrangement eines ‚Didaktischen Feldes', ermöglichen ‚Driftzonen' und das Wahrnehmen von Energien dieser Felder.

Angelehnt an den Ansatz von E. Kösel (Ders. 1995, S. 236ff) ergibt sich folgende grafische Veranschaulichung:

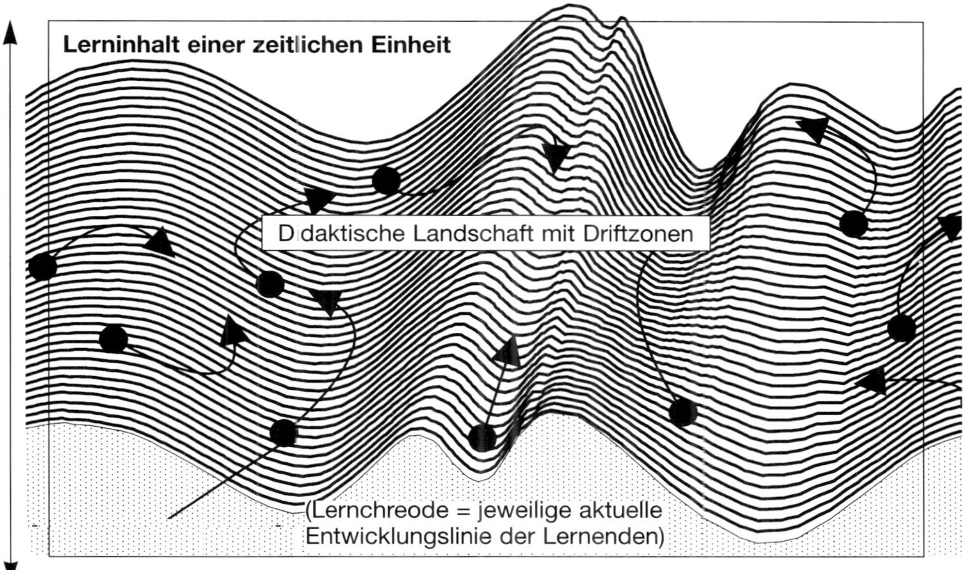

Didaktische Morpheme:
Die geplanten, in den Unterricht eingebrachten didaktischen Formen des Lehrenden und das entsprechende methodische Arrangement
(z.B.: Leitfrage, Sachfrage, Problemfrage, Aufgabe, Problem, Widerspruch, ...)

Im Rahmen institutionellen Lernens hat hier der Lehrer eine besondere Verantwortung, die Lerngegenstände so zu arrangieren, dass das Fremde und Neue bei Schülerinnen und Schülern als Herausforderung und nicht als Überforderung empfunden wird:

„Stoff und Mensch sind Partner. Lernen heißt, einen Dialog zwischen der singulären Welt eines Einzelnen und der regulären Welt eines Schulfaches zu führen. Wie sich der Dialog zwischen diesen beiden Polen im Einzelfall abspielen wird, ist nicht voraussehbar: Jeder Lernende gestaltet ihn auf eine ihm eigene Weise. Wie in jeder lebendigen Beziehung müssen die Positionen der Partner laufend neu definiert werden. Stets lauert die Gefahr, dass einer der beiden Pole den Dialog dominiert. Nimmt der Stoffpol überhand, kommt es zur Entfremdung zwischen Mensch und Wissenschaft; dominiert das Individuum, greifen Dilettantismus und Überheblichkeit um sich." (Gallin/Ruf 1993, S. 33)

Der Begriff der Lernumgebung löst sich aus der Verengung eines Verständnisses von Lernen, welches vorgegebene (ausgetretene Pfade) als strenge Vorgaben und richtungweisende Maxime versteht, Lernen ausschließlich als Transferprozess interpretiert.

„Lernen ist ursprünglich ein Sich-bewegen .... (...)

Nehmen wir an, dass ein Lehrer sich mit einem Schüler zusammen in einem neuen Bereich bewegt, gleichsam also in einer fremden Stadt. Sie befinden sich zusammen in einem Vorgang, der sich als Handlungsdialog bezeichnen lässt. Damit ist das Lehren von der Seite des Lehrers her und das Lernen von der Seite des Schülers her gemeint. Für den Lehrer bedeutet es, dass er den Schüler respektiert, ihm auf seinen Wegen nachgeht, ihn also ein Stück Wegs vorausgehen lässt. Des-

halb muss er auch das Wagnis eingehen, dass sich der junge Mensch verirrt. Es ist eine Anerkennung seiner Menschlichkeit, wenn er Irrwege gehen darf und nicht mit pädagogischer Aggressivität davor bewahrt wird. Der Lehrer muss freilich die Achsen kennen, von denen her die Stadt sich weiter erschließt, er muss ständig bereit sein, neue Straßen zu zeigen und mit dem Schüler zu gehen, er muss aber auch auf schon bekannte Straßen zurückführen. Andererseits muss der Schüler bereit sein, sich vom Lehrer „an die Hand nehmen", führen zu lassen, aufmerksam zu sein auf das, was ihm gezeigt und auf das er aufmerksam gemacht wird. In diesem Verständnis ist ein Lernprozess gemeint, der von der linearen Struktur abweicht, in der das Lernen meist gesehen wird, und eine stärker zyklische Struktur annimmt. (...)

Das unterrichtliche Handeln des Lehrers muss, wo Einsicht in die pädagogische Dimension des Irrens besteht, von Zurückhaltung bestimmt sein. Sie ermöglicht dem Schüler, selbst Erfahrungen zu machen. Es ist auch eine Fiktion zu glauben, dass junge Menschen die Erfahrungen anderer in ihr Sein zu integrieren und mit ihnen zu leben vermögen. Sie müssen freigesetzt werden auf den Wegen, auf denen sie ihre eigenen Erfahrungen gewinnen können.“ (Muth 1992, S. 260ff.)

Lernumgebungen geben dem Lernenden die Möglichkeit des Ausprobierens und des Selbstentdeckens, entsprechend dem Motto der Pädagogischen Woche ’91 der Universität Oldenburg: „Wege entstehen beim Gehen“. Ergänzen könnte man: „Standpunkte entstehen beim Stehen/Innehalten.“[7] Dies kann schnell zu einem Verlorensein führen, wird die große Chance schulischen Lernens, nämlich die des Eingehens von Lernpartnerschaften, nicht genutzt.

„Wir müssen Lerngelegenheiten schaffen, die das Vorwissen der Schüler aufgreifen, der Situationsbezogenheit des Denkens Rechnung tragen und Lernen als selbstgesteuerten Wissensaufbau im Rahmen von Lern- und Forschungsgemeinschaften konzipieren. Wir brauchen interaktive Lehr-Lern-Umgebungen. (...) Den Zusatz ‚interaktiv‘ erhalten jene Lehr-Lern-Umgebungen, in denen Kooperation und Diskurs im Zentrum stehen.“ (Stebler/Reusser/Pauli 1994, S. 232)

Lernpartnerschaften können unter Schülern gebildet werden; die Form der Team- bzw. Gruppenarbeit zum Zweck des Erarbeitens, des Ideenaustauschs, der Problementwicklung und -lösung, der Präsentation sind bekannte Formen, sie können weiterhin auch dem Bewusstwerden, dem Nachdenken und dem Austausch von Lernerfahrungen dienen, die dann z.B. in Klassenkonferenzen vertiefend erörtert werden können (vgl. Guldimann 1996, S. 128ff).

Im Zeitalter vorgegebener Konstruktionen, z.B. durch die Angebote der Medien und insbesondere des Internet, ist der Dialog zwischen aktiven und ganzheitlich reagierenden Lernpartnern als Möglichkeit des Austausches und der Korrektur eigener Konstruktionen von Wirklichkeit zu betonen, insbesondere dann, wenn eine Lernpartnerschaft zwischen Lehrern und Schüler gebildet werden kann, bei der der Lehrer nicht als Besser-Wissender, sondern als Anders-Wissender auftritt (vgl. Wyrwa 1997, S. 22) und eine Begegnung so gestaltet, wie es J. Muth weiter oben so anschaulich beschrieben hat.

Lernen (zyklisches Lernen) erfüllt keinen Selbstzweck und ist in einen Kontext der Effizienz und Nutzbarkeit eingebunden, der transparent zu machen ist – hier liegt eine besondere Aufgabe in der Kompetenz und Verantwortung der Lehrer.

Dazu Hartmut von Hentig: *„Das Bedenklichste, was uns der Computer meines Erachtens antut, ist die Vorstellung, die wir uns von ‚Wissen' machen. Unter seinem Einfluss wird daraus endgültig eine beliebig anhäufbare ‚Sache'. Darum kann man auch ‚Wissen' mit ‚Information' gleichsetzen – und es quantifizieren. Für Platon hieß Wissen: ‚Erkennen-was-eine-Sache-ist', und ‚Was' hieß dabei immer: ‚Wozu bestimmt'. (...) Wissen ist immer mit einer philosophischen Anstrengung verbunden."* (Hartmut von Hentig, Die Schule neu denken; © 1993 Carl Hanser Verlag, München-Wien, S. 42)

Entsprechend gestaltete interaktive Lehr-Lernumgebungen bieten, bezogen auf die Subjektentwicklung des Lernenden, die Möglichkeit
- der individuellen Gestaltung von Lernwegen entsprechend eigener Stärken und Schwächen – *Prinzip der Individualität*
- einer sinnhaften Lernerfahrung, indem selbstregulatives Lernen gefördert wird – *Prinzip der Eigenständigkeit*
- der Förderung eines Lernprozesses, welcher nicht nur eine Zunahme von Wissen, sondern Veränderungen von Konstruktionsstrukturen (Äquilibrationsprozesse) ermöglicht[8] – *Prinzip der Erkenntnis*
- der Bewusstwerdung von Wissensprozessen und damit der Infragestellung von Konstruktionen – *Prinzip des Selbstreflexion*
- das ‚Wozu?' des Lernens zu erhellen und sich damit eigener wie fremdgeleiteter Interessen bewusst werden – *Prinzip der Verantwortung*
- der Entwicklung eines persönlichen Bildungskonzeptes[9] und der Auseinandersetzung mit seiner Persönlichkeitsentwicklung – *Prinzip des Dialoges.*

Folgende Collage mag diese Gedanken veranschaulichen:

Fraktale Lernlandschaft mit einem Motiv von K. Haring

Lernlandschaften, veranschaulicht durch die nach dem Selbstähnlichkeitsprinzip konstruierte fraktale Landschaft, ermöglichen durch eine Bewegungserfahrung eine Erfassung der Struktur eines Ortes, welcher dann zugleich einen Eindruck über das Gesamtsystem ermöglicht – ähnlich, wie wenn man sich auf einem Netz bewegt und die ausgelösten Schwingungen auf das ‚Ganze' übergehen und diese Struktur quasi als Echo wiederum erfahrbar wird. In diesem Sinne vollzieht sich ein Verständnis von exemplarischem Lernen nicht an einer Stoffauswahl, sondern an eine spezifischen Lernerfahrung, im Sinne Jakob Muths an einem ‚Bewegungserlebnis'.

„Lernen wie Wandern ist stets eigenes Tun, ist eine Aufgabe, die nicht delegiert werden kann. Wandern wie Lernen ist Überwindung eines Weges, der sich zwischen verschiedenen Positionen, zwischen vorher und nachher erstreckt.

Der Weg ist leicht oder schwierig, eben oder steil bergauf führend, je nach der Lage des Ziels.

Der gewählte Weg kann direkt oder auf Umwegen oder gar am gewählten Ziel vorbei führen.

Weg und Ziel sind zu wählen, eine Entscheidung muss gefällt werden. Deshalb bedarf Lernen wie Wandern orientierender Hinweise, die aber die eigene Entscheidung über den Weg nicht abnehmen. So kann ich einen Weg wählen, der gut bekannt ist, weil er bereits zuvor tausendfach beschritten wurde. Jede Unwägbarkeit nach Möglichkeit ausschließend, studiere ich voll Vertrauen die Wegbeschreibung meiner Vorgänger, um dann sicher das Ziel erreichend festzustellen, dass diese sich nicht geirrt haben – oder vielleicht doch?

Nicht aber das Erreichen eines Ziels allein markiert die Veränderung des Zustands. Schon der erste Schritt ist Veränderung und wirkt verändernd."

(Zimmermann/Inhester 1992, S. 36f.)

Lernen wie Wandern in einer Lernlandschaft kann eine subjektfördernde Lebenserfahrung sein – dies gilt für Lehrer und Schüler, nutzen beide die Möglichkeiten, die sich durch die Bewegungserfahrungen im Dialog ergeben, und sind beide nicht ausschließlich auf das Erreichen eines Zieles fixiert, welches sich der Illusion hingibt, dass Lernlandschaften eine glatte Ebene sind und es nur darum geht, zwischen Startpunkt und Ziel die kürzeste Verbindung zu finden.

Lernen heißt von seiner etymologischen Bedeutung her: ‚ich habe nachgespürt', ‚(s)einer Spur nachgehen', ‚nachspüren'! (vgl. Pfeifer 1993); nimmt man diese Aspekte auf, so ergibt sich ein bestimmtes Grundverständnis des Menschen,[10] eigentlich eine untrennbare Verbindung zwischen Lernprozessen und Subjektbildung.

„Lehrer/in und Schüler/in vereinbaren gemeinsam ein Ziel und bewegen sich eigenaktiv durch eine Lernlandschaft. Die Schüler/innen folgen nicht im Gänsemarsch genau dem von der Lehrerin eingeschlagenen Weg. (...) Immer wieder macht die Wandergruppe „Verschnaufpausen". Die Wanderer bleiben einen Moment stehen und reflektieren gemeinsam, wo sie gerade sind und ob sie den eingeschlagenen Weg fortsetzen wollen. Vielleicht hat die Lehrerin eine Karte? Der Lernwanderprozess ist also reflexiv und erfordert Kommunikation. Die Schüler/innen planen ihre Lernwanderprozesse eigenverantwortlich mit. Trotz individueller Lernwege und den daraus resultierenden unterschiedlichen Lerntempi erreichen in einer gut eingespielten Wandergruppe alle Mitglieder das vereinbarte Ziel. Die Langsameren können sich von den Mitwanderern helfen lassen, indem sie ihr Gepäck für ein Wegstück getragen bekommen oder ihnen Hilfestellung bei der Wegsuche geleistet wird. (...) Lernen wie Wandern ist also ohne Eigenaktivität nicht denkbar und schließt das soziale Lernen ein, da es an soziale Kontexte gekoppelt ist. (...)

Warum wird überhaupt gewandert? Zum einen möchte man ein Ziel erreichen, vielleicht einen See oder eine Burg, irgendetwas, mit dem eine positive Erwartung verknüpft ist. Zum Zweiten möchte man aber auch die Landschaft kennen lernen, in der man sich bewegt. Jede/r konstruiert sich ein eigenes Bild von dieser Lernlandschaft, je nachdem, welche Wege er bei der Wanderung (oder vielleicht schon vorher) beschritten hat, welches Wetter gerade herrschte und wie man die gesamte Wanderung subjektiv erlebt hat. Lernen wie Wandern ist also ein konstruktiver Prozess, bei dem sich ein subjektives Bild von der durchwanderten Lernlandschaft formt und bei dem man nicht nur das Ziel kennen lernt, sondern auch einen ganz individuellen Weg zum Ziel und allgemein gültige, transferierbare „Lernwandermethoden" (Umgang mit Karte und Kompass), mit Hilfe derer man in Zukunft auch völlig neue Wanderziele besser erreichen kann. Zum Dritten wandert man vielleicht auch, weil das Wandern selbst Spaß macht, die Bewegung, die Gespräche mit den anderen, das Trainieren der „Lernwandermuskulatur" – ganz unabhängig vom Ziel und dem durchwanderten Gelände." (Stoor 1998, S. 23ff.)

Lernen wird dann als ein Erlebnis wahrgenommen, wenn alle am Lernprozess Beteiligten mit dem Erreichen eines (vorläufigen) Zieles eine Lernerfahrung gemacht haben, die auch den inneren Verarbeitungs- und Konstruktionsprozessen eine Bewegungserfahrung ermöglicht, wenn das Lernen einem Bewusstseinsprozess unterzogen wird, Lernen als Lernerfahrung wahrgenommen und auch als Teil eines Lernprozesses verstanden wird – kurz: das Lernen gelernt wird.

Zum Lernen als bedeutungsbildende Aktivität gehört das Erlebnis des Staunens, das Verwundert-Sein. Wer staunt, ist außer sich, gedankenverloren, in einer Art Trancezustand, dem Träumen näher als mechanisierten Verhaltensweisen. Damit ist nicht das ‚Überrascht-Sein' gemeint, eine Innenwendung, die Aufruhr erzeugt und möglicherweise zu einer Verstörung führt. Wer staunt, ist selbstverloren, richtet sich auf etwas, was außer ihm ist, ist möglicherweise sogar außer sich, ist sinnlich und macht so verstanden eine Bewegungserfahrung, ein Hinausgehen aus dem eigenen Erfahrungsraum um einen neuen Erkenntnisprozess einzuleiten. Staunen ist eine sinnliche, aktive und ganzheitliche Grenzerfahrung und eine wesentliche Komponente des Lernens, staunen ermöglicht (gezielte) Suchbewegungen.

5.1.1.3 Dialogische Lernprozesse: Lernen und Lehren – Lehren und Lernen

Die Projektleiter des Projekts ‚Eigenständig lernende Schülerinnen und Schüler' haben 10 Fragen formuliert, die als Orientierung für die Förderung der Eigenständigkeit der Lernenden angesehen werden können. Dort heißt es u.a.:

„Lernpartnerschaften erleichtern das Lernen und fördern die Teamarbeit. Erfolgreiche Argumentation muss gegenteilige Auffassungen miteinbeziehen, was die Koordination verschiedener Gesichtspunkte erfordert. Die Einbettung des Lernens in eine Lernpartnerschaft gibt dem Verstehen den zusätzlichen Sinn der Verständigung. Werden Lernpartnerschaften oder so genannte Tandems gefördert? Werden Arbeits- und Lernerfahrungen ausgetauscht, so dass zwischen den Lernenden und mit den Lehrenden ein Lerndialog entstehen kann?" (http://www.phs.unisg.ch./fst/proj/chk.htm.)

Das hier angesprochene dialogische Prinzip verweist auf eine Form der Begegnung, welche die Spannung zwischen den sich Begegnenden für den Austausch und für mögliche Einsichten nutzt. Begegnungen im konstruktiven Sinn sind Austausch durch Andersartigkeit, die Gleichwertigkeit zulassen, indem sie Verschiedenheit respektieren – die Spannung zwischen den ‚Gegnern' einer Begegnung *kann* also als kreatives Potenzial empfunden werden. Lehrende wie Lernende erleben sich als Suchende – in dieser Rolle mag es unterschiedliche Kompetenzen geben, doch wird durch diese Haltung Neugier und Interesse an dem Dialogpartner deutlich.[11] Besonders für den Lehrenden stellt dies eine Herausforderung dar, sollen doch nicht nur die erkenntnisleitenden Fragen des ‚Was soll der Schüler lernen'? und ‚Wie kann er es optimal lernen?' ausschlaggebend sein, sondern wird auch die Frage: ‚Wer ist der Schüler in seiner Persönlichkeit?' von entscheidender Bedeutung – die Pädagogik der Achtung von Janusz Korczak betont diesen entscheidenden Aspekt. Diese Neugierde lässt sich nach Ansicht Janusz Korczaks nie befriedigen, würde doch auch ansonsten dem ‚Machbarkeitswahn' des Erziehers Vorschub geleistet. ‚Ich will wissen, wer du bist, weil du mir als achtenswerte Person begegnest!' ist ein in diesem Sinne gemeintes erkenntnisleitendes Interesse, welches sich damit von einem ‚Verfügungsaspekt' abgrenzt, egal, ob er sich durch mehr Wissen oder eine größere Lebenserfahrung zu legitimieren versucht.[12] Da im Dialog der Wahrheitsgehalt (Logos) eines Sachverhaltes durch individuelle Konstruktionen und Vereinbarungen vermittelbar wird, dient er letztlich dem Verständnis und der Verständigung über Konstruktionsprozesse.[13]

Nur im/durch den Dialog kann sich eine dialogische Kompetenz der Dialogpartner entwickeln, der Dialog wird damit selbst zum Lernprozess. Anknüpfend an Martin Buber formulieren Reinhard Fuhr und Martina Gremmler zum Begriff Dialog: *„Die Person respektiert die Andersartigkeit des anderen und versucht, sich in diese Andersartigkeit hineinzufantasieren, ohne sich in der Realität des anderen zu verlieren. Er ist sich also beider Realitäten gewahr; diesen Prozess nannte er ‚Umfassung'. Dies gilt zunächst nur für den Therapeuten, Berater oder Pädagogen, nicht für den Lernenden. Dieser ist – zumindest zu Beginn der gemeinsamen Arbeit – nicht zur vollen Gegenseitigkeit in der Beziehung in der Lage oder verpflichtet; er kann die Realität des Lehrenden nicht in gleicher Weise beachten und berücksichtigen wie dieser.“* (Dies. 1995, S. 104, 105).

Der Lehrende hat bei dialogischen Begegnungen die Aufgabe und Verantwortung, empathisch und hilfreich den Lernenden beiseite zu stehen – etwa durch Impulse, doch ist es genauso wichtig, die Begegnungsspannung[14] aufrechtzuerhalten (ein ‚Verlieren' in die Rolle des anderen als Prinzip der Auseinandersetzung, wie etwa bei Th. Gordon angesprochen, ist hier nicht gemeint.). K. Dörner formuliert sehr treffend: *„Dich verstehen geht gar nicht, denn ich kann nicht an deine Stelle treten. Du bleibst für dich, mir fremd. Nähe entsteht nur über Abstand. (...) Übrigens: „Ich verstehe dich“ heißt vom Wortsinn her präzise: „Ich verstehe mich auf dich". Das tritt an die Stelle des objektivierenden, besitzergreifenden Anspruchs, einen Anderen überhaupt verstehen zu wollen.“* (Dörner/Plog 1994, S. 204).

Dies bedeutet keine Gleichgültigkeit zwischen den Lernpartnern! Empathie gibt Signale des Interesses und der Verständigungsbereitschaft, doch sind durch die Andersartigkeit des anderen Verstehensgrenzen gesetzt – was die Notwendigkeit eines Dialoges (der Verständigung) erhöht.

Die Gesprächsführung selbst hat nicht die Form eines rein neosokratischen Gesprächs oder die eines fragend entwickelnden Unterrichts[15], wenn auch Anteile dieser Gesprächsformen vorhanden sind.

„Ein Lehrer, der Fragen nur zum Schein stellt, Fragen, die er selbst beantworten kann, handelt unsittlich. Er ist ein Betrüger, was noch zu ertragen wäre, wenn es nicht die Kinder wären, die er tatsächlich und nachhaltig betrügt und die Klügsten, deren geistiges Immunsystem fertige Wissenskörper abwehrt, opfert.

‚Mein Vorschlag ist, den Lehrer zum Forscher zu machen. Der Lehrer weiß nichts. Er tritt in die Klasse und sagt, heute wollen wir Elektrizität lernen, leider weiß ich es auch nicht so genau, wie können wir vorgehen? Plötzlich sind die Kinder mitten im Erfinden von Mathematik und Physik. Sie werden den Lehrer fragen. Auf einmal geht ein dolles Spiel los. Plötzlich entsteht Dynamik, wo jeder für sich seine Methode, seine Dynamik, auch seine Idiosynkrasie findet und sich im Dialog über die Sache verständig machen kann. (...) Deshalb mein Vorschlag, laden wir den Lehrer dazu ein, Forscher zu werden. Wenn er ein Forscher ist, muss er sagen, ich weiß nicht, denn wenn er ein Forscher ist und schon die Antwort weiß, ist er ein Schwindler.'" (Kahl 1998, S. 65ff – in seinen Ausführungen nimmt R. Kahl Bezug auf H. v. Foerster, das Zitat selbst ist von H. von Foerster)

Aus der Sicht des Konstruktivismus ist Objektivität eine Wahnvorstellung – also hat der Lehrer auch nicht ein absolutes Wissen, sondern sein Verständnis über die Welt, was er möglicherweise mit vielen anderen Menschen im ‚Wissenschaftsbetrieb' teilt, welches aber grundsätzlich in Frage zu stellen ist. Begreift der Lehrende sich grundsätzlich als Lernender, wird dem Lernenden eine Lehrhaltung z.B. in Form von Fragen, Staunen und Weitergabe seiner Konstruktion von Welt ermöglicht, so ist ein Dialog möglich, der sich auf den Erkenntnisprozess konzentriert. Wenn ein Staunen der am Lernprozess Beteiligten möglich ist, können auch die Lernenden und Lehrenden zu Forschern werden. Dazu ist es natürlich hilfreich, wenn Erfahrungen und Konstruktionen mitgeteilt werden, eine Focussierung auf Ergebnisse kann jedoch einen dialogischen Lehr- und Lernprozess erschweren oder sogar verhindern.

Folglich formuliert Heinz von Foerster:

„Wir müssen Lernen lernen, um anderen etwas beibringen zu können." (Kahl 1998, S. 67 – das Zitat selbst ist von H. von Foerster)

Auch wird bewusst nicht von einer Diskussion gesprochen, wird doch durch den Begriff des Dialoges „die Idee des Voneinander-Lernens und des Aufeinander-Neugierig-Seins" betont.[16] Die Einstellung zueinander, die den Lernpartnern beiden einen Expertenstatus für eigene Lernwege zubilligt, ist hier der entscheidende Faktor.

„Die Folgerung, dass jemand, der Fertigkeiten erlangen, Gedanken speichern oder Verhalten einüben kann, das zu einer vollkommenen Beherrschung führen mag, anderen überlegen ist, ist nicht zwingend. Deswegen müssten die einen nicht zu den Lernenden und die anderen zu den Ausgelernten eingeteilt werden. Es wäre denkbar, dass Wissende und Unwissende, Könner und Anfänger zusammen lernen würden. Vielleicht würde den Sachverständigen das Elementare zur Einsicht kommen, während die Anfänger sich vom Komplizierten in den Bann schlagen ließen. Es könnte auch umgekehrt sein." (Krapf 1997, S. 15)

Der Schüler/die Schülerin ist der Experte/die Expertin für seinen/ihren Lernweg![17]

Die Asymmetrie einer Kommunikation, das Streitgespräch, das Ausleben von Individualität unter der Beachtung demokratischer Prinzipien, die eben die Würde des Anderen beachtet, ermöglicht die Erfahrung eines dialogischen Lernprozesses. Der Lehrende hat somit nicht nur die Rolle des Fragenden und der Schüler die des Antwortsuchenden, Fragen und Antwort(versuche) sind idealerweise gleichberechtigt verteilt. Auch der Lehrer kann bei dieser Rollenverteilung seine Lernwege offen legen, wie dies in dem Schweizerischen Modellversuch praktiziert wurde: *„Im Gegensatz zur herkömmlichen didaktischen Lehr-Lernform des*

„Vorzeigens und Nachmachens" geht es beim Ausführungsmodell nicht um das Imitieren oder Kopieren einer möglichst idealen Vorgehensweise (‚coping models'), sondern um den sinnvollen Ausbau der Differenzierung des eigenen Strategierepertoires. Von daher könnte man von einem ‚Anregungsmodell' sprechen." (Guldimann 1996, S. 130)

In dialogischen Prozessen sich vollziehende Lehr- und Lernvorgänge betonen den Aspekt der Wissensverarbeitung als Auseinandersetzungsprozess[18], die Gestaltung der Auseinandersetzung im Sinne einer Begegnung zweier autonomer Systeme ermöglicht einen Ausbau von metakognitiven Strukturen und den Aufbau von Identitätskonzepten.

„Lernen ist Dialog. Lernen ist Wechselspiel. Lernen ist Austausch durch Andersartigkeit. Menschliches Lernen ist partnerschaftliches Lernen – oder es endet das Lehren in Herrschen und Indoktrination.

Kinder sind gleichwertig, doch anders. Respekt vor dieser Verschiedenheit – doch Gleichwertigkeit –, das gehört zur sprudelnden Quelle für's Lernen in der Lernenden Schule. Aufgabe der Lehrenden ist es, dem Kind zu helfen herauszufinden, wie es am besten lernt. Aufgabe des Kindes ist es, dem Lehrer resp. der Lehrerin zu helfen, sich auf immer neues Fragen einzulassen.

Eine Bedingung des lebendigen Lernens ist für mich, dass die Menschen nicht aufhören sich mit allen möglichen Sinnen gegenseitig wahrzunehmen. Dazu gehört, dass nicht immer nur eine Person redet, sondern hinreichend viel Zeit für den Dialog garantiert ist. Lebendiges Lernen muss auch dem Platz einräumen, was vielleicht gar nicht im Moment unmittelbar zur Sache zu gehören scheint. (...) Nur wer mitreden kann, macht verantwortlich mit." (Cohn 1998, S. 51, 52)

Folgende Abbildung soll die hier vorgetragenen Aspekte veranschaulichen:

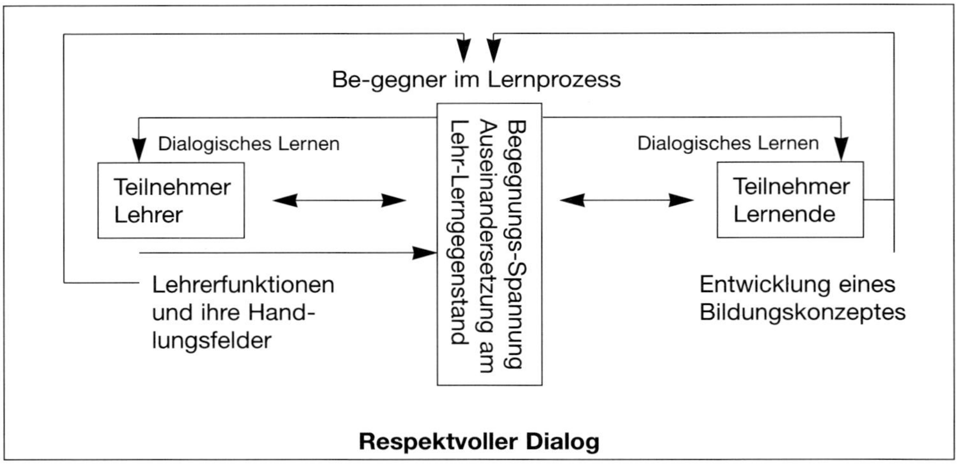

Der Lernbegleiter, z.B. der Lehrer bzw. die Lehrerin, hat die besondere Verantwortung, die ‚Umfassung' eines Dialoges den Lernpartnern transparent zu machen und damit den Lehr-Lernprozess befragbar und veränderbar zu gestalten[19] – im Laufe dieser Prozesse sollten Schülerinnen und Schüler zunehmend diese Aufgaben mitübernehmen. Der Diskurs als Metaebene gibt dabei entscheidende Impulse (vgl. auch W. Schulz 1996, S.144).

Diese Abbildung lässt sich in die Abbildung zum ‚Systemischen Kontext des eigenständigen Lerners' an der entsprechenden Stelle integrieren.

Nach den obigen Ausführungen mag folgende Begriffsbestimmung (aus der Sicht des Lerners) als Arbeitsdefinition für die konkrete Umsetzung eines Konzepts des eigenständigen Lerners dienen:

Eigenständiges Lernen liegt vor, wenn eine bedeutungsbildende Aktivität einen selbstreflexiven, selbstregulativen, individuellen (Verstehens-) Prozess in Gang bringt und die Auswirkungen auf die Persönlichkeitsstruktur (i.S. eines mehrdimensionales dynamischen Systems) erfahrbar und diesbezüglich selbstbestimmte Entscheidungen möglich werden, so dass neue Muster, Strategien und Kompetenzen aufgebaut, ausgebaut oder umgebaut werden, die zu verantwortlichem Handeln führen.

Eine nach den weiter oben genannten Prinzipien von interaktiven Lehr-Lernumgebungen gestaltete Lernlandschaft kann ein ‚lebendiges Lernen'/eigenständiges Lernen ermöglichen. In diesen Lernlandschaften kann im Idealfall der Lehrende lernen und können Lernende lehren.

5.1.2 Methoden eigenständigen Lernens – die Facharbeit

Die bisher der Orientierung und Einordnung dienenden eher grundsätzlichen Überlegungen, die unter anderem darlegen sollten, dass der eigenständige Lerner kein einsamer Lerner ist und das Arrangement einer Lernlandschaft und die spezifische Verantwortung des Lehres/der Lehrerin für dialogische Lehr-Lernprozesse von entscheidender Bedeutung sind, sollen durch die Darstellung einer bislang vierjährigen Praxiserfahrung ergänzt werden. Es handelt sich dabei um konkret im Unterricht verwendete Materialien, die den letzten Stand der Erprobung wiedergeben.

In einem Leistungskurs Pädagogik der Gesamtschule Wulfen der Stadt Dorsten wurde konsequent vom Schulhalbjahr 11/2 an bis zum jetzigen Kursabschnitt 13/1 pro Halbjahr eine Facharbeit geschrieben – aus praktischen Gründen können die Schülerarbeiten hier nicht angeführt werden.

5.1.2.1 Beispiele aus der Praxis

Schon bei der Definition einer Facharbeit werden die oben entwickelten Vorstellungen einfließen. Die nachfolgende Lehrer-/Schülerinformation[20] lässt dies erkennen:

Die Facharbeit im Pädagogikunterricht

Bei Facharbeiten handelt es sich um schriftliche Auseinandersetzungen mit Problemstellungen bzw. Themen, für die ein längerer Zeitraum zur Verfügung steht. Die Thematik soll dabei möglichst selbstständig ausgesucht und eigenständig bearbeitet werden. Die erstellten Facharbeiten und die darin gewonnenen Erkenntnisse sollen wieder dem Unterricht zugute kommen.

In einer Facharbeit soll *nicht nur* mit eigenen Worten wiedergegeben werden, was man gelesen oder gehört hat – eigene Gedankengänge und Ideen, Vermutungen und sich ergebende Fragen, eine eigene Stellungnahme sind wichtige Bestandteile dieser Arbeit. Zu diesem Zweck muss man Methoden und Arbeitstechniken beherrschen bzw. sich diese durch das Anfertigen einer Facharbeit aneignen, wie z.B. Textanalyse, Beschaffen von Informationen, Zusammenfassen, Befragungen vornehmen, Filmmaterial auswerten, Karikaturen deuten, usw.

In einer Facharbeit geht es also nicht nur um die Wiedergabe/das Referieren und Zusammenfassen vorhandener Materialien.

Im Einzelnen sollen folgende Merkmale erkennbar sein:
- Abgegrenzte Themenformulierung/Genaue Beschreibung des Vorhabens
- Klare und logische Gliederung
- Verwendung von Fachbegriffen und Erklärungsansätzen/Modellen
- Schlüssig aufgebaute und nachvollziehbare Argumentation
- Klare Unterscheidung von eigenen und übernommenen Gedanken, Angabe der verwendeten Quellen
- Rückschau auf die eigene Arbeit und Benennen von offen gebliebenen bzw. sich neu ergebenden Fragen.

In Facharbeiten geht es also sowohl darum, eigenständig Neues zu lernen, als auch darum, das Lernen zu lernen.

Innerhalb des durch den Unterricht gesetzten thematischen Rahmens sollte rechtzeitig je nach eigenem Interesse eine Themenstellung formuliert werden. Die Themenstellung kann durchaus eine Frageform haben, wobei die Ausführungen in der Facharbeit dann Antwortversuche bzw. Orientierungen zur Beantwortung der Frage geben sollen.

Schülerinnen und Schüler sollten nicht immer darauf festgelegt werden, Antworten zu geben, sondern selber in die Lage versetzt werden, Fragen zu stellen. Wer lernt Fragen zu stellen, kann sich seine eigenen Lernwege selber gestalten und fordert seine eigenen Kreativität und Fantasie heraus – wesentliche Aspekte für den je eigenen Lernprozess. Es muss ja auch nicht immer eine klare Antwort geben, manchmal eröffnen Fragen neue Denkrichtungen und ermöglichen einen Perspektivenwechsel, sind also genauso wichtig wie die Fähigkeit, Antworten geben zu können.

Frage-Zeichen

Wer fragt, der denkt ...
wer denkt, der fragt ...
wer fragt,
der sucht nach Antworten ...
und neuen Fragen ...

Ausgangspunkt einer Facharbeit können auch eigene Erlebnisse bzw. persönliche Themen sein. Im Rahmen einer Facharbeit können diese dann aufgearbeitet und somit aus einer neuen Perspektive betrachtet werden. Auf jeden Fall soll deutlich werden, dass pädagogisches Wissen und pädagogische Denkweisen verwendet und somit fachliche Aspekte in den Ausführungen deutlich werden.

Eine Facharbeit, zumal wenn sie sehr langfristig angelegt ist, sollte von einem Fachlehrer/einer Fachlehrerin begleitet werden, d.h. er/sie sollte Hinweise geben

und auf Aspekte aufmerksam machen, die möglicherweise übersehen würden. Dazu sollte ein organisatorischer Rahmen überlegt werden, der dies auch ermöglicht.
Für das Darlegen der eigenen Gedankengänge und für den Leser/die Leserin bzw. den Zuhörer/die Zuhörerin ist es wichtig, dass die Facharbeit eine *klare Gliederung* erhält:

Einleitung
Warum habe ich mich für dieses Thema, diese Fragestellung interessiert?
Hauptteil
Auseinandersetzung mit der Fragestellung
Aufzeigen von Bezügen aus dem Unterricht
Schlussteil
Welche weiteren Fragestellungen bieten sich an, was ist offen geblieben?
Welche neuen Erkenntnisse haben sich ergeben?
Ein abschließender Kommentar aus eigener Perspektive
Spätestens an dieser Stelle sollte sich der Autor/die Autorin Gedanken über die Gestaltung eines *Deckblattes* machen. Auf jeden Fall soll es den Namen und das Thema der Facharbeit aufweisen. Auf der Rückseite kann man je nach Umfang auch ein *Inhaltsverzeichnis* anlegen.
Rückblick
Was würde ich jetzt anders machen?
Würde ich gerne noch einmal eine Facharbeit zu einem anderen Thema schreiben?
Anhang
Hier werden die benutzten Quellen und Hilfsmittel dokumentiert

Die Facharbeiten sollten anschließend vorgetragen werden bzw. je nach Interesse sollten Schülerinnen und Schüler sich ihre Facharbeiten in Kleingruppen vorstellen.

In der Praxis hat es sich bewährt, den Schülern eine Checkliste (‚Wanderkarte') an die Hand zu geben. Für das Anlegen einer Facharbeit sollten sich die Schülerinnen und Schüler eine Heft zulegen, in dem alle Vorüberlegungen genauestens protokolliert werden (Datum, Gesprächspartner, Notizen, Skizzen, Irrtümer, ...).

Wie der nachfolgenden Checkliste zu entnehmen ist, wird entsprechend den Ausführungen zum eigenständigen Lerner (vgl. Abschnitt 5.1.1) sehr viel Wert auf die Themenfindung gelegt[21] (wertvolle Anregungen dazu findet man auch bei Jostes/Weber 1992).

Gibt es für ein Kurshalbjahr eine übergreifende Fragestellung bzw. übergreifende Fragestellungen, wie im Schulbuch „Phoenix" formuliert („Phoenix", Band 1, S. 3-5: ‚Mit Erziehung auseinander setzen ... Warum? Wo findet Erziehung statt, welche Aspekte sind für die Pädagogik von Bedeutung?', „Phoenix", Band 2, S. 3,4), so ist von vornherein ein sinnvoller Rahmen gesetzt.

Mit Hilfe der Cluster-Methode oder der Mind-Map-Technik kann ausgehend von der für ein Kurshalbjahr übergreifenden Fragestellung bzw. einer themenorientierten Überschrift einer Wabe auch im Kurs gemeinsam nach Themen geforscht werden – auch für diesen Fall hat sich der (zusätzliche) Einsatz der Checkliste bewährt, mit der man u.U. flexibler umgehen kann.

Hinweise zum Anfertigen einer Facharbeit:

Ausgangs-Punkt:
Eine Leitfrage aus dem Buch, ein Bild (vgl. Einführungsseiten zu jeder Wabe), eine Fragestellung (vgl. z.B. die Abschnitte Projektvorschläge), ein ‚Fall', ein (persönliches) Erlebnis, eine Idee (vgl. z.B. die Seiten ‚Ansichten' oder ‚Ein-Spruch'), ...

Entspanne dich und lasse dir deinen Ausgangs-Punkt ‚durch Kopf und Bauch gehen'.
Schreibe deine Gedanken und Assoziationen auf.

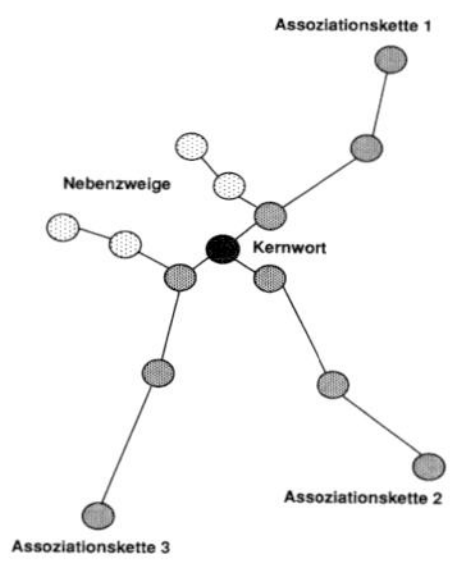

Vielleicht gelingt es dir auch schon, ein wenig Ordnung in deine Gedankengänge zu bringen. Vergleiche dazu die Clustermethode bzw. den ‚Themenbaum' aus „Phoenix", Band 1, S. 19 bzw. S. 185.

Sprich mit einem Mitschüler/einer Mitschülerin über deinen Fall (deine Idee, ...).
Welche *weiteren* Fragen und Anregungen ergeben sich aus diesem Gespräch?

Keine Facharbeit ohne ein Thema ...!
Die Themenstellung kann die folgenden Formen haben:
- eine sachorientierte Überschrift
- eine konkrete Fragestellung
- eine Arbeitshypothese, die untersucht werden soll
- eine Themenstellung, aus der ein persönlicher Bezug deutlich wird
- ... (vgl.: „Phoenix", Band 2, S. 334)

Formuliere ein vorläufiges Thema und sprich mit mindestens drei Mitschülern/Mitschülerinnen darüber.
Ist die Themenstellung verständlich?
Löst die Themenstellung Interesse aus?
Welche Inhalte und welche Fragen ergeben sich aus der Themenstellung?
Hat die Themenstellung eine fachlich pädagogische Orientierung?
Ist die Themenstellung eingegrenzt genug oder viel zu umfassend angelegt?

Erstelle dir eine vorläufige, detaillierte Gliederung (MIND-MAP, ...) über den Aufbau der Facharbeit (Einleitung: .../Hauptteil: .../Schluss: ...)
– vgl. „Phoenix", Band 2, S. 335, 336.

Denke daran, du hast ein Thema, orientiere dich daran!
Sprich mit deinem Lehrer/deiner Lehrerin und einem Mitschüler/einer Mitschülerin über diese Gliederung und mache dir möglichst viele Stichworte, Bilder, ... zu den einzelnen Gliederungspunkten.
Was willst du erreichen, wann bist du mit deiner Arbeit zufrieden?
☞ Vielleicht möchtest du die Themenstellung verändern?

Notiere auf einem besonderen Zettel: Welche weiteren Informationen benötigst du, warum sind sie dir wichtig? Weißt du wirklich nicht selbst schon die Antworten? *Bedenke: Vielleicht gibt es gar nicht immer eine klare Antwort, sondern nur Fragen, die aber neue Denkrichtungen und Perspektivenwechsel ermöglichen. Dies kann genauso wichtig sein!* Wie kannst du gegebenenfalls notwendige Informationen bekommen (Buch, Lehrer/Lehrerin fragen ...)?
Jetzt kannst du noch konkreter werden und anfangen deine Stichworte auszuformulieren bzw. auszudrücken (Bilder, Collagen, Gedichte, ...). Du schreibst eine *Fach*-Arbeit, d.h. fachwissenschaftliche Aspekte sollen sinnvoll in deine Ausführungen aufgenommen werden. *Am Schluss deiner Facharbeit solltest du in jedem Fall die folgende Frage beantworten: Bist du mit deinen Ausführungen zufrieden, wo ergeben sich neue Fragen, was bleibt offen ...?*
Viel Spaß und Erfolg!

Diese Checkliste lässt sich für konkrete Fälle noch weiter differenzieren.

Im Rahmen der in „Phoenix“, Band 2 für 12/1 formulierten Leitfrage sollten Interviews mit Fachleuten/Betroffenen geführt werden, um zu unterschiedlichen Themen aus dieser Perspektive fachkundige Antworten zu erhalten. Gerade die Form des Interviews bietet viele Möglichkeiten, Schülerinnen und Schüler aus der passiven Rolle der Antwortenden in die der Fragenden und Forschenden zu versetzen (vgl. die Überlegungen aus 5.1.1) und damit viele Aspekte eigenständigen Lernens zu verwirklichen.

Facharbeit 12/1 Bitte ein Lernprotokoll führen!	Frage-Zeichen Wer fragt, der denkt ... wer denkt, der fragt ... wer fragt, der sucht nach Antworten ... und neuen Fragen ...
Leitfrage 12/1: Was brauchen Menschen um sich psychisch und sozial stabil zu entwickeln und wie kann dies pädagogisch gefördert werden?	

Ausgangspunkt:
Das entwicklungszentrierte Erziehungsverständnis
Was macht Kinder glücklich? „Phoenix“, Band 2, S. 319–323

Abgeleitete Fragestellungen:
... ...

Interview:
fiktiv
oder
mit einem kompetenten Partner/kompetenten Partnern
(vgl. „Phoenix“, Band 1, S. 192ff., „Phoenix“, Band 2, S. 276ff, ...)
oder
mit ‚Betroffenen‘, ...

→ Warum hast du die entsprechenden Interviewpartner ausgesucht?

- ➯ Wie soll das Interview aufgebaut werden (Einstieg, ..., Abschlussfrage)?
- ➯ Welche Fragen sollen auf jeden Fall gestellt werden?
  (Probiere die Fragen bei deinen Mitschülern aus, wie werden die Fragen verstanden?)
- ➯ Sind die Fragen verständlich, zu offen, zu eng, zu allgemein, zu komplex, zu schwer, zu offensichtlich, rhetorisch, lassen sie nur ein Wort als Antwort zu, ...?
- ➯ Was soll als Ergebnis des Interviews herauskommen?

Protokoll bzw. Tonbandmitschnitt
Informationen zur Person des Befragten aufnehmen!

Auswertende Interpretation des Interviews:
Welche neuen Erkenntnisse haben sich ergeben,
an welchen Stellen könnte man auch eine andere Meinung vertreten,
gibt es Bezüge zu Informationen aus dem Buch, zu Diskussionen aus dem Unterricht, welche weiteren Fragestellungen bieten sich an, ...

Reflexion:
A: Bist du mit der Facharbeit zufrieden, was bleibt offen,
was würdest du anders machen?
oder
B: Gefragt bedeutet nicht ...

Gedacht	*bedeutet nicht*	*gesagt*
Gesagt	*bedeutet nicht*	*gehört*
Gehört	*bedeutet nicht*	*verstanden*
Verstanden	*bedeutet nicht*	*einverstanden*
Einverstanden	*bedeutet nicht*	*realisierbar*
Realisierbar	*bedeutet nicht*	*angewendet*
Angewendet	*bedeutet nicht*	*gekonnt*
Gekonnt	*bedeutet noch lange nicht*	*beibehalten*

(Aus: Zuschlag/Thielke 1972, S. 272)

Ein Beispiel aus einer Schülerarbeit:
Gefragt bedeutet nicht beantwortet
Beantwortet bedeutet nicht gemeint
Gemeint bedeutet nicht darüber nachgedacht
Darüber nachgedacht bedeutet nicht interessiert
Interessiert bedeutet nicht Ahnung haben
Ahnung haben bedeutet nicht Bescheid wissen
Bescheid wissen bedeutet nicht Recht haben
Recht haben bedeutet noch lange nicht die Wahrheit sagen.
(Diethild Meier)

Die nachfolgende Auswahl der Themen und Interviewpartner (I.P.) gibt einen Einblick in die Vielfalt der Ergebnisse:
Ist es wirklich sinnvoll, Kinder in den Kindergarten/Kinderhort zu schicken? (I.P.: Mutter mit zwei Kindern und eine Grundschullehrerin)
Wo liegen die Unterschiede im sozialen Verhalten von Einzelkindern und Kindern, die mit Geschwistern aufwachsen? (I.P.: Leiterin eines Miniclubs)
Bestehen Unterschiede in der Erziehung zwischen Einzelkindern und Geschwisterkindern? (I.P.: Vater von einem Kind und Vater von sechs Kindern)
Was brauchen behinderte Kinder um sich sozial stabil zu entwickeln? (I.P.: Mutter mit einem normalen und einem behinderten Kind und eine Heilpädagogin)
Was brauchen missbrauchte Kinder um (wieder) auf den Weg des Glücks zu gelangen und wie können wir ihnen als Außenstehende dabei helfen? (I.P.: Sozialpädagogin)
Wie werden psychisch Kranke in der Psychiatrie gefördert? (I.P.: ein Betroffener)
Was brauchen adoptierte Kinder um das Trauma der ersten Monate bzw. Jahre und das Gefühl des ‚Abgeschoben-Seins' zu überwinden und glücklich werden zu können? (I.P.: Psychotherapeut)

Sowohl Einzel-, Partner als auch Gruppenarbeit waren wie bei allen bisher durchgeführten Facharbeiten möglich. Im Unterricht wurden regelmäßige Beratungsabschnitte, manchmal auch mehrere Unterrichtsstunden, vorgesehen, um eine entsprechende Begleitung der Facharbeit nach den Prinzipien des dialogischen Lernens zu ermöglichen.

Die Auswertung erfolgte diesmal nicht nach dem klassischen Vortrags- und Diskussionsverfahren, sondern entsprechend dem folgenden Arbeitsauftrag:

Suche dir (mit deinen Gruppenmitgliedern) eine anderes von Mitschülern bearbeitetes Thema aus; versucht eine Antwort auf die jeweilige Leitfrage zu finden. Nehmt dazu auf jeden Fall die gemachten Interviews sorgfältig zur Kenntnis. Macht euch Stichworte und versucht gemeinsam eine zusammenfassende (Antwort-) These zu formulieren.

Da diese Facharbeit, für die 6 Wochen zur Verfügung standen, am Ende des Kursabschnittes fertig gestellt war, ergab sich eine gute Überleitung zu dem Thema der nächsten Facharbeit entsprechend der kursübergreifenden Fragestellung: „Warum verlaufen Entwicklung und Sozialisation oft krisenhaft und wie kann Pädagogik hier präventiv und intervenierend eingreifen?" Hierzu wurden in enger Anbindung an die Hefte der Aktion Psychisch Kranke e.V. (Graurheindorfer Str. 15, D-53111 Bonn) authentische Fälle zu den Themen: Verletze Kindheit – Gestörte Einheit (Schizophrenie, milieubedingte Fehlentwicklung, Hyperkinese,

Zwangsneurosen, Magersucht, Autismus, Suizid, Alkoholkrankheit, geistige Behinderung, ...) untersucht.

Gestörte Einheit – Verletzte Kindheit (Heft der AKTION PSYCHISCH KRANKE e.V., Bonn)

Übersicht:
Erarbeitung je eines MIND-MAP's zu den beiden Titeln (gemeinsam im Kurs)
Auswahl von Fällen (Partnerarbeit)
Welche *Einheit* wird *gestört* bzw. welche *Verletzungen* liegen in welchen *Persönlichkeitsbereichen* vor?
Anfertigen der Facharbeiten
Austausch der Ergebnisse in Kleingruppen, Aufstellen von Thesen bzgl. der Leitfrage des Kurshalbjahres
Bestätigung bzw. Ergänzungen zu den MIND-MAP's

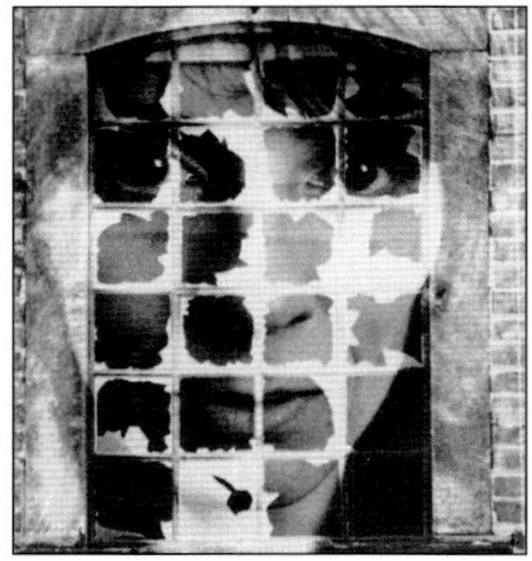

Facharbeit
Auswahl eines Falles je nach Interesse und Neigung

Gemeinsame Überlegungen zu einer Gliederung

1) Einführende Überlegungen
   Warum habe ich diesen Fall ausgesucht?
   Kurze Darstellung des ausgesuchten Falles
2) Interpretation des Verständnisses von ‚Gestörte Einheit' bzw. ‚Verletzte Kindheit' für diesen Fall. Bild hinzuziehen!
3) Wie kann man helfend reagieren?
   Ursachenforschung und Diskussion der Vorschläge aus dem Heft
   These formulieren: Helfen heißt nach diesem Modell ...
4) Welche präventiven Maßnahmen wären möglich gewesen?
   (Vgl. Leitfrage zum Themenkreis 12/2)
   „Phoenix", Band 2/Reflexionen (S. 490ff.): Das „Twain-Modell"
5) Abschließende Überlegungen
   – Möglichkeiten und Grenzen präventiver Maßnahmen
   – Was sollte die Pädagogik heute leisten (vgl. S. 493, Aufg. 4)?
   – Sind Störungen das Ergebnis einer ‚Ursachen-Folge-Kette'?
   – ...
6) Offene bzw. weiterführende Fragen

Rück-Blick

Ausgehend von einem gemeinsam erstellten Mind-Map zum Thema: Pädagogik der Achtung bereiten sich die Schüler in diesem Kurshalbjahr 13/1 auf ihren individuellen Themenfindungsprozess vor; im Unterricht wird die entsprechende Wabe aus „Phoenix", Band 2: Die Pädagogik der Achtung – Janusz Korczak, vgl. S. 547ff., bearbeitet. Im Zusammenhang dieser Unterrichtsreihe wurden u.a. Facharbeiten zu folgenden Themen erstellt:

- Das Prinzip der Selbstreflexion: Theorie und Praxis des Tagebuchs als Selbstreflexionsinstrument (hier wurden anhand eines konkreten Falles die Möglichkeiten einer dialogisch orientierten Reflexion erprobt und ausgewertet)

- Janusz Korczaks Schule – Programm und Profil? (Interview mit einer Schulleiterin und Fachlehrern, Hospitation im Unterricht – vgl. „Phoenix“, Band 2, S. 568)

Der Umfang der Facharbeiten sollte aufgrund meiner bisherigen Erfahrungen von vornherein begrenzt werden, die Facharbeit selbst sollte höchstens 20 Seiten umfassen – der Lehrplanentwurf für das Fach Erziehungswissenschaft für die Gymnasiale Oberstufe (Stand 15. Aug. 1998) spricht von 8–12 Seiten.

Da die Facharbeiten eine deutliche zeitliche Beanspruchung für die Schülerinnen und Schüler darstellen, ist es ratsam, in der Zeit der Erstellung mit Hausaufgaben zurückhaltend zu sein. Schüler haben oft Schwierigkeiten mit ihrem Zeitmanagement – hier sind Arbeitshilfen und (deutliche) Hinweise seitens des Lehrers/der Lehrerin unbedingt erforderlich!

Facharbeiten können unter bestimmten Voraussetzungen Klausuren ersetzen: *„Jede Schülerin bzw. jeder Schüler soll im Verlauf der Schullaufbahn eine Facharbeit anfertigen. Facharbeiten können in der Regel in der Jahrgangsstufe 12 nach Festlegung durch die Fachlehrerin bzw. den Fachlehrer je eine Klausur für den ganzen Kurs oder für einzelne Schülerinnen und Schüler des Kurses ersetzen.“* (Lehrplanentwurf, S. 37) Nicht nur aus dieser Perspektive ergibt sich für den Schulalltag die Notwendigkeit einer Bewertung der Leistungen. Im bereits oben angesprochenen Lehrplanentwurf (Stand 15. Aug. 1998) findet sich folgende Formulierung: *„Wird statt der Klausur eine Facharbeit geschrieben, tritt die Note für die Facharbeit an die Stelle einer Klausur. (...) Klausuren wie Facharbeiten sind so anzulegen, dass die Schülerinnen und Schüler pädagogische Sachkenntnisse, fachliche Fähigkeiten und methodische Fertigkeiten nachweisen.“* (Seite 47).

Das Zustandekommen einer Leistung[22] ist nach dem hier vorgestellten Konzept ebenso wertzuschätzen wie das Endergebnis – die ausformulierte Facharbeit – selbst.

Eine Bewertung sollte deshalb auch die folgenden Aspekte berücksichtigen:
- Kreativitätskompetenz
  Vielfältigkeit der Vorüberlegungen
  ...
- Orientierungskompetenz
  Fähigkeit, Ideen zu strukturieren
  Fähigkeit, Fragen als kreatives Potenzial anzunehmen
  ...
- Kompetenzen zur Standortbestimmung
  Durchhaltevermögen
  Umgang mit zuerst beschrittenen, aber nicht weiter verfolgten Lernwegen
  Fähigkeit, eigene Stärken produktiv einzubringen
  ...

Das folgende Gutachten ist eine erste Näherung an diesen Ansatz.
Jeder Schüler/jede Schülergruppe bekam am Ende seiner/ihrer Arbeit ein entsprechendes Gutachten, die Kriterien wurden vorher mit den Schülerinnen und Schülern besprochen und befinden sich weiterhin in der Diskussion. Besonders der letzte Punkt – Stärken und Schwächen – wurde sorgfältig zur Kenntnis genommen und ergab gewinnbringende Diskussionen im Sinne der oben angesprochenen Kompetenzen.

Facharbeit Pädagogik	*Bewertungsaspekte*
1) Vorüberlegungen anhand der ‚Checkliste' 2) Äußere Form 3) Inhalt Themenstellung Gliederung Argumentationsstruktur Bezugnahme zu theoretischen Modellen/Verwendung fachspezifischer Aspekte Schlussfolgerungen Reflexion 4) Idee/Kreativität 5) Gesamteindruck 6) Schwächen/Stärken	
Gesamtnote:	

Diese Beispiele aus der Praxis geben einen Einblick in die Möglichkeiten von Facharbeiten vor dem Hintergrund des angedeuteten Konzepts des eigenständigen Lerners im Kontext einer interaktiven Lehr-Lernumgebung.

Erfreulich finde ich, dass im Lehrplanentwurf Erziehungswissenschaften (Stand 15. August 1998) der Facharbeit der gleiche Stellenwert zugesprochen wird wie einer Klausur.[23] Auch hier wird auf die wesentliche Begleitungsfunktion des Lehrers/der Lehrerin hingewiesen:

„*Methodische Anleitung und Betreuung durch Lehrerin bzw. Lehrer sind unabdingbar. Hierzu dient die Planung und intensive Begleitung der Facharbeit im Unterricht. Insbesondere müssen Umfang, Ziele, Themen, äußere Form und Gliederung, Abgabe- bzw. Fertigstellungstermin und die Beurteilungskriterien eingehend besprochen und verbindlich festgelegt werden. Zur Absicherung gelingender und von daher für die Lernenden motivierender Arbeitsergebnisse bietet es sich an, zunächst eine schriftliche Disposition erstellen zu lassen, die von der Fachlehrerin bzw. dem Fachlehrer gegengelesen und kommentiert wird. (...) Bestandteile einer Facharbeit sollten sein: Arbeitsplan, Gliederung, Sach- bzw. Ergebnisdarstellung, Reflexion der Arbeitshypothesen bzw. Diskussion der Ergebnisse, Literaturliste.*" (Seite 50).

Diese Ausführungen kommen dem hier dargestellten Ansatz sehr nahe. Im Übrigen wird der Fachkonferenz die Entscheidung über die ‚Koordination des Einsatzes von Facharbeiten' zugesprochen (Seite 82).

Schülerinnen und Schüler müssen zu den Facharbeiten hingeführt werden, da hohe Anforderungen gestellt werden. Oft ist es auch hilfreich – wie in einem Beispiel geschehen – gemeinsam wesentliche Gliederungspunkte zu einem Thema zu überlegen.

Ein Verteilen von Planungspapieren nach der Devise ‚Nun lernt mal eigenständig!' ist neben der offensichtlichen Paradoxie eine Umkehrung des Gedankens des eigenständigen Lerners, dessen Ziel sich nur im Dialog einer Lernpartnerschaft unter begleitenden Hilfestellungen entwickeln kann.

Der ‚Eigenständige Lerner' erfordert einen Lernpartner Lehrer, der eine Begegnungsspannung aufrechterhält und Lernwege begleiten kann – ein hoher Anspruch, der in der Praxis immer wieder herausgefordert wird. Dazu ist aber auch eine entsprechende Einstellung zum Lernprozess selber vonnöten: *„Es kommt darauf an, dass der Lernende konkret erfährt, dass der Forschungsprozess wesentlich durch das Entwickeln, Verfeinern, Zuspitzen von Fragestellungen geprägt ist. Forschendes Lernen soll in diesem Sinne stärker prozessorientiert als ergebnisorientiert sein. (...) Die Facharbeit mutet dem Lernenden die Chancen und Risiken des Forschens zu; damit fordert und fördert sie die Selbstständigkeit und Eigenverantwortung ganz anders, als dies in einer lehrgangsartig gestalteten Ausbildung möglich ist.“* (Franzen 1989, Seite 541ff.)[24]

Diese Feststellung kann ich durch meine Erfahrungen für den Bereich der Schule uneingeschränkt bestätigen.

5.1.2.2 Facharbeit und eigenständiger Lerner

Folgendes Schema soll noch einmal zusammenfassend die Vorgehensweise bei der Durchführung einer Facharbeit[25] verdeutlichen. Facharbeiten gelingen um so erfolgreicher, je vertrauter Schülerinnen und Schüler bereits mit einzelnen Elementen sind, bzw. hängen davon ab, ob bereits vorher Facharbeiten[26] oder Vorformen bzw. ähnliche Arbeitsweisen, wie z.B. Wochenplanarbeit, Freiarbeit, Anfertigen kleinerer ‚Aufsätze‘ zu speziellen Themen, Referate, ... eingeübt wurden.

Vorab sollte eine eingehende Diskussion mit den Schülerinnen und Schülern darüber geführt werden, was der Transparenz – Kontaktaufnahme und Orientierungshilfe beim Betreten einer (wahrscheinlich neuen) Lernlandschaft – dient.

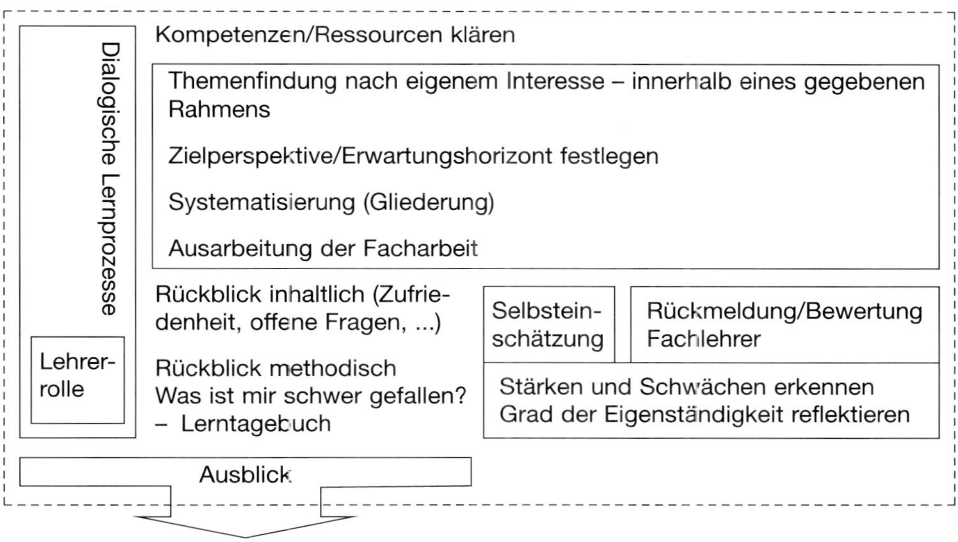

Die Bewusstmachung von Wahrnehmungs- und Verarbeitungsmustern[27] (z.B. Lerntypen, vgl. die so genannten ‚Sieben Intelligenzen‘, Lernstile, Lernstrategien, Metaprogramme, ...) sollte wenn möglich vorab geleistet werden, sie ist auch ein Ziel bei der Erstellung der Facharbeit, soll also hier orientierend und prozessbegleitend verstanden werden. Ich halte es nicht für ratsam, kontextunabhängig eine größere Lerneinheit zu diesem Thema durchzuführen – vielmehr wäre es sinnvoll, durch angeregte Selbstbeobachtung und Rückmeldung Schülern bei der Entdeckung ihrer Verarbeitungsmuster – die sehr veränderlich sein können – zu helfen.

Die oben angesprochenen Prinzipien einer interaktiven Lehr-Lernumgebung sehe ich besonders in den folgenden, im Außensechseck angeführten Aspekten berücksichtigt:

Der Lehrer muss sich, wie bereits oben angedeutet, in eine möglicherweise neue Rolle einfinden:

„Der Lehrer plant Unterricht um so kompetenter, je mehr es ihm durch die Gestaltung der Lernumwelt gelingt, die Lernenden so zu fördern, dass sie ihre eigenen Lernprozesse planen und gestalten können.

Lehrerrolle: Lernarrangeur = lernen lassen

das heißt:

→ *Handlungslernsituationen schaffen und Lernumwelt gestalten*

→ *Lernhilfen bereitstellen*

→ *Freiräume gewähren (auch zur Gestaltung der Lern- und Arbeitsbedingungen)*

→ *beraten, helfen, anregen, nach Begründungen fragen.“* (Halfpap 1996, S. 32,33)

Wie bereits oben ausgeführt, soll ein ‚Lernen lassen' keine Gleichgültigkeit bedeuten, sondern sich an den bereits beschriebenen Aspekten dialogischen Lehrens und Lernens orientieren.

Für die Praxis – als Orientierung für innere Einstellungen – möglicherweise konkreter schreibt Gerhard Fatzer dem Lehrer/der Lehrerin folgende Aufgaben[28] zu:

„1. Initiieren: Die Gruppe in Gang halten, z.B. durch Vorschläge, was getan werden soll, durch Hinweise auf das Ziel, durch Vorschläge zum weiteren Vorgehen, durch Bitte um Klärung von unklaren Aussagen, durch Vermittlung von Klärung etc.

2. Regulieren: die Zielrichtung und das Tempo der Arbeit der Gruppe beeinflussen, z.B. durch Zusammenfassung, Zeitvorgaben, Neuformulierung der Ziele etc.

3. Information: der Gruppe Informationen vermitteln, Unterlagen und Lektüre anbieten, Hinweise auf vergessene Punkte geben etc.

4. Stützen: ein emotionales Klima fördern, aufgrund dessen die Gruppe zusammenbleibt und die Gruppenmitglieder gerne zusammenarbeiten (...)

5. Auswerten: der Gruppe helfen, Zielsetzungen und Vorgehensweisen auszuwerten" (...) (Fatzer 1998, S. 151)

Die vielen Hinweise zum Thema Lehrerverhalten haben einen wertvollen Anregungscharakter, doch erzeugt eine ‚richtiges Fragen'[29] nicht unbedingt vorhersehbare Antworten, die Unberechenbarkeit von Dialogen mit ihrer Dynamik für Konstruktionsprozesse auf allen Ebenen der Persönlichkeit bei allen Beteiligten führt letztlich zu einer Situations- und Kontextbedingtheit, bei der die innere Einstellung insbesondere des Lernpartners Lehrer von entscheidender Bedeutung ist.

Der Lehrende sollte nicht Repräsentant einer ‚allwissenden Wissenschaft' sein, sondern als kompetenter Berater in einem dialogischen Lernprozess fungieren.

Wenn sich die Lernpartner auf ihre Lernwege konzentrieren, so werden alle Beteiligten zu Forschern[30], indem sie sich in der Auseinandersetzung mit dem Anderen auch mit sich selbst auseinander setzen und über ihre Lernerfahrungen austauschen.

Für den Prozess der Facharbeit bleibt ein wichtiger Erfahrungswert, dass der Lehrer herausgefordert wird, über seine Rolle und damit seine Berufsidentität nachzudenken – für den Lehrer ergibt sich ein weites Lernfeld, eine Chance zum eigenständigen Lerner!

Lehrer und Schüler stehen in einem systemischen Kontext, d.h. Lehrer wirken auf Schüler und umgekehrt!

„Lehrerinnen und Lehrer, die Eigenständigkeit fördern wollen, sollten

- *die Lerngedanken ihrer Schülerinnen und Schüler aufnehmen und verstehen;*
- *Rückmeldungen geben können, die die Schülerinnen und Schüler zu weiteren Lernreflexionen ermutigen und Fortschritte beim Umgang mit den eigenen Lernstrategien bekräftigen;*
- *das sachliche Verstehen der Lernenden begleiten; (...)*
- *Modelle anbieten können für das Lösen von Problemen, den Umgang mit Lerngegenständen und das Entdecken des eigenen Lernprozesses;*
- *Hilfe – und Hilfe zur Selbsthilfe – bei Lernhemmnissen anbieten. Der Lehrende analysiert die Hürde, die ein Lernender beim Verstehen einer Aufgabe*

hat. Er gibt dann jedoch nicht direkten Rat, wie das Problem zu lösen ist. Er rät vielmehr zu Wegen, die den Schüler dazu bringen, die Schwierigkeit selbst zu formulieren und Lösungswege bewusst zu erproben." (Zutavern 1995, S. 230)

Die folgenden Fragen und die dadurch ausgelösten Diskussionen sind sehr erhellend für eine Evaluation des eigenen Lehrerverhaltens bzw. für eine Reflexion der eigenen Rolle in einer von Schülern und Lehrern durchwanderten Lernlandschaft.

Stand ⊙ Punkt

1. Wer *ist* in welchen Bereichen Experte?
2. Wer *darf* in welchen Bereichen Experte sein?
3. Welche Möglichkeiten der Veränderung des Expertenstatus werden angeboten (z.B. Facharbeiten)?
4. Wie wirksam sind die unter 3. angebotenen Möglichkeiten?

Methode: Kartenabfrage bei Schülerinnen und Schülern und bei der Fachlehrerin/dem Fachlehrer

Eine Auswertung der Facharbeitserfahrungen in der Form eines Fragebogens für Schülerinnen und Schüler *orientiert* sich an den Kriterien prozessorientierten Lernens nach P. Robert Jan Simons (ders. 1992, S. 251ff). Wünschenswert wäre sicherlich ein über die Jahre begleitender Fragebogen, so dass Veränderungen durch die Möglichkeiten eigenständigen Lernens deutlicher würden.

Folgender Fragebogen (die beiden rechten Spalten) wurde den 18 Schülerinnen und Schülern des Leistungskurses Pädagogik im August 1998 vorgelegt:

	Prinzipien des prozessorientierten Lernens	*Du hast in den letzten drei Kurshalbjahren je eine Facharbeit erstellt ....*	*Möglichkeit, die Fragestellung zu variieren:*
1	Betonung von Lernaktivitäten und Lernprozessen statt ausschließlicher Betonung von Lernergebnissen (Prozessprinzip)	Was hast du während der Erstellung der Facharbeiten gelernt? Nenne fünf Aspekte und bringe sie in eine Rangfolge.	
2	Lernen wird zum Diskussions-/Unterrichtsthema gemacht, damit sich die Lernenden ihrer Lernstrategien und Selbstregulierungsfähigkeiten und der Relation zwischen diesen und den Lernzielen bewusst werden (Rückbesinnungsprinzip)	Welche Voraussetzungen sind deiner Meinung nach nötig, um möglichst selbstständig eine Facharbeit zu erstellen? Nenne drei Aspekte.	
3	Der Einfluss affektiv-emotionaler Prozesse auf das Lernen und deren Interaktionen mit kognitiven und metakognitiven Prozessen wird berücksichtigt (Affektivitätsprinzip)	Wie bist du mit ‚Frustphasen' umgegangen? Hast du Strategien entwickelt um aus einem Tiefpunkt herauszukommen?	

4	Den Lernenden werden Relevanz und Nützlichkeit der Kenntnisse und Fähigkeiten, die sie lernen sollen, bewusst gemacht (Nützlichkeitsprinzip)	In welchen Bereichen werden dir deine ‚Facharbeitserfahrungen' noch nützlich sein können?	
5	Transfer und Generalisierbarkeit des Gelernten werden explizit im Unterricht berücksichtigt und es wird nicht erwartet, dass sie von selbst auftreten (Transferprinzip)	Du hast mehrere Facharbeiten erstellt – fiel dir dies im Laufe der Zeit immer leichter oder traten unerwartete Schwierigkeiten auf?	
6	Lernstrategien und Selbstregulierungsfähigkeiten werden längerfristig und im Kontext von Unterrichtsfächern geübt (Kontextprinzip)	Hast du durch das Anfertigen der Facharbeiten Anregungen bekommen bzw. Erfahrungen dazu gemacht, was dein Lernstil ist und wie du effektiv lernst?	
7	Die Lernenden werden explizit darin unterwiesen, wie sie ihr eigenes Lernen überwachen, diagnostizieren und korrigieren können (Selbstdiagnostikprinzip)	Kannst du die Qualität deiner Arbeit einschätzen? Stimmt deine Einschätzung mit der Bewertung des Lehrers überein?	
8	Der Unterricht wird so gestaltet, dass Lernende aktiv lernen und dass sie konstruktive Lernaktivitäten lernen können (Aktivitätsprinzip)	Fandest du die ‚Checkliste' zum Anfertigen einer Facharbeit hilfreich? Begründe deine Antwort.	
9	Die Verantwortung für das Lernen verlagert sich allmählich vom Lehrer zu den Lernenden (Prinzip des allmählichen Abbaus von Hilfen)	Brauchtest du im Laufe der letzten drei Kurshalbjahre bei der Erstellung der Facharbeiten immer mehr oder immer weniger Hilfen?	
10	Maßnahmen zur Realisierung selbstregulierten Lernens werden mit anderen Betreuern/Bezugspersonen abgesprochen (Betreuungsprinzip)	Hattest du während der Arbeitsphasen genügend Hilfen? Fühltest du dich zureichend betreut?	
11	Kooperation und Diskussion zwischen den Lernenden werden im Unterricht aufgegriffen (Kooperationsprinzip)	Findest du es vorteilhaft, Facharbeiten in einem Team zu erstellen?	
12	Höhere kognitive Lernziele, die aktives und konstruktives Lernen erfordern, werden betont (Lernzielprinzip)	Nimm Stellung zu der Aussage: „Der Weg ist das Ziel"!	

13	Neues Wissen wird auf Vorwissen bezogen (Vorwissensprinzip)	Sind dir durch das Anfertigen einer Facharbeit Zusammenhänge klarer geworden, als wenn du das gleiche Thema im Unterricht behandelt hättest?	
14	Der Unterricht wird an die Lernkonzeptionen der Studierenden angepasst (Lernkonzeptprinzip)	Könntest du dir vorstellen, dass Klausuren vollständig durch Facharbeiten ersetzt werden? Begründe deine Antwort.	
		Drei Ratschläge für einen Lehrer/eine Lehrerin, der/die in einem Kurs Facharbeiten einführen möchte ...	

Dieser Fragebogen dient in erster Linie der Bewusstmachung eigenständiger Lernprozesse bei den Schülerinnen und Schülern und ist somit auch ein Selbstreflexionsinstrument, welches der Lerngruppe, der Lernpartnerschaft/den Lernpartnerschaften nützt und Hilfen für das Arrangement einer anregenden Lernlandschaft geben kann.

Die 18 befragten Schülerinnen und Schüler bearbeiteten den Fragebogen sehr intensiv; da ich als Fachlehrer involviert bin, sind die Schülerantworten z.T. detailliert wiedergegeben. Ich halte sie für sehr aufschlussreich, ihre weitere Interpretation überlasse ich z.T. dem Leser bzw. der Leserin:

Folgende Tendenzen lassen sich aus der Beantwortung erkennen:

1	In der Rangfolge der Nennung wurden die folgenden Aspekte genannt: – Selbstständig arbeiten (eigene Schlussfolgerungen ziehen; gelernt, alleine zu arbeiten; eigene Ideen und Interessen umsetzen; Erarbeiten von Material; eigene Erfahrungen konnten eingebracht werden; habe viele Dinge über mich selbst kennen gelernt) – Arbeitsprozesse organisieren (Zeiteinteilung; nicht zu spät anzufangen, Arbeit rückblickend reflektieren) – Hilfen einfordern (Beschaffen von geeignetem Material; präzise Fragen stellen; eigene Fragen stellen) – Wissen über Themen (wichtige Aspekte ‚herausfiltern'; intensive Auseinandersetzung mit einem Thema; mit anderen Ansichten auseinander setzen) (Die in Klammern gesetzten Aussagen geben einzelne Schüleräußerungen wörtlich wieder.) Die Formulierung ‚selbstständig arbeiten' wurde von allen Schülerinnen und Schülern an die erste Stelle gesetzt, also erfolgte ein Zuwachs an Strategiekompetenz und nicht etwa ein vermehrter (kognitiver) Wissenszuwachs.
2	In der Beantwortung wurden zwei Kategorien erkennbar: ‚Innere' Voraussetzungen – Interesse für das Thema (Sympathie; Beziehung zu dem Thema; man muss sich selbst das Thema klar formulieren; Eigeninitiative) – Klares Denken – Verstehen können – Kreativität – Vertrauen in sich selbst – Kontinuität der Arbeit Die deutlich häufigste Nennung war das Interesse für ein Thema.

	‚Äußere' Voraussetzungen – Genügend Material oder viel Eigenerfahrung, Informationen aus dem Unterricht Dieser Aspekt war die zweithäufigste Nennung. Nur je einmal genannt wurden die folgenden Aspekte: – „Motivation von außerhalb" – „Kein Druck, wie z.B.: Sieh mal zu, dass du bald weiterkommst!"
3	Hier wurden sehr vielfältige Strategien genannt: Pause machen; sich mit anderen Dingen beschäftigen; bisher Erarbeitetes durchgelesen und einen neuen Anfang gesucht; auf einem Schmierblatt weiterschreiben; an einer anderen Stelle weiterarbeiten; träumen; sich mit anderen austauschen; ...
4	In der Rangfolge der Nennungen: – Studium und Beruf – Durch die intensive Einarbeitung in ein Thema ergibt sich eine Verhaltenssicherheit im Umgang mit Betroffenen (Alkoholiker, Behinderte, ...) – Weiterer Unterricht Der erste Aspekt wurde weitaus am häufigsten genannt, der zweite Aspekt von der Hälfte der Befragten.
5	Facharbeiten fallen nicht leichter, allerdings wird man sicherer und routinierter und kann den eigenen Arbeitsprozess besser steuern, das Strategiepotenzial nimmt zu (bessere Zeiteinteilung; findet den Anfang; „man weiß besser, wie man an ein Problem herangehen kann";....) Jede Facharbeit wird als eine neue Herausforderung empfunden, zumal die Themen immer recht unterschiedlich waren. (Der Begriff ‚leichter' war in der Fragestellung zu undifferenziert.)
6	Hier lassen sich keine eindeutigen Tendenzen ableiten. Vielfach wurde das Zeitmanagement angesprochen („ich habe gelernt mich über einen längeren Zeitraum mit einer Sache auseinander zu setzen"), oft wurde auf die Antworten zu Frage 5 verwiesen. Aus einigen Antworten lässt sich ableiten, dass die Möglichkeit eines selbstständigen Lernprozesses über einen längeren Zeitraum eine immer noch ungewöhnliche Erfahrung ist, die spezifische Strategien erfordert, wie sie auch in den oberen Antworten bereits angesprochen wurden.
7	Zwei typische Antworten: „Am Ende der Facharbeiten sollten wir uns selber kritisieren. In dieser Phase ist mir vieles aufgefallen, was ich hätte besser machen können. Meistens stimmte meine Einschätzung mit der des Lehrers überein." „Ich bin mir meistens ziemlich unsicher, ob meine Facharbeit „gut geworden" ist. Insgesamt bin ich mit der Qualität meist aber schon zufrieden, schon allein deshalb, weil ich sehr viel dazu gelernt habe. Zum Glück stimmte diese Bewertung dann auch ungefähr mit der des Lehrers überein."
8	Die Checkliste wurde von fast allen Schülerinnen und Schülern als sehr hilfreich empfunden (nur ein Schüler fühlte sich dadurch eingeschränkt). Viele Schülerinnen und Schüler betonten die Orientierungsfunktion einer solchen Liste („ich konnte mich selber kontrollieren, wie weit ich war" ; „man hatte einen Überblick, was noch alles zu machen war").
9	Die Hälfte der Schülerinnen und Schüler brauchten immer weniger Hilfen, für die andere Hälfte ist folgende Antwort typisch: „Hilfe brauchte man immer für jedes Thema, aber die Selbstständigkeit wurde bei jeder Facharbeit immer größer."

10	Die Schülerinnen und Schüler fühlten sich gut betreut, betont wurde die Notwendigkeit von Fragestunden während der Unterrichtszeit und die vorhandene Möglichkeit, auch außerhalb des Unterrichts Hilfen einzufordern.
11	Die Meinungen waren je nach Erfahrungshorizont geteilt, wobei diejenigen Schülerinnen und Schüler, die schon einmal eine Facharbeit in einem Team erstellt hatten, dieses positiv bewerteten. Ein Drittel der Schülerinnen und Schüler bevorzugen eine Einzelarbeit.
12	Die Antworten waren sehr vielfältig. Fast alle Schülerinnen und Schüler betonten, dass sie bei der Erarbeitung (Vorarbeiten anhand der Checkliste) sehr viel gelernt haben, was bedauerlicherweise nicht allein durch das Ergebnis deutlich wird.
13	Fast alle Schülerinnen und Schüler waren der Meinung, dass durch die Facharbeit Zusammenhänge klarer werden. Die Intensität der Bearbeitung und die zur Verfügung stehende Zeit wurden als Begründungen genannt, vereinzelt auch der Spielraum durch die Selbstständigkeit der Arbeit. Folgende Antwort soll hier zitiert werden: „Man bildet sich seine eigene Meinung zu jedem Thema, wenn man alleine arbeitet. Wenn man aber zusammen im Unterricht das Thema bespricht, nimmt man eine ‚gemeinsame Meinung‘ an.“
14	Eine typische Antwort für die Verneiner: „Nein, da bei einer Facharbeit der ‚Prüfungseffekt‘ fehlt, der im Abitur leider unumgänglich ist.“ Die Bejaher verwiesen auf die vorher gegebenen Begründungen innerhalb des Fragebogens. Beide Parteien hielten sich die Waage.
15	Nur die Hälfte der Schüler beantwortete die Frage. Genannt wurden: – Checkliste vorgeben – Hilfestellung durch Lehrereinsatz („für Fragen jederzeit zur Verfügung stehen“) – Fragestunden einrichten – Genügend Freiheiten lassen bei der Themenwahl – Bereitstellung von genügendem Material

Die hier wiedergegebenen Eindrücke und Zusammenfassungen wurden mit den Schülerinnen und Schülern besprochen, sie fanden sich darin wieder.
Die anschließende Diskussion ergab noch einmal in Bezug auf die letzte Frage (15) die folgenden Hinweise:

- Falls in einem Kurs möglich, sollte eine Stunde von den zur Verfügung stehenden Wochenstunden als ‚Werkstattstunde‘ eingerichtet werden.
- Die Themen der Facharbeiten sollten im Kurs sehr intensiv besprochen, alle Möglichkeiten der Zusammenarbeit sollten genutzt werden.
- Die Checkliste sollte einen Angebotscharakter haben und nicht verpflichtend sein.
- Die fertigen Facharbeiten sollten intensiv zur Kenntnis genommen werden, der Expertenstatus einzelner Schülerinnen und Schüler sollte intensiv genutzt werden. Auch in anderen Kursen ließen sich die Ergebnisse vorstellen, die Facharbeiten könnten in einem zentralen Ordner gesammelt werden.

Betont und positiv herausgestellt wurde bei dieser Diskussion auch noch einmal die Orientierungsmöglichkeit durch eine halbjahresübergreifende Leitfrage (bzw. einen Themenkreis), so dass der laufende Unterricht als anregend und unterstützend bei der Anfertigung der Facharbeit erlebt wurde.

Die Diskussion selbst war nicht nur vergangenheitsorientiert, die Schülerinnen und Schüler entwickelten (neue) Perspektiven für ihre demnächst anliegende Facharbeit. Die Diskussion dauerte recht lange und wurde mit großem Ernst geführt, die Schülerinnen und Schüler spürten deutlich ihren Expertenstatus – ihre Beiträge waren entsprechend konstruktiv.

Meine persönlichen Eindrücke lassen sich folgendermaßen zusammenfassen:
- Der Prozess des eigenständigen Lerners ist langwierig, fachkompetente Hilfe ist notwendig (Checkliste, gemeinsam Überlegungen für Gliederungen, ...).
- Für die Schülerinnen und Schüler ist ein Umdenken in ihrer Rolle nötig, die Formulierung von Fragen, das Herausfinden von Themenstellungen, das Zulassen von Irrtümern ist ein ungewohntes Erlebnis, welches schnell Frustrationen erzeugt.
- Die Anlage eines Heftes, in dem alle Vorüberlegungen, Irrtümer, Anregungen, Diskussionen, die Facharbeit selbst, Rückblick und Reflexionen aufgeschrieben werden, hat sich sehr bewährt – im Laufe der Zeit schauen Schüler in dieses Heft hinein und entwickeln daraus Taktiken und Strategien für die weitere Arbeit.
- Die Qualität der Facharbeiten liegt deutlich über denen einer Klausur, selbstständiges Arbeiten ist sehr motivierend und weckt z.T. erstaunliche Kreativitätspotenziale (in der ersten Erprobung von Facharbeiten wurden qualitativ hochwertige Arbeiten von bis zu 50 Seiten vorgelegt und dies waren keine Einzelfälle).
- Das Strategiepotenzial wird bereichert, die SchülerInnen werden im Laufe der Zeit selbstständiger, die Checkliste verliert im Laufe der Zeit an Bedeutung.
- Der Zeitaufwand für individuelle Begleitung und Beratung ist phasenweise erheblich, das Prinzip der Orientierung an einer halbjahresübergreifenden Fragestellung hilft, auf den ‚Stoffdruck' zu reagieren.
- Die Möglichkeiten einer praxisorientierten Arbeit werden gesucht; so hat sich die Form des Interviews als Facharbeit, bei der u.a. wichtige Erfahrungen für die eigene Berufsperspektive und z.T. Vorentscheidungen für die Berufswahl gefallen sind, besonders bewährt.
- Die Schülerinnen und Schüler entwickeln ein Bewusstsein für die sinnvolle Verbindung zwischen Theorie und Praxis, das Schulbuch „Phoenix" und weitere Materialien wurden während der Erarbeitung sehr häufig eigenständig genutzt.
- Die Möglichkeit der eigenen Themenwahl und die intensive Auseinandersetzung mit der Formulierung einer Zielperspektive bzw. eines Erwartungshorizontes für die Arbeit hilft entscheidend, die Motivation über einen längeren Zeitraum aufrechtzuerhalten. Sorgfältige Vorüberlegungen und eine Gliederung sind mehr als die ‚halbe Arbeit'.
- Die Schülerinnen und Schüler erkennen die Facharbeit als wesentliches Lernfeld an – die Schüler wünschten von sich aus, jedes Halbjahr eine zu schreiben. Bei Facharbeiten werden Stärken und Schwächen erkennbar, die von der Beobachtung und Kenntnisnahme der sonstigen Leistung z.T. erheblich abweichen.
- Der Zeitaufwand für den Lehrer/die Lehrerin ist recht hoch, der Dialog mit den Schülern und die Ergebnisse der Facharbeiten sind ein erfreulicher ‚Ausgleich'.

5.1.3 Suchbewegungen

Innerhalb des Kontextes Schule als gesellschaftliche Institution bewegen sich die Überlegungen zum Unterrichtsgeschehen zwischen und an den Polen Lernende, Lerninhalte und Lehrende. Didaktische Schulen und Entwicklungen focussieren bzw. focussierten unterschiedliche Aspekte und kommen so zu differenzierten Ergebnissen bzw. Aussagen über Organisation, Sinn und Zweck von Unterricht, die sowohl dem Lehrenden als Planer und Organisator (Evaluator) von Lernprozessen wie den Lernenden als zentrale ‚Systemgröße' und den Gegenständen (Sachinhalten wie Qualifikationen) der Auseinandersetzung im Unterrichtsgeschehen verschiedenste Einflussgrößen und Bedeutungen zusprechen. Dabei geht es nicht nur um die Beschreibung von Positionen bzw. Rollen, sondern auch um die strukturelle Auseinandersetzung mit den Komponenten, wie z.B. schon aus der begrifflichen Beschreibung der drei konstituierenden Basiskomponenten für Unterricht bei E. Kösel (1995, S. 169ff.) ablesbar ist: *„Die biografische Struktur des Ich: Ich-Komponente, die soziale Dimension der Lerngruppe: Wir-Komponente, die Struktur des Sache: Sach-Komponente."* So lassen sich viele Überlegungen der ‚bildungstheoretischen Didaktik', mit einem ihrer Kernbereiche der Theorie der Bildungsinhalte und des Lehrplans, als sachstrukturell orientierte Denkrichtung charakterisieren, während die Bemühungen W. Klafkis um eine stärker lernzielorientierte Sichtweise den Bildungsaspekt und damit die Lernenden bzgl. ihrer Lebens- und Entwicklungsmöglichkeiten hervorhebt (was natürlich auch zu einer Auseinandersetzung über die Bildungsinhalte/Themen des Unterrichts, vgl. die Diskussion über die ‚Schlüsselprobleme', führte). Das Ziel der Verfügung des Menschen über sich selbst wird auch von W. Schulz angestrebt, womit Schule in ihrem gesellschaftlichen Kontext als Potenzial zur Aufklärung, Demokratisierung und Solidarisierung angesprochen wird. Aber auch die Pendelausschläge zwischen den drei verschiedenen typisierten Polen werden/wurden betrachtet, so analysiert z.B. die kommunikativ-kritische Didaktik die Beziehungsdimension des Lehrens und Lernens und betrachtet damit auch die Abhängigkeitsstrukturen im Interaktionsgefüge institutionalisierten Lernens.

Dieser Aufriss soll verdeutlichen, dass je nach Denkrichtung und Focussierung unterschiedliche Aspekte der zuerst genannten Pole und ihrer Zwischenräume betrachtet und somit unterschiedliche Fragestellungen je nach ‚Erkenntnisinteresse' und manchmal auch ‚Zeitgeist' in den Vordergrund gestellt werden: Was soll gelehrt/gelernt werden ? Wer fixiert die Lehr-/Lerninhalte ? Wie soll gelehrt/gelernt werden? Für wen soll gelehrt/gelernt werden ? Wozu soll gelehrt/gelernt werden? etc.

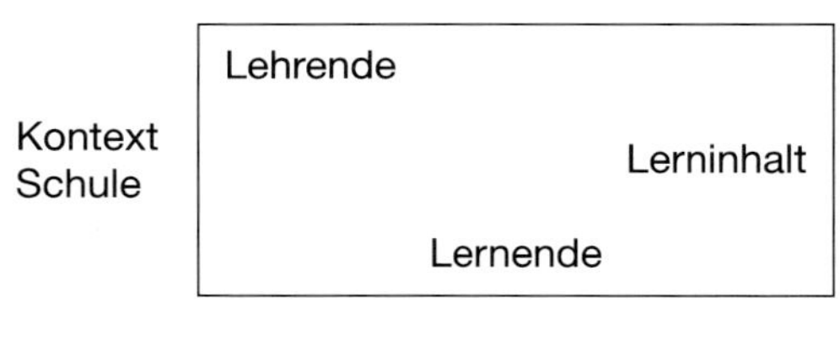

Damit eng zusammen wird bzw. wurde oftmals mehr implizit als explizit eine Diskussion über Aufgabe und Funktion von Schule geführt: ‚heimlicher Lehrplan', ,Öffnung von Schule', ,Bewahrungsanstalt' sollen nur einige belegende Stichworte sein.

Angesichts der Vielfalt und Komplexität der hier angerissenen Themen und Ebenen liegt es nahe, dass auch das Selbstverständnis der Didaktiker sehr different ist; die Theorieentwicklung nahm/nimmt unterschiedliche Richtungen und Ausmaße an, vielfältige Perspektiven wurden bzw. werden betrachtet. Die Unterscheidung zwischen mehr bildungstheoretischer Reflexion mit ihrer Inhaltsorientierung und lerntheoretisch orientierter Didaktik mit ihren Überlegungen zum Vermittlungsprozess bilden dabei nur eine mögliche Sichtweise zur Charakterisierung der didaktischen Entwicklung in den letzten Jahren.

Die Betonung einer Lernkultur mit der Hervorhebung des Lernenden (vgl. z.B. die zehn Thesen von Franz Weinert, in: Beck/Guldimann/Zutavern 1997, S. 14ff.) und der Blick für Lernprozesse (vgl. z.B. Sieber 1994, S. 3ff.) bei gleichzeitiger Betrachtung systemischer Aspekte (Lernende wirken auch auf Lernumgebungen ein und beeinflussen das Verhalten der Lehrenden!) eröffnen weitere Perspektiven.

Dieser ,Reichtum' an Überlegungen führte nicht immer zu konkreten Hilfen für den Praktiker vor Ort, obwohl dieser natürlich in den je aktuellen bzw. noch tradierten Überlegungen – zumindest über die Lehrplan- und Richtlinienvorgaben – eingebunden ist.

Für die augenblickliche didaktische Diskussion und für das Selbstverständnis der Lehrkräfte bei ihrer täglichen Arbeit scheint sich dennoch – oft als Sisyphos, Überforderung und/oder Berufsbelastung erlebt – folgendes Bewusstsein herauszukristallisieren:

- Unterrichtsgeschehen lässt sich nicht als eine Folge linearer Kausalketten planen und durchführen;
- die Komplexität von Unterricht ist Teil der täglichen Arbeit und lässt sich nicht ausblenden;
- die Aufgaben von Schule sind umfangreich, nicht mehr nur die Wissensvermittlung und ihre Methoden stehen im Vordergrund;
- Wertpluralismen erschweren die Erarbeitung von Sinnperspektiven;
- die Lehrerrolle ist in Interaktionsprozesse eingebunden und nicht mehr nur aus hierarchischen Strukturen legitimiert;
- ....

Ausgrenzungen/Negativformulierungen ergeben nicht unbedingt Orientierungen – doch dies scheint mir genau den momentanen Zustand, sowohl bei den didaktischen Denkrichtungen als auch bzgl. der Curriculum-/Lehrplan-Diskussionen wiederzuspiegeln. Dieser Zustand sollte nicht beklagt, sondern als Chance für Veränderungen betrachtet werden.

Der hier skizzierte Ansatz betont die Möglichkeiten von Begegnungsräumen, wie sie in interaktiven Lehr-Lernumgebungen vorhanden sind, und schließt sich damit der folgenden Forderung an: *„Die Didaktik muss lernen, dass sie Inhalte und Beziehungen immer in Wechselwirkung zu beachten hat"* (Reich 1996, S. 270).

Unterrichten und Erziehen sind nach der hier vorgestellten Konzeption miteinander verbunden, sie sind Zielaspekte und geben für den Lehrer/die Lehrerin wichtige Perspektiven für die Begegnungen im Unterricht:

„Der Zielbegriff der Eigenständigkeit erfordert, dass das Unterrichten und die Aufmerksamkeit der Lehrenden vorrangig dem Lernen der Kinder und Jugendli-

chen zugewandt sei und nicht vorrangig dem Lehren, dem Unterrichten und Unterricht-Geben der Lehrerinnen und Lehrer. (...) Herausgeforderte und unterstellte Eigenständigkeit ist es, die mit dem Ziel wachsender Eigenständigkeit gefördert werden muss.“ (Steffens 1997, S. 7)

Eine verantwortungsvolle Aufgabenverteilung zwischen den Lernpartnern, bei der die Beteiligten bereit sind, Verantwortung zu übernehmen, ist dazu eine Voraussetzung.

„Unterricht ist keine Veranstaltung der Lehrenden. Sowohl die Lehrenden als auch die Lernenden sind als Experten für bestimmte Aufgabenfelder anzusehen, so sind die Lernenden eindeutig Experten für ihren Lernprozess:

- *Sie sind Fachleute für ihre Erfahrungen und Vorkenntnisse.*
- *Sie sind Vertreter ihrer subjektiven Interessen und kompetenteste Formulierer ihrer Fragen.*
- *Sie sind Kenner ihrer sie begleitenden Ängste, Kenner ihrer Hoffnungen.*
- *Sie haben am besten den Einblick in ihre Lernschwierigkeiten und Lernfortschritte.*

Ohne ihr Einverständnis, ihre Mitwirkung, ihre Mitsteuerung ist ihre Entfaltung als mündige, kompetente, autonome Person nicht möglich.“ (Schulz 1996, S. 138f.)

Der Lehrer als ‚Mehrwisser‘ kann dabei wesentliche Hilfen für das Durchwandern einer Lernlandschaft anbieten (die so genannte ‚Didaktische Reduktion‘, Bedingungsanalyse der Lernvoraussetzungen, Überlegungen zu ‚sinnvollen Lernleistungen‘ – vgl. Dubs 1995, S 17ff.). Es ist sinnvoll, wenn die Lernpartner sich Lernziele überlegen bzw. der Lehrer diese initiiert: Lernziele haben heißt jedoch in diesem Sinne: Lernen und Ziele haben! Oder besser noch: Verstehens-Ziele haben.

„Verstehen heißt mehr als schlichtes Nachvollziehen dessen, was andere erkannt haben. Es bedeutet in seinem Kern vielmehr eigenständig erfahren, erkennen und begreifen, wie Elemente zueinander in Beziehung stehen, und zwar in der Auseinandersetzung mit der Sache selbst und mit den sachkundigen Lehrenden. Verstehen Lehren ist nach dieser Auffassung mehr als Instruieren. Es muss vor allen Dingen zum selbstgesteuerten Lernen anregen.“ (Beck 1996, S.189)

Es muss in jedem Fall eine Transparenz und Verhandlungsbereitschaft gegeben sein, sollen solche lehrerorientierten Vorüberlegungen nicht zu Schablonen werden[31].

Die Fragen: „Lern- oder Unterrichtsvorbereitung?“ oder auch „Wem gehören die Lernziele?“ (vgl. Krapf 1997, S. 22ff., 41ff.) scheinen mir dabei wichtige Schlüsselfragen zur Klärung des Selbstverständnisses bei den Lehrern zu sein

Facharbeiten im Rahmen einer interaktiven Lern-Lehrlandschaft bieten eine der vielfältigen Möglichkeiten eigenständige Lernprozesse zu initiieren, werden die im Abschnitt 5.1.2.2 genannten Prinzipien berücksichtigt. Hier wird der Ansatz vertreten, dass sich Eigenständigkeit nicht von selbst ergibt, sondern nur entfalten kann, wenn entsprechende Gelegenheiten geboten und Anregungen gegeben werden. Dazu gehört auch, den Lernenden eine Eigenständigkeit zuzubilligen, und zwar nicht nur als metakognitive Kompetenz, sondern als ‚bewegungsfähigen Menschen‘, die in entsprechenden Lernumgebungen das eigene Lernen immer besser verstehen. Lehrer haben dabei die verantwortungsvolle Aufgabe, Lernräume[32] zu öffnen, dazu gehören auch Zeiträume.[33] Eigenständiges Lernen ist ein vom Lehrenden unabhängiges Lernen, was den Lehrenden im Rahmen von Schule nicht ‚überflüssig macht' , sondern erhebliche Kompetenzen abfordert. Langfristig wird damit eine Selbstständigkeit gefördert, die als Ziel (Leitbild) eine autonome Persönlichkeit hat – von Lernenden und Lehrenden!

Damit wird für eine Focussierung didaktischer Überlegungen auf die am Lernprozess beteiligten Subjekte plädiert: Lehrer und Schüler, Schüler und Schüler, ... sollten die Möglichkeiten der Begegnung nutzen – in diesem Sinne könnte man auch von einer Begegnungsdidaktik sprechen.[34]

Durch die im dialogischen Lernprozess erfahrbare Begegnungsspannung wird die Eigenständigkeit des Lernpartners herausgefordert – nämlich den eigenen Standpunkt zu entwickeln und vorhandene Standpunkte zu hinterfragen.

Didaktische Situationen entstehen in der Begegnung zwischen den Lernenden, ein hier erfahrbarer Entfaltungsraum und eine hier erlebbare Menschlichkeit kann einen wesentlichen Beitrag für die Persönlichkeitsentwicklung bedeuten – so wird nicht nur *für* das Leben gelernt, sondern auch beim Lernen gelebt.

Die folgende Übung[35] mag dazu herausfordern, sich den eigenen Standpunkt bewusst zu machen und auf die Suche zu gehen:

Stand ⊙ Punkt

Systemkomponenten betrachten und diskutieren

Die nachfolgenden Komponenten werden auf einzelne, gleich große und farbige Karten (DIN A5, möglichst rund) mit Druckbuchstaben geschrieben.

❍ Lehrende
❍ Lernende(r)
❍ Lerninhalt
❍ Unterricht

1) Jede Gruppe bekommt diese vorbereiteten Karten.

2) *Arbeitsauftrag für jede Gruppe:*

   Positionieren Sie die einzelnen Karten, auf denen wichtige Systemkomponenten von Unterricht genannt werden, zueinander.

   Verbinden Sie, so weit Ihnen dies möglich erscheint, die einzelnen Komponenten mit Linien und geben Sie diesen kennzeichnende Beschriftungen.

   Falls Sie möchten, können Sie Ihr Bild noch weiter gestalten und ihm einen Titel geben.

3) *Auswertung:*
   Tauschen Sie sich in der Gruppe über Ihre Darstellungen aus.
   Beschreiben Sie dabei auch die Rollen und Aufgaben der einzelnen Komponenten.
   Geben Sie Ihrem Bild einen Namen.
   Was passiert, wenn sich Komponenten verschieben oder wegfallen?

Anmerkungen:

1 Einen aufschlussreichen Einblick in die Prozesse des Erkennens aus konstruktivistischer Sicht erhält man bei: Kahl 1998, S. 65ff.

2 Differenziert aufgearbeitete Thesen zum Prinzip der Subjektorientierung finden sich bei Holzbrecher 1998, S. 40ff.

[3] „Das Aufwachsen der Menschen geschieht nicht Lore geometrico; es verläuft für jedes Kind anders; und es ist immer ein Ganzes – nichts an ihm ist von vornherein ohne Bedeutung." (von Hentig 1997, S. 9).

[4] Vgl. Reich 1996, S. 118ff.

[5] Den Ansatz Herbarts interpretierend formuliert Jörg Ramseger: „Erziehendem Unterricht liegt ein Lernbegriff zugrunde, der Lernen als Wechselspiel zwischen Vertiefung und Besinnung, also zwischen Weltaneignung und Selbsterfahrung begreift. Erziehender Unterricht zeichnet sich nicht dadurch aus, dass er alle unterrichtlichen Bemühungen nach dem Schema Klarheit-Assoziation-System-Methode gliedert, sondern dass er dem Schüler ermöglicht, sich die Welt nach diesem Schema im Wechselspiel von Vertiefung und Besinnung selbstständig anzueignen (...). Erziehender Unterricht ist bildender Unterricht dadurch, dass er Vertiefung und Besinnung sicherstellt. (....) Erziehender Unterricht ist bildender Unterricht, indem er immer Erkenntnis und Teilnahme entwickelt. (...) Erziehender Unterricht ist prinzipiell nicht nur fächerübergreifender, sondern die Fächergrenzen transzendierender Unterricht." (Ders. 1991, S. 54f.)

[6] So schreibt Herbert Gudjons, dass es von großer Wichtigkeit ist, dass Schülerinnen und Schüler Lerninhalte „als sinnvoll begreifen, ihnen also eine subjektive Bedeutsamkeit geben. Anfassen von und Umgehen mit Gegenständen allein erzeugt noch kein Verstehen und Behalten. Hinzukommen muss eine innere Anteilnahme, die sowohl die ‚affektive Färbung' eines Inhalts betrifft als auch die Integration in den persönlichen Kenntnisbesitz, also das Verknüpfen mit bereits bestehenden Positionen im persönlich verfügbaren Bedeutungssystem." (Ders. 1997, S. 58)

[7] In diesem Zusammenhang ist der Ansatz eines Lernverständnisses von Werner Breassard und Elfriede Kirchen zu nennen, die Lernen u.a. als einen ‚Hervorbringungsprozess' mit den Phasen: Hinwendung, Inwendung, Anwendung interpretieren (Dies., in: Päd. Forum, 12/97, S.549ff.).

[8] „Eine Erkenntnis kann definiert werden als eine um den Prozess der Erkenntnisgewinnung angereicherte Kenntnis. In diesem Sinne gehört die Prozesskomponente wesentlich zu jeder Erkenntnis – und damit auch zu einem Unterricht, der den Lernenden das Wissen als ‚Erkenntnis' weitergeben möchte. Wie bereits Dewey festgestellt hat, kann Wissen im Sinne einer Erkenntnis nicht direkt von einer Person auf die andere übertragen werden. Wenn das in einem Erkenntnisprozess entsprungene Wissen jemandem einfach mitgeteilt wird, so ist dieses Wissen für den Empfänger zunächst nicht mehr als eine Kenntnis. Eine erkenntnisorientierte Wissensvermittlung muss demgegenüber den Erkenntnisprozess, der zu dem beabsichtigten Wissen führt, für den Lernenden (nach-) vollziehbar machen." (Landwehr 1994, S. 43. Vgl. auch Dewey 1964 (1915), S.218, weiterhin Carl R. Rogers Begriff des ‚signifikanten Lernens', in: Ders. 1979, S. 157, 274).

[9] Vgl. Bildungskommission NRW 1995, S. 58

[10] Diese Bewegungserfahrung lässt sich auch durch ein spezifisches Verständnis eines handelnden Lernens, nämlich als proaktiv-entdeckendes, sinnvoll-einsichtiges und innengesteuertes Lernen, beschreiben: „Handlungsorientiertes Lernen setzt nach unserer Auffassung das ‚epistemische Subjektmodell' voraus, in dem Sinne, dass dem Erkenntnissubjekt sowohl tätiges Erkennen, aber eben auch Intentionalität und Selbstbestimmung zugestanden wird, dass die Rekonstruktion der Wirklichkeit im Subjekt durch operative Prozesse in Wechselwirkung mit seiner (interessegeleiteten) Konstruktion der Wirklichkeit erfolgt. Wir unterlegen damit ein Grundverständnis des Menschen, der nicht – gleich einem Schwamm – nur seine Milieubedingungen in sich aufsaugt, sondern sich durch tätige Aneignung der Wirklichkeit zugleich als Subjekt produziert und damit zugleich Gesellschaft ‚herstellt'." (Gudjons 1997, S. 60)

[11] W. Schulz spricht in diesem Zusammenhang von einem respektvollen Dialog, vgl. Schulz 1996, S. 147ff.

[12] Vgl dazu: Langhanky 1994, S.99

[13] „In der Perspektive des „Du-bezogenen" Dialogverständnisses wird der Mitmensch als eigenständiges Gegenüber angesehen, über das nicht nach eigenem Gutdünken verfügt werden darf. Indem die Gesprächspartner vielmehr die Personalität und Freiheit des jeweils anderen anerkennen, ihn nicht nach ihren mitgebrachten Maßstäben beurteilen, um ihn darauf festzulegen, eröffnet der Dialog beiden Seiten die Möglichkeit, sich in Auseinandersetzung mit dem Du selbst zu entfalten und eine eigene Gestalt zu finden" (Kemper 1990, S.35)

[14] Bei ihren Forschungen haben Erwin Beck, Titus Guldimann und Michael Zutavern den transaktiven Dialog als einen von drei Dialogtypen (Quasidialog, instruktiver Dialog) zwischen Schülern charakterisiert: „Dabei gehen sie substanziell auf die gegenseitigen Aussagen und Handlungen ein. Dies kann in konstruktiver Weise geschehen, indem Wissen, Argumentationsweisen und Handlungen, die jeweils von einem Lernpartner eingebracht werden, vom anderen Lernpartner weitergeführt, ergänzt und zu Ende gedacht bzw. geführt werden, oder kann in kontradiktorischer Weise erfolgen, indem der eine Lernpartner dem Wissen, der Argumentationsweise und/oder den Handlungsvorschlägen des anderen Lernpartners widerspricht, nach Widerlegung sucht oder auf Widersprüchlichkeit und Unvollständigkeit hinweist." (Dies. 1998, S.173ff).
Der transaktive Dialog ist meiner Meinung nach auch für die Lernpartner Lehrer und Schüler von Bedeutung, versteht der Lehrer sich als Dialogpartner, der Wissen als immer neu zu hinterfragenden Erkenntnisprozess interpretiert.

[15] Vgl. dazu auch die aufschlussreichen Ausführungen in: Krapf 1997, S. 164ff.

[16] Winfried Palmowski stellt die ‚Diskussion' und den ‚Dialog' gegenüber. So ist ein weiteres Kennzeichen eines Dialoges: „Im Dialog ... nimmt man eine Position ein, ohne von dieser Position eingenommen zu werden. (...) Zum Dialog gehört die Idee eines größeren gemeinsamen Bedeutungsreservoirs, das man nur gemeinsam, nicht alleine erschließen kann." (in: Ders. 1998, 2. Jg., S. 95)

[17] Hieraus ergeben sich zwangsläufig vielfältige Aspekte zur Planung bzw. Nicht-Planbarkeit von Unterricht: „Unterricht ist grundsätzlich immer auch eine Art Abenteuer mit einem in vielfältiger Hinsicht nicht bekannten Ausgang für die Beteiligten – egal wer ihn mit wie viel Unterrichtserfahrung plant und durchführt" (Mühlhausen 1994, S. 158, vgl. auch bes. S.89ff.)

[18] An dieser Stelle muss spätestens auf die ausführlichen Ausarbeitungen von Edwin Stiller hingewiesen werden, die dort formulierte ‚Dialogische Didaktik' wird in verschiedenen Qualifikationsfeldern ausdifferenziert, so dass sich ein effektives Planungs- und Reflexionsinstrumentarium ergibt: „Zentraler Eigensinn meines Pädagogikunterrichts ist es, einen Beitrag zu einer Erziehung nach Auschwitz zu leisten und über personen- und problemzentriertes Lernen Selbst- und Fremdbeachtung zu fördern sowie erzieherische Kompetenz durch praktische und theoretische Auseinandersetzung mit pädagogischen Schlüsselproblemen zu ermöglichen. (...) Im Qualifikationsfeld Biografie geht es um biografische Lernprozesse im Dialog mit der eigenen Person. Im Qualifikationsfeld Interaktion steht der empathisch-kooperative Dialog mit dem Anderen als Prozess im Vordergrund. Im Qualifikationsfeld Erziehungspraxis sollen praktische Erziehungsprobleme kreativ-gestalterisch im Sinne einer dialogischen Erziehung bearbeitet werden. Im Qualifikationsfeld Erziehungstheorie soll forschendes Lernen zu konstruierenden, rekonstruierenden und dekonstruierenden Dialogen und theoretischer Kompetenzerweiterung führen." (Ders. 1997, S. 74,75)

[19] Die im Seminarrahmenkonzept durch die Lehrerfunktionen beschriebenen Zielfelder weisen im Bereich ‚Beraten' auf diesen Aspekt nur hin (Ministerium für Schule und Weiterbildung NRW 1997, S.20). Auch Lehrer sind gefordert, ein Bildungskonzept zu entwickeln – hier erscheint mir die Entwicklung einer Berufsidentität, die sehr stark mit Fragen der eigenen Persönlichkeitsstruktur verknüpft ist, besonders wesentlich. (Vgl. dazu auch in diesem Buch: Edwin Stiller, Im Vertrauen auf die eigene Kraft! – Neue Wege der Ausbildung durch Empowerment-Orientierung und Coaching-Konzepte, bes. Abschnitt 6.2)

[20] Weitere Hinweise zu diesem Themenbereich findet man in:
- Beyer 1997 (Teil II), S. 254ff.
- Dorlöchter/Maciejewski/Stiller 1997, S. 334ff.
- Oberstufenkolleg Bielefeld 1997
- Eifert, Josef W., Visualisieren-Präsentieren-Moderieren, Gabal Verlag, Offenbach 1994
- Knoblauch, Jörg, Referate halten lernen (Schülerheft), AOL Verlag, Lichtenau 1998

[21] Hier wird ein anderes Vorgehen favorisiert als bei Klaus Beyer (Ders. II 1997, S. 254ff.), der die Funktion des Pädagogiklehrers für die Vergabe des Themas bzw. der Herausgabe einer Liste von Arbeitsthemen sehr stark betont.

[22] Vgl. dazu auch: Bastian 1996, S.26ff

[23] Am Oberstufenkolleg in Bielefeld ist das Anfertigen einer Facharbeit für die Kollegiaten eine wesentliche Qualifikation für den Übergang zur Universität

[24] Ein sehr lesenswerter Aufsatz, da theoretische Überlegungen mit konkreten Praxisbeispielen verbunden werden.

[25] Auf den Zusammenhang zum projektorientierten Arbeiten kann hier nur hingewiesen werden: „In einem Projekt geht es um die handelnd-lernende Bearbeitung einer konkreten Aufgabenstellung/eines Vorhabens mit dem Schwerpunkt der Selbstplanung, Selbstverantwortung und praktischen Verwirklichung durch die SchülerInnen." (Gudjons 1994, S. 231). Vgl. dazu auch: Gudjons 1997, S.1[illegible]1ff.

[26] Im ‚Kleinen Phoenix' für den Jg. 9,10 wird als eine Methode die Facharbeit vorgestellt (vgl. Heinz Dorlöchter u.a. 1999).
Die Richtlinien und Lehrpläne für das Gymnasium – Sekundarstufe I – in NRW für das Fach Erziehungswissenschaft sehen die Möglichkeiten von Facharbeiten explizit vor.

[27] „Solange ein Schüler nicht weiß, dass er eine Information immer für den eigenen Lerntyp aufbereiten muss, ..., solange wird er sich beim Lernen verkrampfen. (...) Jedes Wissen um den eigenen Lerntyp verbessert neben der schulischen Leistung selbst auch die gesamte emotionale Struktur." (Vester 1997, S. 130, 132)

[28] Bei Rolf Dubs findet man einen interessanten Beobachtungsbogen: Dialog zur Instruktion und zum Entdecken (Ders. 1995, S. 151)
Vgl. auch: Geißler 1995

[29] Vgl. dazu etwa: Weisbach, 1994

[30] Dieser Ansatz ist für Lehrer möglicherweise eine größere Herausforderung als für Schülerinnen und Schüler! Kersten Reich formuliert zutreffend: „Der Lehrer als Forscher mit eigenen Imaginationen, als

Künstler mit eigenen Ambitionen, als Mensch mit ungewöhnlichen Ansichten, das sind Bilder, die Schülerinnen und Schüler anregen“ (Ders. 1998 S. 45)

31 Hierzu gibt das Zweiebenenmodell wesentliche systematische Anregungen: vgl. Bönsch 1996, S. 107ff.

32 „In den Lernräumen bleibt die Komplexität erhalten, ja sie garantieren gerade, dass eine Isolierung von Lernmöglichkeiten auf so genannte didaktische Einheiten nicht stattfinden kann. Sich vorerst die Lernmaterialien anschauen und eine persönliche Auswahl zu treffen, umschriebe beispielsweise einen Lernraum.“ (Bruno Krapf, 1997, S. 32)

33 Kersten Reich fordert folgerichtig als Aufgabe für Lehrer: „Vom Verwalter der Zeit zum Öffner von Zeiträumen“ (Ders. 1998 S. 45)

34 Vgl. auch die Ausführungen von Miller 1997. Hier wurde allerdings ein anderer Schwerpunkt gesetzt.

35 Mögliche Antworten findet man bei Weber 1997, S. 133

Literatur:

Bastian, *Johannes, Leistung im Projektunterricht, Friedrich Jahresheft, Seelze 1996*

Beck, *Erwin, Eine Didaktik der Eigenständigkeit, in: Erwin Beck, Titus Guldimann, Michael Zutavern (Hg.), Eigenständig lernen. UVK Verlag, St. Gallen 1996*

Beck, *Erwin,* Guldimann, *Titus,* Zutavern, *Michael, Eigenständig lernende Schülerinnen und Schüler, in: Dies., Eigenständig lernen, UVK Verlag, St. Gallen 1996*

Beck, *Erwin,* Guldimann, *Titus,* Zutavern, *Michael, Lernen im Dialog, Bericht 15 der Forschungsstelle der Pädagogischen Hochschule des Kantons St. Gallen, Januar 1998*

Beyer, *Klaus, Handlungspropädeutischer Pädagogikunterricht (Teil II), Schneider Verlag, Hohengehren 1997*

Bildungskommission NRW, *Zukunft der Bildung – Schule der Zukunft, Luchterhand Verlag, Neuwied Kriftel Berlin 1995*

Bönsch, *Manfred, Didaktisches Minimum, Luchterhand Verlag, Neuwied Kriftel Berlin 1996*

Breassard, *Werner,* Kirchen, *Elfriede, Unterricht und Lernen, in: Päd. Forum, 12/97*

Cohn, *Ruth, Mein Minitrillionster Anteil oder: Doch der Tropfen füllt das Meer – Interview „Ruth C. Cohn“, Lernende Schule 1/98, Friedrich Verlag, Seelze 1998*

Dewey, *John, Demokratie und Erziehung, Westermann Verlag, Braunschweig 1964 (1915)*

Dorlöchter, *Heinz/*Maciejewski, *Gudrun/*Stiller, *Edwin, Phoenix, Schöningh Verlag, Paderborn 1997*

Dorlöchter, *Heinz,* Kahlbau, *Bernd,* Krafeld, *Gabriele,* Maciejewski, *Gudrun,* Sander, *Martina,* Schrieverhoff, *Christel,* Stiller, *Edwin,* Wittig, *Frank, Der kleine Phoenix, Schöningh Verlag, Paderborn 1999*

Dörner, *Klaus,* Plug, *Ursula, Irren ist menschlich, Lehrbuch der Psychiatrie/Psychotherapie, Psychiatrie Verlag, Bonn 1994*

Dubs, *Rolf, Lehrerverhalten, Verlag des schweizerischen kaufmännischen Verbandes, Zürich 1995*

Eifert, *Josef W., Visualisieren-Präsentieren-Moderieren, Gabal Verlag, Offenbach 1994*

Fatzer, *Gerhard, Ganzheitliches Lernen, Junfermann Verlag, Paderborn, 5. Aufl. 1998*

Franzen, *Godehard, Die Lebensdauer von Glühbirnen, Neue Sammlung 1989*

Fuhr *Reinhard,* Gremmler, *Martina, Gestalt-Ansatz, © 1995 EHP-Edition Humanistische Psychologie, Köln 1995, S. 104f.; Abdruck mit freundlicher Genehmigung durch den Verlag*

Gallin, *Peter,* Ruf, *Urs, Sprache und Mathematik in der Schule, LCH Verlag, Zürich 1993*

Geißler, *Karlheinz A., Lernprozesse steuern, Beltz Verlag, Weinheim und Basel 1995*

Gudjons, *Herbert, Handlungsorientiert lehrern und lernen – Schüleraktivierung, Selbsttätigkeit, Projektarbeit, Klinkhardt Verlag, Bad Heilbrunn 1997 (5. Auflage)*

Gudjons, *Herbert, Lernen-Denken-Handeln, Lern-, kognitions- und handlungspsychologische Aspekte zur Begründung des Projektunterrichts, in: J. Bastian, H. Gudjons, J. Schnack, M. Speth (Hg.), Theorie des Projektunterrichts, Bergmann und Helbig Verlag, Hamburg 1997*

Gudjons, *Herbert, Pädagogisches Grundwissen, Klinkhardt Verlag, Bad Heilbrunn 1994*

Guldimann, *Titus, Eigenständiger Lernen, Paul Haupt Verlag, Bern 1996*

Halfpap, *Klaus, Lernen lassen – Ein Wegweiser für pädagogisches Handeln, Winklers Verlag, Darmstadt 1996*

Haußer, *Karl, Identitätsentwicklung – vom Phasenuniversalismus zur Erfahrungsverarbeitung, in: Heiner Keupp, Renate Höfer (Hg.), Identitätsarbeit heute, Suhrkamp Verlag, Frankfurt a.M. 1997*

Hentig, *Hartmut von, Die Schule neu denken, © 1993 Carl Hanser Verlag, München-Wien 1993*

Hentig, *Hartmut von, Vorwort zu Hermann Frank, Wenn du dies liest ..., Carl Hanser Verlag, München Wien 1997.*

Holzbrecher, *Alfred, Das Prinzip der Subjektorientierung, in: deutsche Lehrerzeitung, 5/98, 45.Jg.*

Jostes, *Monika,* Weber, *Reinhold, Projektlernen, AOL Verlag, Lichtenau 1992*

Kahl, *Reinhard, Triff eine Unterscheidung – Begegnung mit Heinz von Förster, in: PÄDAGOGIK 7-8/1998*

Kemper, *Herwart, Erziehung als Dialog: Anfragen an Janusz Korczak und Platon-Sokrates, Juventa Verlag, Weinheim und Basel 1990*

Knoblauch, *Jörg, Referate halten lernen (Schülerheft), AOL Verlag, Lichtenau 1998*

Kösel, *Edmund, Die Modellierung von Lernwelten – Ein Handbuch zur Subjektiven Didaktik, Laub Verlag, Elztal-Dalau 1995*

Krapf, *Bruno, Aufbruch zu einer neuen Lernkultur, Paul Haupt Verlag, Bern 1997 (5. Auflage)*

Landwehr, *Norbert, Neue Wege der Wissensvermittlung, Sauerländer Verlag, Aarau 1994*

Langhanky, *Michael, Die Pädagogik des Janusz Korczak, Luchterhand Verlag, Neuwied Kriftel Berlin 1994*

Lehrplanentwurf *für das Fach Erziehungswissenschaften für die Gymnasiale Oberstufe (Stand 15. Aug. 1998)*

Miller, *Reinhold, Beziehungsdidaktik, Beltz Verlag, Weinheim und Basel 1997*

Ministerium für Schule und Weiterbildung *NRW, Ausbildung im Dialog zwischen Schule und Seminar, Heft Nr. 9051, Düsseldorf 1997*

Mühlhausen, *Ulf, Überraschungen im Unterricht – Situative Unterrichtsplanung, Beltz Verlag, Weinheim und Basel 1994*

Muth, *Jakob, Schule als Leben, Schneider Verlag, Hohengehren 1992*

Oberstufenkolleg Bielefeld, *Lernbox, Beilage zum Friedrich Jahresheft 1997*

Palmowski, *Winfried, Die Diskussion und der Dialog, in: System Schule, Heft 3 Sept. 1998, 2. Jg.*

Pfeifer, *Wolfgang, Etymologisches Wörterbuch des Deutschen, Deutscher Taschenbuch Verlag, München 1993*

Ramseger, *Jörg, Was heißt ‚durch Unterricht erziehen'?, Erziehender Unterricht und Schulreform, Beltz Verlag, Weinheim und Basel 1991*

Reich, *Kersten, Thesen zur konstruktivistischen Didaktik, in: PÄDAGOGIK 7-8/98*

Reich, *Kersten, Systemisch-konstruktivistische Pädagogik, Luchterhand Verlag, Neuwied Kriftel Berlin 1996*

Rogers, *Carl R., Entwicklung der Persönlichkeit, Stuttgart 1979*

Schulz, *Wolfgang, Anstiftung zum didaktischen Denken, Unterricht – Didaktik – Bildung, Beltz Verlag, Weinheim und Basel 1996*

Sieber, *Peter, Konzepte des Lernens – Bilder von Lernenden, in: schweizer schule 7-8/94, S. 3ff.*

Simons, *P. Robert Jan, Lernen, selbstständig zu lernen – ein Rahmenmodell, in: Heinz Mandel, Helmut F. Friedrich (Hrsg.), Lern- und Denkstrategien, Hogrefe Verlag, Göttingen 1992*

Stebler, *Rita,* Reusser, *Kurt,* Pauli, *Christine, Interaktive Lehr-Lernumgebungen: Didaktische Arrangements im Dienste des gründlichen Verstehens, in: Kurt Reusser, Marianne Reusser-Weyneth, Verstehen, Verlag Hans Huber AG, Bern 1994*

Steffens, *Rudolf, Eigenständigkeit und Selbsttätigkeit, in: Schulmagazin 5 bis 10, 6/1997*

Stiller, *Edwin, Dialogische Fachdidaktik Pädagogik, Schöningh Verlag, Paderborn 1997*

Stoor, *Anu Maarit, Lernzirkel (Lernen an Stationen) als Methode zur Individualisierung von Lernwegen im Unterricht der Sekundarstufe – dargestellt am Beispiel eines Biologie-Leistungskurses der Stufe 12, unveröffentliche Examensarbeit im Hauptseminar am Studienseminar Gelsenkirchen II, 1998*

Vester, *Frederic, Denken, Lernen, Vergessen, Deutscher Taschenbuch Verlag, Stuttgart 1997 (24. Auflage)*

Weber, *Eduard, Gestaltung von Handlungssystemen, in: Reinhard Voß (Hrsg.), Die Schule neu erfinden, Luchterhand Verlag, Berlin 1997*

Weinert, *Franz E., Lernkultur im Wandel, in: Beck, Erwin, Guldimann, Titus, Zutavern, Michael (Hg.), Lernkultur im Wandel, UVK Verlag, St. Gallen 1997, S. 11ff.*

Weisbach, *Christian-Rainer, Professionelle Gesprächsführung, Deutscher Taschenbuch Verlag, Beck Verlag, München 1994*

Wyrwa, *Holger, ‚Wenn die Schule erst'mal laufen lernt, gibt es kein Halten mehr!', in: System Schule, Jg.1, Heft 1, März 1997*

Zimmermann, *Ingrid,* Inhester, *Otto, Das besonders andere Lehrbuch, Vincentz Verlag, Hannover 1992*

Zuschlag, *Berndt,* Thielke, *Wolfgang, Konfliktsituationen im Alltag, Verlag für Angewandte Psychologie, Göttingen 1972*

Zutavern, *Michael, Des einen Freud – des anderen Leid?! Über die Rolle von Lehrerinnen und Lehrern bei der Förderung von Eigenständigkeit, in: Erwin Beck, Titus Guldimann, Michael Zutavern (Hg.), Eigenständig lernen, UVK Verlag, St. Gallen 1995*

Zutavern, *Michael, http://www.phs.unisg.ch./fst/proj/chk.htm.*

5.2 Unterrichtsplanung mit „Phoenix" – Erfahrungen und Hilfestellung

Heinz Dorlöchter und Edwin Stiller

5.2.1 Lernen mit Phoenix – lernpsychologische Grundlegung

Die Auseinandersetzung mit dem Thema Lernen berührt unterschiedliche und miteinander verbundene Implikationsebenen. Einen Zugang erhält man durch Fragen oder Typisierungen, die einen Einblick in die Vielfältigkeit der Betrachtungsmöglichkeiten gewähren, jedoch wiederum nur einen Ausschnitt oder bestenfalls eine Focussierung vornehmen.

In diesem Sinne sollen zwei Typisierungen von Lernkonzepten angeführt werden, ihre Darstellung dient der Verdeutlichung unserer Auffassung.

Eine reproduktive Lernkonzeption geht davon aus, dass durch Bücher oder durch Lehrer (re-)präsentierte Informationen in die Köpfe der Schüler „kopiert" werden sollen – häufig geht dieser Ansatz von einem mechanischen Lernmodell aus, welches den Lernprozess der Verfügbarkeit des Lehrers (Steuerelemente Lob und Tadel) unterwirft bzw. welches die Struktur des Lerngegenstandes (Reduktion, Exemplarität, ...) als Ausgangspunkt für Lehr-Lernprozesse ansieht. Der Schüler nimmt eher eine passive Rolle ein, er wird als Wissensspeicher angesehen.

Eine konstruktivistische Lernkonzeption betont die Auseinandersetzung mit dem Lerngegenstand, da letztlich der Lernende selbst Konstrukteur seiner Wirklichkeit ist.

Dieses Lernmodell interpretiert die Rolle des Lehrers als die eines Lernbegleiters; das Arrangement von Lernlandschaften, in welchen der Schüler/die Schülerin sich möglichst selbstständig bewegt, hat eine wesentliche Bedeutung. Der aktive Schüler steht im Zentrum der Überlegungen, seine Wahrnehmungs- und Verarbeitungsmuster und diese steuernde innere Einstellungen werden betont, Informationen sind damit letztlich dem Konstruktionsprozess des Subjekts unterworfen.
Bücher haben diesen Konzepten zufolge unterschiedliche Funktionen:

– Sie dienen als Wissensspeicher und Informationsquelle, etwa nach dem Motto: Alles, was in dem Buch steht, muss am Ende der Ausbildung gekonnt werden. Dieser Ansatz führt schnell zu einer Materialsammlung, die sich stark an dem ‚Stand der Wissenschaft' orientiert und einen diesbezüglichen repräsentativen Einblick gewähren möchte. Solche Bücher haben oft den Charakter eines Lehr-Buches.

– Sie bieten vielfältige Möglichkeiten der Auseinandersetzung an und orientieren sich an dem Subjekt des Lernenden, haben also eine spezifische didaktische Grundkonzeption, die den Lernenden bei seinen Konstruktionsprozessen von Wirklichkeit unterstützt.
  Hier besteht die Gefahr, dass die Informationen ‚nur anregenden Charakter' haben und einen gewissen Grad von Beliebigkeit bekommen, theoretische Modelle und Erkenntnisse den Charakter der Zufälligkeit erlangen. Hier könnte man eher von Lern-Büchern sprechen.

Wir *orientieren* uns mit dem Schulbuch „Phoenix" an dem zuletzt genannten Modell, da wir der Meinung sind, dass sich Bildung nicht in Köpfe einpflanzen lässt:

Es müssen Räume geschaffen werden für eigensinnige Wirklichkeitskonstruktionen und Deutungsmuster und den Austausch darüber.

Lernen ist ein Aus-einander-setzungs-prozess, ein sich Bewegen in Räumen, und zwar sowohl ‚inneren' wie ‚äußeren'.

Konstruktionen vollziehen sich im Spannungsfeld von Fremdverstehen und Selbsterkenntnis, Lernen bedeutet somit eine Herausforderung des eigenen Selbstverständnisses, eine Auseinandersetzung mit den Bereichen des ‚Fremden' und bisheriger Selbstkonstruktionen. Wird dieses Spannungsfeld empfunden, der innere Bewegungsraum angenommen, so wird eine Stellungnahme herausgefordert, ein innerer, durchaus krisenhafter Dialog.

Hier ist ein Fragen und Infragestellen möglich, eine innere Spannung, die sich durch äußere Dialoge begleiten und unterstützen lässt. Dabei geht es nicht nur um Anregungen durch Informationen, sondern auch um eine Betrachtung und Infragestellung von Konstruktionsprozessen aller am Lernprozess Beteiligten – ‚innere' und ‚äußere Bewegungsräume' geraten in Schwingungen, dialogisches Lernen wird angeregt.

In diesem Sinne kann man von einer dialogisch orientierten Lernkonzeption sprechen:

Das Schulbuch „Phoenix" orientiert sich an einem dialogisch-konstruktiven Lernkonzept, sein Aufbau orientiert sich an dem Subjekt des Lernenden und unterstützt ihn bei seinen Konstruktionsprozessen, es hat den Anspruch, ein Lern-Lehr-Buch zu sein:

„Phoenix" ist als ein **Arbeitsbuch** und nicht nur als eine Textsammlung konzipiert!

Wir wollen mit dem Arbeitsbuch „Phoenix" den Versuch starten, aus der Begegnung mit diesem Buch eine *‚Begegnung mit sich selbst'*, mit Ihnen als Leserinnen und Lesern, zu ermöglichen, also kein Lernen *durch* „Phoenix", sondern *mit* „Phoenix" zu realisieren.

„Phoenix“ will sich in einen dialogischen Lernprozess einmischen, will zu einer subjekt*erschließenden* Gestaltung des Unterrichts beitragen, indem das Buch entsprechende Anregungen und Materialien bereitstellt.

Im Prozess des subjektorientierten Lernens geht es nicht um das auf das Individuum bezogene passive Aufnehmen und Verarbeiten von Lernthemen, dies würde zu einer ‚subjektorientierten Verlorenheit‘ führen. Subjektorientiertes Lernen ist dialogisches Lernen, bei dem Sie sich als handelndes Subjekt mit Möglichkeiten erfahren können.

Sie werden zur Aus-ein-ander-setzung aufgefordert, wobei wir Sie als aktiven Leser/aktive Leserin ansprechen wollen. Sie werden dabei die Erfahrung machen, dass es nicht immer ein richtig oder falsch, ja oder nein gibt, sondern dass in der Spannung von ja *und* nein und sich darauf aufbauenden neuen Einsichten eine Form produktiver Auseinandersetzung mit einem Thema und sich selbst zu erfahren ist, welche nicht nur auf das Suchen von Antworten fixiert ist, sondern durch das Eröffnen neuer Fragen zu anderen Wissenshorizonten führen kann. Fragen ist eine produktive Kraft des Lernens, quasi die Dialektik von Abstand und Betroffenheit gegenüber den Erfahrungen und dem Wissen anderer; nur in dieser Spannung kann subjektorientiertes Lernen stattfinden. Sie sind aufgefordert, Ihren eigenen Lernweg zu suchen, sich ihren Fragen anzuvertrauen.

„Phoenix“ ist als ein Buch mit Möglichkeiten und nicht nur Notwendigkeiten konzipiert.

Dazu ist die Bereitschaft, sich immer wieder als Bestandteil des eigenen Lernprozesses zu reflektieren, unbedingte Voraussetzung.

Themenbezogen und subjektorientiert soll das Handwerkszeug für einen möglichst selbstständigen und kreativen Zugang bereitgestellt werden, so dass die Sinnhaftigkeit und der Bezug von Theorie und Praxis verdeutlicht werden und ein erkenntnisfördernder Prozess eingeleitet wird.“ (Zusammengestellt aus den Vorworten von „Phoenix“ Band 1 und 2)

Ein Schulbuch ist ein Hilfsmittel, welches nicht alleine den Unterricht determiniert. Dies wäre auch nicht in unserem Sinne, stellen doch dialogische Lernprozesse zwischen den Lernpartnern einen wesentlichen Aspekt unseres Lernkonzeptes dar. Ein Buch eröffnet allerdings durch seine Konzeption Möglichkeiten, die – falls gewünscht – durch den Lehrer/die Lehrerin und den Schüler/die Schülerin genutzt werden können, nicht mehr und nicht weniger. Es wird in der Praxis normal sein, wenn man das ganze Buch in seiner Vielfalt nutzt und nicht Seite für Seite abarbeitet. Unser Bild: Die Lerngruppe tritt miteinander in einen Dialog und nutzt dazu die Möglichkeiten des Buches!

„Lernen ist Austausch durch Anders-artigkeit. Kinder sind gleichwertig, doch anders. Respekt vor dieser Verschiedenheit – doch Gleichwertigkeit –, das gehört zur sprudelnden Quelle für's Lernen. (...) Aufgabe der Lehrenden ist es, dem Kind zu helfen herauszufinden, wie es am besten lernt. Aufgabe des Kindes ist es, dem Lehrer resp. der Lehrerin zu helfen, sich auf immer neues Fragen einzulassen.“ (R. Cohn 1998)

Anknüpfend an die weiter oben skizzierten Überlegungen soll in der folgenden Abbildung (S. 177) noch einmal das dialogisch-konstruktive Lernkonzept und sein Zusammenhang mit dem Aufbau der Schulbuchreihe „Phoenix“ verdeutlicht werden.

Auf der linken Hälfte der Seite wird durch entsprechende Bemerkungen und Zitate das zugrunde liegende Lernkonzept verdeutlicht, auf der rechten Seitenhälfte wird der Aufbau der Bücher „Phoenix“, Bände 1 und 2 und des Buches „Der kleine Phoenix“ skizziert.

Hier ist auch ablesbar, dass der Aufbau des „Kleinen Phoenix“ der gleichen Lernkonzeption folgt: Die unterstrichenen Begriffe (Einführung, Orientierung, Erarbeitung, Anwendung, Beurteilung) bezeichnen die Abschnitte der einzelnen Waben (pro Halbjahr drei), sie werden hier als Bündelungsthemen entsprechend den Richtlinien formuliert.

Durch die Themenkreise – in „Phoenix“ 1 und 2 wird pro Halbjahr eine Leitfrage formuliert – wird ein der Fachperspektive entsprechender Rahmen gesetzt, der den Schülerinnen und Schülern einen überschaubaren und orientierenden Bewegungsraum eröffnet. Als Vorlauf (Austausch über Vorkenntnisse) und Fundamentum zur Beschreitung weiterer Lernwege im Wabenmodell wird in „Phoenix“ 1 und 2 eine ‚Einführung‘ (‚Blick-Richtung‘) in den Themenkreis jedes Halbjahres angeboten – an entsprechender Stelle werden Entscheidungsverfahren zur Wahl von kollektiven/individuellen Schwerpunkten angesprochen (vgl. „Phoenix“ 2, S. 24, 25).

Die einzelnen Waben (im „Kleinen Phoenix“ die Bündelungsthemen) selbst beginnen mit einer Aufmacherseite, hier soll eine (erste) innere Orientierung, die unter Umständen eine biografische Standortbestimmung beinhaltet, angeboten werden.

Das in den Abschnitten ‚Einführung‘ angebotene Material ermöglicht eine bedeutungsbildende Aktivität, die eine sinngebende Zielperspektive eröffnen soll. Im „Kleinen Phoenix“ schließen sich hier Orientierungsmöglichkeiten an, um je nach Interesse und Neigung weitere Planungsschritte und Schwerpunktbildungen vorzunehmen.

Die weiterhin angebotenen Möglichkeiten in den Abschnitten ‚Grundbegriffe und Grundthesen‘, ‚Vertiefung‘ bzw. im Abschnitt ‚Erarbeitung‘ beim „Kleinen Phoenix“ ermöglichen einen differenzierten, den individuellen (kollektiven) Lernwegen entsprechenden Zugriff – sie dienen der Entfaltung einer Lernlandschaft, die Erkenntiszuwächse ermöglichen soll.

Im Abschnitt ‚Pädagogische Anwendung‘ bzw. ‚Anwendung‘ (im „Phoenix“ 1 und 2 durch den ‚Projektvorschlag zum selbstständigen Weiterarbeiten‘ noch einmal explizit betont) findet eine fachspezifische Focussierung statt – hier verbinden sich wissenschafts- und handlungsorientierende Aspekte.

Lernen ist eine persönlichkeitswirksame Aktivität, die Abschnitte ‚Reflexionen‘, ‚Rück-Blick‘ (z.T. auch methodisch angelegt) und ‚Beurteilung‘ fordern die Entwicklung eines eigenen Standpunktes heraus. Der Abschnitt ‚Perspektiven‘ soll Einblicke in neue Lernlandschaften ermöglichen.

Konstruktionsprozesse brauchen Anregung und Erweiterung, das Lernen Lernen ist diesbezüglich ein wichtiges Stichwort: kontextorientiert wird eine Fülle von Methoden angeboten.

In einen Dialog eintreten

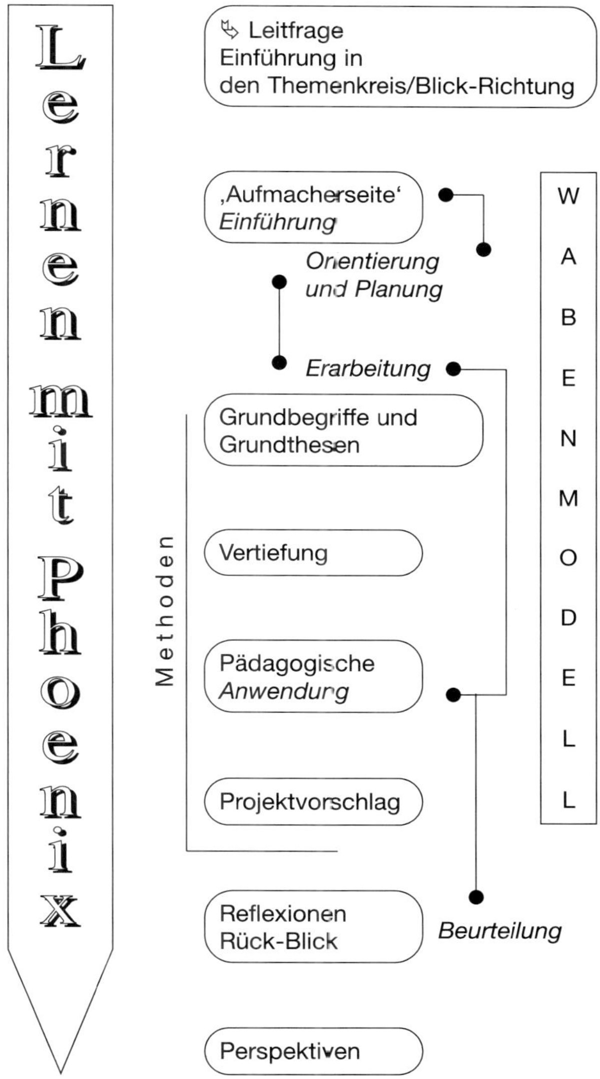

Pädagogische Schlüsselprobleme

„Indem wir der Welt, uns selbst und unserer Beziehung zur Welt Bedeutung verleihen, bringen wir diese als Konstruktion erneut hervor. (Dauber 1997, S. 69)

Entfalten/Perspektiven eröffnen

Lernwege individuell gestalten

Erkenntnisprozesse ermöglichen

Lernlandschaft

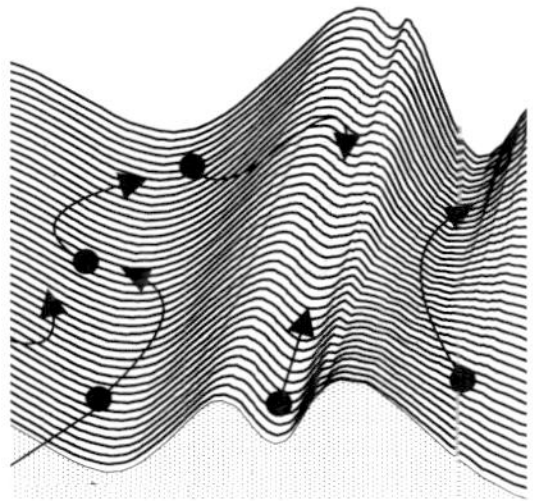

Selbstgesteuertes Lernen

Standpunkt entwickeln

Aus-einander-setzen

Das Bild der lernenden Menschen ist durch Eigenaktivität, produktive Verarbeitung der Realität, Reflexivität und Selbststeuerung gekennzeichnet. (...)
Lernen ist eigenaktive und selbstgesteuerte innere konstruktive Tätigkeit, das Aufbauen, Ausbauen und Umbauen von Bedeutungen, Erfahrungen, Wissen und Können bzw. entsprechender Muster, Strategien und Kompetenzen; Lernen findet in sozialen Situationen, Umgebungen und Interaktionen statt, die verarbeitet und beeinflusst oder mitgestaltet werden. (R. Steffens, 1997)

5.2.2 Unterrichtsplanung konkret

Orientiert an unseren Ausführungen zum problemzentrierten Lernen (vgl. Dorlöchter/Stiller 1989, 1991), die auch Eingang in die Dialogische Fachdidaktik Pädagogik (vgl. Stiller 1997, S. 68ff.)gefunden hat, versuchen wir auch in „Phoenix" ein Planen in großen Zusammenhängen und Zeiträumen zu ermöglichen.

Die erste Ebene der konkreten Planungsarbeit ist daher das Schulhalbjahr. Diese Zeiteinheit hat auf der Makroebene dieselbe Artikulation wie die Stunde auf der Mikroebene (siehe hierzu Anhang 1).

Die Phase der ERÖFFNUNG soll einen Kontakt zur Sache und zu den beteiligten Personen sowie einen Kontrakt über Ziel-, Inhalts- und Methodenentscheidungen herstellen und leistet insgesamt die Generierung des zu bearbeitenden Problems sowie der übergreifenden Sinnstiftung.

Die Phase der ERARBEITUNG dient der Problembearbeitung und Problemlösung. Der mit der Lerngruppe erstellte Kontrakt wird prozess- und produktorientiert, mit Hilfe von – aber nicht beschränkt auf – „Phoenix" umgesetzt.

Die Phase des ABSCHLUSS soll eine Problemlösungsbeurteilung sowohl auf der inhaltlichen wie auch auf der Prozessebene ermöglichen und Perspektiven für die Weiterarbeit liefern.

Angewandt auf das Halbjahr 12/1(siehe auch die konkrete Kursplanung für einen Grundkurs in der Anlage 3) bedeutet das, dass in der ERÖFFNUNG es zunächst darum geht, den Schülerinnen und Schülern einen individuellen Kontakt zur Sache zu ermöglichen. Mit Methoden der Bildarbeit und des biografischen Lernens („Phoenix" Bd. 2, S. 156ff.) soll ein Verständnis von Entwicklung und eigener Entwicklung angebahnt werden, welches auch über Fragen und Thesen in Vereinbarungen eingebracht werden kann.

Der Produktion eigener Fragen und Thesen dient ebenfalls die Auseinandersetzung mit den Texten von Saint-Exupéry und/oder Athanasios Chasiotis (ebd., S. 158ff.), je nach Situation (GK, LK, Präferenzen usw.) muss grundsätzlich immer eine Auswahl getroffen werden.

Grundbegriffe und Methoden der Entwicklungspsychologie (ebd., S.162ff.) sollen die begriffliche Basis für die weitere Arbeit und die Präzisierung eigener Fragen bzw. Problemstellungen bereitstellen. Hier sollte mit vorbereitender Hausaufgabe, evtl. auch arbeitsteilig, sehr zeitökonomisch verfahren werden und zugleich methodisch variantenreich. So kann die Methode der zergliedernden Textanalyse (vgl. Stiller 1997, S. 113) und unterschiedliche Visualisierungstechniken (Mind-Map, Cluster u.a.) dazu genutzt werden, den Grad der Verständlichkeit und langfristige Speicherbarkeit abstrakt-theoretischer Grundlagen zu erhöhen.

Auf dieser Basis kann dann im Kurs die gemeinsame Planung stattfinden und sowohl Entscheidungen zum Lernweg des Gesamtkurses (leitende Problemstellung, Waben-Auswahl, Methodenwahl, Produktorientierung) wie auch zu individuellen Lernwegen von einzelnen Schülerinnen und Schülern oder Partnerpaaren bzw. Kleingruppen (Referate, Facharbeiten usw.) und deren Integration in den Gesamtzusammenhang getroffen werden.

In der ERARBEITUNGSPHASE des Halbjahres steht die Arbeit in den gewählten Waben im Vordergrund.

So hat in der fiktiven Planung für einen Grundkurs 12/1 (s. Anlage 3) der Kurs die Entscheidung für die Wabe 2.3 „Männlein und Weiblein – Sozialisation als Rollenlernen" („Phoenix" Bd. 2, S. 229) getroffen.

Die Erarbeitungsphase auf der Makroebene enthält jetzt eine Binnengliederung, die ebenfalls aus Eröffnung, Erarbeitung und Abschluss besteht.

Zunächst geht es um die Annäherung an das Ausgangsverständnis der Lerngruppe. Die Arbeit an der Aufmacherseite und den Materialien für Ampelspiel und biografisches Lernen (ebd., S. 229ff.) soll individuelle Zugänge schaffen und eine erste Auseinandersetzung auf Kursgruppenebene mit Rollenklischees und Stereotypen leisten. Dies auch z.B. mit dem Eigenschaftslistenprofil (ebd., S. 232) auf eine empirische Weise. Dann kann datenmäßig belegt werden, welche Voreinstellungen im Kurs vorhanden sind. Bei Kursen, die Vorbehalte gegenüber selbstreflexiven Zugriffen haben, kann auf die Geschichte „Ich bin Ich" zurückgegriffen werden. Ergänzend könnte sie die Dimension der geschlechtsspezifischen Erziehung und Identitätsentwicklung in das Bewusstsein der Lerngruppe rücken. Auch diese Eröffnungsphase mündet in die Formulierung eigener Fragen und Thesen. Dies ist deshalb so wichtig, weil nur dann die Lerngruppe die Auseinandersetzung mit theoretischen Erklärungsansätzen als Antwort auf ihre Fragen begreift. Wenn diese Möglichkeit zur Generierung eigener Problemstellungen nicht genutzt wird, entsteht ein Bruch zwischen biografisch-empathischem Zugang und theoretischer Klärung.

Die theoretische Arbeit kann zunächst wabenimmanent gestaltet werden (ebd., S. 235–242); es bietet sich aber an, wenn nur eine Wabe gewählt wurde, das Material aus anderen Waben als Ergänzung heranzuziehen. Hier wäre vorstellbar, den sozialisationstheoretischen Ansatz von Hurrelmann in Grundzügen (vgl. ebd. S. 267–271) hinzuzunehmen. Um richtlinienkonform auch eine entwicklungspsychologische Erklärungsvariante anzubieten, sollte zwischen dem psychoanalytischen Ansatz (entweder Freud, S.203-208, oder Erikson, S. 213–217) oder dem kognitionspsychologischen Ansatz von Piaget, S. 172–183, entschieden werden.

5.2.3 Zusammenfassende Thesen

1. Die Lehrerin/der Lehrer bleibt gerade mit „Phoenix" Regisseur der Inszenierung Unterricht!
   Als Schulbuchmacher haben wir aber dafür gesorgt, dass die konkreten Fragen der Schülerinnen und Schüler immer zum Ausgangspunkt der Planung gemacht werden können.
2. Wir haben keine Wahl, außer zu wählen!
   Die gezielte Überfülle des Materials soll zu gemeinsamer Planung mit den Lerngruppen und einer selektiven (vs. chronologischen) Nutzung des Materials führen!
3. Neben dem Hauptweg der gesamten Lerngruppe sollte man viele Nebenwege ermöglichen, die von einzelnen Schülerinnen und Schülern oder arbeitsteilig von Gruppen gegangen werden können.
   In diesem Kontext können auch Facharbeiten ihren innovativen Platz haben.
4. Die bewusste Planung von Lernwegen kann durchaus quer zur Anlage des Materials in „Phoenix" liegen.

So kann man die Arbeit im Kapitel „Männlein und Weiblein" mit einem Projektvorschlag beginnen und zunächst das geschlechtsspezifische Kurswahlverhalten an der Oberstufe der eigenen Schule untersuchen, um so, nach der Auswertung der Daten, zu Fragen und Thesen zu gelangen, denen dann auf der biografischen, interaktionellen, erziehungspraktischen und erziehungstheoretischen Ebene nachgegangen wird.

Literatur:

Cohn, Ruth; Mein Minitrillionster Anteil oder: Doch der Tropfen füllt das Meer – Interview „Ruth C. Cohn", Lernende Schule 1/98, Friedrich Verlag, Seelze 1998, S. 51f.

Dauber, Heinrich; Grundlagen Humanistischer Pädagogik, Bad Heilbrunn: Klinkhardt 1997

Dorlöchter, Heinz/Stiller, Edwin; Problemzentriertes Lernen im Pädagogikunterricht, in PädagogikUnterricht 4/1989, S.12ff.

Dorlöchter, Heinz/Stiller, Edwin; Problemzentrierung als Bindeglied zwischen Wissenschafts- und Handlungsorientierung, in: PädagogikUnterricht 2/3 1991, S. 61ff.

Dorlöchter, H., Maciejewski, G., Stiller, E.; Phoenix. Der etwas andere Weg zur Pädagogik. Ein Arbeitsbuch. Band 1 und 2, Paderborn: Schöningh 1996/97

Dorlöchter, H./Kahlbau, B./Krafeld, G./Maciejewski, G./Sander, M./Schrieverhoff, C./Stiller, E./Wittig, F.; Der kleine Phoenix. Ein Arbeitsbuch für Erziehungswissenschaft in der Sekundarstufe I, Paderborn: Schöningh 1999

Steffens, Rudolf; Über ein erweitertes Lernverständnis oder: ‚Das Lernen von den Lernenden her neu denken und organisieren', Unveröffentlichtes Manuskript, Soest 1997

Stiller, Edwin; Dialogische Fachdidaktik Pädagogik, Paderborn: Schöningh 1997

„Structure without life is dead, but life without structure is unseen.“ (John Cage)

Grundstrukturmodell für Mikro- und Makroeinheiten

Kontext

Artikulationsschritt	Elemente	Funktion	Stufe im problemzentrierten Lernprozess
Eröffnung	Begegnung		
	Motivation	Kontakt (Person,Sache)	
	Transparenz		Problemgenerierung und Sinnstiftung
	Partizipation	Kontrakt (Planung, Ziel, Weg)	
Erarbeitung	Vorwissen		
	Input	Erarbeitungsprozess	
	Selbsttätigkeit		
			Problembearbeitung und Problemlösung
	Vorstellung		
	Ergänzung, Korrektur	Erarbeitungsprodukt	
	Sicherung, Übung		
	Anwendung		
Abschluss	Diskussion		
	Rückbezug und Fazit	Evaluation	Problemlösungsbeurteilung
	Prozessreflexion		
	Transfer/Ausblick	Perspektive	

Kontext

Fragen zur didaktischen Feinplanung (lernpsychologische, fachdidaktische, fachmethodische):
1. Welche konkreten Schritte ermöglichen welchen Lernfortschritt?
2. Welche Hindernisse, Dissonanzen können auftreten bzw. sind eingeplant?
3. Wie ist der Input beschaffen (Art, Umfang, Niveau ...)?
4. Welche kleinen, zusätzlichen Hilfen sind denkbar? („Hilf mir, es selbst zu tun“, Montessori)
5. Wie hoch ist der Grad der Selbstständigkeit der Schüler in den Phasen?
6. Wie ist das Verhältnis von Teilschritten zum Ganzen?
7. Wie wird der Kontext genutzt (Vorwissen, Weiterarbeit)?

Halbjahresplanung mit „Phoenix“ und „Dialogische Fachdidaktik Pädagogik“

Makro- Struktur	RL EW VTS*	Zeit	Ziele DFD Matrix**	Inhalte „Phoenix“, Seite	Methoden	Kommentar
Halbjahres- Eröffnung	I					
Halbjahres- Erarbeitung Wabe	I II					
Halbjahres- Abschluss *Reflexionen* *Perspektiven*	III					

* Verbindliche Thematische Schwerpunkte in den Richtlinien für Erziehungswissenschaft

** Zielmatrix der Dialogischen Fachdidaktik Pädagogik, Seite 56

Unterrichtsplanung mit „Phoenix“ und „Dialogische Fachdidaktik Pädagogik“

Unterrichtsplanung mit „Phoenix“ und „Dialogische Fachdidaktik Pädagogik“

Annahmen: Grundkurs 12/1, Schuljahr 1998/99, 20 Wochen (ca. 18 Doppelstunden und 18 Einzelstunden = ca. 54 Stunden)

Makro-Struktur	RL EW VTS	Zeit	Ziele DFD Matrix	Inhalte	„Phoenix“, Seite	Methoden
Halbjahres-	I	E	4.1	Was ist Entwicklung? (Wendeltreppe)	S. 156	Bildarbeit
Eröffnung		D	1.1	Wie verlief meine Entwicklung?	S. 157f.	Biografisches Lernen
Einführung						(Journal, Fotos ...)
Phoenix		E	4.2	Was braucht ein Mensch?		Textarbeit
				Material: „Mozart“ oder „Chasiotis“	S. 158–161	
		D, E	4.2	Grundbegriffe und Methoden		Zergliedernde Textarbeit
				der Entwicklungspsychologie	S. 162–167	Textarbeit, Visualisierung
(9 Stunden)		D (9)	2.4	Fortsetzung und Planung: Fragen, Thesen,		Planung
				Interessen, Individuelle Wege?		
				Projektvorschlag A, Referat zu Wabe 2.5		
Halbjahres-	I	E	1.1/2.1	Rollenklischees oder Realität?	S. 229f.	Bildarbeit, Ampelspiel
Erarbeitung		D	1.1	Wie sehe ich meine geschlechtsspez.		Biografisches Lernen
Wabe 2.3				Identität?	S. 231 oder 233ff.	
Einstieg		E	1.1/2.1	Wie sehen wir im Kurs diese?	S. 232	Empirische Erhebung
		D(6)	2.4	Ergebnisse, Fragen, Thesen		Planung
Wabe 2.3	II	2D2E	4.2	Rollentheoretische Erklärung	S. 235–241	Textarbeit, Rollenspiele
Grundbegriffe		1D2E	4.2	Ergänzung Wabe 2.4 Hurrelmann	S. 267–271	Textarbeit, Visualisierung
Grundthesen		2D2E	4.2	Ergänzung Wabe 2.1 Piaget oder	S. 172–183	Textarbeit, Visualisierung
(35 Stunden)		(16+2)		Ergänz. Wabe 2.2 Freud oder Erikson	S. 203ff.	Dialoge schreiben
Halbjahres-	III	3D3E	3.2/3.3	Geschlechtsspezifische Sozialisation		Textarbeit, Interviews mit 5ern und
Abschluss		(9+2)		in der Schule: Befunde, Erkundungen	S. 243ff.	Lehrern
			2.2/2.4	Einbringung Projektvorschlag A (s.o.)	S. 254	Schüler-Referat
Wabe 2.3				Stellungnahmen		Pro- und Kontra-Debatte
Pädagog.		2D1E	4.2/4.3	Neues aus der Hirnforschung	S. 311–315	Textarbeit
Anwendung				Fremdtext aus Focus: „Geschlechtsspezifische		
				Hirnentwicklung“		evtl. Internet-Recherche
Reflexionen		1D (7)	4.2/4.4	Einbringung Referat „Entwicklung im Alter“	S. 284ff.	Schüler-Referat
		1D2E	3.4/1.4	Rechte der Kinder bezogen auf		Textarbeit, Transfer
Perspektiven		(3)		geschlechtsspezifische Erziehung	S. 317f.	
(10 Stunden)				Entwicklungszentriertes Erziehungsverständnis	S. 319ff.	Textarbeit und Biografisches Lernen

Stundenplanung mit „Phoenix“
Datum:
Stundenthema:

Zielschwerpunkt:

Phase	Inhalt/Methode/ Sozialform	„Phoenix“, Seite	Didaktisch-methodischer Kommentar
Eröffnung			
Erarbeitung			
Abschluss Hausaufgabe			

Notizen:

Kurszeiten:

5.3 Biografisches Lernen im Pädagogikunterricht

Edwin Stiller

5.3.1 Autobiografische Vorbemerkung

Zur Frage: Warum ist biografisches Lernen für mich von besonderer Bedeutung?

Mein Name ist Programm.

Jürgen Henningsen, einer der Pioniere der erziehungswissenschaftlichen Biografieforschung, bei dem ich meine Examensarbeit schrieb, stellte in seinem Buch „Autobiografie und Erziehungswissenschaft“ aus dem Jahre 1981 fest:

„Frisch schrieb mit den drei Romanen „Homo faber“, „Stiller“, „Mein Name sei Gantenbein“ und seinem Theaterstück „Biografie – ein Spiel“ eine Theorie der biografischen Selbstvergewisserung“ (Henningsen 1981, S. 28)

Der Satz „Ich bin nicht Stiller!“ ist der erste Satz aus dem Roman „Stiller“.

Ich las diesen Roman zu einer Zeit, als ich auch noch nicht „Stiller“ war; in der ich mir als Jugendlicher – wie der Romanheld – am liebsten eine neue Biografie erfunden hätte, um den Festlegungen meiner Umgebung und den eigenen Festlegungen zu entgehen.

Ich habe den Roman in einer Nacht gelesen und dadurch innerlich aufgewühlt entsprechend schlecht geschlafen. In dieser Nacht brach im Erdgeschoss unseres Hauses ein Feuer aus. Bedingt durch den leichten Schlaf, völlig untypisch für mich, bin ich als Erster erwacht. So konnte ich meine Eltern und meine Großmutter rechtzeitig warnen und habe sie so vielleicht vor größeren gesundheitlichen Problemen bewahrt.

In diesem Sinne war der Roman von Frisch und die nächtliche Biografiearbeit für mich lebensrettende Lektüre und Bekräftigung, dass es sich lohnt, über das eigene Leben nachzudenken, auch wenn es einen den Schlaf kostet.

Vielleicht konstruiere ich mir aber auch nur eine Geschichte, die ich dann für mein Leben halte.

Die folgenden Ausführungen sind die überarbeitete Fassung zweier Vorträge (2.9.98: Tagung des „Arbeitskreises Gesamtschule“ zum Biografischen Lernen, Gesamtschule Bockmühle, sowie 23.11.98: „Biografisches Lernen im Pädagogikunterricht“, Veranstaltung der interdisziplinären „Methoden-Werkstatt: Fachdidaktische Perspektiven“, Ringveranstaltung an der Gesamthochschule/Universität Essen), jeweils verbunden mit praktischen Übungen zum biografischen Lernen.

5.3.2 Warum ist biografisches Lernen gerade im Schulfach Erziehungswissenschaft bzw. generell bei der Thematisierung von Erziehung in Bildungsgängen von besonderer Bedeutung?

Zu dieser Frage möchte ich vier Antworten anbieten:

5.3.2.1 Biografieforschung als Teildisziplin der Erziehungswissenschaft

In unserer „Mutterdisziplin", der universitären Erziehungswissenschaft, ist der ‚biografische Ansatz', die erziehungswissenschaftliche Biografieforschung zu einer wichtigen Forschungsrichtung geworden.

Schon allein dies wäre ein (wissenschaftspropädeutischer) Grund, sich mit dem „biografischen Ansatz" zu beschäftigen.

Die Klassiker der Pädagogik, Rousseau, Pestalozzi, Fröbel, haben sich intensiv mit ihrer eigenen Lebensgeschichte auseinander gesetzt und dies in autobiografischen Erziehungsromanen und Tagebüchern dokumentiert. Autobiografische Einflüsse sind aber auch in ihren pädagogischen Schriften zu finden. Es gibt Erziehungswissenschaftler, die davon ausgehen, dass das Werk dieser Klassiker der Pädagogik nur vor dem Hintergrund ihrer Lebensgeschichte angemessen zu verstehen ist (vgl. Göppel 1997).

In den 20er- und 30er-Jahren wurde die biografische Methode als anerkannte Disziplin der Soziologie in den USA entwickelt.

In Deutschland wurde in diesem Zeitraum, anknüpfend an den hermeneutischen Ansätzen von Diltey, durch William Stern und Charlotte Bühler die biografische Methode für jugendkundliche und entwicklungspsychologische Studien genutzt. Schließlich war es Siegfried Bernfeld, der sehr konsequent aus der Perspektive von Psychoanalyse und Marxismus auf die Erzogenheit der Erzieher und die daraus resultierende Notwendigkeit der Erziehung der Erzieher aufmerksam machte.

Diese Versuche, die Erziehung vom Subjekt her zu denken, wurden im Nationalsozialismus jäh beendet.

In den 60er-Jahren waren es Jürgen Henningsen und Werner Loch, die die Autobiografie nicht nur als Quelle der Erziehungswissenschaft, sondern als Ausdruck individuell gelebten Lebens und damit individuell erfahrener und verarbeiteter Erziehung nutzbar machten.

Parallel dazu entwickelten sich in den Sozialwissenschaften die bundesdeutsche Lebenslaufforschung, in der Geschichtswissenschaft die ‚oral history'.

1978 tagte ein erstes Mal eine Arbeitsgruppe zum Thema Biografie auf dem 6. Kongress der Deutschen Gesellschaft für Erziehungswissenschaft.

1979 erschien der Sammelband „Aus Geschichten lernen" von Baacke und Schulze in der ersten Auflage.

Inzwischen ist die erziehungswissenschaftliche Biografieforschung aus der universitären Erziehungswissenschaft nicht mehr wegzudenken. Als wichtige Teildisziplin mit entwickelter qualitativer Methodik leistet sie an vielen Universitäten wichtige Forschungsarbeit. Die Arbeitsgruppe Erziehungswissenschaftliche Biografieforschung ist inzwischen im Internet präsent. Über den Deutschen Bildungsserver bietet sie dort, neben aktuellen Berichten zu Tagungen und Veröffentlichungen, eine umfassende Bibliografie, eine Projektdatenbank sowie Vorlesungsmanuskripte.

Theodor Schulze (vgl. Schulze 1996) hat durch seine Kartierungsversuche die vielfältigen Untersuchungsrichtungen erziehungswissenschaftlicher Biografieforschung aufgezeigt und für eine Präzisierung der Begriffe gesorgt.

In den Mittelpunkt seiner Überlegungen stellt Schulze das *biografische Subjekt*, welches eine *Biografie als Leben* lebt, sich dabei in gesellschaftlichen Kontexten, in standardisierten Laufbahnen (äußere Seite der Biografie), aber auch in einer sehr individuellen Lebensgeschichte (innere Seite der Biografie) bewegt.

Das biografische Subjekt produziert gewollt oder ungewollt, von außen oder innen angestoßen *autobiografisches Material*, welches in Prozessen der Selbstreflexion vom Subjekt selbst oder in Biografieforschungsprozessen von außen analysiert werden kann. Das Schreiben einer *Biografie* kann dokumentarisch oder literarisch auch von außen, durch einen Fremdautor erfolgen.

Die Reflexion der eigenen Biografie und die daraus resultierende autobiografische Kompetenz bezeichnet Schulze als *Biografie als Bildungsprozess*.

Die Erziehungswissenschaft und ihre Nachbardisziplinen Soziologie, Psychologie und Geschichtswissenschaft untersuchen nun dieses biografische Feld aus sehr unterschiedlichen Perspektiven und mit unterschiedlichen Methoden.

An dieser Stelle kann auf der Basis der von Schulze vorgenommenen Begriffskartierungen eine genauere Begriffsbestimmung des biografischen Lernens im Pädagogikunterricht vorgenommen werden:

Biografisches Lernen besteht, wie in der universitären erziehungswissenschaftlichen Biografieforschung, aus zwei Strängen:

- der biografischen Selbstreflexion, in der sich das biografische Subjekt selbst mit der Einheit aus Biografie als Leben, Text und Bildungsprozess auseinander setzt, und
- der Auseinandersetzung mit Fremdbiografien, in denen Außenstehende sich mit biografischem Material von „fremdem“ gelebtem Leben auseinander setzen.

In Anlehnung an Annette Vogt (vgl. Vogt 1996, S. 37f.) und Hans Georg Ruhe (vgl. Ruhe 1998) kann man den Begriff **Biografisches Lernen** als Oberbegriff ansehen, den selbstreflexiven Strang als **Biografiearbeit** kennzeichnen und die Auseinandersetzung mit „Fremdbiografien“ als **Biografieforschung** bzw. als Analyse ‚fremder‘ Lebensgeschichten.

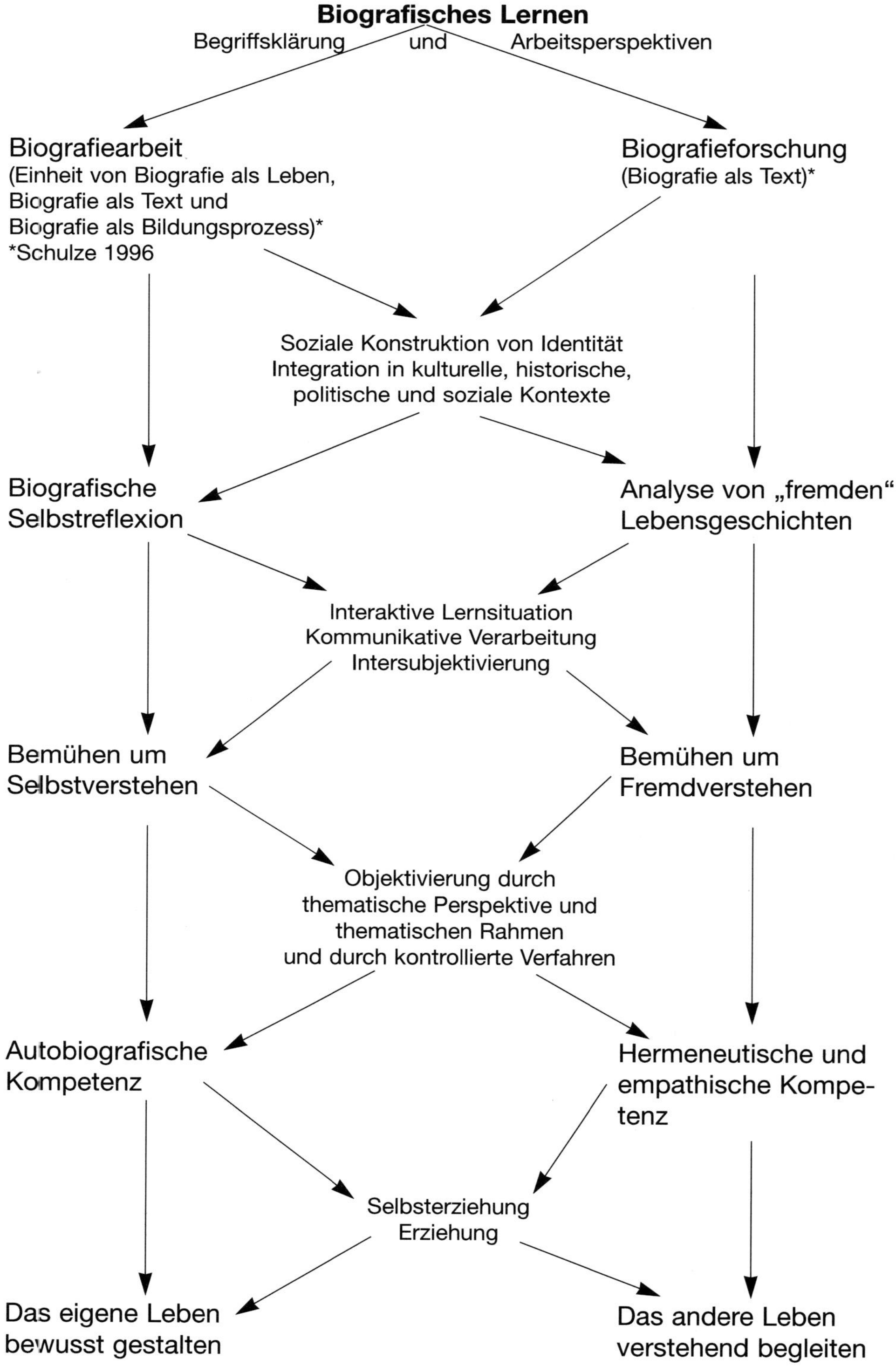
Biografisches Lernen
Begriffsklärung und Arbeitsperspektiven
Biografiearbeit
(Einheit von Biografie als Leben, Biografie als Text und Biografie als Bildungsprozess)*
*Schulze 1996
Biografieforschung
(Biografie als Text)*
Soziale Konstruktion von Identität
Integration in kulturelle, historische, politische und soziale Kontexte
Biografische Selbstreflexion
Analyse von „fremden“ Lebensgeschichten
Interaktive Lernsituation
Kommunikative Verarbeitung
Intersubjektivierung
Bemühen um Selbstverstehen
Bemühen um Fremdverstehen
Objektivierung durch thematische Perspektive und thematischen Rahmen und durch kontrollierte Verfahren
Autobiografische Kompetenz
Hermeneutische und empathische Kompetenz
Selbsterziehung
Erziehung
Das eigene Leben bewusst gestalten
Das andere Leben verstehend begleiten

Exemplarisch sollen im Folgenden einige typische biografische Forschungsprojekte vorgestellt werden.

- *Sozialisationsforschung*

Eine der drängendsten Fragen, die an die Sozialisationsforschung in den letzten Jahren gestellt wurde, ist die nach der Entstehung von Gewaltakzeptanz und Gewalthandeln von Jugendlichen. Die wichtigste Studie in diesem Bereich stammt von Wilhelm Heitmeyer und seinen Mitarbeitern (vgl. Heitmeyer 1992). Es ist die erste Langzeituntersuchung zur politischen Sozialisation von männlichen Jugendlichen, die versucht, in einer fünfjährigen qualitativen Längsschnittstudie 31 Jugendliche in regelmäßigem Abstand mit der Methode des problemzentrierten Interviews zu befragen, um Aufschluss über die subjektiven Sichtweisen und Orientierungen von Jugendlichen in den Bereichen Arbeitsorientierung, politische Orientierung und Identitätsentwicklung zu erlangen. Verbunden wurde dies mit einer umfangreichen Dokumentation des Lebensweges dieser Jugendlichen.

Die Studie wurde durch eigene quantitative Untersuchungen zur objektiven Lage von Jugendlichen sowie Sekundäranalysen ergänzt.

Inzwischen liegen zahlreiche solche biografischen Studien vor, die aber selten über einen solch langen Zeitraum durchgeführt wurden (vgl. z.B. Hafeneger 1993, Hofmeister/Sill 1992).

- *Jugendstudien*

Im Bereich der Jugendstudien hat es sich seit der Shell-Studie 1981 (vgl. Jugendwerk der Deutschen Shell AG, 1981), in der die Lebenslaufforschung mit ihren Thesen zur Normalbiografie eingearbeitet wurde, aber auch schon Elemente biografischer Schreibpraxis Einzug fanden (ebd., S. 436ff.), als Selbstverständlichkeit herauskristallisiert, mit biografischen Methoden die subjektive Sicht von Jugendlichen auf sich und ihre Generation gleichberechtigt neben quantitativen Repräsentativbefragungen zu stellen, um ein möglichst genaues Bild der Lebenslagen von Jugendlichen und deren subjektive Verarbeitung zu gewinnen.

In der 12. Shell Jugendstudie „Jugend ’97“(vgl. Jugendwerk der Deutschen Shell 1997) wird ein systematisches Untersuchungsdesign entwickelt, in dem umfangreiche biografische Portraits gleichberechtigt neben qualitativen und quantitativen Befragungen stehen. Hier hat sich die erziehungswissenschaftliche Biografieforschung nachdrücklich Platz verschafft.

- *Bildungsgänge*

Lernbiografien von Schülern, Bildungslaufbahnen bis ins hohe Alter, Lehrerbiografien werden mit Methoden der Biografieforschung rekonstruiert.

So hat Andreas Gruschka in seiner Studie zur Erzieherausbildung (vgl. Gruschka 1985) mit lernbiografischen Interviews die Kompetenzentwicklung, die Identitätsentwicklung und die Einlösung von Entwicklungsaufgaben nachgezeichnet.

In der Projektdatenbank der AG Erziehungswissenschaftliche Biografieforschung werden in diesem Bereich genannt: „Einschulungserlebnisse im 20. Jahrhundert“, „Studium und Biografie“, „Biografien von KurleiterInnen in der Erwachsenenbildung“, „Bildungsbiografien von Arbeitertöchtern“ u.a.

Typische Methoden der Datenerhebung in diesem Bereich der qualitativen Forschung sind z.B.:

- Narrative Interviews (offen)
- Problemzentrierte Interviews (halbstrukturiert)
- Leitfadeninterviews (stark strukturiert)

Daneben sind Gruppendiskussionen, teilnehmende Beobachtung, Einsatz von Video und Fotografie, aber auch die Nutzung aller Formen biografischen Materials: Tagebücher, Fotografie, Gedichte u.a. als Lebenszeugnisse dienende Quellen.

Marotzki betont in diesem Bereich die Notwendigkeit für den Forscher, selbst ein Forschertagebuch zu führen (vgl. Marotzki 1996, S. 60).

Für die Datenauswertung beschreibt Marotzki deskriptiv-analytisch-typologische Verfahren, theoriebildende Verfahren und tiefenstrukturelle, objektiv-hermeneutische oder psychoanalytisch orientierte Interpretationsverfahren.

Das zentrale Problem der Gütekriterien qualitativer Forschung wird durch unterschiedliche Formen der Triangulation zu lösen versucht:

- Daten-Triangulation: Konfrontation unterschiedlicher Daten
- Forscher-Triangulation: Material wird getrennt von unterschiedlichen Wissenschaftlern ausgewertet
- Theorien-Triangulation: Das erhobene Datenmaterial wird aus der Perspektive unterschiedlicher Theorieansätze betrachtet
- Methoden-Triangulation: Kombination unterschiedlicher Methoden

Das mit der Frage der Gütekriterien verbundene Problem des Subjektivismus gehört zu den zentralen Problemen qualitativer Forschung und wird sehr kontrovers diskutiert.

Friedrich Thiemann hat in seinen qualitativen Studien zur Schulwirklichkeit betont, dass die Vorbehalte gegenüber der Erfassung subjektiver Sichtweisen auf verhängnisvollen Missverständnissen im Wissenschaftsbetrieb basieren:

„Es geht nicht um die Einführung von Subjektivismus in die Wissenschaft. Es geht darum, die Subjekte in sie einzuführen als Träger von biografischen Erfahrungen, welche den Stoff der Wirklichkeit enthalten; und es geht darum, den Stoff zu entfalten – praktisch und theoretisch, in einem einzigen Akt.

Methodische Grundoperation ist das Verstehen. Es vollzieht sich nicht ohne, schon gar nicht gegen die Teilnehmer an dem Arbeitsprozess.

Der Verstehensprozess organisiert sich immer vom Standort eines Subjekts aus, das verstehen will. (...)

Das Verstehen fremder biografischer Szenen hat als notwendige Voraussetzung das Verstehen der eigenen Lebensgeschichte. In diesem Sinn ist Selbstreferenz, die Bezugnahme auf sich selbst, methodische Bedingung für den wissenschaftlichen Verstehensprozess. Es ist nicht nur außerhalb, sondern gerade im Zentrum der verstehen wollenden Subjekte, in ihren Lebensgeschichten, in den Geschichten, in denen sie fortwährend sich selbst entwerfen, zu verankern.

Übrigens gilt die Umkehrung dem Grundsatz nach ebenso: Selbstverständigung, Selbstaufklärung hat zur Bedingung die Auseinandersetzung, die Konfrontation mit dem Fremden.“ (Thiemann 1985, S. 19f.)

Für den Pädagogikunterricht bestätigt diese Position das komplementäre Aufeinander-Angewiesensein von Biografiearbeit und Biografieforschung.

Aber auch in der erziehungswissenschaftlichen Biografieforschung wird der Zusammenhang von biografischer Selbstreflexion des Wissenschaftlers und analytischer Durchdringung von Fremdbiografien gesehen.

„Auch in der ‚wissenschaftlichen‘ Auseinandersetzung mit erzählten Lebensgeschichten vollzieht sich notwendigerweise ein Rückbezug auf eigene lebensgeschichtliche Erfahrung.“ (Fröhlich 1997, S.176)

5.3.2.2 Zur Bedeutung biografischer Reflexion für den Erzieher

Seit Menschen über die Erziehung des Menschen nachdenken, ist ihnen bewusst, dass die Erzieher selbst Erzogene sind und dass ihr Erzogensein ihre Erziehung beeinflusst. Daher lautet die zweite Antwort:
Für jeden, der erzieht, ist die biografische Reflexion des eigenen Erzogen-Seins Voraussetzung für eine bewusste Gestaltung von Erziehung.

Auch hier sind beide Grundrichtungen biografischen Lernens von Bedeutung. Sowohl die selbstreflexive Auseinandersetzung mit der eigenen Erziehungsbiografie wie auch das Studium „fremder“ Biografien schärft das Bewusstsein für Erziehung.

Werner Loch, einer der Pioniere der erziehungswissenschaftlichen Biografieforschung, hat auf den „Münsterschen Gesprächen zu Themen der wissenschaftlichen Pädagogik“ im Jahre 1988 Thesen vorgelegt, die deutlich machen, was der Erzieher davon hat, wenn er sich mit biografischer Forschung befasst. Zusammengefasst lässt sich seine Position folgendermaßen darstellen:

- Biografieforschung vermittelt ein realistisches Bild von Erziehung, indem sie darauf aufmerksam macht, dass Erzogene Subjekte sind, die Erziehungseinflüsse subjektiv verarbeiten und evtl. Erziehung völlig anders wahrnehmen und verarbeiten, als die Erzieher es intendieren.
- Biografieforschung bringt Erzieher dazu, ihre Rolle im Persönlichkeitsentwicklungsprozess von Erzogenen zu überdenken und auch ihr eigenes Erzogensein zu reflektieren.
- Biografieforschung macht Praktiker darauf aufmerksam, dass Erzogene ein Bedürfnis haben, ihre Erzieher in der erinnernden Erzählung zu überprüfen und zu kritisieren.
- Daher kann Biografieforschung dazu beitragen, Erziehung als Funktion von Selbstverwirklichung zu sehen und die Erziehungspraxis in diesem Sinne konstruktiv zu gestalten.

Biografieforschung vermag also einen sehr konkreten Blick im Längsschnitt auf ein konkretes Erzieher- bzw. Erzogenenschicksal zu richten und so – aus der Konkretheit heraus – ohne den vorwegnehmenden Filter des theoretisch interpretierenden Zugriffs ein Stück mehr Ganzheit, Widersprüchlichkeit und Komplexität narrativ sichern.

Die Reflexion des eigenen Erzogen-Seins und die reflexive Überprüfung des eigenen Erziehungshandelns kann angestoßen werden durch die Auseinandersetzung mit ‚fremden‘ Erziehungsbiografien.

Für Erzieherinnen und Erzieher ist sie deshalb unerlässlich, weil ohne Reflexion die Gefahr besteht, dass die selbst erfahrene Erziehung unbewusst und unkontrolliert über Übertragung, Projektion und andere Mechanismen in die aktuelle Erziehungspraxis einfließt.

„Erziehung ist Teil von mir!“ (vgl. Stiller 1998, S. 32ff.) Dieser Teil ist sehr stark an der lebensgeschichtlichen Entstehung von Wahrnehmungs-, Deutungs-, Wertungs- und Handlungsmustern beteiligt, die sich bis in z.T. sehr weit zurückliegende Quellszenen zurückverfolgen lassen.

Selbstaufklärung ist vor allem im professionellen Erzieherbereich, aber auch in der alltäglichen Erziehungspraxis notwendiger Bestandteil eines reflektierten Konzepts und Gebrauchs von Erziehung.

Janusz Korczak ist sicherlich der Klassiker der Pädagogik, der diese Aspekte am konsequentesten beachtet und umgesetzt hat. Seine Pädagogik der Achtung richtet sich

- forschend auf das konkrete einzelne Kind und seine Biografie (vgl. Langhanky 1993, S. 110ff.);
- reflexiv und kontemplativ auf das eigene Erzieherverhalten und seine Wurzeln;
- konstitutiv auf die institutionelle Ermöglichung eines Erziehungsdiskurses von Kindern und Erwachsenen.

Werkzeuge seines biografischen Lernens waren in erster Linie Tagebücher aller Beteiligten, die dialogisch benutzt wurden, sowie die Zeitungen und Wochenschriften.

In der erziehungswissenschaftlichen Diskussion der Gegenwart ist es vor allem Hans Günther Homfeldt, der immer wieder die Notwendigkeit betont, dass alle pädagogisch Tätigen in ihrer Ausbildung eine „pädagogische Könnensstruktur" erwerben müssen, die die selbstreflexive Komponente mit einschließt (vgl. Homfeld/Schulze/Barkholz 1983, Homfeldt/Schulze 1996, S. 231ff.)

Wenn Pädagogen nicht nur zu „Bescheidwissern", sondern zu „Könnern" ausgebildet werden sollen, ist Selbstreflexion und Subjektbezug unerlässlich:

„Deshalb ist Hochschule als Ort wissenschaftspraktischen Lernens auszubauen, indem wissenschaftliche Erkenntnis- und Persönlichkeitsbildung zusammenfließen. Die persönliche und interaktionelle Auseinandersetzung in der Lernsituation ist Bedingung und immer wieder neu einzuholende Voraussetzung für eine reflexiv gestaltete pädagogische Qualifizierung. Sie ist biografisch zu fundieren und vollzieht sich so als Lernbewegung des Subjekts. In dieser Lernbewegung entwickelt jede/r Studierende ihre/seine Pädagogik. Es ist die Pädagogik, die das Subjekt vertritt. In einem reflexiv angelegten Studium geht es um ihre Entwicklung und ihren Aufbau. Hochschullehrende sind bei dieser Lernbewegung professionelle Lernhelfer." (ebd., S. 233)

Die von Homfeldt skizzierte „pädagogische Könnensstruktur" enthält folgende Strukturelemente:

- „Sich erinnern"
  „Nun sind es aber vor allem die fortlebenden Wirkungen des eigenen Kindheits- und Schülerdaseins, die die Praxis des Pädagogen/der Pädagogin bestimmen, weil sie Bestandteil seiner/ihrer Persönlichkeit geworden sind. Die Erinnerungsfähigkeit kennzeichnet den persönlichen Zugang zu dem, was ich gelernt habe, wie und in welcher Situation ich es gelernt habe. Für den pädagogischen Qualifizierungsprozess wichtig ist nun, dass Erlebnisse, Situationen und Einsichten aus der Vergangenheit vergegenwärtigt werden." (ebd., S. 234)
- „Aneignen – Subjektivität und Wissen"
  „Aneignen im pädagogischen Zusammenhang heißt vor allem, einen persönlichen Bezug herzustellen zu vorliegenden Lernthemen. Aneignen heißt, sich die Frage zu stellen: Was habe ich mit dem Thema zu tun? In welcher Weise betrifft es mich? Die Aneignung ist die Voraussetzung für eine systematische Erkenntnisarbeit im pädagogischen Qualifizierungsprozess. (...) Eine Möglichkeit, Aneignung im pädagogischen Qualifizierungsprozess systematisch zu gestalten, bietet das Lerntagebuch. (...) Es ist der Versuch, den eigenen subjektiven Deutungsmustern nachzuspüren." (ebd., S. 234f.)

- „Verarbeiten – vom Erleben zum Erfahren“
  „Das Erleben von Realität ist einem systematischen Reflexionsprozess unterworfen, der in Selbstreflexion und Interpretation ein Erfahren von Realität erst ermöglicht. Subjektive Verarbeitung gewährleistet die Entwicklung pädagogischer Wissensstrukturen. (...) Uns geht es in dem erfahrungsbezogenen Ansatz einer pädagogischen Ausbildung um die Betonung des Entstehungsprozesses von pädagogischen Wissensstrukturen ***in*** *und* ***aus*** *der Praxis.“* (ebd., S. 235)
- „Veröffentlichen – Lernen statt Belehren“
  „Veröffentlichen heißt, Klarheit schaffen über Art und Anteil der Teilhabe der eigenen Person an pädagogischer Praxis und damit gleichzeitig auch Klärung herbeizuführen für andere, die persönliche Näherungs- und Abgrenzungsbemühungen in der pädagogischen Situation verstehen müssen.“

Diese Konzeption macht eindrucksvoll deutlich, welches Gewicht biografische Anteile in der Ausbildung von Pädagoginnen und Pädagogen im günstigen Fall haben können.

Für Homfeldt ist pädagogische Ausbildung immer in starkem Maße auch Hilfe zur Selbsterziehung der Erzieher:

„Als Persönlichkeitsbildung ist sie nicht lehrbar, sondern nur in der täglichen Auseinandersetzung mit sich selbst und im praktischen Umgang mit dem Erlebten und Erfahrenen anderer lernbar.“ (Homfeldt 1989, S. 12)

5.3.2.3 Selbstreflexion und professionelles Lehrerhandeln

Die Pädagogiklehrerin, der Pädagogiklehrer unterrichten und erziehen wie alle Lehrerinnen und Lehrer, aber in einem Fach, welches durch einen didaktischen Sonderfall gekennzeichnet ist:
Sie erziehen selbst und thematisieren zugleich Erziehung; sie organisieren Lehr-Lern-Prozesse und thematisieren gleichzeitig die Ergebnisse der Lernforschung.
Als dritte Antwort möchte ich festhalten:
Wir Pädagogiklehrerinnen und Pädagogiklehrer brauchen also in besonderem Maße Selbstreflexion für unser professionelles Lehrerhandeln.

Das, was für Erzieher im Allgemeinen gilt, gilt für Lehrer im Besonderen auch, da sie in ihrer Berufsrolle Unterrichten und Erziehen verbinden.

Daher ist es nur konsequent, biografisch-narrative Lehrerausbildungs- und Fortbildungskonzepte zu entwickeln (siehe auch meinen Beitrag zur Ausbildung in diesem Band):

„Das Selbstforschungskonzept versteht sich als Stützsystem, in dem sich die ‚LehrerInnen dort abholen, wo sie stehen'. Hier finden sie Raum zur Reflexion ihrer berufsbiografischen Erfahrungen und dem daraus erwachsenen Professionswissen im Wechselbezug mit den institutionellen Anforderungen. Angestrebt wird eine Veränderung der Unterrichtsgestaltung ‚von unten', indem sich die LehramtsstudentInnen bzw. LehrerInnen in einen selbstbestimmten, identitätsnahen, sowohl individuellen als auch partnerschaftlichen Reflexionsprozess begeben. Gemeint ist eine Reflexionsinstanz zwischen Theorie und Praxis, in der neue Ideen erarbeitet, Probleme besprochen und praktische Erfahrungen vor- und nachbereitet werden können. Über narrative Verfahren soll Nähe zur subjektiven Lebenswelt der SelbstforscherInnen hergestellt werden. Denn erst das bewusst geworde-

ne Selbst und damit der bewusst gewordene Vergangenheitshorizont jeder Situation und Erfahrung (Schütz/Luckmann 1979, S. 87) *kann ... eine sinnstiftende Orientierungsgrundlage für zukünftige Handlungsentwürfe bieten.*" (Dirks 1997, S. 30)

Der Lehrer wird als lebenslanger Lerner angesehen, der u.a. mit Methoden der Biografiearbeit (z.B. Lehrertagebuch, Arbeit mit Fallgeschichten, Dialog-Arbeit, vgl. Stübig 1995, S.209ff.), aber auch mit kollegialer Fallberatung, Supervision u.ä. Verfahren an seinem professionellen Selbst arbeitet (vgl. Bauer 1998, S. 353f.).

Dieses professionelle Selbst ist in starkem Maße geprägt von den Lehrer/innen-Erfahrungen der eigenen Schulzeit (vgl. Hagemann/Rose 1998, S.7ff.), der Ausbildungs- und Berufsbiografie (vgl. Terhardt 1997, S. 6ff.), den interaktionellen Erfahrungen des Arbeitsalltags und den förderlichen bzw. hinderlichen Kontextvariablen.

Den Kern des professionellen Selbst stellen leitende Werte und Ziele dar, die auch erst dem bewussten Zugang und den bewussten Veränderungsmöglichkeiten geöffnet werden müssen.

„Lehrerprofessionalität entsteht im Medium der Lehrerarbeit, ist also nicht nur Qualifizierung, sondern Subjektwerdung. Anders gesagt: Wir haben es mit einem Bildungsprozess durch pädagogische Arbeit zu tun. (...) (In diesem Prozess, E.S.) wirkt das Subjekt als Selbsterzieher auf sein eigenes Arbeitslernen ein." (Bauer 1998, S. 355)

Selbstreflexive Lehrerarbeit ermöglicht es auch, unsere Schülerinnen und Schüler stärker als Individuen zu sehen, mit ihren individuellen Biografien.

„Vielleicht hängt auch das Erstarren von Lehrern und Erziehern in beruflicher Routine mit diesem mangelnden biografischen Interesse an der Individualität und den individuellen Lebensschicksalen der ihnen anvertrauten Kinder zusammen – und es ließe sich über eine erneute Pflege dieses biografischen Interesses ein lebendigeres Aufeinanderzugehen von Erziehern und Kindern in die Wege leiten." (Bittner 1993, S. 237)

Auch Combe sieht als wichtiges Zukunftsproblem für die Schule der Zukunft die „Öffnung" der Institution gegenüber dem Individuell-Biografischen (vgl. Combe 1997, S. 12f.).

Gerade wenn es darum geht, an Schulen Schulentwicklungsprozesse in Gang zu bringen oder Kooperation und Kommunikation zu fördern, wird in neuen Veröffentlichungen immer wieder empfohlen, dass die Lehrerin/der Lehrer immer den Ausgangspunkt der Entwicklung bei sich selbst suchen sollte.

So empfiehlt Gerhard Eikenbusch im Praxishandbuch Schulentwicklung, jeden Schulentwicklungsprozess mit Angeboten zur Aufarbeitung der individuellen Professionsgeschichte der einzelnen Lehrerinnen und Lehrer zu beginnen (vgl. Eikenbusch 1998, S.49ff.) Aus der Gegenüberstellung z.B. wichtiger Erfahrungen, die Lehrer/innen als Schüler/innen gemacht haben, mit wichtigen Erfahrungen, die sie in der Gegenwart auf der gleichen Ebene an ihrem Arbeitsplatz Schule machen, lassen sich evtl. Konsequenzen für die geplante Schulentwicklung ziehen. Dieser zunächst individuelle Reflexionsprozess kann auf der Teamebene fortgesetzt werden und mündet in konkreten Projekten zur Schulentwicklung, stellt aber sicher, dass Schulentwicklung auch Bezug nimmt auf die sehr individuellen professionellen Selbstbilder.

In ihrem Übungsbuch zur Förderung der sozialen Kompetenz und Kreativität fordern Gudrun Böttger und Angelika Reich (vgl. Böttger/Reich 1998, S. 18ff.), dass immer dann, wenn Lehrerinnen und Lehrer mit personenzentrierten Lernprozessen beginnen, es wichtig ist, dass sie diese Prozesse auf der Selbsterfahrungsebene für sich selbst reflektieren:

„Erwachsene, die mit Jugendlichen arbeiten, sollten sich für die psychische Situation und die Probleme ihrer Schüler sensibilisieren, indem sie sich immer wieder fragen, wie sie sich selbst als junge Menschen erlebt haben und welche Auswirkungen die Bewusstmachung dieser persönlichen Erfahrung auf ihr heutiges Verhalten und ihren Umgang mit Schülern hat."

Hier wird vielleicht deutlich, warum es gerade für Pädagogiklehrerinnen und -lehrer besonders wichtig ist, ihr professionelles Selbstbild in seiner lebensgeschichtlichen Verankerung immer wieder zu reflektieren.

In allen Lernbereichen unseres Faches ist es möglich und notwendig, personenzentrierte Lernprozesse zu initiieren und zu begleiten. Das, was also für den Lehrerberuf im Allgemeinen gilt, ist für Pädagogiklehrerinnen und -lehrer von besonderer Bedeutung:

Im didaktischen Sonderfall unseres Faches (vgl. Stiller 1998 und in diesem Band) ist es unerlässlich, unser professionelles Lehrerhandeln ständig durch biografisches Arbeiten an uns selbst kritisch zu hinterfragen, sonst können wir nicht glaubhaft personenzentrierte Lernprozesse unserer Schülerinnen und Schüler anleiten und begleiten.

5.3.2.4 Zur Förderung der autobiografischen Kompetenz im Pädagogikunterricht

Unsere Schülerinnen und Schüler benötigen in dieser Risikogesellschaft mit ihren Ambivalenzen, Ungleichzeitigkeiten und pluralisierten Lebenswelten für das Basteln ihrer Biografie „flexible und selbstreflexive Kompetenz" (Hurrelmann). Meine Schlussfolgerung als vierte Antwort:

Gerade der Pädagogikunterricht kann durch biografisches Lernen entscheidende Beiträge zur individuellen Sinnstiftung, zur Selbst- und Sozialentwicklung leisten.

Zunächst möchte ich zwei Projekte vorstellen, die nicht im Kontext des Pädagogikunterrichtes entwickelt wurden, die aber für unseren Kontext wichtige Anregungen und Bestätigungen liefern können.

Eva Marsal hat eine theoretische Arbeit zu den subjektiven Theorien Jugendlicher (vgl. Marsal 1995) und ein darauf aufbauendes „Jugendtraining" zur „unverletzenden Selbstbehauptung" vorgelegt (vgl. Marsal 1997).

Ihre Zielsetzung ist es, durch kreative Methoden, eine akzeptierende soziale Umgebung, biografische und interaktive Selbsterfahrungsübungen Jugendliche in die Lage zu versetzen, mehr realistisches Wissen über sich selbst, mehr Bewertungskompetenz über eigenes Denken und Handeln sowie konkrete Techniken der Selbstdarstellung und Kommunikation zu vermitteln.

In Arbeitsgemeinschaften für den 10. Jahrgang ist das Training an unterschiedlichen Gymnasien mehrfach durchgeführt und empirisch ausgewertet worden.

Neben der selbstreflexiven Ebene war Eva Marsal der Gruppenkontext sehr wichtig, weil eine wohlwollend akzeptierende Gruppe die personale Wahrnehmung vertiefen und anregen kann und soziales Lernen direkt in der Gruppe auf einer symmetrischen Ebene trainiert werden kann. Gruppenkohärenz kann sich zudem sehr motivierend und kreativtitätsfördernd auswirken.

Das Training umfasste sechs Doppelstunden, die durch ein Blitzlicht eröffnet wurden und die einen jeweils unterschiedlichen theoretischen und methodisch-praktischen Schwerpunkt hatten (vgl. Marsal 1995, S. 30ff.):

1. Gegenseitiges Kennenlernen/Spontaner Selbstausdruck in Collagenform
2. Entwicklung von Lebensgraphen
3. Ich und die Personen, die mir wichtig sind/Beobachten
4. Ich-Botschaften als unverletzende Selbstbehauptung
5. Sich in das Gegenüber einfühlen/Beginn der Selbsthilfe-Bewältigungs-Strategien
6. Selbsthilfe: Bewältigungsstrategien – Selbstbeobachtung

Da dieses Training außerhalb des Unterrichts stattfand und bewusst auch keine Zertifikate zu erwerben waren, setzte die Autorin rein auf intrinsische Motivation und „flow".

„Das Training sollte also so viel ‚flow' wie nur eben möglich enthalten: das innere Kribbeln; das Sich-gut-und-stark-fühlen, die Neugierde auf die eigenen und fremden Innenwelten; die erfolgreiche Bestätigung des eigenen Wertes, die den Jugendlichen heiter, zuversichtlich und zupackend macht und ihn prosoziales Handeln als befriedigend erleben lässt." (Marsal 1995, S. 23)

Methodische Komponenten dieses Trainings (jeweils verbunden mit Gruppen-Feedback) waren z.B. Collagen, Rollenspiele, symbolische Fähigkeitsmodelle, Lebensgraphen usw.

Zu allen methodischen Einheiten entwickelte die Autorin Informationsblätter zur theoretischen Vertiefung.

Erfahrungen zur Umsetzung im regulären Fachunterricht liegen vor.

Evelyn Timmermann (vgl. Timmermann 1998) hat eine Konzeption zur Förderung der autobiografischen Handlungskompetenz entwickelt und in gewerkschaftlichen Jugendbildungsseminaren (TN im Alter von 15 bis 30 Jahren, Schwerpunkt 16-18) erprobt. Inhaltlich beschäftigt sich das Konzept mit geschlechtsspezifischer Lebens- und Berufswegplanung auf der Basis reflexiver Koedukation, d.h. der Wahrnehmung und Akzeptanz geschlechtsbezogener und individueller Differenzen bei dem Anspruch grundsätzlicher Gleichheit bzw. einzufordernder Gleichberechtigung.

Methodisch hat sich die Autorin am Modell der Zukunftswerkstatt orientiert, diese aber konstruktiv weiterentwickelt.

Ihre Zielsetzung beschreibt die Autorin mit einer Definition ihres Begriffes von ‚geschlechtsbezogener autobiografischer Handlungskompetenz':

„die individuelle und nach Geschlecht differenzierte Möglichkeit, persönliche und strukturelle Ressourcen zu erkennen, sie z.T. zu ergänzen und situationsvariabel einzusetzen." (Timmermann 1998, S. 13)

Bezogen auf die individuelle Lebensplanung sollten die Teilnehmerinnen und Teilnehmer

„...eigene Ressourcen und Kompetenzen erarbeiten, Prozesse zur Entwicklung der eigenen Geschlechtsidentität, Berufsfindung, Partnerschaft- und Lebenskonzepte reflektieren, (...) das eigene Leben als ‚Entwurf' betrachten, Wünsche, Hoffnungen, Fantasien für die Zukunft entwickeln, (...) individuelle Handlungsspielräume unter Zuhilfenahme bisheriger Ressourcen kennen und nutzen können,

Techniken zur Förderung der autobiografischen Handlungskompetenz kennen lernen.“ (ebd., S. 105)

Die Seminare (mit geschlechtsdifferenzierten und gemeinsamen Teilen) hatten folgenden Aufbau (vgl. ebd., S. 77):

1. Vorbereitungsphase (kennen lernen, Thema eingrenzen, Erwartungen ermitteln, ‚aufwärmen')
2. Standortbestimmung und Bilanz (Fähigkeiten, lebensgeschichtlicher Werdegang, Erfahrungen ermitteln)
3. Antizipation (Wünsche, Träume, Vorstellungen, eigene Ideen und Utopien entwickeln)
4. Autobiografische Handlungskompetenz (konkrete Umsetzung für individuelle oder kollektive Schritte überlegen, Hindernisse und Hilfen ermitteln, konkrete Techniken erproben, Aktionen, weitere Treffen und Projekte planen)
5. Reflexion (über Inhalte und Methoden reflektieren, neue Überlegungen und Schritte verbalisieren, offene Fragen aufwerfen, Erwartung und Realisierung vergleichen)

Neben Methoden zum Kennenlernen und zur Aufdeckung von stereotypen Rollenbildern wurden folgende Methoden eingesetzt: Collagen, Rollenspiele, Zukunftsszenarien, Lebenskurve, Interviews usw.

Diese beiden Modelle, entwickelt außerhalb des fachlichen Unterrichts, machen deutlich, dass es möglich, notwendig und attraktiv ist, die autobiografische Handlungskompetenz von Jugendlichen zu fördern.

Die Vorzüge der Arbeit außerhalb des Unterricht liegen auf der Hand: Der Besuch ist völlig freiwillig, jeglicher Notendruck entfällt, gerade außerschulische Moderatoren sind attraktiv.

Erfahrungsgemäß ist aber die Einbindung in Fachunterricht notwendig, um viele Jugendlichen zu erreichen – gerade auch die, die nicht Arbeitsgemeinschaften oder Jugendbildungsseminare besuchen.

Die Ausführungen machen aber auch deutlich, dass es viele Parallelen von außerschulischer Jugendarbeit und Pädagogikunterricht gibt.

Dies soll jetzt abschließend an zwei Beispielen aufgezeigt werden:

- „Männlein und Weiblein“ – biografisches Lernen mit Phoenix Band 2 (vgl. Dorlöchter u.a. 1997, S. 229ff.)

  Schon die provozierende Karikatur von Marie Marcks auf der Aufmacherseite wird biografische Muster aktivieren, die z.B. in den dazu verfassten Kommentaren zum Ausdruck kommen, ohne dass die Genese dieser Muster schon thematisiert wird. Die biografischen Schreibimpulse „a) Ich möchte kein Junge (Mädchen) sein, weil... b) Ich bin froh, dass ich ein Mädchen (Junge) bin, weil... c) Eine Situation, in der ich lieber ein Junge (Mädchen) gewesen wäre...“ (ebd., S. 231) erlauben dann eine direktere Thematisierung der Genese. Ampelspiel und Eigenschaftslistenprofil dienen sowohl der eigenen Reflexion wie auch der Thematisierung in geschlechtsheterogenen oder -homogenen Gruppen. Eine indirekte Möglichkeit der biografischen Thematisierung bietet die Geschichte „Ich bin Ich“, die Identifikationsfiguren anbietet. Diese biografischen Lernanlässe sollen jedem einen individuellen Zugang zum Thema ermöglichen und vor allem Fragen, Thesen und erste empirische Befunde hervorbringen, die dann zur Entwicklung von Leitfragen und zur Planung von Untersuchungswegen genutzt werden sollen. Die darauf folgenden erziehungstheoretischen und erziehungspraktischen

Materialangebote können dann als Antwortpool für die Fragen genutzt werden, die aus der biografischen Auseinandersetzung gewonnen wurden.

- „Mein Paradies" – biografisches Lernen mit dem „Kleinen Phoenix" (vgl. Dorlöchter u.a. 1999)
  Die Einheit „Mein Paradies" ist konzipiert für die Arbeit im Differenzierungsbereich 10, 2. Halbjahr. Im Einführungsbereich werden unterschiedliche Zugänge angeboten, die es ermöglichen sollen, sich mit unterschiedlichen Vorstellungen unterschiedlichster idealer Lebenssituationen, Lebensmottos, Lebensauffassungen und Lebensziele auseinander zu setzen, sie mit eigenen zu vergleichen bzw. eigene zu formulieren. Verbunden wird dies mit Vorschlägen zur kreativen Ausgestaltung und Visualisierung eigener Lebenskonzepte (Schachtelmuseum, Selbstportraits, Portraits, Collagen und Plakatgestaltung). Thematisch eingebunden wird all dies durch Texte zur Sinnorientierung und Werteerziehung.

Die Förderung der autobiografischen Kompetenz durch biografisches Lernen im Pädagogikunterricht ist ein fachspezifischer Beitrag zur Entwicklung von Lebenskompetenz, wie sie Bundespräsident Herzog in seiner Rede „Erziehung im Informationszeitalter" skizzierte:

„ Ich möchte dies einmal ganz allgemein die ‚Lebenskompetenz' des Menschen nennen. Darunter verstehe ich mindestens die folgenden Eigenschaften: Selbstständigkeit und Bindungsfähigkeit, Wahrnehmungsfähigkeit und Urteilskraft, Toleranz, Kultur- und Weltoffenheit. Aber auch ein In-sich-selbst-ruhen, das zur gelassenen Auseinandersetzung mit Problemen und anderen Menschen befähigt und das Unsicherheiten aushalten lässt." (Herzog 1998, S. 8)

Dies ist für Herzog der zentrale Auftrag von Erziehung, der neben dem Elternhaus auch vor allem von der Schule einzulösen ist, der Herzog ausdrücklich einen intensiven Erziehungsauftrag zuschreibt (vgl. ebd. S. 16f.)

Biografisches Lernen leistet ebenso einen fachspezifischen Beitrag zum ganzheitlichen Lernbegriff der UNESCO-Kommission. „Learning to be", in der deutschen Übersetzung (etwas weniger philosophisch, sondern eher pragmatisch ausgedrückt) „Lernen für das Leben", ist eine der vier Säulen der Bildung (siehe hierzu die Ausführungen zum erziehenden Pädagogikunterricht in diesem Band):

„Die Entwicklung des Einzelnen, die mit der Geburt beginnt und ein ganzes Leben lang anhält, ist ein dialektischer Prozess, der anfängt mit Selbsterkenntnis und mit Offenheit anderen gegenüber weitergeht. In diesem Sinne sind Bildung und Erziehung vor allem eine innere Reise, deren Stationen mit dem fortlaufenden Reifeprozess der Persönlichkeit übereinstimmen. Bildung als Mittel für ein erfolgreiches Arbeitsleben ist daher ein sehr individueller Prozess und gleichzeitig ein Prozess für den Aufbau sozialer Interaktion." (Deutsche UNESCO-Kommission 1997, S.82)

5.3.3 Theorie und Praxis biografischen Lernens im Pädagogikunterricht

5.3.3.1 Der zugrunde liegende Lernbegriff

Wenn man Lernen als aktiv-konstruierende Tätigkeit des Individuums ansieht, die von außen angeregt, aber nicht direkt gesteuert werden kann, wird schnell deutlich, dass dann die lebensgeschichtlich entstandene kognitive und affektive Struktur des Individuums entscheidend ist für jeden einzelnen Lernakt und selbst aus Lernakten entstanden ist.

Die kognitive und affektive Struktur des Individuums ist also gewissermaßen lerngeschichtlicher Prozess und Produkt gleichermaßen, dies schrieb schon Piaget in den Fünfzigerjahren.

Dies heißt aber, dass Lebens- und Lerngeschichte aufs Engste miteinander verknüpft sind, jeder Lernakt also auch biografische Wurzeln hat.

Für den Kontext biografischen Lernens ist eine Studie von Friedemann Maurer wichtig, in der diese Zusammenhänge dargestellt werden (vgl. Maurer 1990). Maurer plädiert, wie Holzbrecher, Dorlöchter und ich in diesem Band, für einen subjektorientierten Lernbegriff, hebt zusätzlich die lernbiografische Dimension hervor:

„In der Erinnerung und Erzählung seiner Lebensgeschichte bilanziert und interpretiert der Mensch die Lehren seines Lebens, hebt heraus, was ihn betroffen gemacht, sein Ich geformt, sein Handeln und Streben bestimmt, ihm Glück und Schmerz bereitet hat. Nach und nach schält sich das individuelle Lernthema seines Lebens heraus; denn jede einzelne Lernanstrengung wird bewusstseinsmäßig mit diesem Thema verrechnet und ist auch nur angemessen zu verstehen, wenn man weiß, dass von außen gesetzte Ziele und Zumutungen des Lernens in Bedürfnissen und Erwartungen, im Selbstkonzept des Subjekts, in dessen Lebens- und Lerngeschichte gebrochen werden.“ (ebd., S. 37)

Zusammengefasst lässt sich sagen:

- Lernen ist eine aktive Konstruktionsleistung des Individuums.
- Lernen ist die permanente Bestätigung, Erweiterung und Ausdifferenzierung oder Abänderung vorhandener Wahrnehmungs-, Deutungs- und Handlungsmuster des Individuums.
- Diese permanente Veränderungsleistung wird gespeist durch die Einbettung in lebensgeschichtliche Kontexte, die der Veränderungsleistung Sinn zuweisen und Richtung geben. In diesem Sinne hat jeder Lernakt einen biografischen Hintergrund.

5.3.3.2 Biografisches Lernen als „permanent brain“

Ob wir es wollen oder nicht, ob es uns bewusst ist oder nicht, wir denken permanent über uns selbst, über unsere Motive, über unsere Vergangenheit, Gegenwart und Zukunft nach und gleichen ständig in einem inneren Monolog ab: Kenn ich das schon? Welche Erfahrung habe ich damit gemacht? Was halte ich davon? Will ich das? Muss ich das?

Wir vergleichen uns ständig mit anderen, mit deren Lebensgeschichten, mit ihren Mustern und dies wiederum beeinflusst unsere eigenen Entscheidungen und die Wahrnehmung von uns selbst.

Biografisches Lernen findet also permanent statt. Es aus dem Hintergrund ab und zu gezielt in den Vordergrund zu holen, dient der Stärkung der Selbststeuerungsfähigkeit, dient dazu, Wahrnehmungs-, Deutungs- und Handlungsmuster bewusst zu machen und damit bewusste Wahlentscheidungen zu ermöglichen und die Intensität der Lernakte zu steigern.

5.3.3.3 Ebenen der Selbstwahrnehmung und der Kohärenz

Diese permanente situationale Selbstthematisierung dient der alltäglichen Identitätsarbeit, der alltäglichen Entwicklung von Teilidentitäten in unterschiedlichen Kontexten und der Arbeit an einem Identitätskern, der Kontinuität und Stabilität in unseren Alltag bringt.

Straus und Höfer (1997, S. 274ff.) formulieren in ihrer Darstellung der Ergebnisse neuerer Identitätsforschung dieses Fazit und beschreiben vier Ebenen, auf denen die permanente Selbstwahrnehmung stattfindet:

- *Die kognitive Selbstwahrnehmung* (Was denke ich? Was verstehe ich/nicht? Auf welche Wissensbestände kann ich zurückgreifen? ...)
- *Die emotionale Selbstwahrnehmung* (Was fühle ich? Fühle ich mich akzeptiert/verstanden/geschätzt?...)
- *Die soziale Selbstwahrnehmung* (Was, meine ich, denken die anderen über mich? Wie interpretiere ich ihr Verhalten mir gegenüber?...)
- *Die produktorientierte Selbstwahrnehmung* (Wie nehme ich das Produkt meines Handlungsaktes wahr? Wie kann ich mich in objektivierten Veräußerungen präsentieren? Was schaffe ich? Was leiste ich?...)

Zwischen diesen Ebenen gibt es wechselseitige Einflüsse, sie bilden zusammen ein Gesamtbild des Individuums von sich selbst.

Jede situationale Selbstwahrnehmung ist darüber hinaus lebensgeschichtlich verortet: Zunächst ist sie in eine *gegenwärtige Handlungssituation* eingebettet, darüber hinaus ist sie aber verbunden mit *vergangenen Selbstthematisierungen* und zugleich verbunden mit *erhofften oder befürchteten Antizipationen.*

Für die Herstellung eines relativ stabilen positiven Identitätskerns ist das Gefühl der *Kohärenz* von besonderer Bedeutung. Der israelische Mediziner Antonovsky hat diesen Begriff geprägt und meint damit ein dauerhaftes Gefühl des Vertrauens, dass

- *„...die inneren und äußeren Ereignisse des Lebens strukturiert, vorhersehbar und erklärbar sind;*
- *einem die Ressourcen zur Verfügung stehen, um den Anforderungen, die diese Ereignisse stellen, zu bestehen;*
- *diese Anforderungen Anstrengung und Engagement lohnen.“* (Antonovsky 1998, S. 54)

Biografisches Lernen kann also auch einen Beitrag zur Bildung und Stärkung von Kohärenz leisten.

5.3.3.4 Inhaltliche Zugriffe

Im Pädagogikunterricht bietet das gesamte Curriculum ideale inhaltliche Zugriffsmöglichkeiten. So lassen sich, entlang der Sek.II-Richtlinien, z.B. grob folgende Untersuchungsrichtungen aufzeigen:

- Die Erziehungsbiografie
- Die Lernbiografie
- Die Entwicklungsbiografie
- Die Biografie der Gefährdungen und Normverstöße
- Die Bildungsbiografie
- Die Persönlichkeitsentwicklungsbiografie

Der didaktische Sonderfall unseres Faches macht es in allen Bereichen notwendig und möglich, nach den biografischen Verankerungen und Erfahrungen der Schülerinnen und Schüler, aber auch den biografischen Erfahrungen von uns als Lehrenden zu forschen.

Leitfragen und methodische Zugriffe für die Arbeit im Pädagogikunterricht zu diesen Fragen finden sich im Schulbuchwerk „Phoenix" (vgl. Dorlöchter u.a. 1996/97/99).

Annette Vogt leitet aus der soziologischen und psychologischen Biografieforschung weitere Untersuchungsperspektiven ab:

- Normalbiografien, Institutionalisierung und Individualisierung des Lebenslaufs
- Soziale Normierungen im Lebenslauf (Altersnormen, Rollennormen)
- Statuspassagen und Rituale
- *„Grundtendenzen menschlichen Lebens (Bedürfnisbefriedigung, selbstbeschränkende Anpassung, Aufrechterhaltung innerer Ordnung, schöpferische Expansion)"* (Vogt 1996a, S. 42).
- An den Polaritäten in Eriksons Entwicklungsmodell orientierte Untersuchungsperspektiven
- Kritische Lebensereignisse und ihre Bewältigung

Aus der Identitätsforschung lassen sich weitere Perspektiven gewinnen. So beschreiben Straus und Höfer Typen von Identitätsprojekten (vgl. Straus/Höfer 1997, S. 284), die das dynamische, lebenslang andauernde Bemühen des Menschen kennzeichnen, seine Identität neu zu justieren:

- „Aufrechterhaltung des gegenwärtigen Status" – Was unternimmt ein Mensch, um den gegenwärtig erreichten Zustand der Identitätsdefinition zu verteidigen und zu stabilisieren?
- „Realisierung von Lebensplänen" – Welche Pläne existieren für die Zukunft, die den momentanen Identitätszustand bestimmen?
- „Selbstbezogene Aktualisierung des eigenen Potenzials" – Bilanzierung eigener Ressourcen, die in der Gegenwart die Identität stabilisieren
- „Reflexive Rekonstruktion des eigenen Selbstverständnisses" – Die eigene Entwicklung wird bilanziert, um daraus Stärke für die Gegenwart zu gewinnen.
- „Identifikation mit zukünftigen Generationen" – Im Vordergrund stehen Überlegungen zur Verantwortung in der Generationenfolge, als deren Bestandteil man sich sieht.

Alfred Holzbrecher (vgl. Holzbrecher 1998) macht in seinen Veröffentlichungen deutlich, dass unser alltägliches Bemühen um Identitätsdefinition aufs Engste verknüpft ist mit der Auseinandersetzung mit „dem Fremden". *„Fremdverstehen und Selbsterkenntnis sind somit als zwei Dimensionen desselben Lernprozesses zu verstehen, in dessen Verlauf sich das Subjekt ein jeweils neues Bild von sich selbst, vom anderen und vor allem von der eigenen Stellung im lebensweltlichen bzw. gesellschaftlichen Kontext erarbeitet."* (Holzbrecher in diesem Band)

Biografisches Lernen könnte in diesem Sinne als Pendeln zwischen dem Fremden und Eigenen angesehen werden. Die Aufarbeitung von Befremdungen, Irritierungen und Faszinosem dient sowohl dem Verstehen des Eigenen wie auch des Fremden.

Vergleichende interkulturelle und historische Zugriffe auf Erziehungswirklichkeiten bieten ideale Hintergrundfolien für biografische Arbeit an der eigenen Lebensgeschichte.

Aus der Praxis der „Guided Autobiography“ (vgl. Schratz 1996, S. 123ff.) kann man die Anregung entnehmen, dass sich das Subjekt in der Selbst-Aktualisierung angeleiteter biografischer Fallarbeit, das Verhältnis von realem, idealem und sozial zugeschriebenem Selbst bewusst machen kann und so die Selbst-Aktualisierung für die Selbst-Entwicklung nutzen kann.

5.3.3.5 Methodische Zugriffe

Orientiert an den Ebenen der Selbstwahrnehmung, der zeitlichen Dimensionierung und der Kohärenzebenen lassen sich folgende methodische Zugriffsebenen (vgl. hierzu Stiller 1997, S. 86ff.) beschreiben:

- primär kognitive Ebene:
  Thematische Schreibanlässe, Lebenskurve, Lebensmotto, Wert- und Zielhierarchie, Stationen des Lebenslaufs, Fragebögen zur Selbstreflexion ...
- primär affektive Ebene:
  Kreatives Schreiben, assoziatives Arbeiten mit Bildmaterial, Lebensbaum, Fantasiereise, Meditation ...
- primär soziale Ebene:
  Schreibdialog, Partnerübungen, Selbstbild/Fremdbild, Kurs-Talkshow (vgl. Dorlöchter u.a., „Kleiner Phoenix“) ...
- primär produktorientierte Ebene:
  Collagieren, Statuentheater, Portrait/Selbstportrait ...

Vor allem bei thematischen Schreibanlässen hat es sich als vorteilhaft erwiesen, die drei Zeitebenen in der Aufgabenstellung zu berücksichtigen:

„Eine Situation, in der ich etwas (nicht) gelernt habe (lerne, lernen werde...)
War es schwer/leicht? Wie habe ich gelernt? Was hat es für mich bedeutet?
a) in der Kindheit:
b) in der Gegenwart:
c) in der Zukunft:
Können Sie einen ‚roten‘ Faden entdecken, der sich durch die Lernsituation zieht? Etwas, was das Lernen z.B. in allen Situationen erleichtert oder erschwert hat? Nutzen Sie für Ihre Aufzeichnungen Ihr Journal.“ (Dorlöchter u.a., „Phoenix“ Band 2, S. 14)

Biografiearbeit kann generell in die fachliche Arbeit integriert werden, sie kann aber auch einen hervorgehobenen Standort bekommen. Denkbar ist hier das dauerhafte Führen eines Journals oder die Einführung einer regelmäßigen „Extrastunde“ für Biografiearbeit. Dies ist in erster Linie von der Absprache mit den konkreten Kursgruppen abhängig.

Da Biografiearbeit neben der Aufarbeitung sehr persönlicher Einzelerfahrung auch immer die Einbettung in kulturelle, soziale, politische und historische Kontexte erfordert, vor deren Hintergrund dann eine genauere hermeneutische Auswertung möglich ist, muss auch immer am Kontext gearbeitet werden. Hier bieten sich z.B. die Anfertigung von Zeitleisten und Chroniken an, Zeitzeugen können befragt werden, Quellen aus Archiven können ausgewertet werden.

Da Biografiearbeit im Pädagogikunterricht immer im Kontext eines Kurszusammenhanges stattfindet, findet neben dem selbstreflexiven Zugriff auch immer ein interaktioneller Zugriff statt (vgl. Schratz 1996, S. 128). Methodisch muss also auch das gruppendynamische Geschehen betrachtet und begleitet werden.

Neben der Arbeit an der eigenen Biografie kann die Auseinandersetzung mit Fremdbiografien „Fremdverstehen“ (vgl. Stiller 1997, S. 94ff.) fördern, aber auch zur Erhellung der eigenen Biografie beitragen. Stefan Rogal (vgl. Rogal 1997, S. 55ff.) stellt hier vor allem die Arbeit an literarischen Fremdbiografien in den Mittelpunkt. Die Auseinandersetzung mit Hesses „Unterm Rad“ dient als Hintergrundfolie, um über eigene Kindheits- und Schulerlebnisse zu reflektieren. Literarische oder dokumentarische Biografien haben hier den Vorteil, dass ein distanzierter Zugriff erfolgen kann und die/der Lernende selbst entscheiden kann, inwieweit sie/er textimmanent bleiben will oder wie tief gehend die Einbeziehung eigener biografischer Erfahrungen zugelassen wird.

„Jeder Leser eines Buches ist eigentlich ein Leser seiner selbst“ (Marcel Proust).

5.3.4 Chancen und Grenzen biografischen Lernens im Pädagogikunterricht

5.3.4.1 Die Stärken biografischen Lernens entfalten

Biografisches Lernen ist Bestandteil einer modernen Konzeption von Allgemeinbildung, da es einen Beitrag zur Subjektstärkung und zur Identitätsbildung leistet (vgl. Heymann 1997, S. 42ff.).

Biografisches Lernen kann zentrale Beiträge zur Bewusstmachung und Veränderung eigener Wahrnehmungs-, Deutungs-, Bewertungs- und Handlungsmuster leisten (vgl. Enns 1997, S. 23 u. 36ff.).

Es leistet einen wichtigen Beitrag zur Sinnstiftung des Lernens. Folgt man der Einschätzung von Carl Rogers (vgl. Rogers 1979, S. 157, 274ff.), dann findet bedeutsames Lernen nur dann statt, wenn der Lerninhalt als für die eigene Persönlichkeit relevant angesehen wird. Diese Einsicht kann durch biografische Zugänge für alle erziehungswissenschaftlichen Fragen geschaffen werden. Dann konstituiert sich Sinn auf eine sehr individuelle Art selbst im Lernprozess und fördert im höchst möglichen Maße die Motivation (vgl. Bönsch 1988, S. 24ff.). Dies verdeutlichen auch neue motivationspsychologische Studien, die das subjektive gegenstandsbezogene Interesse (vgl. Krapp 1993, S. 201ff.) und die subjektiven Interessen an Sache und Person für das Zustandekommen von „Flow-Zuständen“ (vgl. Czikszentmihalyi/Schiefele 1993, S. 219ff.) hervorheben.

Biografisches Lernen trägt zudem zur Vertiefung des Fachwissens bei.

Diese Erkenntnis hat in die hochschuldidaktische Praxis bereits Einzug gehalten. So nutzt Prof. Dr. Hans-Jörg Herber an der Universität Salzburg biografische Fallbeispiele, um „subjektive Theorien“ zu rekonstruieren und in Beziehung zu „objektiven“ Theorien zu setzen (vgl. Herber 1996), um so „Fremdes“/graue Theorie, zu „Eigenem“/grüner Erfahrung werden zu lassen. So lässt er Studentinnen und Studenten zu Beginn seiner Vorlesung über ‚Entwicklungspsychologie im

Schulalter‘ biografische Szenen aus ihrer eigenen Kindheit notieren, die sie aus der rekonstruierten damaligen Sicht und aus ihrer heutigen Sicht interpretieren sollen. An die Thematisierung solcher alltagstheoretischen Zugriffe knüpft er dann seine Darstellung unterschiedlicher entwicklungspsychologischer Theoriemodelle an. Diese werden dann wieder für die theoretisch angeleitete Reflexion der biografischen Szenen genutzt.

„So wird das Netzwerk subjektiver Assoziationen und logisch sowie methodologisch kontrollierter kognitiver Konstruktionen mit analogen Elementen angereichert. Das kann dann bis zur vollständigen, kritischen Rezeption wissenschaftlicher Theorien und deren systematischem Vergleich gehen. Wichtig ist, dass wissenschaftliche Theorien nicht als isolierte ‚Dateien‘ abgespeichert werden, sondern in lebendigem, das eigene Denken anregendem Austausch mit subjektiven Theorien ihre Wirksamkeit entfalten, indem diszipliniert über die Verwendung klar dimensionierter Vorstellungen im Analogiebildungsprozess Gemeinsamkeiten und Unterschiede der Systeme, die miteinander verglichen werden, auf allen möglichen Ebenen theoretischer und methodologischer Relevanz erfasst werden." (Herber 1996, S. 118)

Integriert in den fachlichen Kontext des Pädagogikunterrichts kann also, entgegen vielen Befürchtungen, die Einbeziehung der biografischen Dimension den Erwerb erziehungswissenschaftlichen Fachwissens intensiv fördern.

Zusammenfassend habe ich in der „Dialogischen Fachdidaktik“ folgende Zielkomplexe definiert:

Dimensionen des Umgangs mit Erziehungswirklichkeit	*Qualifikationsfeld Biografie* *1. Fähigkeit und Bereitschaft zur bewussten Reflexion der eigenen Biografie um Subjektanteile, im Sinne von bewussten Wahlmöglichkeiten, zu erweitern sowie die Annahme eines dynamischen und differenzierten Selbst zu stärken*
Wahrnehmen Erkennen Darstellen	1.1 Fähigkeit und Bereitschaft die eigene Lebensgeschichte, eigene Deutungs- und Handlungsmuster bewusst zu rekonstruieren, besonders bezogen auf eigene Erziehungserfahrungen
Deuten Analysieren Erklären	1.2 Fähigkeit und Bereitschaft eigenes Denken und Handeln auf dem Hintergrund erworbener erziehungswissenschaftlicher Kenntnisse zu deuten
Urteilen Entscheiden Stellung nehmen	1.3 Fähigkeit und Bereitschaft das eigene pädagogische Verhalten kritsch zu überprüfen, eine eigene pädagogische Position zu entwickeln und Verantwortung in erzieherischen Prozessen zu übernehmen
Planen Simulieren Handeln	1.4 Fähigkeit und Bereitschaft die zukünftige biografische Entwicklung, z.B. im Bereich eines pädagogischen Studiums oder einer Berufsausbildung, zu antizipieren und sich gezielt darauf vorzubereiten

(Stiller 1997, S. 56)

Biografisches Lernen leistet einen Beitrag zur politischen Bildung, wenn historische, politische, kulturelle und soziale Kontexte mitreflektiert werden, in denen sich die Biografie des Einzelnen verorten lässt.

Es leistet auch dann einen Beitrag zur politischen Bildung, wenn es die Selbst- und Mitbestimmungsfähigkeit des Einzelnen erhöht. Auf einer Tagung für Lehrerfortbildner wurden folgende Leitmotive formuliert:

- *„Woher komme ich? Erkenne dich selbst!*
- *Wer bin ich? Bestimme dich selbst!*
- *Wohin gehe ich? Bestimme mit!"* (Hantelmann, B. u.a. 1989, S. 135)

5.3.4.2 Mindeststandards einhalten

Gudrun Schieck formulierte 1987 Minimalanforderungen, die an selbstreflexive Arbeit anzulegen sind (vgl. Schieck 1987, S. 17):

- „Kriterium der Gültigkeit"
  Hierbei geht es der Autorin zunächst um die subjektive Gültigkeit der biografischen Erfahrungen. Das Subjekt muss sich in ihnen wieder finden. Andererseits erweist sich Gültigkeit auch in der kommunikativen Vermittelbarkeit biografischer Erfahrungen.
- „Kriterium der intersubjektiven Nachprüfbarkeit"
  Die Kommunizierbarkeit biografischer Erfahrungen steht hier im Vordergrund. Das „Fremde" der biografischen Erfahrungen des anderen, die einfühlende Übersetzung, das hermeneutische Hineintauchen in andere Lebenswelten, Sich-Verständigen und der Versuch zu verstehen – all dies muss in biografischer Arbeit ermöglicht werden.
- „Unaufdringliche Subjektivität"
  Beim biografischen Lernen geht es nicht um die narzisstische Selbstbespiegelung. Integriert in fachliche Kontexte ist sachlich-nüchterne Selbst-Aufklärungsarbeit gemeint. Distanz und Nähe der Reflexion müssen in einem adäquaten Verhältnis stehen.
- „Eindringliche Narrativität"
  Nicht „oberflächliches Schwadronieren", sondern intensive Durchdringung ist gefordert, radikales Infragestellen, intensive Suche nach Ressourcen, tief gehende Auseinandersetzung mit der eigenen Geschichte, ernsthafte Suche nach konstruktiven Perspektiven für die Zukunft.

Qualifizierte, angeeignete Subjektivität ist für Gudrun Schieck wichtige Voraussetzung für die Herstellung von qualifizierter Intersubjektivität in pädagogischen Beziehungen, in denen das Subjekthafte von Erziehern und Erzogenen anerkannt und für pädagogisches Verstehen und Helfen nutzbar gemacht wird.

Biografisches Lernen verdient diesen Namen also nur dann, wenn neben der fachlichen Einbindung die Ernsthaftigkeit und Mühe des Anliegens, sein Gebrauchswert und sein Sinn von allen Beteiligten mitgetragen wird.

5.3.4.3 Grenzen beachten und Risiken minimieren

Biografisches Lernen, dies habe ich in zehn Grundsätzen 1997 formuliert (vgl. Stiller 1997, S. 81), benötigt ein konstruktives Klima, klare Vereinbarungen über Sinn, Ziele und Verfahrensregeln und Lehrerinnen und Lehrer, die erfahren, kompetent und in ihrer Art des „Sich-Einbringens" Modell sind.

Risiken können dadurch begrenzt werden, dass im Mittelpunkt Mut machende, positive Aspekte der Biografie gezielt aufgesucht werden, um an Ressourcen und Problemlösekompetenzen anknüpfen zu können.

Ein gestuftes methodisches Verfahren (z.B. auf Einzelarbeit immer erst Partnerarbeit folgen lassen und nicht sofort ins Plenum gehen!), welches jedem Einzelnen es immer wieder ermöglicht, selbst zu entscheiden, was sie oder er einbringt, ist eine weitere wichtige Vorsichtsmaßnahme.

Als weiteren Grundsatz möchte ich anfügen, dass biografisches Lernen von jeglicher Benotung ausgeklammert werden sollte, um einen möglichst unbeeinflussten Zugang zu persönlichen Fragen zu ermöglichen. Ausnahme könnte hier eine Facharbeit mit biografischem Schwerpunkt sein, die dann aber von der Schülerin/dem Schüler von sich aus freiwillig gewählt wurde (vgl. hierzu Stiller 1997, S. 114ff.). Über die Vertiefung des Fachwissens ist es aber jederzeit gewährleistet, dass biografisches Lernen indirekt einer Leistungsbeurteilung zugeführt werden kann.

Annette Vogt weist in ihren Beiträgen (vgl. Vogt 1996 a und b, S. 53ff.,183f.) auf die Abgrenzung gegenüber therapeutischen Verfahren hin, die eine wichtige Grenze markieren. Biografische Arbeit kann hier nur Unterstützung von Selbsterziehung sein und kann kein therapeutischer Eingriff von außen sein.

Biografische Arbeit ist als dialogische Begleitung der Eigenarbeit zu sehen. Sie wendet sich an die „normale" Schülerin/den „normalen" Schüler und nicht an in Therapie befindliche Patienten. Sie werden begleitet von Lehrerinnen und Lehrern, die einen interessierten, achtenden Dialog anbieten, aber gerade hier als um Verständnis Bemühte und nicht um therapeutische Veränderung Bemühte.

Schließlich macht der Gruppenkontext des Kurses und die institutionelle Einbettung schon deutlich, dass hier völlig andere Akzente gesetzt werden müssen.

Auch die thematische Einbettung in einen curricularen Rahmen sorgt für die notwendige Objektivierung und Distanzierung.

Literatur:

Antonovsky, Aaron; Vertrauen, das gesund erhält. Warum manche Menschen dem Stress trotzen, in: Psychologie heute 2/1998, S. 51ff.

Baacke, Dieter/Schulze, Theodor (Hrsg.); Aus Geschichten lernen. Zur Einübung pädagogischen Verstehens, München: Juventa 1993

Bauer, Karl-Oswald; Pädagogisches Handlungsrepertoire und professionelles Selbst von Lehrerinnen und Lehrern, in: Zeitschrift für Pädagogik 3/1998, S. 343ff.

Behrens-Cobet, Heidi/Reichling, Norbert; Biographische Kommunikation. Lebensgeschichten im Repertoire der Erwachsenenbildung, Neuwied: Luchterhand 1997

Betz, Gertrud/Edelhoff, Christoph; Lehrerforschung und Lehrerfortbildung – Biographische Methode, in: Institut für Lehrerfortbildung Mülheim/Ruhr/Studienkreis Schule/Wirtschaft NW (Hrsg.); Lehrerfortbildung als Handlungs- und Erfahrungsraum gestalten, Düsseldorf 1997; S.23ff.

BIOS. Zeitschrift für Biografieforschung und Oral History, Opladen: Leske + Budrich

Bittner, Günther; Zur psychoanalytischen Dimension biografischer Erzählungen, in: Baacke/Schulze, a.a.O., S. 229ff.

Bittner, Günther/Fröhlich, Volker (Hrsg.); Lebensgeschichten. Über das Autobiografische im pädagogischen Denken, Zug/Kusterdingen: Die graue Edition 1997

Bönsch, Manfred; Die Konstituierung von Sinn als schulpädagogisches Problem, in: Neue Deutsche Schule 20/1988, S. 24ff.

Böttger, Gudrun/Reich, Angelika; Soziale Kompetenz und Kreativität fördern. Spiele und Übungen für die Sekundarstufe I, Berlin: Cornelsen 1998
Buschmeyer, Hermann/Behrens-Cobet, Heidi; Biografisches Lernen. Erfahrungen und Reflexionen, Soest: Soester Verlagskontor 1990
Csikszentmihalyi, Mihaly/Schiefele, Ulrich; Die Qualität des Erlebens und der Prozess des Lernens, in: Zeitschrift für Pädagogik 2/1993, S. 207ff.
Combe, Arno; Der Lehrer als Sisyphus, in: Pädagogik 4/1997, S. 10ff.
Deutsche UNESCO-Kommission (Hrsg.); Lernfähigkeit: Unser verborgener Reichtum. UNESCO-Bericht zur Bildung für das 21.Jahrhundert, Neuwied: Luchterhand 1997
Dirks, Una; Warum sollte die Biografie Gegenstand der Lehrerbildung sein? In: Institut für Lehrerfortbildung, a.a.O., S. 29ff.
Dikow, Joachim (Hrsg.); Die Bedeutung biografischer Forschung für den Erzieher, Münster 1988
Dorlöchter/Maciejewski/Stiller; Phoenix. Der etwas andere Weg zur Pädagogik. Arbeitsbuch Bd.1 und 2, Paderborn: Schöningh 1996/97
Dorlöchter/Kahlbau/Krafeld/Maciejewski/Sander/Schrieverhoff/Stiller/Wittig; Der kleine Phoenix: Der etwas andere Weg zur Pädagogik. Ein Arbeitsbuch für den Pädagogikunterricht im Differenzierungsbereich, Paderborn: Schöningh 1999
Eikenbusch, Gerhard; Praxishandbuch Schulentwicklung, Berlin: Cornelsen 1998
Enns, Esther; Statement zum Biographischen Ansatz, in: Institut für Lehrerfortbildung, a.a.O., S. 36ff.
Fröhlich, Volker/Göppel, Rolf (Hrsg.); Paradoxien des Ich: Beiträge zu einer subjektorientierten Pädagogik, Würzburg: Königshausen & Neumann 1996
Fröhlich, Volker; Lebensgeschichten verstehen, in: Bittner/Fröhlich, a.a.O., S. 165ff.
Göppel, Rolf; ‚Meine Kindheit war nicht die eines Kindes'. Biographische Wurzeln pädagogischer Reflexion bei Jean-Jaques Rousseau, in: Bittner/Fröhlich 1997, a.a.O., S. 79ff.
Gudjons, H./ Pieper, M./ Wagener, B.; Auf meinen Spuren. Das Entdecken der eigenen Lebensgeschichte, Reinbek: Rowohlt 1986 (rororo 8304)
Gruschka, Andreas; Wie Schüler Erzieher werden, Gießen: Büchse der Pandora 1985
Hafeneger, Benno; Rechte Jugendliche. Einstieg und Ausstieg: Sechs biografische Studien, Bielefeld: KT-Verlag 1993
Hagemann, Wilhelm/Rose, Franz-Josef; Zur Lehrer/innen-Erfahrung von Lehramts-Studierenden, in: Zeitschrift für Pädagogik 1 /1998, S. 7ff.
Hantelmann, Birgit, Homfeldt, Hans Günther, Schwaner-Heitmann, Barbara; Biografische Selbstreflexion, in: Akademie für Lehrerfortbildung Dillingen; Lehrer lernen. Dokumentation der 7. Fachtagung für Lehrerfortbildner, Dillingen 1989, S. 130ff.
Heitmeyer, Wilhelm u.a.; Die Bielefelder Rechtsextremismus-Studie, München: Juventa 1992
Henningsen; Jürgen; Autobiografie und Erziehungswissenschaft, Essen: NDS 1981
Herber, Hans-Jörg; Grüne Erfahrung und graue Theorie. Wie kann Fremdes zu Eigenem werden, in: Michael Schratz/Josef Thonhauser (Hg.), Arbeit mit pädagogischen Fallgeschichten, STUDIENVerlag, Innsbruck – Wien 1996, S. 91ff.
Herzog, Roman; Erziehung im Informationszeitalter, Rede zur Eröffnung des Paderborner Podiums im Heinz Nixdorf Museums Forum am 9.6.1998, in: Heinz Nixdorf Museums Forum; Paderborner Podium, Paderborn 1998, S. 5ff.
Heymann, Hans Werner; Allgemeinbildung als Aufgabe der Schule und als Maß-Stab für Fachunterricht, in: Pädagogik 1/1997, S. 42ff.
Hoffmeister, Dieter/Sill, Oliver; Zwischen Aufstieg und Ausstieg. Autoritäre Einstellungsmuster bei Jugendlichen und jungen Erwachsenen, Opladen: Leske + Budrich 1992
Homfeldt, Hans Günther/Schulze, Wolfgang/Barkholz, Ulrich; Student sein – Lehrer werden? Selbsterfahrung in Studium und Beruf, München: Kösel-Verlag 1983
Homfeldt, Hans Günther; Selbsterziehung. Unveröffentlichtes Manuskript 1989
Homfeldt, Hans Günther/Schulze, Wolfgang; Strukturmomente der pädagogischen Ausbildung – Am Beispiel: Gesundheitsbildung, in: Schulze a.a.O., S. 229ff.
Holzbrecher, Alfred; Das Prinzip Subjektorientierung, in: Deutsche Lehrerzeitung 5/1998, S. 40ff.

Holzbrecher, Alfred; Gleichheit und Differenz. Interkulturelle Bildung im Pädagogikunterricht, in diesem Band
Hoppe, Heidrun; Subjektorientierte politische Bildung. Begründung einer biografiezentrierten Didaktik der Gesellschaftswissenschaften, Opladen: Leske + Budrich 1996
Institut für Lehrerfortbildung Mülheim/Ruhr/Studienkreis Schule/Wirtschaft NW (Hrsg.); Lehrerfortbildung als Handlungs- und Erfahrungsraum gestalten, Düsseldorf 1997; S.23ff.
Jugendwerk der Deutschen Shell (Hrsg.); Jugend '81, Hamburg: Selbstverlag 1981
Jugendwerk der Deutschen Shell (Hrsg); Jugend '97, Opladen: Leske + Budrich 1997
Keupp, Heiner/Höfer, Renate (Hrsg.); Identitätsarbeit heute, Frankfurt: Suhrkamp 1997 (stw 1299)
Kliebisch, Udo; Selbstentfaltung und Lebensplanung. Interaktionsspiele und Infos für Jugendliche, Mülheim: Verlag an der Ruhr 1997
Krapp, Andreas; Die Psychologie der Lernmotivation, in: Zeitschrift für Pädagogik 2/1993, S. 187ff.
Krüger, Heinz-Hermann/Marotzki, Winfried (Hrsg.); Erziehungswissenschaftliche Biografieforschung, Opladen: Leske + Budrich 1996
Langhanky, Michael; Die Pädagogik von Janusz Korczak, Neuwied: Luchterhand 1993
Loch, Werner; Lebenslauf und Erziehung, Essen: NDS 1979
Marotzki, Winfried; Forschungsmethoden der erziehungswissenschaftlichen Biografieforschung, in: Krüger/Marotzki, a.a.O., S. 55ff.
Marsal, Eva; Das Selbstkonzept. Subjektive Theorien Jugendlicher, Opladen: Leske + Budrich 1995
Marsal, Eva; Unverletzende Selbstbehauptung. Das Karlsruher Jugendtraining. Opladen: Leske + Budrich 1997
Maurer, Friedemann; Lernen und Lebenssinn, Langenau-Ulm: Vaas 1990
Rogal, Stefan; „Der ganze Reichtum konkreter Subjekte" – Gedanken zum biografischen Lernen im Pädagogikunterricht, in: PädagogikUnterricht 2/3 1997, S. 55ff.
Ruhe, Hans Georg; Methoden der Biografiearbeit. Lebensgeschichte und Lebensbilanz in Therapie, Altenhilfe und Erwachsenenbildung, Weinheim: Beltz 1998
Ryan, Tony/Walker, Rodger; Wo gehöre ich hin? Biografiearbeit mit Kindern und Jugendlichen, Weinheim: Beltz 1997
Scheidt, Jürgen vom; Kreatives Schreiben. Wege zu sich selbst und zu anderen, Frankfurt: Fischer 1993 (Fischer TB 11950)
Schiek, Gudrun; Theoretisch-methodisches Resümee selbstreflexiver Pädagogik, in: Pädagogische Beiträge 10/1987, S. 14ff.
Schratz, Michael/Thonhauser, Josef (Hrsg.); Arbeit mit pädagogischen Fallgeschichten, Innsbruck: STUDIENVerlag 1996
Schratz, Michael; Lebensgeschichten als Bildungshilfe? Fallarbeit mit der „Guided Autobiography", In. Schratz/Thonhauser, a.a.O., S. 123ff.
Schulze, Theodor; Erziehungswissenschaftliche Biografieforschung. Anfänge, Fortschritte, Ausblicke, in: Krüger/Marotzki a.a.O., S. 10ff.
Schulze, Wolfgang (Hrsg.); Lebensgeschichten und Lernwege. Anregungen und Reflexionen zu biografischen Lernprozessen, Hohengehren: Schneider 1996
Stiller, Edwin; Dialogische Fachdidaktik Pädagogik, Paderborn: Schöningh 1997
Stiller, Edwin; Dialogische Didaktik, in: PädagogikUnterricht 1/1998, S. 27ff.
Straus, Florian/Höfer, Renate; Entwicklungslinien alltäglicher Identitätsarbeit, in: Keupp/Höfer a.a.O., S. 270ff.
Stübig, Frauke; Schullalltag und Lehrerbewußtsein, Weinheim: Beltz 1995
Terhardt, Ewald; Berufsbiografien von Lehrerinnen und Lehrern, in: Pädagogik 4/1997, S. 6ff.
Thiemann, Friedrich; Schulszenen. Vom Herrschen und vom Leiden, Frankfurt: Suhrkamp 1985
Timmermann, Evelyn; Das eigene Leben leben. Autobiografische Handlungskompetenz und Geschlecht, Opladen: Leske + Budrich 1998
Voges, Wolfgang; Methoden der Biographie- und Lebenslaufforschung, Opladen: Leske + Budrich 1987

Vogt, Annette (a); Das Leben in die eigene Hand nehmen – Biografisches Lernen als gezielte Arbeit am eigenen Lebenslauf, in: Schulz, a.a.O., S.37ff.
Vogt, Annette (b); Lernen in lebensgeschichtlichen Bezügen – Biografisches Lernen und Lehren an der Hochschule, in: Schulz, a.a.O., S. 176ff.
Wagener, Birgit; Was der Mensch ist, sagt ihm nur seine Geschichte. Biografische Selbstreflexion als Konzept und Methode für pädagogische Arbeit, in: Pädagogische Beiträge 10/87, S. 8ff.
Werder, Lutz von; Kreatives Schreiben in den Wissenschaften, Milow 1992

5.4 Gleichheit und Differenz. Interkulturelle Bildung im Pädagogikunterricht

Alfred Holzbrecher

5.4.1 Kulturuniversalismus und Kulturrelativismus
5.4.2 Fremdverstehen im Spannungsfeld von Gleichheit und Differenz
5.4.3 „Gleichheit/Differenz" als Dimension der Subjektentwicklung

„All equal – all different". In dieser Formel ist sowohl beschreibend als auch normativ das Bemühen interkultureller Bildung verdichtet: Wir leben in einer multikulturellen Gesellschaft, unsere Lebenswirklichkeit ist faktisch „globalisiert", d.h. durchdrungen von weltweit wirksamen Kommunikations-, Produktions- und Konsumstrukturen. Die Differenz des Anderen wird, weil ein Leben in „kulturell homogenen" Räumen sich mehr denn je als (politisch gefährliche) Fiktion entpuppt, für soziale Gruppen wie für das einzelne Subjekt zu einer immer größer werdenden Herausforderung. Europa mutiert, ob wir das wollen oder nicht, zu einem immer „farbigeren" Kontinent, Vermischungen und Verwandlungen werden die Regel sein. Wie kann, wie soll Schule mit der zunehmenden Vielfalt der Lebenswelten, mit milieu-, geschlechts- und kulturspezifisch unterschiedlichen Formen der Realitätswahrnehmung und des Lernens umgehen? Was muss verändert werden, um das Allgemeinbildungskonzept der staatlichen Institution Schule zu bewahren, und welche Traditionen, Lehrinhalte und Denkperspektiven können wir ins Museum stellen, weil sie nicht mehr zeitgemäß sind?

Die Frage nach dem Verhältnis von Universalität, Partikularität und Differenz (vgl. Gogolin u.a. 1998, S.8) stellt sich sowohl auf politisch-gesellschaftlicher Ebene als auch im konkreten schulischen Alltag. Sowohl die Schule als auch unsere nationalstaatlich organisierten Gesellschaften müssen *„mit der zunehmenden ‚Verflüssigung' ihres universalistisch konzipierten Selbstverständnisses fertig werden"* (ebd.). Ihr „monokultureller Habitus" – als Ausdruck nationalgeschichtlicher Entwicklung (vgl. Gogolin 1994) – wird angesichts der Pluralität der Welt- und Selbstentwürfe fragwürdig. Mit der bildungstheoretischen Frage nach dem Verhältnis zwischen universalen Ansprüchen und der Berücksichtigung partikularer Interessen bzw. kulturbedingter Lernvoraussetzungen wird auf der unterrichtlichen Ebene, d.h. in heterogenen Lerngruppen, die Vorstellung zu überdenken sein, ob sich Lernen im Gleichschritt und Leistungsbeurteilung als einfaches Messen mit Hilfe eines allgemein gültigen Instrumentariums realisieren lässt.

Vor diesem Hintergrund wird in einem ersten Teil die Thematik *Gleichheit und Differenz* aus der Perspektive der interkulturellen Pädagogik erörtert. Dabei steht die philosophische Debatte um einen „universalistischen" bzw. einen „kulturrelativistischen" Umgang mit dem Fremden im Mittelpunkt. In einem zweiten Schritt werden (fach-)didaktische Aspekte erörtert, die sich aus diesem Spannungsfeld ergeben. Fokussiert wird dabei das Konzept des Fremdverstehens. Schließlich gilt es in einem dritten Teil zu fragen, inwiefern *Gleichheit/Differenz* als Dimension der Identitätsentwicklung der SchülerInnen verstanden werden kann.

5.4.1 Kulturuniversalismus und Kulturrelativismus

Können wir im Umgang mit dem Fremden von „transkulturellen", d.h. kulturübergreifenden und für alle Menschen geltenden Wert- und Normvorstellungen ausgehen, oder gilt es sie jeweils „relativ", d.h. im Kontext ihrer spezifischen historisch-gesellschaftlichen Entwicklung, zu verstehen und anzuerkennen? Während die universalistische Position in der Tradition Kants lange Zeit unbestrittene Gültigkeit beanspruchen konnte, wurde dieses Deutungsmuster vor allem durch kulturanthropologische Forschungen in Frage gestellt. Einen besonderen Akzent erhielt die „relativistische" Position durch die politisch-ökonomisch fundierte Kritik am eurozentrischen Weltbild, in dem die jahrhundertelange Herrschaftsgeschichte Europas in Gestalt rassistischer Einstellungen verdichtet erscheint: Nachdem seine historischen Bedingungsfaktoren unbewusst (gemacht) wurden, blieb nur die Exotisierung des Fremden oder seine Abwertung/Vernichtung (vgl. Erdheim 1990, 1994).

Vertreter *universalistischer Ansätze* gehen davon aus, dass es unabhängig von der Zugehörigkeit zu einer Gesellschaft oder Kultur „Universalien" im menschlichen Zusammenleben *gibt. „Sie unterstellen also, dass historisch sowohl die einzelnen sozialen Systeme als auch die individuellen Denk- und Handlungsmuster innerhalb eines universalen Gesamtsystems integriert und vereinheitlicht werden, wodurch sich allgemein gültige Strukturen ausformen"* (Kiesel 1996, S. 112). Daher gelte es eine „transkulturelle Identität" bzw. „kulturtranszendierende Bildungsprozesse" zu entwickeln und die Rede von „Kulturen" als historisch befangen zu überwinden (vgl. ebd., S. 114f.).

Mit *kulturrelativistischen Ansätzen* (vgl. ebd. S. 118 ff.) wird vor dem Hintergrund des Postulats der Gleichwertigkeit der Kulturen die Einsicht in die Zwangsläufigkeit ethnozentrischer Sichtweisen gefordert, was gleichzeitig ein Erkennen der Begrenztheit der eigenen Wahrnehmung und des Verstehens beinhaltet. Weniger in gemeinsamen Normen, sondern im Bewusstwerden der eigenen Kultur und in der sensiblen Wahrnehmung des Anderen ließen sich Verbindungswege zwischen den Kulturen herstellen. Zu betonen gelte es die historische Bedingtheit der jeweiligen Perspektiven, zu kritisieren die Vorstellung, es gäbe irgendeinen Standpunkt, von dem aus für alle Menschen gültige Aussagen gemacht werden könnten. *„Aus der Anerkennung der Verschiedenheit und Gleichwertigkeit der Kulturen sowie ihrer Prozesshaftigkeit leitet Interkulturelle Pädagogik die Aufgabe her, das Bewusstsein eigener kultureller Identität zu fördern"* (Prengel 1993, S. 85). Gerade der Schule komme mit ihrem – historisch bedingten – universalistischen Anspruch eine homogenisierende Wirkung zu, was eben nicht zur Anerkennung von Vielfalt führte, sondern zur Diskriminierung „des Anderen", dessen „Defizite" im Verhältnis zur „Norm" damit erst deutlich wurden (vgl. Prengel 1993). Universalistische Ansätze beinhalten tendenziell „evolutionär" begründete „Entwicklungsskalen" – und damit zwangsläufig die Vorstellung von der Höherwertigkeit dessen, der sich selbst an deren oberem Ende situiert.

Aus philosophischer wie aus erziehungswissenschaftlicher Perspektive erscheinen die beiden Positionen scharf konturiert bzw. abgrenzbar. In der schulischen Praxis – so meine These – geht es nicht um ein Entweder-Oder, sondern darum, die Positionen als Spannungsfeld zu begreifen, in dem sich LehrerInnenhandeln bewegt. Zugleich wird damit verdeutlicht, dass ein wesentliches Kennzeichen des pädagogischen Handelns im Allgemeinen und interkultureller Erziehung im Besonderen in der Wahrnehmung und Gestaltung von ambivalenten und sich ständig verändernden Handlungsstrukturen liegt. Diese Tätigkeit dürfte umso besser gelingen, je klarer Vor- und Nachteile der konträren Positionen sind. Daher seien im Folgenden stichwortartig noch einmal deren Kernpunkte sowie die Kritik an ihnen aufgeführt (vgl. Kiesel 1996, S. 111ff.; Schöfthaler 1983, S. 333ff.):

„Kulturuniversalismus“

\+ es gibt kulturübergreifende „Universalien“ (z.B. Moralsystem/Menschenrechte)
\+ das „essentiell Humane“ ist allen Menschen präsent
\+ lernendes Subjekt im Mittelpunkt, unabhängig von ethnischer... Zugehörigkeit
\+ „transkulturelle“ Orientierung: Überwindung einer Fixierung auf (National-) Kulturen; Entwicklung übergreifender Bildungskonzepte (vgl. diskursfähiges, mündiges Subjekt)
– blind gegenüber historisch und kulturbedingten Differenzen; universalistische Perspektive ist selbst ethnozentrisch
– universale Prinzipien wirken homogenisierend und bewirken gleichzeitig Ausgrenzung bzw. die Fest-Stellung von „Defiziten“
– „evolutionäre“ Entwicklungsskalen/-hierarchien sind meist mit (Minder-/Höher-) Wertigkeit verbunden
– assimilatorisches Integrationskonzept; wirkt auf Minderheiten inferiorisierend und ausgrenzend
– es gibt keinen außerhalb der Kultur liegenden Standpunkt zur Entwicklung „universaler“ Prinzipien

„Kulturrelativismus“

\+ Anerkennung ethnischer Differenz und kultureller Vielfalt
\+ Verstehen des Anderen in seinem spezifischen historisch-gesellschaftlichen Kontext
\+ „Gleichwertigkeit“ der Kulturen; Bewusstwerden ethnozentrischer Perspektiven
\+ intersubjektive Anerkennung: Dialektik Fremd- und Selbstwahrnehmung sowie Selbstachtung und Achtung des Anderen
– Postulat der „Gleichwertigkeit“ kann zu Werterelativismus/Gleich-Gültigkeit und damit zu Handlungsunfähigkeit führen
– Gefahr der Rechtfertigung von Menschenrechtsverletzungen als „kulturell bedingt“
– bietet keine Kriterien zur Konfliktlösung
– ist in der (institutionell verfassten) pädagogischen Praxis nicht durchzuhalten.

5.4.2 Fremdverstehen im Spannungsfeld von Gleichheit und Differenz

„Die Auslegung wäre unmöglich, wenn die Lebensäußerungen gänzlich fremd wären. Sie wären unnötig, wenn in ihnen nichts fremd wäre“ (Dilthey 1973, S. 225)

Der philosophische Streit zwischen universalistischen und relativistischen Positionen ist theoretisch fruchtbar, aber nicht auflösbar. Pädagogisches Handeln im Spannungsfeld antinomischer Verhaltenserwartungen (vgl. Helsper 1996) kann daher nicht widerspruchsfrei organisiert werden: Die solcherart sensibilisierte Lehrperson gewinnt daher zunächst nicht unbedingt Handlungssicherheit, weil sie ihr Handeln anderen und sich selbst gegenüber ständig legitimieren muss: Sie kann sich mit der Berufung auf „allgemein gültige" Regeln und Traditionen nicht mehr in Sicherheit wiegen, sondern ist gehalten, den eigenen und den gemeinsamen Handlungsprozess als ständige Auseinandersetzung zu gestalten, indem sie sich *sowohl* an (für ein menschliches Zusammenleben notwendigen und weiterzuentwickelnden) „allgemein gültigen" Regeln orientiert *als auch* an der Anerkennung der Verschiedenheit. Ob es um die Frage geht, in welcher Weise didaktisch/methodisch auf diese Herausforderungen reagiert werden oder wie man als Lehrer/in mit partikularen Interessen, Normabweichungen bzw. unterschiedlichen Lernvoraussetzungen umgehen soll: Die Anforderung, im Spannungsfeld zwischen antinomischen Prinzipien Handlungsfähigkeit zu entwickeln, lässt sich als durchgängiges Merkmal der Lehr-Lern-Tätigkeit identifizieren, und sie dürfte angesichts immer heterogener werdender Lerngruppen noch stärker werden.

Fremdverstehen gehört zu den Leitbegriffen des Pädagogikunterrichts, auch wenn diese Kategorie bislang in der Fachdidaktik eher indirekt thematisiert wurde. Im Kontakt des Lehrers mit seinen Schülern, der SchülerInnen untereinander oder der Lernenden in Auseinandersetzung mit einem Lerngegenstand, immer geht es um Verstehensprozesse als Grundlage für pädagogisches Handeln. Unproblematisch waren diese, solange man von einem gesellschaftlich allgemein geteilten Werte- und Normensystem ausgehen konnte. Verstehen glich dann einem Akt des (Wieder-)Entdeckens von etwas Verborgenem, von etwas „Wahrem", was jenseits des oberflächlichen Scheins liegt. Man bräuchte, so die verbreitete Denkfigur, nur nah genug heranzugehen, um eine Person oder eine Sache *immer besser* zu verstehen. Spätestens mit der erkenntnistheoretischen (und neurobiologischen) Feststellung, dass Realität nicht „als solche" erkannt werden kann und das, was wir als Wirklichkeit wahrnehmen, eine Konstruktion des Gehirns ist, wird dieses Verständnis fragwürdig. Die ethnologische Erkenntnis, dass es keinen außerhalb der eigenen Kultur/Perspektive liegenden „objektiven" Beobachtungspunkt und damit keine Letztbegründung für die eine oder die andere Position gibt, relativiert nicht nur den Wahrheitsbegriff, sondern auch das vertraute Verstehenskonzept.

„Wenn ich einem anderen gegenüber feststelle ‚ich verstehe dich' oder ‚ich habe dich verstanden', dann teile ich ihm mit: ‚Ich bin mit dir fertig'", stellt Marianne Gronemeyer lakonisch fest (1993, S.153). Bezogen auf den (Schul-)Alltag ist dem nur allzu häufig zuzustimmen. Ob als LehrerIn den Schülern gegenüber, SchülerInnen untereinander wie auch im Umgang mit einer zu lernenden Sache: Wir neigen dazu, unsere Wahrnehmungen und Erfahrungen mit dem Anderen schnell zu einem Gesamtbild zusammenzufügen und unter ein vertrautes Deutungsmuster zu subsumieren. Seiner beunruhigenden Fremdheit beraubt, wird „Verstehen" damit tendenziell zu einer Bemächtigung, mit der der Interaktionsprozess beendet wird, bevor er seine Dynamik entfalten konnte. In diesem Zusammenhang warnt der Gestaltpädagoge Erich Hoffmann gerade uns LehrerInnen: *„Problematisch ist, dass der pädagogische Blick am Verstehen immer dann Gefallen findet, wenn er Ansätze zum Helfen (..) zu entdecken glaubt".* Verstehen

und Helfen müssten auseinander gehalten werden, um die unterschiedlichen Intentionen nicht zu vermischen (Hoffmann 1991, S. 173).

In einem Interview anlässlich seines 95. Geburtstags betont Hans-Georg Gadamer: *„Hermeneutik ist die Einsicht, dass wir niemals die Worte finden, die etwas Definitives sagen, sondern immer noch offen lassen, was man weitersagen muss, denn das ist das Wesen des Gesprächs."* Die Beziehung zum Anderen ist dadurch geprägt, dass man sich auf ihn einlässt und *„die Offenheit bewahren muss, nicht selber das letzte Wort haben zu wollen"* (Gadamer 1995, S. 8). Die prinzipielle Unabgeschlossenheit des hermeneutischen Prozesses ergibt sich einerseits aus der Tatsache, dass jeder Verstehende bzw. Interpretierende in einen spezifischen historisch-gesellschaftlichen und kulturellen Kontext eingebunden ist, der zum Gegenstand des reflexiven Verstehens werden muss. Andererseits ist für den Hermeneutiker die Differenz zwischen der objektiven Realität des Anderen – seinem Eigen-Sinn – und der eigenen Verstehensbemühung, dem Bild vom Anderen bzw. dem Verstehenshorizont unaufhebbar.

Jenseits der Versuchung zur Bemächtigung des Anderen kommt in einem solchen Verstehenskonzept eine bestimmte Haltung zum Ausdruck, die zum Kernbereich interkulturellen Lernens gehört: An der Kontaktgrenze zwischen dem Ich und dem Nicht-Ich wird dem Fremden Raum gegeben, der Verstehende begibt sich auf dessen Spur, um damit ihn *und* sich selbst besser erkennen zu können. Aber diese Spur *findet* er nicht *vor*, sondern muss sie, um im Bild zu bleiben, *erkunden*, probeweise konstruieren und ihre *Gangbarkeit* erfahren. Von entscheidender Bedeutung an dieser Verstehens*haltung* ist das selbstreflexive Moment, konstruktivistisch ausgedrückt: Der Beobachter denkt sich als Teil des Bildes mit, das er entwirft und interpretiert.

Verstehen wird damit zu einem *„Erkenntnismittel, das mich davor bewahrt, dem Fremden zu nahe zu kommen, bevor ich es (oder ihn) verstanden habe. Die sinnliche Kraft des Verstehens liegt dabei in den assoziierten Bildern von dem Anderen (Fremden). (...) erst in dieser Haltung innerer Bewegung und raumzeitlicher Ruhe (Ich bin irritiert, gehe aber nicht weg, sondern bleibe stehen) gewinnen Symbole vom Anderen konkrete Gestalt. Jetzt ist die Bedingung für das bildhafte Durchdenken des Gegenüberstehenden gegeben"*. (Hoffmann 1991, S. 175). Was im Lernprozess als „Wirklichkeit des Fremden" angeeignet wird, ist das Resultat einer wechselseitigen Wirkungsdynamik: Es ist die *„Auseinandersetzung mit anderem und anderen im Rahmen einer Zwischensphäre, die eine Zuordnung und ein Zusammenspiel zwischen Erfahrendem, Erfahrenem und Miterfahrendem ermöglicht"* (Waldenfels 1991, S. 64).

Angesichts der Komplexität des Verstehensprozesses erscheint die Annahme naiv, SchülerInnen lernten etwas über Erziehungspraktiken früherer Zeiten oder anderer Gesellschaften in fernen Kontinenten, indem sie Wissen speichern; oder sie bauten ihre Vorurteile ab, wenn sie nur lange und intensiv genug dem Fremden begegneten. Bei der geläufigen Zielsetzung „Abbau von Vorurteilen" wird davon ausgegangen, dass es einer äußeren Einwirkung bedarf, um „falsche Bilder" vom Anderen „abzubauen", vergleichbar etwa einer abzutragenden Mauer. Pointiert formuliert: Die äußere Einwirkung wird von Pädagogen vorgenommen, die *für* die Jugendlichen dieses „Lernziel" definieren und dabei häufig mit moralisierenden Appellen arbeiten. Dieser pädagogische Ansatz ist nicht nur wegen seiner Herrschaftsstruktur obsolet geworden. Ihm liegt auch ein Lernbegriff zugrunde, der im Widerspruch steht zur Erkenntnis, dass Lernen eine Aktivität des Subjekts ist: Seine Arbeit an der eigenen „Landkarte“, die ihm Orientierung gibt, kann nicht von außen erzwungen, sondern nur angeregt werden. Darüber hinaus kommt bei der Zielsetzung „Abbau von Vorurteilen“ nicht ins Blickfeld, dass das Bild vom Fremden und vom Eigenen zwei Seiten derselben Medaille sind, d.h. das eine kann nicht ohne das andere verändert werden. Das lernende Subjekt kann nur selbst eine solche Veränderung vornehmen, und eine direkte „didaktische“ Einwirkung von außen erscheint unsinnig bzw. unmöglich.

Sich auf Fremde/s einzulassen, d.h. von der *ihm eigenen* bzw. *für ihn bedeutsamen „*Wahrheit“ auszugehen und vertraute Bewertungsmuster zeitweilig in den Hintergrund zu stellen, beinhaltet einen Verzicht auf absolute Gewissheiten – und die Chance persönlicher Entwicklung:

„Wer die eigene Biografie interkulturell durchschaut, kann auf die Andersartigkeit anderer besser eingehen, weil er sie mit seinen eigenen Erfahrungen nicht mehr erdrücken muss. Die Angst vor dem Fremden weicht in dem Maße, in dem ich die Angst vor mir selber verliere – und eben diese nimmt mir der Fremde, weil er dazu beiträgt, dass ich über mich selbst aufgeklärt werde. Nicht dass der Fremde die Erkenntnis der Wahrheit über mich besäße, aber in der Konfrontation mit ihm kommt sie zwischen uns heraus.“ (Simpfendörfer 1981, S. 92)

Der Kontakt mit Jugendlichen aus sozio-/kulturell unterschiedlichen Lebenswelten, die aktive Auseinandersetzung mit der Fremdheit der Alltagswelt und mit „fremden“ Themenbereichen ist also untrennbar verbunden mit intrapsychischen Kontaktprozessen, die es gerade im Pädagogikunterricht zu thematisieren gilt: Wie weit lasse ich die Befremdung zu? Wo ziehe ich die Grenze, um mein Selbst- und Weltbild, meine Identitätskonstruktion zu sichern? Was macht das Fremde mit mir? Diese Fragen verweisen auf die Selbstwahrnehmung in kommunikativen Prozessen und lassen die projektiven Anteile des Beobachters erkennen, die Bestandteile seines Bildes vom Fremden sind. In selbstreflexiver (und kreativer) Weise sollte diese „Resonanzwahrnehmung“ bearbeitet werden, um unbewusste Vorstellungsbilder „zur Sprache“ zu bringen und gemeinsam Handlungsmöglichkeiten zu entwickeln (vgl. Holzbrecher 1997). Im *Kontakt mit dem Fremden*, ob als personale Begegnung oder als Auseinandersetzung mit interkulturell relevanten Lerngegenständen, kann sich „intersubjektive Anerkennung“ (Prengel 1995, S. 61) entwickeln, wenn der Kontaktprozess auch als intrapsychischer wahrgenommen und didaktisch gestaltet wird.

Das Besondere und Einmalige menschlicher Entwicklung zu fokussieren, Identität als Patchwork, als Spiel mit dynamisch sich verändernden Erfahrungen und Verarbeitungsformen zu begreifen, die Relativität den Perspektiven offenzuhalten, – diese Denkfigur scheint den universalistischen Bildungsanspruch der Schule in Frage zu stellen, wie er etwa in den Richtlinien und den darin vorgeschlagenen Themenbereichen zum Ausdruck kommt: Ob es um lern-, tiefen- oder entwicklungspsychologische Zusammenhänge geht, um Piaget, Kohlberg, Freud oder Erikson, im Mittelpunkt der unterrichtlichen Lehr-Lern-Praxis steht die Erarbeitung in sich stimmiger Totalentwürfe der Gesetzmäßigkeiten menschlicher Entwicklung, denen – sofern sie nicht selbst mit universalistischem Geltungsanspruch auftreten – kulturübergreifende Allgemeingültigkeit zugesprochen wird. Die psychische, soziale oder soziokulturelle Entwicklung in Analogie zum evolutionsbiologischen Paradigma als „Linie“ oder „Stufenfolge“ zu deuten, beinhaltet die Vorstellung einer von den „Entwickelten" gesetzten Norm, der gegenüber andere (Personengruppen, Ethnien, Gesellschaften...) ein Defizit aufweisen, welches aufzuholen sei.

Aus interkultureller Perspektive gilt es daran zum einen zu kritisieren, dass damit einer unkritischen ethnozentrischen Betrachtungsweise Vorschub geleistet wird: Allzu häufig bleiben die spezifischen historisch-gesellschaftlichen Entstehungsbedingungen der Modelle ausgeblendet, d.h. sie werden als „Abbilder" der Realität präsentiert, ohne dass ihr Konstruktcharakter erkennbar wird. Wenn dagegen etwa Kernbereiche der Freud'schen Theorie im Kontext ihrer historischen Entwicklung betrachtet würden, erschiene es möglich, Teile davon als „überholt", weil von der Forschung als widerlegt zu betrachten. Auch eine mehrperspektivische („plurikulturelle") Betrachtungsweise ist problemlos möglich, wenn die historische und kulturelle Einbindung der Betrachter mitreflektiert wird. Geschlossene gedankliche Systeme können jedoch nur akzeptiert oder abgelehnt werden.

Zum anderen muss auf die Gefahr hingewiesen werden, dass universalistische Modelle zu einer Subsumptionslogik verführen: „Verstanden" scheint ein Fallbeispiel, wenn es dem Schüler gelingt, es mit Hilfe des vom Modell abgeleiteten Analyseinstrumentariums bis in die Feinstruktur zu „erklären" und damit dessen Allgemeingültigkeitsanspruch zu bestätigen. (Wo) Gibt es da noch Raum für das Besondere, für den Widerspruch, für das, was sich dem Allgemeinen nicht fügt? (In welcher Weise) Kommt das deutende Subjekt mit seinen partikularen lebensweltlichen Erfahrungen bzw. seinen milieu-, geschlechts- und altersspezifischen Formen der Erfahrungsverarbeitung in diesem Verstehensprozess vor? Wie geht die Lehrperson mit abweichenden Deutungen/Leistungen um? Oder: Inwiefern geht die Art und Weise, *wie* sich SchülerInnen der Aufgabe nähern und sie zu lösen versuchen, in die Leistungsbeurteilung ein?

Pädagogisches Handeln im Spannungsfeld zwischen relativistischen und universalistischen Positionen zu sehen und dies als Herausforderung für die Entwicklung neuer Wahrnehmungs-, Denk- und Handlungsperspektiven zu begreifen, – eine solche Haltung scheint wesentlich für „interkulturelle Kompetenz" zu sein. Sie beinhaltet die Fähigkeit, mit Vielfalt umgehen zu können, Krisen, Uneindeutigkeiten, Bruchlinien, Übergänge und Verwandlungen (in der gesellschaftlichen wie auch in der psychischen Entwicklung) als Chance zur Veränderung und weniger als Gefahr zu sehen.

Interkulturelle Kompetenz ist auf drei Ebenen zu beziehen:

- Erstens auf die *gesamtgesellschaftliche bzw. makrostrukturelle Problematik* (vgl. „Globales Lernen"): Angesichts der strukturellen Koppelung von globalisierten Marktstrukturen und denen der eigenen Lebenswelt gilt es den verbreiteten Ohnmachts- und Desintegrationserfahrungen, die aufgrund gesellschaftlicher Differenzierungsprozesse in Zukunft eher zu- als abnehmen werden, Kompetenzerfahrungen entgegenzusetzen. Die Auflösung Sicherheit vermittelnder sozialer und politischer Strukturen wird die sozialpsychologische *Dynamik der Ein- und Ausschließung des Anderen* verstärken und damit dem Einzelnen Entscheidungen abfordern, deren Legitimation immer weniger unter Verweis auf Traditionen oder „höhere Werte" gelingen mag, sondern diskursiv hergestellt werden muss. Demokratiegefährdend sind in diesem Prozess der Modernisierung weniger der „Werteverlust" als die sich verstärkende Tendenz, all das zum „Fremden“ zu erklären, was sich der Logik der Zweckrationalität nicht fügt: „Erziehung zur Verantwortung“ wird deshalb auch nicht durch Rhetorik, sondern durch die Praxis der Solidarität mit den weltweit von den gesellschaftlichen Mechanismen Marginalisierten realisiert.

- Zweitens ist interkulturelle Kompetenz auf die *überschaubare Lebenswelt,* den konkreten Interaktions- und Handlungsraum im Alltag der Lernenden, zu beziehen. Handlungspropädeutisch ist damit v.a. die Befähigung gemeint, im eigenen überschaubaren, multikulturellen Lebensraum kompetent pädagogisch und politisch handeln zu lernen. Jürgen Langefelds Vorschlag, „Region“ als didaktische Kategorie einzuführen (1997, S. 6ff.), erscheint hier produktiv. Denn im überschaubaren und gestaltbaren Lebensraum kann die Fähigkeit entwickelt werden, mit den vielfältigen Spannungen, Brüchen und Veränderungen des sozialen Systems selbstreflexiv umzugehen. Gleichzeitig bieten Sicherheit und Vertrautheit vermittelnde Wir-Identitäten – auch über Grenzen hinweg – das notwendigerweise stabilisierende Moment. Nur in überschaubaren Räumen (und dazu ist auch die Schule zu zählen) kann die Erfahrung von Kompetenz entwickelt werden, die es ermöglicht, sich weniger als ohnmächtiges Opfer und eher als selbstbewusster Gestalter wahrzunehmen und dabei die eigene Rolle (Beobachter *und* Handelnder) kritisch zu betrachten.
- Drittens gilt es die *Ebene der psychosozialen Subjektentwicklung* zu berücksichtigen: Aus der Auseinandersetzung des Subjekts mit inneren und äußeren Widerständen, mit Ängsten, Wünschen und möglichen Zukunftsperspektiven sowie mit der eigenen Krisenwahrnehmung dürfte sich psychische Stärke entwickeln, die als Bedingung dafür gesehen werden kann, mit Mehrdeutigkeit, mit Veränderungen und Verwandlungen kreativ umgehen zu können: Damit kann die Fähigkeit entwickelt werden, auf den Ebenen 1 und 2 zu agieren.

5.4.3 „Gleichheit/Differenz“ als Dimension der Subjektentwicklung

Die Subjektentwicklung im Jugendalter scheint einer ähnlichen Logik zu folgen wie die Gruppenentwicklung: Dem Bestreben nach starker Bindung und Identifikation mit dem, was als „zugehörig“ wahrgenommen wird, folgt eine Phase der Distanzierung, des Abstand-Nehmens, des Bedürfnisses nach Autonomie; schließlich werden in einem nächsten Schritt die beiden widerstrebenden psychologischen Strukturen zu einer qualitativ neuen Synthese integriert. Vor diesem Hintergrund ist es nahe liegend, die für die interkulturelle Pädagogik bedeutsamen Schlüsselbegriffe „Gleichheit“ und „Differenz“ aus subjekttheoretischer Perspektive zu begründen. Das entwicklungspsychologische Konzept Robert Kegans bietet m.E. dafür interessante Anknüpfungspunkte. Kegan geht davon aus, dass sich die lebensgeschichtliche Entwicklung („spiralförmig“) im Spannungsfeld zwischen den Bedürfnissen nach „Zugehörigkeit“ und nach „Unabhängigkeit“ vollzieht (Kegan 1994, S. 149ff.), wobei jeweils eine qualitativ neue Form der Subjekt-Objekt-Beziehung entwickelt wird. Subjektentwicklung kann damit als aktive Auseinandersetzung mit antinomischen psychologischen Strukturen verstanden werden, die es dem Subjekt ermöglichen, neue Formen der Beziehung zum Selbst und zum Anderen zu erarbeiten.

Gerade in der Lebensaltersphase der Adoleszenz oszilliert die *Selbst- und Weltwahrnehmung* in einem Spannungsfeld gegensätzlicher, manchmal auch komplementär sich ergänzender Bedürfnisse:

- Mit dem Wunsch nach *Verschmelzung*, *Ich-Entgrenzung* in der Gruppe, als *Gleicher* anerkannt zu werden bzw. sein zu wollen wie alle entwickelt sich das Gegenstück, der Wunsch nach Abgrenzung, Ich-Behauptung und Selbstkonstruktion.
- Das Prinzip der *Einschließung*, der Konstruktion von *Gemeinschaft* und als homogen erscheinender *Ganzheiten* und *Identitäten* opponiert (bzw. korrespondiert) mit dem Prinzip der *Ausschließung*, der *Errichtung von Grenzen und (Leit-) Differenzen,* die eine Konstruktion „des Eigenen" erst möglich machen.
- Die Suche nach *allgemein gültigen („universalen") Deutungsmustern*, nach einem stimmigen Selbst- und Weltbild, ist begleitet von ständigen Ent-Täuschungen, dass sich diese Vorstellungen angesichts der *Vielfalt der Realität* im Nachhinein als zeitbedingte Konstruktionen erweisen: Dem Bedürfnis nach Konsistenz und Synthese entgegengesetzt ist das der Dekonstruktion, der Relativierung von „Wahrheit" und der Anerkennung der Differenz des Anderen.

In diesem „Wahrnehmungschaos" Halt zu gewinnen, gelingt – zumindest kurzfristig – durch die Konstruktion eindeutiger, d.h. Sicherheit vermittelnder Bilder vom Selbst und vom Anderen: Indem diese Vorstellungen auf die Außenwelt projiziert werden, erscheint sie subjektiv „verstehbar". In diesem Licht betrachtet erscheint das *Bedürfnis nach Gleichheit* als narzisstische Projektion: Andere – und vor allem die Eigengruppe („Gemeinschaft") verkörpern dann etwa ein ideales Selbst bzw. einen „sozialen Körper", dem man sich zugehörig fühlt. Auf den zweiten Blick erst folgt die Erkenntnis der Unterschiede. Ausgehend vom Gegenpol des *Bedürfnisses nach Differenz* wird die radikale Autonomie des Einzelnen fokussiert, – um dann festzustellen, dass diese in Bezug auf bestimmte Merkmale ähnlich oder gar gleich sind.

Der für unseren Diskussionszusammenhang entscheidende Aspekt des Kegan'schen Modells besteht darin, dass dann von einem qualitativ neuen Entwicklungsstand gesprochen werden kann, wenn das Subjekt nicht mehr *in* eine spezifische Wahrnehmungsform *eingebunden* ist – z.B. von Gefühlen/Ängsten (etwa dem Fremden gegenüber) „gefangen" oder „getrieben" wird –, sondern diese zum *Gegenstand* einer bewussten Bearbeitung werden können (Kegan 1994, S. 112). Während also für das Kind Andere(s) und Fremde(s) zunächst zum Instrument zur Befriedigung eigener Bedürfnisse und Projektionsobjekt ambivalenter Gefühle werden, ermöglicht der nächste Entwicklungsschritt ein Bewusstwerden dieser Dynamik und die Entwicklung einer neuen Ich-Welt-Beziehung. Kegan beschreibt den Entwicklungsprozess als Aufeinanderfolge der Phasen *„Ablösen aus dem Eingebundensein, ein Ganzes wird zum Teil eines neuen Ganzen, hin- und herschwankende Spannung zwischen Zugehörigkeit und Unabhängigkeit"* (Kegan 1994, S. 299).

In existenzieller Weise wird diese Krise als Verflüssigung vertrauter Deutungsmuster und als Identitätsverlust wahrgenommen. Diese Fremdheitserfahrung ist jedoch die Voraussetzung dafür, dass sich eine weniger ich-bezogene („dezentrierte"), d.h. gleichberechtigtere Beziehung zum Anderen entwickeln kann. Vom psychischen „Zwang" befreit, eigene Ängste und Fremdheitserfahrung auf ihn zu projizieren, wird das Gegenüber als eine vom Selbst unabhängige Einheit wahrgenommen und als solche akzeptiert. Damit wird *„die Grenze zwischen mir und dir immer wieder neu verlegt, womit ich dir jedes Mal eine qualitativ neue Garantie deiner von mir unabhängigen Eigenständigkeit gewähre (womit gleichzeitig ein qualitativ immer ‚größer' werdendes Du entsteht, mit dem ich in Beziehung treten kann)"* (Kegan 1994, S. 176). Zweifellos gewinnt das solcherart lernende Subjekt mehr Selbstbewusstsein und Gestaltungsfähigkeit, weil (wenn) der/das Andere in seiner Fremdheit und Widerständigkeit als Herausforderung für die eigene Subjektentwicklung und Selbst-Aufklärung verstanden wird (vgl. Simpfendörfer 1981, S. 92; s.o.).

Fremdverstehen und Selbsterkenntnis sind somit als zwei Dimensionen desselben Lernprozesses zu verstehen, in dessen Verlauf sich das Subjekt ein jeweils neues Bild von sich selbst, vom Anderen und vor allem von der eigenen Stellung im lebensweltlichen bzw. gesellschaftlichen Kontext erarbeitet. Kegans Vorschlag, den Entwicklungsprozess als „Bedeutungsentwicklung" (1994, S. 36ff.) zu konzipieren, bestätigt den Konstruktionscharakter dessen, was als Sphäre „des Eigenen" von der „des Fremden" getrennt und mit emotional aufgeladenen Bewertungen versehen wird. In keiner anderen Lebensaltersphase erscheint die Aufgabe der mühsamen Erarbeitung neuer Bedeutungen für das eigene Selbst im sozialen Kontext derart ambivalent, krisenanfällig *und* chancenreich. Schwankend zwischen rigoristischer Selbstbehauptung und grenzenüberschreitenden Ganzheitsfantasien erprobt das jugendliche Subjekt neue Formen des Umgangs mit der jetzt wahrgenommenen Differenz: Subjektarbeit wird zum Prozess der Bedeutungsentwicklung, in dessen Verlauf sich der Jugendliche selbst ermächtigt, am Skript seiner Biografie – und seiner Beziehung zum Anderen – bewusster weiterzuschreiben.

Die interkulturelle Dimension des (Pädagogik-)Unterrichts wird erkennbar, wenn der Fremdverstehens-/Selbstaufklärungs-Prozess als „Pendelbewegung" (Erdheim 1990, S. XIII) zwischen unterschiedlichen Perspektiven der Wahrnehmung verstanden und gestaltet wird:

- Was sagt der *Andere*, indem er sich in dieser Weise (verbal, gestisch...) ausdrückt, über sich selbst und seine Lebenswelt aus? Welche Bedeutung haben seine Wahrnehmungs-, Deutungs- und Ausdrucksmuster für ihn und sein (individuelles und soziales) Selbstbild?
- Was nehme *ich* am Anderen als befremdend, was als faszinierend wahr? Was sagt diese meine Wahrnehmung über mich selbst und meine/unsere Bewertungskriterien aus? In welchen biografischen und lebensweltlichen Kontexten sind diese Vorstellungsbilder entstanden?
- Inwiefern gelingt es, sich selbst vom Anderen her zu denken?
- Und: Wie kann unsere Gleichheit und unsere Verschiedenheit zur gemeinsamen Lerngelegenheit werden?

Modelliert wird damit ein dynamisches Verstehenskonzept, mit dem es möglich erscheint, das Andere anders sein zu lassen *und* zugleich die eigene Handlungsfähigkeit wiederzugewinnen. Die Widerständigkeit des Anderen wird nicht aufgehoben zugunsten eines oberflächlichen „Verstehens" bzw. einer (herrschaftsförmigen) An-Eignung, sondern bleibt energetisierendes Element bei der Entwicklung gemeinsamer Deutungsmuster.

Aus der Perspektive der Subjektentwicklung *und* der des interkulturellen Lernens erscheint die Arbeit an der Widerständigkeit der Realität und an den eigenen

Grenzen des Wahrnehmens, Erkennens und Sich-Ausdrückens als Bedingung für die Entwicklung der Fähigkeit, Ambivalenz und Pluralität im gesellschaftlichen System als Herausforderung wahrzunehmen, d.h. sich selbst weniger als ohnmächtiges Opfer, sondern eher als selbstbewussten Gestalter dieser Verhältnisse zu begreifen.

In Anlehnung an die drei Ebenen interkultureller Kompetenz (vgl. Abschnitt 2) können aus der Subjektperspektive folgende Dimensionen des Umgangs mit dem Anderen/Fremden unterschieden werden:

- Bedeutsame Perspektiven für eine Weiterentwicklung interkulturellen Lernens im Pädagogikunterricht ergeben sich, wenn wir die Dialektik der *eigenen* Subjektentwicklung und der des *Anderen* auf den **Umgang mit Gleichaltrigen** innerhalb und außerhalb der Schule beziehen: Wie fremden Menschen mit andersartigen Ansichten und Verhaltensweisen zu begegnen ist, wird zuallererst in alltäglichen Verstehens- und Handlungsversuchen erlebt und zu nachhaltig wirksamen Erfahrungen verarbeitet. Ein wichtiger curricularer Anknüpfungspunkt wäre z.B. der für die Jahrgangsstufe 10,2 vorgeschlagene Themenbereich „Identität" (Ministerium...1997, S. 46 ff.): Welche Bedeutung wird dem Anderen und Fremden in der Identitätsentwicklung zugeschrieben? Inwiefern kann er/es zur Selbst-Aufklärung beitragen? Es gilt die Erfahrung zu ermöglichen, sich zunehmend als bewusster, sich selbst und anderen gegenüber verantwortlicher Konstrukteur der Lebenswelt zu begreifen.

  Zur Verdeutlichung dieses Aspekts dürfte das Bild eines gemeinsam zu erfindenden „Theaterstücks" geeignet sein: Jeder ist ein Akteur auf einer gemeinsamen Theaterbühne. Man spielt zum einen die anerzogene, biografisch und kulturell bedingte Rolle, zum anderen orientiert man sich an dem, „was gerade gespielt wird": am gemeinsamen Stück und seinem Thema – vor allem aber daran, wie die anderen/„Fremden" sich dem Handlungskern nähern, ihn umkreisen bzw. sich damit auseinander setzen. Man beobachtet, tastet die Situation ab, erprobt spielerisch Möglichkeiten des Deutens und des Handelns, animiert andere zum gemeinsamen Experiment, zur Erkundung einer gemeinsamen Basis der Aktion und Reflexion. In diesem Prozess bekommt man auch selbst Rollen zugeschrieben und angetragen, probiert sie aus, wie man in der Garderobe des Theaterateliers mit Masken, Kleidern und Hüten spielt. Bezugspunkt allen Handelns bleibt das gemeinsame Stück und v.a. das Anliegen, dass das Stück weitergeht und alle dabei bleiben können. Zielperspektive des Stücks ist der Prozess des Aushandelns gemeinsamer Deutungsmuster. Für jeden „Mitspieler" wird damit die Frage grundlegend, wie man sich selbst vom anderen her denken könnte. Im Kern geht es dabei um eine sensible Wahrnehmung des Kontaktprozesses, es gilt das eigene Handeln in seiner möglichen Wirkung auf andere zu antizipieren: Sie werden mich und mein Handeln danach beurteilen, inwiefern es der Sache und dem Fortgang des Stücks diente.
- *Fremdes und Fremde in der eigenen Lebenswelt/Umwelt/Region* stellen eine wichtige Herausforderung bei der Entwicklung kollektiver Identitäten dar, bilden sich doch im vertrauten Lebensbereich die Grundmuster des Umgang mit dem „Eigenen" und dem „Fremden", d.h. Modelle der sozialen Ein- und Ausgrenzung. Gleichzeitig aber bietet die überschaubare Lebenswelt einen Handlungskontext, der es den Subjekten ermöglicht, sich selbst im Medium gesellschaftlicher Praxis zu erfahren und Kompetenzen zu entwickeln. Die Fähigkeit,

Selbstverantwortung für das eigene Handeln/Lernen zu entwickeln, ist zum einen an das Erkennen der eigenen Rolle in den Kontexten Lebenswelt, Gesellschaft und internationales System gebunden, zum anderen an die Erfahrung von Handlungsspielräumen: Nichts scheint für die Überwindung von Ohnmachtsgefühlen und die Entwicklung von Handlungsdispositionen so bedeutsam zu sein wie Kompetenzerfahrung (vgl. Gronemeyer 1976).

Zu fragen ist vor diesem Hintergrund, inwiefern der Pädagogikunterricht zur Entwicklung „handlungsermächtigender Strukturen" (Stark 1996, S. 163) beitragen kann: innerhalb der Schule etwa im Rahmen der Organisation und qualifizierten Artikulation von SchülerInnen-Interessen im Rahmen der Schulmitwirkungsorgane, außerhalb der Schule z.B. bei der solidarischen Unterstützung von benachteiligten Bevölkerungsgruppen und deren Selbstorganisationspotenzialen.

Wenn wir die Adoleszenz beschreiben als Phase besonders intensiver, risiko- und chancenreicher Suche nach einem selbstbestimmten Lebensweg, so stellt sich damit nicht nur die klassische identitätstheoretische Frage, inwiefern der „bedeutsame Andere" zur eigenen Identifizierung und Identitätsentwicklung beiträgt. Genauso wichtig wird dann die Frage, inwiefern die Subjektentwicklung dialektisch verknüpft ist mit dem Respekt vor bzw. der Akzeptanz und Unterstützung der Autonomie des Anderen. Gerade in helfenden Berufen (und für Pädagogik-SchülerInnen (!)) gilt es der Versuchung einer paternalistischen Haltung gegenüber den „Hilfsbedürftigen" zu widerstehen, – einer Haltung, die aus interkultureller Perspektive an einen historisch überkommenen kolonialistischen Habitus erinnert.

Die Erfahrung selbstbestimmten Handelns in der eigenen Lebenswelt scheint Voraussetzung dafür zu sein, dass sowohl in intersubjektiven Beziehungen als auch bezogen auf benachteiligte Personen/Gruppen in der Gesellschaft andere in ihrem Bemühen um eine Selbstorganisation der eigenen Interessen unterstützt werden (können). Wie viele Beispiele aus der Praxis der Neuen Sozialen Bewegungen zeigen, scheint umgekehrt gerade eine solche gesellschaftspolitische Praxis geeignet zu sein, selbstbestimmteres Handeln im Alltag und in den persönlichen Beziehungen hervorzubringen (vgl. Holzbrecher 1997a).

- Es dürfte immer weniger gelingen, *Fremdes in globalisierten gesellschaftlichen Verhältnissen* aus dem Wahrnehmungshorizont auszublenden. Zu offensichtlich dringen weltweite ökonomische, politische und soziale Veränderungsprozesse in die eigene Lebenswelt. Mit Armutsflüchtlingen aus aller Welt, Arbeitsmigranten aus Süd- und Osteuropa sowie politisch und religiös Verfolgten steht die „Dritte Welt" vor der eigenen Haustüre. Die Marginalisierung der Modernisierungsverlierer bzw. derer, die sich nicht anpassen und integrieren können, scheint im Kleinen wie im Großen zu einem Grundmuster einer ökonomistisch fixierten Politik zu werden: Im Bild der „Festung Europa" spiegeln sich soziale und politische Ausgrenzungsstrategien, ebenso im verzweifelten Bemühen, mittels ethnischer bzw. kulturalistischer Kriterien verlorene Sicherheit wiederzugewinnen. Diese gesellschaftliche Dynamik im (Pädagogik-)Unterricht ideologiekritisch zu analysieren, ist eine notwendige, aber nicht hinreichende Bedingung interkulturellen Lernens. Zwar ermöglicht eine solche Analyse die wichtige Erkenntnis, dass die Kriterien, entlang derer soziale Identitäten konstruiert werden, relativ beliebig und damit austauschbar sind, dass Gruppen etwa nach Hautfarbe, ethnischen oder sonstigen äußerlichen oder (vermeintlich) historisch begründbaren Merkmalen unterschieden werden bzw. sich selbst damit von anderen abgrenzen. Doch bleibt diese Erkenntnis für das lernende Subjekt so lange theoretisch bzw. „fremd", als sie nicht als persönlich bedeutsame Information angeeignet werden kann. Es gilt also nach einem Bildungskonzept zu suchen, das eine derartige Verknüpfung ermöglicht.

Die Unterstützung indigener Völker in Afrika, Asien oder Lateinamerika in ihrem Kampf um das Selbstbestimmungsrecht, die Betreuung politischer Gefangener in einer Amnesty-International-Gruppe, der Kontakt zu Flüchtlingsfamilien vor Ort, Hausaufgabenhilfe oder die Mitarbeit bei Freizeitaktivitäten für Migrantenkinder im benachbarten Stadtteilzentrum, Schulpartnerschaften... Alle derartigen Aktivitäten einer „geöffneten Schule" dürften, so meine These, für die Subjektentwicklung der Schüler/innen Lerngelegenheiten bieten: Vermutlich sind es weniger kognitive Einsichten als vielmehr soziale (Gegen-)Erfahrungen, die jene psychischen Dispositionen hervorbringen, welche mit den Begriffen „Einstellungsänderung" oder „Vorurteilsabbau" nur ungenau bezeichnet werden. Im handelnden Umgang mit dem Fremden und in der Gestaltung der dialektischen Beziehung zwischen der Fremd- und der Selbstwahrnehmung entwickelt sich ein Habitus, der es ermöglicht, die Ambivalenz riskanter gewordener Verhältnisse weniger als Bedrohung und eher als Herausforderung wahrzunehmen.

Wenn mit Erhard Meueler „Bildung als Subjektentwicklung" konzipiert wird, scheint es zu gelingen, einerseits den Aneignungsprozess als persönlich bedeutsame Arbeit an einer widerständigen Realität und andererseits diese Aktivität als politische Aktivität zu verstehen. Der Subjektbegriff als *„Chiffre für freiheitliches Fühlen, Denken, Wollen und Handeln, selbstständige Entscheidungen (...) steht für Widerständigkeit, Selbstbewusstsein und weitgehend selbstbestimmte Verfügung über Lebensaktivitäten. Es ist ein kämpferischer Begriff der Selbstermächtigung, gerichtet gegen die ausschließliche Funktionalisierung des Menschen für die Belange des Marktes."* Gleichzeitig aber setzt Subjektivität Beziehungsfähigkeit voraus. *„Sie bedarf, um zustande zu kommen, der solidarischen Wertschätzung durch andere ebenso wie der eigenen Offenheit für fremdes Leid"* (Meueler 1993, S. 8). Mit diesem bildungspolitischen Ansatz kann die schöpferische Auseinandersetzung mit den gesellschaftlichen Strukturen als Medium der eigenen Subjektentwicklung konzipiert werden. Indem sie für eine Verbesserung der Lebensbedingungen benachteiligter Gruppen hier und anderswo arbeiten und sich mit ihrer Differenz/Gleichheit auseinander setzen, überwinden die Lernenden die totale Vereinnahmung durch die Marktgesetze, entdecken ihre Kompetenzen und entwickeln in der Auseinandersetzung mit der äußeren Realität ihre Subjekthaftigkeit.

Literatur:

Dilthey, Wilhelm (1973): Gesammelte Werke Bd. 7, Göttingen

Erdheim, Mario (^{3}1990): Die gesellschaftliche Produktion von Unbewusstheit. Eine Einführung in den ethnopsychoanalytischen Prozess, Frankfurt

Erdheim, Mario (^{4}1994): Zur Ethnopsychoanalyse von Exotismus und Xenophobie, in: ders: Psychoanalyse und Unbewusstheit in der Kultur. Aufsätze 1980-1987, Frankfurt, S.258-265

Gadamer, Hans-Georg (1995): „...nein, das letzte Wort will ich gar nicht haben". Ein Gespräch über die gewaltlose Macht der Sprache (J.Poulain/E.Poulain), in: Frankfurter Rundschau vom 11.2.1995, S.8

Gogolin, Ingrid (1994): Der monolinguale Habitus der multilingualen Schule, Münster

Gogolin, Ingrid; Krüger-Potratz, Marianne; Meyer, Meinert A.(1998)(Hg): Pluralität und Bildung, Opladen
Gronemeyer, Marianne (1976): Motivation und politisches Handeln. Grundkategorien politischer Psychologie, Hamburg
Gronemeyer, Marianne (1993): Das Leben als letzte Gelegenheit, Darmstadt
Helsper, Werner (1996): Antinomien des Lehrerhandelns. Paradoxe Verwendungsweisen von Autonomie und Selbstverantwortlichkeit, in: A.Combe/W.Helsper (Hg), Pädagogische Professionalität, Frankfurt, S.521-569
Hoffmann, Erich (1991): Verstehen heißt in Kontakt bleiben, in: O.-A.Burow/H.Kaufmann (Hg), Gestaltpädagogik in Praxis und Theorie, Berlin, S.171-187
Holzbrecher, Alfred (1997): Wahrnehmung des Anderen. Zur Didaktik interkulturellen Lernens, Opladen
Holzbrecher, Alfred (1997a): Lernen für eine Zivilgesellschaft. Umrisse eines Handlungsmodells, in: K.F. Schade (Hg), Wie global sollte entwicklungspolitische Bildung sein? epd Entwicklungspolitik Materialien IV/97, S.33-43
Kegan, Robert (³1994): Die Entwicklungsstufen des Selbst, München
Kiesel, Doron (1996): Das Dilemma der Differenz. Zur Kritik des Kulturalismus in der Interkulturellen Pädagogik, Frankfurt
Langefeld, Jürgen (1997): Warum in die Ferne schweifen...? Zur Ethik „von unten“ in: Verband der Pädagogiklehrer und Pädagogiklehrerinnen (Hg), „Das Richtige tun – auch ungewissen Ausgangs“. Festschrift zum 65. Geburtstag von Prof. Böhm, Wesel, S.3-10
Meueler, Erhard (1993): Die Türen des Käfigs. Wege zum Subjekt in der Erwachsenenbildung, Stuttgart
Ministerium für Schule und Weiterbildung (Hg)(1997): Richtlinien und Lehrpläne für die Sekundarstufe I – Gymnasium in Nordrhein-Westfalen: Erziehungswissenschaft, Düsseldorf
Prengel, Annedore (1993): Pädagogik der Vielfalt. Verschiedenheit und Gleichberechtigung in Interkultureller, Feministischer und Integrativer Pädagogik, Opladen
Schöfthaler, Traugott (1983): Kultur in der Zwickmühle zwischen Relativismus und Universalismus, in: Das Argument 139/1984, S.333-347
Simpfendörfer, Werner (1981): Sich einleben in den größeren Haushalt der bewohnten Erde ökumenisches und ökologisches Lernen, in: Heinrich Dauber/Werner Simpfendörfer (Hg.), Eigener Haushalt und bewohnter Erdkreis, Peter Hammer Verlag GmbH Wuppertal 1981, S.64-93
Stark, Walter (1996): Empowerment. Neue Handlungskompetenzen in der psychosozialen Praxis, Freiburg
Waldenfels, Bernhard (²1991): Der Stachel des Fremden, Frankfurt

5.5 Profilfach Pädagogik

Gernod Röken/Ulrike Waterkamp

„In unseren Schulen gibt es zwei Monde. Sie treten in verschiedenen Räumen auf; hart und nackt der eine, der andere leise und verschleiert; vorgeführt von zwei verschiedenen Fachlehrern. Was der eine Mond mit dem anderen zu tun hat, davon wird nicht gesprochen.“ (Martin Wagenschein: Erinnerungen für Morgen, Weinheim/Basel 1983, S. 162)

5.5.1 Einführung und Überblick

Die Gesamtschule Waltrop hat nach einer fast zweijährigen schulinternen Entwicklung, an der alle Gruppierungen der Schulgemeinde beteiligt waren, im Oktober 1996 den Antrag an das Ministerium für Schule und Weiterbildung auf Einrichtung von fachlichen Schwerpunkten gemäß § 8 (3) APO-GOSt gestellt. In der mit dem Schuljahr 1997/98 begonnenen gymnasialen Oberstufe sollen die Schülerinnen und Schüler neben dem üblichen Angebot an Leistungskursen die Möglichkeit erhalten, zwischen folgenden Fächerkombinationen (Leistungsschwerpunkten bzw. Profilen) zu wählen.

Erziehung und Gesellschaft: Leistungskurs Erziehungswissenschaft und Grundkurs Sozialwissenschaften
Kultur und Ästhetik: Leistungskurs Geschichte und Grundkurs Kunst
Natur und Gesundheit: Leistungskurs Biologie und Grundkurs Sport

Lernorganisation mit Leistungsschwerpunkten

Entscheidungen, die zu einer „Oberstufe mit Extras” führten, in der auch das Fach Erziehungswissenschaft einen besonderen Stellenwert erhielt, gingen von den bisherigen Bemühungen zur Reform der Oberstufe an Gesamtschulen, von den spezifischen Voraussetzungen und Zielperspektiven der Gesamtschule Waltrop zur Gestaltung ihrer Sekundarstufe II, von einem allgemeinen didaktischen Begründungszusammenhang (gemeint sind Formen eines fächerübergreifenden Unterrichts), von der Diskussion um die Neubestimmung der Bildungsaufgaben in der gymnasialen Oberstufe und ebenfalls von fachdidaktischen Leitvorstellungen für das Fach Erziehungswissenschaft aus. Da eine solche Konzeptualisierung erst aus der Aufeinanderbezogenheit dieser verschiedenen Motivlagen zu verstehen ist, sind diese hier gesondert zu entfalten, um anschließend die sich daraus ergebende Akzentuierung und Besonderheit für das Fach Pädagogik zu bestimmen.

Aber auch kritische Einwände gegen eine Profiloberstufe sollen zu Wort kommen. Anschließend werden praktische Erfahrungen hinsichtlich des Zusammenwirkens der Fächer Erziehungswissenschaft und Sozialwissenschaften auf der Ebene der Unterrichtsthemen (konkrete Unterrichtssequenzen) unter der Einbeziehung von systematischen Rückmeldungen durch die Schülerinnen und Schüler vorgestellt.

Reformideen zur Veränderung der Oberstufe

Gesamtschulen als Motor von Schulentwicklung haben stets versucht, ihr innovatives schulpädagogisches Potenzial zu nutzen.[1] Ihre wichtigen Impulse führten häufig zu Adaptionen im herkömmlichen Schulsystem und an einzelnen Schulen des drei- bzw. viergliedrigen Schulwesens zu partiellen Modernisierungsschüben. Dies hat sich auch im Bereich der gymnasialen Oberstufe erneut vollzogen.

Aus Unzufriedenheit über die unflexible Struktur der Oberstufe, über eine vereinseitigende und verengte Vorstellung von Bildung, über eine Reduktion auf Ausbildung im Sinne eines ausschließlichen Fitmachens für den Beruf und aus Verärgerung über die mangelnde Bedeutsamkeit und Nachhaltigkeit des Lernens, das ohne Öffnung für die Interessen und Probleme der Lernenden und ohne Bezug zu ihrer Lebenswelt blieb, entstanden an Gesamtschulen Ideen und Konzepte, die darauf Antworten und nach Möglichkeiten der Veränderungen suchten, da eine gesamtschuladäquate Oberstufe fehlte.[2] Für die Gesamtschulen als Bildungsschulen für alle Kinder und Jugendlichen war es wichtig, dass es eine möglichst große Kontinuität zwischen ihrem Konzept in der Sekundarstufe I und in der Sekundarstufe II geben sollte, dass also die gymnasiale Oberstufe an Gesamtschulen weder zur „Gralsburg“ noch zum „lästigen Appendix“ oder gar zur „Eiswüste der Abstraktion“ würde, in der die Schülerinnen und Schüler nicht mehr Lernende, sondern permanent Geprüfte wären.[3]

Einige Gesamtschulen und vor allem das Oberstufenkolleg der Universität Bielefeld[4] haben sich aufgemacht, die gymnasiale Oberstufe im Rahmen der gesetzlichen Vorgaben durch schulinterne Entwicklungsprozesse weiterzuentwickeln, um vor allem „eine die Sach- und Fachkompetenz vereinigende Komplexitätskompetenz“[5] (viel zu wissen, ist viel zu wenig) anzustreben, aber auch veränderte Formen der Unterrichtsgestaltung mit einer größeren Lernerorientierung zu ermöglichen. Neben dem Oberstufenkolleg nahm hier vor allem die Max-Brauer-Schule, eine Gesamtschule in Hamburg-Altona, die Rolle der Protagonistin für eine Profiloberstufe ein. Sie veränderte ab dem Schuljahr 1991/92 in einem schulinternen Entwicklungsprozess die Oberstufe so, dass drei Profile entstanden, in denen die Schülerinnen und Schüler in zwei gekoppelten Leistungskursen und zwei daran angebundenen Grundkursen 15 bis 16 Stunden gemeinsamen Unterricht erhielten.[6] In Nordrhein-Westfalen, wo aufgrund der Rahmenvorgaben solche extensiven Modelle der Fächerkooperation nicht realisierbar waren, entwickelten acht Gesamtschulen (überwiegend im Regierungsbezirk Arnsberg) konzeptionelle Planungen bzw. fächerkoordinierende Menüs von Schwerpunkten, die die Grenzen eines Faches überschritten.[7]

Als eine weitere Variante eines Reformansatzes in der gymnasialen Oberstufe, die über die bestehende Fachsystematik hinaus- und von den Lernenden ausgeht, kann der Projektunterricht als Unterrichtsform in der Sekundarstufe II gewertet werden, wie er im Oberstufenkolleg und ab 1993 in der Oberstufe der Gesamtschule in Gelsenkirchen-Horst stattfand.[8]

Allen Bemühungen war gemeinsam, die Arbeitsweisen der Gesamtschule in der Sekundarstufe II (Identität als Gesamtschuloberstufe) möglichst zu erhalten und weiterzuentwickeln, eine größtmögliche didaktische und unterrichtsmethodische Reformierung erreichen zu wollen und der Oberstufe ein spezifisches und möglichst attraktives Gesicht zu verleihen.

Die Veränderung der gymnasialen Oberstufe an der Gesamtschule Waltrop

Dies war auch das Motiv für eine reformorientierte Ausrichtung der gymnasialen Oberstufe an der Gesamtschule Waltrop. So ergab sich für den Didaktischen Ausschuss der Gesamtschule Waltrop als Steuerungsgruppe für einen schulinternen Entwicklungsprozess (zusammengesetzt aus Lehrenden der einzelnen Lernbereiche, aus Eltern und aus Lernenden) die Notwendigkeit, eine Konzeptualisierung der Sekundarstufe II der Schulkonferenz zur Abstimmung vorzulegen, in der sich die in der Sekundarstufe I realisierten Elemente des Schulprogrammes wieder finden sollten. Neben dem Element des Lernens in Lernbereichen im Sinne eines fächerkoordinierenden Unterrichts waren die entscheidenden Leitgedanken: Fortsetzung der Teamschule, Weiterverfolgung des sozialen Lernens und Weiterentwicklung des politischen Lernens in der Schule. Die Empfehlungen des Didaktischen Ausschusses lauten:

„Die Gesamtschule Waltrop hat sich in der Sekundarstufe I auf den Weg gemacht, folgende Schwerpunkte ihrer Arbeit auszugestalten:

Teamschule/Lernverständnis: soziales Lernen, selbstständiges Lernen, Politische Bildung/fächerkoordinierendes und fächerübergreifendes Lernen in Lernbereichen. Diese Schwerpunkte sollen in der Sekundarstufe II mit eigenen Gestaltungen fortgesetzt werden, um so eine Kontinuität des Schulprogrammes und eine gemeinsame Verantwortung aller LehrerInnen für die gesamte Schule zu erreichen. Der Didaktische Ausschuss empfiehlt die Bildung von Oberstufenteams wie die Errichtung von Leistungsschwerpunkten. Als Kriterien für die Auswahl der Fächer bei den Leistungsschwerpunkten hat der Didaktische Ausschuss empfohlen, Kurse und Kurskombinationen so zu wählen, dass

- *insgesamt alle drei Aufgabenfelder abgedeckt werden,*
- *die SchülerInnen Pflichtbelegungen erfüllen können,*
- *SchülerInnen der Gesamtschule Waltrop ihre Neigungen aus der Sekundarstufe I weiter entwickeln können,*
- *die Sekundarstufe II der Gesamtschule attraktiv wird für ‚Seiteneinsteiger' aus Waltrop und aus der Umgebung,*

- *SchülerInnen in besonderer Weise vernetzendes Denken erlernen und handlungsorientiert lernen,*
- *soziales und selbstständiges Lernen in besonderer Weise möglich wird."* [9]

Damit sollten die besonderen Potenziale der eigenen Schule zur Geltung gebracht werden. Für die Hineinnahme des Faches Erziehungswissenschaft in eine Kurskoppelung sprach dabei, dass keine der benachbarten gymnasialen Oberstufen dieses Fach als Leistungskurs anbot, dass es viele thematische Beziehungspunkte mit der Chance der wechselseitigen Nutzbarmachung zwischen den Fächern Sozialwissenschaften und Erziehungswissenschaft gab, dass durch Bündelung dieser beiden Fächer ihre dauerhafte Verankerung in der Sekundarstufe II der Gesamtschule Waltrop möglich wurde und dass in der Kombination dieser beiden Fächer sich nun eine Chance bot, orientierende Zusammenhänge in einem wesenshaften, strukturellen und kategorialen Beziehungsgefüge, in ihrer Mehrdimensionalität und in einer Verschränkung von Perspektiven (z.B. von Individuum und Gesellschaft) zu erfassen.

Dieses Prinzip einer fächerübergreifenden Politischen Bildung, die dafür sorgt, dass das Spannungsverhältnis und die Vermitteltheit von Personalität und Sozialität in einer immer schwerer durchschaubaren und komplexeren Welt erkennbar und konträr deutbar wird und darüber hinaus aufgrund von systematischen Kenntnissen und aufgrund von Urteilsfähigkeit eine entsprechende Handlungsdisposition ausbildet, die das engagierte Eingreifen in Erziehungs- und Gesellschaftsprozesse fördert, sollte in diesem Ansatz der Fächerkoordination vertieft werden (s. Stellenwert des Faches Erziehungswissenschaft im Leistungsschwerpunkt in dieser Darstellung). Im schulinternen Entwicklungsprozess waren für die Gesamtkonzeption der gymnasialen Oberstufe aber noch weitere Ziele und Perspektiven, die sich vor allem pädagogisch legitimieren, ausschlaggebend, die aber auch für die Qualifikationen für das Lernen im Pädagogikunterricht von praktischer Relevanz sind, da der Pädagogikunterricht mehr erreichen will als erziehungstheoretische Einsichten, da er nach unseren Vorstellungen vor allem Kompetenz im Hinblick auf pädagogisches Handeln vermitteln soll. Insofern haben die grundsätzlichen Vorschläge zur Gestaltung der Sekundarstufe II auch Auswirkungen auf die Schülerinnen und Schüler des Leistungsschwerpunktes „Erziehung und Gesellschaft", aber eben nicht nur auf sie.

Folgende Vorstellungen verbinden sich deshalb mit den Qualifikationen des Pädagogikunterrichtes:

- Durch die beständigen Lerngruppen im Grund- und Leistungskurs wird nicht nur eine organisatorische Klammer zur Verfügung gestellt, sondern auch die Möglichkeit geschaffen, sich um einen gemeinsamen Schwerpunkt zu konstituieren, der so ein hohes Maß an Verbindlichkeit entstehen lässt.
- Das Kombinieren von Kursen gewährleistet, dass alle Schülerinnen und Schüler über den gleichen Kenntnisstand in dem jeweils anderen Fach verfügen, das parallel unterrichtet wird, wodurch Kenntnisse aus beiden Fächern wechselseitig nutzbar werden und sich einer multidisziplinären Bearbeitung evtl. öffnen.
- Die Schule verspricht sich durch ein solches Angebot von „Fachbändern" auch, dass die „soziale Kohäsion der Schüler" gestärkt wird, *„indem über verschiedene Fächer hinweg stabile Gruppen entstehen und eine kontinuierliche Lern- und Arbeitsgemeinschaft erlebt wird, während in den frei wählbaren Kursen der Austausch verschiedener Lern- und Erfahrungshorizonte stattfindet."*[10] Durch

die Bildung von kursangebundenen Kerngruppen kann der Isolation und der Anonymisierung im Kurssystem stärker begegnet und die gegenseitige Hilfe und Kooperation gefördert werden. Ein gemeinsamer Arbeits- und Erfahrungsprozess als Hilfe zur Identitäts- und Persönlichkeitsbildung wird durch die größere Stabilität sozialer Bezüge erhöht. Die Ziele der Empfehlungen der UNESCO-Kommission („learning to know" = Lernen des Lernens als lebenslanger Prozess, „learning to do" = Entwicklung von Handlungskompetenz, „learning to be" = Entfaltung von Identität und „learning to live together" = Erlernen des Zusammenlebens in Vielfalt und Gemeinsamkeit) können auch in der Sekundarstufe II fortgesetzt werden.[11]

- Die Lehrerinnen und Lehrer, die die beiden Fächer in den Kurskoppelungen unterrichten, sind die Tutorinnen und Tutoren der betreffenden Kerngruppen. Sie sind Ansprechpartnerinnen und -partner für Schülerinnen und Schüler und übernehmen die betreuenden Funktionen, die in etwa vergleichbar sind mit den Aufgaben der Klassenlehrerin/des Klassenlehrers in der Sekundarstufe I. In bilateraler und kontinuierlicher Kooperation sind sie darüber hinaus gehalten, die curriculare Fortentwicklung zu sichern, die inhaltliche Abstimmung zu gewährleisten und zu dokumentieren. Sie erfahren so eine Bereicherung der ansonsten individualisierten Lehrerinnen- und Lehrerrolle. Dadurch, dass auch für die Sekundarstufe II wie in den Jahrgängen der Sekundarstufe I ein Team (Jahrgangsteam oder zwei Teams pro Jahrgang, die auf drei Klassen bezogen sind), hier Oberstufenteam, gebildet wird, das sich aus den Beratungslehrerinnen und -lehrern und aus den Kolleginnen und Kollegen zusammensetzt, die vorwiegend in der Oberstufe unterrichten, soll ein grundsätzlicher Anspruch entstehen, die gymnasiale Oberstufe unter einer übergreifenden Idee durch das Oberstufenteam gemeinsam auszugestalten und zu entwickeln. Auch in den Jahrgängen 11 bis 13 sollen die bewährten Formen zielgerichteten kooperativen Lernens im Team zur Gewährleistung eines größeren Maßes an pädagogischer Orientierung fortgesetzt werden.[12]

Damit sind weitere Elemente des hier zu entfaltenden Begründungszusammenhanges für ein in kooperativer Planung entwickeltes Leitbild einer veränderten Lernorganisation in der gymnasialen Oberstufe genannt, die auch Folgen für das Fach Erziehungswissenschaft haben.

Fächerkoordinierender Unterricht als eine pädagogische Antwort auf gesellschaftliche Herausforderungen der Schule

Aufgrund des enormen gesellschaftlichen Wandels, der die Schule vor neue Herausforderungen stellt, müssen pädagogische und didaktische Antworten auf diese neuen Anforderungen gefunden werden, damit das öffentliche Schulwesen noch annähernd in der Lage ist, auf die wachsende Komplexität der aktuellen und künftigen Lebenszusammenhänge und Lebensperspektiven zu reagieren.[13] Die in der Schule Tätigen müssen sich daher fragen, welche Lerninhalte, welche Themen, welche Lernformen und welche Erfahrungen geeignet sind, um die Schülerinnen und Schüler auf eine veränderte Welt vorzubereiten.[14]

Einen Antwortversuch auf diese veränderte Lebenswelt von Kindern und Jugendlichen stellen Formen eines fächerverbindenden und fächerübergreifenden Unterrichts dar. Sie sollen gewährleisten, dass Schülerinnen und Schüler verstärkt in die Lage versetzt werden, eine zunehmend unüberschaubare und ausdifferenzierte Gesellschaft in ihren Beziehungen und Verflechtungen zu erkennen, indem sie angehalten werden, Zusammenhänge zwischen isoliert auftauchenden Phänomenen und Problemen zu sehen. Schulisches Lernen ist gefordert, eine Aufeinanderbezogenheit aufzuzeigen und Einzelinformationen in ihrem Neben- und Nacheinander zu sortieren, aufzuarbeiten und in einen strukturellen Zusammenhang zu bringen, so dass vertiefte Erkenntnisse und vernetzende Bezüge zu einer annähernden Erfassung der Totalität gesellschaftlicher Praxis möglich werden.

Der Schule kommt vermehrt die Aufgabe zu, solche Formen des Lernens zu entwickeln, die Zusammenhänge verständlich machen, die über integratives Denken existenzielle Orientierungen vermitteln. Wird dies in der Sekundarstufe I der Gesamtschulen durch eine Lernbereichsdidaktik in Teilbereichen gewährleistet,[15] so steht eine fächerverbindende Zusammenschau, das Ineinandergreifen verschiedener Fächer und Zugriffsweisen für die Sekundarstufe II noch aus. Durch die dargelegte Organisationsform eines **fächerkoordinierenden Unterrichts,**[16] der sich durch die komplementäre Erschließung eines Themas auszeichnet und damit über eine Fächerverbindung hinausgeht, soll die Möglichkeit geschaffen werden, den Horizont eines Faches zu überschreiten, weil viele Problemlagen der Risikogesellschaft nicht mehr nur einzelnen Fächern zugeordnet werden können. Um Wechselwirkungen, Interdependenzen, Verflechtungen und Widersprüche zu verstehen, werden Kenntnisse benötigt, die die Lösung komplexer interdisziplinärer Probleme ermöglichen.

So plädiert der Philosoph Jürgen Mittelstraß für ein problembezogenes Wissen, das die Isolation der Fächer überwindet und ihr Entwicklungspotenzial in ihrer Aufeinanderbezogenheit entfaltet.[17] Ein solches interdisziplinäres Lernen, das die Isolierung fachlicher Zugriffe korrigiert, ist für ihn und auch für uns kein Ersatz für fachliches Lernen, sondern eine sinnvolle Erweiterung eines elementaren und exemplarischen Fachunterrichts. *„Nicht die Abschaffung der Fächer ist das Gebot der Stunde, sondern ein neues Verhältnis von Lernen in Fächern und Fachgrenzen überschreitendem Lernen in doppeltem Sinne: über die Begrenztheit der Fächer und zugleich über die Grenzen der Fächer hinaus.“*[18]

Fächerübergreifendes Lernen als Versuch, „gewohnte Sichtweisen aufzubrechen und zu erweitern“[19], ist darüber hinaus auch eine Möglichkeit, sich den veränderten Lernstilen und Formen der Weltaneignung der heutigen Schülerinnen und Schüler zu stellen und ihnen gerechter zu werden, weil es eine größere thematische Orientierung bietet, die auch den Alltagserfahrungen der Lernenden als Anknüpfungspunkt mehr Raum bietet, ohne bei diesen stehen zu bleiben. Ein solcher an den lebensbedeutenden Gegenwarts- und Zukunftsfragen der Lernenden orientierter Unterricht erfordert aber meist eine „Entstrukturierung des Fächerbezuges“[20], bietet aber die Chance, der Vielfalt und der Subjektgebundenheit von Lernprozessen mehr Raum zu geben.

Andererseits vermag kein Unterricht – gleich welcher Art – in Zeiten raschen sozialen Wandels, einer umfassenden gesellschaftlichen Modernisierung mit einer Zunahme von Unsicherheit und einer Pluralisierung der Lebenslagen aber nicht eine Ganzheit im Sinne eines konsistenten Weltbildes wieder herzustellen. Damit wäre er nicht nur überfordert, sondern es vermittelte auch eine ideologische Erkenntnisgewissheit von ganzheitlicher Weltwahrnehmung. Die Kritik an einem solchen Verständnis von „Ganzheit als ontologische Seinsgegebenheit“[21], das die verloren gegangene und vollkommene Einheit des Wissens rekonstruieren will, ist deshalb als berechtigt anzuerkennen.

Das hier entfaltete Konzept der Fächerkoordination verschließt sich solchen unreflektierten und idealisierenden Vorstellungen eines fächerübergreifenden Unterrichts, sondern will vermehrt die „Vielseitigkeit des Weltzugangs“[22] und den „approximativen Charakter“[23] der Erfassung von Sachverhalten und Problemzusammenhängen betonen. Es geht uns nicht um eine Polarisierung Fachunterricht versus fächerübergreifenden Unterricht, sondern um Möglichkeiten der Komplementarität und der Korrespondenz, zumal der Organisationsrahmen relativ schmal bleibt (8 Unterrichtsstunden in der Woche).

Veränderte Lernformen als Chance, eine szientistische Verkürzung des Unterrichts in der Sekundarstufe II zu verhindern

Um Schülerinnen und Schüler zu einem angemessenen wissenschaftspropädeutischen Arbeiten, das sich von „Stoffhuberei” und von einer zur „Wissensmast” degenerierten Anhäufung toten Wissens entfernt, zu bewegen und sie dabei anzuleiten, ist die Gesamtschule Waltrop bemüht, auch bei den Aneignungsweisen der Lernenden und bei den Vermittlungsformen neue Wege zu gehen. Den Schülerinnen und Schülern soll es ermöglicht werden, Sinnbezüge zwischen den unterrichtlichen Themen und der erzieherischen Wirklichkeit zu entdecken und zu erkennen und bildendes Lernen mit großer Nachhaltigkeit (statt Reduktion auf memorierendes Lernen) zu ermöglichen. Unter der Perspektive der Studierfähigkeit der thematisch eingebundenen Vermittlung von Arbeitsmethoden ist vor allem daran gedacht, die Eigentätigkeit und die Selbstständigkeit der Lernenden herauszufordern, ohne dabei systematische und reflexive Lernprozesse und kategoriale Erkenntnisse zu vernachlässigen. Darüber hinaus sollen Lernerfahrungen ermöglicht werden, die nicht von vornherein feststehen, sondern die die Problemlösefähigkeit der Lernenden erhöhen, die aber auch Reflexionen und Rückmeldegelegenheiten über das Wie, Was und Wozu des Lernens einschließen.
Unterrichtspraktische Elemente, um dies zu realisieren, sind:
- ein außerschulischer Einführungskurs in Arbeitsmethoden durch ausgebildete Moderatoren zu Beginn der Jahrgangsstufe 11/1;
- die Durchführung einer Projektwoche durch die Tutorinnen und Tutoren im Rahmen von 11/1. Die Projektwoche ist an die Leistungsschwerpunkte angebunden und dient der vertieften Einführung in den Leistungsschwerpunkt und der Reflexion des eigenen Lernstils, der eigenen Lernbiografie und der eigenen Lernprozesse;
- eine benotete Projektwoche mit der Erstellung eines Produktes und einer besonderen Präsentationsform in 11/2;
- ein zehntägiges Fachpraktikum zu Beginn der Jahrgangsstufe 12, das von den Tutorinnen und Tutoren begleitet wird, um die theoretischen Kenntnisse des Unterrichts praxisorientiert anzuwenden, um einen Einblick in Arbeitsgebiete aus der Sicht des Leistungsschwerpunktes zu erhalten und um das selbstständige Arbeiten an einer Aufgabe außerhalb der Schule einzuüben;
- die Erstellung einer Facharbeit am Ende des Fachpraktikums. Das Thema ergibt sich aus der forschenden Tätigkeit im Praktikum und muss theoriegestützt und in systematischer Weise relevante Aspekte des Praktikums analysieren und reflektieren. Die Schülerinnen und Schüler sollen hierbei vor allem angeleitet wis-

senschaftspropädeutisches Arbeiten erlernen (Entwicklung von Untersuchungsfragen, Literaturbeschaffung etc.). Ein Leitfaden zur praktischen Erstellung und zu Form der Facharbeit wird dabei den Schülerinnen zur Verfügung gestellt. Sie werden sukzessive darauf vorbereitet. Die Facharbeit im Rahmen des Leistungskurses Erziehungswissenschaft ist unter dem thematischen Schwerpunkt „Erziehungswirklichkeit unter den Aspekten von Entwicklung und Sozialisation" angesetzt und lässt Vertiefungen in einzelnen Teilbereichen zu. Bezüge zum gekoppelten Grundkurs Sozialwissenschaften lassen sich über die Lernbereiche „Soziale Gruppe und Individuum" und „Soziale Organisation und Institution" in vielfältiger Weise herstellen. Die Facharbeit wird anstelle der zweiten Leistungskursklausur gewertet. Sie wird im Unterricht vor- und angeleitet nachbereitet. Dabei wird nicht nur der fachliche Rahmen und die Linearität geschlossener Arbeitskonzepte (z.B. bei Klausuren) im Sinne von Mehrdimensionalität und erhöhtem Komplexitäts- und Anforderungsniveau erweitert, sondern auch die einengenden Bezüge zu einem Kurshalbjahr sind zu überwinden, um ein nachhaltiges und selbstbestimmtes Tiefenlernen zu erreichen.

Profilbildung als ein Ergebnis der Diskussion um die Neubestimmung der Oberstufe

Die Gesamtschule Waltrop sah und sieht sich in ihrem Antrag zur Einrichtung von Leistungsschwerpunkten unter der Perspektive der Kooperation der Fächer gestützt durch die Beschlüsse der Kultusministerkonferenz vom 30.11. und 01.12.1995 in Mainz, durch die die Chancen fächerübergreifenden Lernens erhöht wurden. So verweist der Abschlussbericht der von der Kultusministerkonferenz eingesetzten Expertenkommission „Weiterentwicklung der Prinzipien der gymnasialen Oberstufe und des Abiturs" darauf, dass die bestehende Verpflichtung, in der gymnasialen Oberstufe fächerverbindend und fächerübergreifend zu arbeiten, der Stützung bedarf, dass ein Anstoß gegeben werden soll, Entwicklungsarbeit innerhalb von Fächern und fächerübergreifend in Gang zu setzen.[24]

Entsprechungen finden sich ebenfalls in den Ausführungen der nordrhein-westfälischen Schulministerin Gabriele Behler in ihrem Einführungsreferat „Ziele der gymnasialen Oberstufe und Aufgabe der Richtlinien und Lehrplanentwicklung", in dem die Angewiesenheit auf fachliches Wissen ebenso betont wird wie die Begrenztheit eines ausschließlich fachlich orientierten Lernens.[25] Konsequenterweise haben alle Lehrplankommissionen für die gymnasiale Oberstufe Hinweise zur „Herausarbeitung fachübergreifender Ansätze" und zur „Herausarbeitung von Themen, die für fachübergreifende Projekttage/-wochen einzelner Jahrgangsstufen der gymnasialen Oberstufe geeignet sind"[26] erhalten. Dies schließt die Lehrplanentwürfe „Erziehungswissenschaft" und „Sozialwissenschaften" (Stand: Mai 1998 und Oktober 1997) ein, in denen Kooperationsmöglichkeiten mit anderen Fächern explizit aufgeführt werden.

So haben insgesamt die Diskussion um die Anforderungen an die allgemeine Hochschulreife und um die Weiterentwicklung der gymnasialen Oberstufe, die hier nicht detailliert nachgezeichnet werden können, wie auch die Denkschrift „Zukunft der Bildung – Schule der Zukunft" der Bildungskommission NRW die Einrichtung von fächerverbindenden Angeboten gefördert.[27] Aber auch die veränderten Anforderungen an Schule allgemein, die deutlich werden ließen und lassen, dass enzyklopädisches Wissen und eine reine Kenntnisvermittlung zu eindimensional und daher nicht mehr ausreichend sind, um sinnvermittelnde Orientierungen für Lernende entstehen zu lassen, beförderten Tendenzen zu verstärktem fächerübergreifenden Arbeiten.

Koordinationsformen und Verknüpfungsprinzipien der Fächer auf dem Weg zu erweiterten Bildungsansprüchen

Die an der Oberstufe der Gesamtschule Waltrop realisierten Profile kooperieren im Hinblick auf die abgestimmten Themen zwischen den Fächern und im Hinblick auf die vermittelten Arbeitsmethoden (Lernen des Lernens), ohne dass sie dabei ein einheitliches Verknüpfungsprinzip verfolgen. Kriterien für die Anbindung der Fächer wurden auf der Plausibilitätsebene gefunden, z.B. Bezug zur Erfahrungswelt der Schüler, gesellschaftliche Praxisrelevanz, Problemorientierung. Die dem Ministerium zur Genehmigung vorgelegten Grobplanungen haben dabei nur den Anspruch, die Plausibilität der curricularen Verknüpfung abzubilden.

Aufgrund der vorgegebenen Organisationsstrukturen, die es nicht gestatteten, die traditionellen Vorstellungen von einem fachlich segmentierten Lernen in den Grenzen des Faches außer Acht zu lassen, ist es nicht möglich, fächerverbindende Orientierungen aus übergreifenden Themenstellungen zu entwickeln, sondern sie sind aus den Fächern und aus den geltenden Richtlinien heraus so zu entfalten, dass die Ordnungskategorie der Fächer berücksichtigt wird, ohne dass stets Bezug aufeinander genommen wird. Der schulinterne Lehrplan eines Profils zeigt die Anknüpfungspunkte auf, bei dem die einzelnen Fächer durchaus ihren jeweiligen Bereich, ihre sektorale Zuständigkeit wahren. Unterschiedliche Zugriffsweisen und Methoden sichern dabei auch die Eigenständigkeit der Fächer. Fragen nach ihren genuinen Gegenstandsbereichen, nach einem etwaigen Proprium, nach spezifischen Aspekten und nach Antworten aus unterschiedlichen Bezügen bieten sich dabei genauso an wie thematische Beziehungspunkte, wie Perspektivenverschränkung und Denken in übergreifenden Bezügen. Vor allem werden Integrationsanlässe mit Blick auf ein korrespondierendes und komplementäres Verhältnis zu den Richtlinien des anderen Faches genutzt, aber auch gemeinsame Perspektiven der Fächer verdeutlicht. Eine einseitige „Verschränkung“, bei der ein Fach nur eine Zubringer- bzw. Hilfsfunktion für ein anderes hätte, lediglich in dessen „Vorhof“ existierte, soll vermieden werden. Die Themen werden aufeinander abgestimmt. Sequenzen, in denen eine Verknüpfung aufgrund der vorgegebenen Obligatorik nur artifiziell möglich ist, bleiben in der Verantwortung des Faches. Die Gesamtschule Waltrop hat als dominantes Prinzip des Verhältnisses der Fächer zueinander das komplementäre gesetzt, aber auch das kontrastive soll vorkommen und ist möglich.[28]

Vor- und Nachteile einer Oberstufe mit Profilen

Bevor von den allgemein-didaktischen Motivlagen zu einigen fachdidaktischen Begründungsaspekten übergegangen wird, sollen auch Einwände gegen eine Profilbildung genannt werden. Sie sind gegenüber den Vorteilen abzuwägen, um den einzelnen Schulen die Entscheidung über die Entwicklungsarbeit zu einer Profiloberstufe mit einem Oberstufenteam unter Abwägung der Stärken und Schwächen zu erleichtern und um auf sachgerechter Grundlage ein Urteil fällen zu können. Ein wichtiger Einwand (insbesondere bei kleinen Jahrgangsgrößen) ist die Tatsache, dass die Wahlmöglichkeiten nach der Erhöhung der Pflichtbindungen durch die Reformen von 1989 und 1993 etwas eingegrenzt werden. Insbesondere bei zweizügigen Oberstufen fallen a priori bestimmte Fächer aus der Wahlmöglichkeit heraus. Diese Nachteile werden aber ausgeglichen durch eine pädagogisch abgestimmte Schwerpunktbildung und durch eine soziale „Abfederung“ der Schülerinnen und Schüler in einem stabilen Kursverband mit größerer Geborgenheit und einem stützenden Tutorensystem, das intensive Betreuung bietet.

Unter Umständen muss auch eine Abwanderung von Lehrerinnen und Lehrern befürchtet werden, die mit ihren Fächern nicht in das Profil einbezogen werden können oder die keine Chance haben, jemals einen Leistungskurs zu unterrichten. Aber auch an gymnasialen Oberstufen ohne Leistungsschwerpunkte gibt es Traditionen im Hinblick auf die Leistungskurswahlen, die wenig gewählten Fächern (z.B. Kunst, Musik oder auch Pädagogik) nur selten Chancen zur Institutionalisierung eines Leistungskurses einräumen. Andererseits erhält die Schule durch die Leistungsschwerpunkte ihr eigenes „Gesicht“, wenn sie sich bemüht hat, ein ausbalanciertes Lernprofil für die Sekundarstufe II zu entwickeln, das von der Vielfalt lebt. Für bestimmte Schülergruppen, die Interesse an diesen Schwerpunkten haben, entsteht eine höhere Attraktivität, so dass die Schule auch sog. „Seiteneinsteiger“ anzieht. Andere Schülerinnen und Schüler, die ihre gewünschten Leistungskurse nicht vorfinden, müssen die Schule allerdings verlassen. Ein einmal realisiertes Profil muss eine annähernde Konstanz auch für die kommenden Jahrgänge gewährleisten, so dass die Schule sich langfristig festlegt. Hier können Schwierigkeiten entstehen, wenn LehrerInnen, die in einem Profil unterrichten, versetzt werden, so dass kein entsprechender fachlicher Ersatz zur Verfügung steht. Unter Umständen muss dann der Leistungsschwerpunkt verändert werden. Aber auch eine gymnasiale Oberstufe ohne Schwerpunkte wird nicht jedes Jahr neue Leistungskurse neben den verpflichtenden Angeboten zur Wahl stellen und ist von Versetzungen betroffen.

Auf der Ebene der Abstimmung zwischen den Fächern entsteht bei Leistungsschwerpunkten ein erhöhter Kooperationsbedarf. Dies gilt auch für die Arbeit in einem Oberstufenteam, das sich den spezifischen Problemen der Sekundarstufe II (organisatorische, pädagogische, curriculare und methodische) zuwendet. Kontinuierliche Kooperation bedeutet zwar größere zeitliche Belastung für den funktionalen Diskurs unter Lehrerinnen und Lehrern, aber andererseits entstehen durch das Von- und Miteinander-Lernen langfristig auch Entlastungsmöglichkeiten.[29] Zudem ist die Chance auf eine veränderte Lehrerinnen- und Lehrerrolle im Sinne einer erweiterten Professionalität gegeben. Nichtsdestoweniger muss jede Schule vor dem Hintergrund ihrer situativen Bedingungen und spezifischen Voraussetzungen selbst überlegen, ob sie in einem solchen Ansatz ein Mehr an didaktischer Kompetenz erkennen kann, oder ob sie sich selbst auf die Suche nach einer anderen Möglichkeit begibt, die die Lernvoraussetzungen und die Lebenswelt der Schülerinnen und Schüler stärker im Unterricht berücksichtigt, um ihnen mehr Raum für Eigentätigkeit und Mitbestimmung zu geben.

5.5.2 Fachdidaktische Begründungsaspekte für ein Profilfach Pädagogik

Aus der fachdidaktischen Perspektive lassen sich mehrere Begründungsstränge entwickeln, die den mit der Profilbildung eingeschlagenen Versuch, ein stärker themenbezogenes Arbeiten, das die Ausdifferenzierung der einzelnen Fächer an einigen Stellen zurück nimmt, ohne den besonderen Stellenwert der Perspektive des Einzelfaches zu bestreiten, stützen.

Vor allem wird hier zurückgegriffen auf die Explikation von Profilbildung durch Klaus Beyer, mit der es möglich wird, dass sich die verbundenen Fächer einer gemeinsamen Problemstellung annehmen, die sie sich in ihrer Komplexität und Bezogenheit aufeinander erschließen, aber dabei jeweils auch die spezifische Weise ihres Zugriffes verdeutlichen können.[30] Trotz einer gegebenen funktionalen Äquivalenz und einer Affinität der Fächer Sozialwissenschaften und Erziehungswissenschaft als Angebote aus dem gesellschaftswissenschaftlichen Aufgabenfeld gibt es neben den Gemeinsamkeiten auch notwendige Unterschiede, die es ebenso zu verdeutlichen gilt. Als Fächer des gesellschaftlichen Aufgabenfeldes haben beide für soziales Handeln zu qualifizieren, aber sie versuchen die soziale Kompetenz auf unterschiedliche Weise auszubilden.[31] Beide beziehen sich auf eine gesamtgesellschaftliche Totalität in ihrer gesellschaftsformspezifischen Ausprägung, überwinden hier verkürzende Abtrennungen und Aufteilungen durch integrative Fragestellungen, betonen aber auch die Differenz und die Spezifik ihrer Ziele und Perspektiven. Zwar liegt beiden der gemeinsame Gegenstand der gesellschaftlichen Wirklichkeit zugrunde, aber mit Klaus Beyer geht es für den Pädagogikunterricht um eine Klärung, was unter „pädagogischer Praxis" zu verstehen sei.[32] Der besondere Stellenwert des Pädagogikunterrichtes ergibt sich dadurch, dass er versucht, die pädagogische Handlungskompetenz in den drei *„paideutischen Rollen als Erzieher, als Edukand und als für die Erziehungspraxis mitverantwortliches Gesellschaftsmitglied zu fördern."*[33] Dies bedeutet für den aufeinander bezogenen Unterricht, dass neben den soziologischen, politischen und ökonomischen Sichtweisen die pädagogische Handlungsperspektive, die Frage nach der Bedeutung für die pädagogische Praxis nicht vernachlässigt werden darf und soll. Gleichzeitig wird über die Bildung des fachlichen Schwerpunktes „Erziehung und Gesellschaft" besonders versucht, die Transfermöglichkeiten zur Ausbildung unterschiedlicher Handlungskompetenzen zu nutzen. Die Erfassung der Interdependenz von Erziehung und Gesellschaft soll den Schülerinnen und Schülern ermöglichen, Erziehungswirklichkeit als Element gesellschaftlicher Wirklichkeit zu entschlüsseln und gleichzeitig die Besonderheit der pädagogischen Reflexion zu verstehen.

Die Spezifik des Pädagogikunterrichtes in der hier vollzogenen Aufeinanderbezogenheit mit dem Fach Sozialwissenschaften liegt darin, dass sie sich besonders der Bereiche annimmt, in denen verdeutlicht werden kann, dass erzieherisches Handeln in einem größer werdenden Umfang von Entscheidungen und Vorgaben abhängt und dass Versuche zur Lösung pädagogischer Probleme von politischen Entscheidungen und gesellschaftlichen Entwicklungen abhängig sind.[34] Durch die Fächerkooperation versprechen wir uns eine Öffnung für Fragestellungen, die es den Lernenden erleichtern sollen, den Zusammenhang von Erziehung und „Risikogesellschaft" (Beck) in der Form einer zunehmenden *„Gefährdetheit subjektiver Existenz und Ichidentität durch die Gefährdetheit und Krisenhaftigkeit von Wirklichkeit"*[35] zu erkennen. Dies schließt auch die Unterstützung und Hilfe bei der Selbstfindung in einer zunehmend individualisierten, verunsicherten und wertunsicheren Gesellschaft ein, ohne dabei falsche Sicherheiten vermitteln zu wollen. Die Verschränkung der beiden Fächer Erziehungswissenschaft und Sozialwissenschaften und die Ermöglichung eines Denkens in übergreifenden Bezügen soll den Lernenden bei ihrer Suche nach sinnstiftenden Orientierungen und Zusammenhängen helfen. Ihre eigene Biografie kann vor dem Hintergrund einer historisch gewordenen und historisch veränderbaren gesellschaftlichen Situation in ihrer Besonderheit, in ihrem gesellschaftlichen Konstitutionszusammenhang verstanden werden, aber auch im Hinblick auf die Erziehungsmöglichkeit und die Förderung anderer betrachtet und eigene Handlungsentwürfe erprobt werden.[36]

Zielperspektiven der Koordination der Fächer Erziehungswissenschaft und Sozialwissenschaften

Alle hier genannten fachdidaktischen Aspekte und Legitimationen sind als Hintergrund für die Formulierung der besonderen Akzentuierungen zu verstehen, die die Fachkonferenz Erziehungswissenschaft für sich in ihrem Antrag an das Ministerium unter der Überschrift „Gemeinsame Zielperspektiven der beiden Fächer Erziehungswissenschaft und Sozialwissenschaften" folgendermaßen niedergelegt hat:

„Die gemeinsame Zielperspektive dieses Ansatzes eines fächerkoordinierenden Unterrichts ist die Reflexion des Verhältnisses von Erziehung und Gesellschaft unter jeweils unterschiedlichen thematischen Zugriffen und verschiedenen Aspektierungen. Es soll die wechselseitige Bedingtheit von Gesellschaft und Erziehung, ihr dialektisches Spannungsverhältnis interdisziplinär, aber auch aus der Perspektive des jeweiligen fachlichen Zugriffs analysiert werden. Das beinhaltet, dass es durch diese Verknüpfung ermöglicht wird, erzieherische Verhältnisse im Kontext gesellschaftlicher Strukturen, die Einbezogenheit von Erziehung und Bildung in die gesellschaftliche Lebenspraxis zu thematisieren.

Ebenso wird aber auch die Einflussnahme und Rückwirkung von Erziehung und Bildung auf das gesellschaftliche Norm- und Wertgefüge, auf die gesellschaftlichen Bedingungszusammenhänge befragbar, um sich der gesellschaftlichen Lebensverhältnisse umfassender bewusst zu werden, aber auch um die eigenen Handlungsmöglichkeiten in dieser Rechnung realistisch einzuschätzen.

Trotz der angestrebten Verschränkung beider fachlicher Zugriffe soll nichtsdestoweniger auch nach den jeweiligen konstitutiven Merkmalen der spezifischen Gegenstände eines Faches gefragt werden. Sozialwissenschaftliche Erkenntnisse über gesellschaftliche Strukturen und die in ihnen ablaufenden Prozesse sind deshalb notwendig, um den Menschen als Wesen in einem übergreifenden sozialen Gefüge angemessen zu verorten. Andererseits kann das Fach Erziehungswissenschaft auf diese Kontextualisierungen zurückgreifen, aber auch Fragestellungen nach einer evtl. möglichen eigenständigen personalen Identität des Menschen als spezifische Akzentuierung in diesen „Fächerverbund" einbringen. Erziehung und Bildung wären dabei dann nicht nur gesellschaftlich präformiert, sie hätten dann eine eigenständige Fragestellung. Sie könnten aber im Sinne Schleiermachers auch den Auftrag wahrnehmen, der Gesellschaft zu ihrem Besten voranzuhelfen, sie im Sinne einer zunehmenden Humanisierung zu beeinflussen. Das macht es aber notwendig, sich mit den vorfindlichen gesellschaftlichen Verhältnissen (pro- und retrospektiv), mit ihren politischen, soziologischen und ökonomischen Voraussetzungen intensiv zu befassen, um sie erst dann mit einem emanzipatorischen Anspruch eines Erziehungs- und Bildungsbegriffes zu konfrontieren, der über sie hinausweist. Die Analyse gesellschaftlicher Zusammenhänge ist aber auch geeig-

net, die gesellschaftliche Formbestimmtheit des Umgangs mit Kindern und Jugendlichen in unterschiedlichen historischen Situationen zu erhellen. Sie kann ebenfalls genutzt werden, die erzieherischen Institutionen (z.B. Schule in ihren Funktionen für die gesellschaftliche Reproduktion) zu verstehen. Gleichzeitig wird mit dem Aufspüren gesellschaftlicher Praxis die Realitätstauglichkeit von Erziehungs- und Bildungsidealen, die Einlösbarkeit ihrer Ansprüche hinterfragbar.

Zielperspektive ist die im Antrag zur Errichtung fachlicher Schwerpunkte angesprochene Begründung, die Bildungs-, Selbst- und Mitbestimmungs- und Solidarfähigkeit von Schülerinnen und Schülern zur verantwortlichen Gestaltung gesellschaftlicher Verhältnisse erreichen zu wollen. Mit Wolfgang Klafki ausgedrückt: "Bildung bzw. Allgemeinbildung bedeutet, ein geschichtlich vermitteltes Bewusstsein von zentralen Problemen der gemeinsamen Gegenwart und der voraussehbaren Zukunft gewonnen zu haben, Einsicht in die Mitverantwortung aller angesichts solcher Probleme und Bereitschaft, sich ihnen zu stellen und am Bemühen um ihre Bewältigung teilzunehmen." (Neue Studien zur Bildungstheorie und Didaktik, Weinheim u. Basel 1985, S. 20) Da solche anspruchsvollen und komplexen Ziele in einer zunehmend unüberschaubaren und ausdifferenzierten Gesellschaft schwerer in den engen Grenzen eines Faches erreicht werden können, soll hier über vernetzende Bezugsdimensionen eine größere Orientierung vermittelt werden, aber auch Selbstverständliches wieder als fragwürdig erfahren werden können."

Ein solches Bildungsverständnis, das im Humboldt'schen Sinne nicht nur geistige Bildung, sondern auch stets sittliche Bildung als Moment der Selbstbildung einschließt, reduziert sich nicht auf geistige Tätigkeit, sondern bezieht die Folgen für das Handeln und den Handlungsvollzug mit ein.

Kooperation auf der Ebene der Lern- und Unterrichtsmethoden

Die beiden Fächer kooperieren darüber hinaus auch im Hinblick auf die den Schülerinnen und Schülern zu vermittelnden methodischen Kompetenzen. Beide wollen eine vielseitige lernmethodische Kompetenz erreichen, um die Intentionalität eines fächerverbindenden Unterrichts auch auf der instrumentellen Ebene des Schülerhandelns zu verwirklichen. Insofern bedarf es genauer Absprachen zwischen den beiden Lehrenden im Hinblick auf das zu vermittelnde systematische Repertoire an elementaren, fachlichen und besonders die Interdisziplinarität stützenden überfachlichen Lernmethoden. Erst in der Absprache über das Wie des Lernens gewinnt die Fächerkooperation an Systematik und Struktur und lässt so Vernetzungen zu. Diese Herangehensweise fordert ein häufig vernachlässigtes Methodenbewusstsein auf der Seite der Schülerinnen und Schüler und befähigt sie sukzessiv, ihr Lernen verstärkt selbst in die Hand zu nehmen und zu gestalten. Gerade der Erwerb selbstständiger Lernkompetenzen ist für ein lebenslanges Lernen von zentraler Relevanz.[37] Geht es im Fach Erziehungswissenschaft verstärkt darum, die Erziehungswirklichkeit methodisch zu erschließen,[38] so will der sozialwissenschaftliche Unterricht die reflektierte Beherrschung von sozialwissenschaftlichem Verfahren des Erkennens politisch-gesellschaftlicher Wirklichkeit vermitteln.[39] Dabei können sowohl die unterschiedlichen methodischen Zugriffsweisen beider Fächer erlernt und reflektiert werden. Darüber hinaus sind zur Förderung des interdisziplinären Denkens auch gerade solche methodischen Ansätze zu favorisieren, die eine Verschränkung und eine Mehrdimensionalität erfahren lassen, die sich eignen vorgefundene Wirklichkeit als sozial konstruierte zu entschlüsseln. Alle lernmethodischen Kompetenzen stehen dabei stets in einem wechselseitigen Implikationszusammenhang zur Intentionalität, Struktur und zur Problemstellung des Themas.

Will fächerkoordinierendes Lernen die positiven Chancen der komplementären Erschließung vor dem Hintergrund der Verschiedenheit der Schülerinnen und Schüler und ihrer Unterschiedlichkeit bei Lernwegen und Lernstilen positiv und damit als pädagogische Chance so nutzen, dass die Lernenden dabei auch entsprechende Mitgestaltungsmöglichkeiten bei Planung und Realisierung des Unterrichtes erhalten, so eignen sich dazu bestimmte unterrichtsmethodische Arrangements besonders gut. Sie sind mitzudenken, können aber hier nicht entfaltet werden. Auf sie wird nur verwiesen.[40] Vielmehr gilt es jetzt die theoretische Ebene der Konzeptionalisierung zu überschreiten, um die praktische Umsetzung eines solchen Ansatzes vor dem Hintergrund erster gewonnener Erfahrungen zu beschreiben.

Dies kann aber nur nachvollziehbar geschehen, wenn vorher die curricularen Besonderheiten des Leistungsschwerpunktes „Erziehung und Gesellschaft" entfaltet werden. Erst dann ist es sinnvoll, am Beispiel des Projektes „Tischgruppenarbeit" die konkrete thematische Unterrichtsarbeit in ihrer Mikrostruktur zu präzisieren.

5.5.3 Das Fach Pädagogik innerhalb des Leistungsschwerpunktes „Erziehung und Gesellschaft"

Konzeptionelle und unterrichtsmethodische Überlegungen zur Arbeit in einem Leistungskurs Pädagogik innerhalb eines Leistungsprofils Erziehungswissenschaft/Sozialwissenschaften an der Gesamtschule Waltrop

Curriculare Besonderheiten des Leistungsschwerpunktes Erziehung und Gesellschaft

Die Konstruktion des Curriculums für den Leistungsschwerpunkt

Um zu erläutern, was das Besondere eines Leistungsschwerpunktes ist und welche Zielsetzungen sich mit dem Lernen in einem solche Rahmen verbinden, kann man von der Namengebung ausgehen. Bewusst heißt dieser Leistungsschwerpunkt „Erziehung und Gesellschaft" (im Folgenden: LSP E+G abgekürzt) und nicht etwa „Pädagogik und Sozialwissenschaften".

Die gewählte Bezeichnung, die sich in der schulöffentlichen Diskussion der Gesamtschule Waltrop herauskristallisierte, will den Anspruch zum Ausdruck bringen, dass im Mittelpunkt des LSP E+G das Gewinnen von Einsicht in einen komplexen Bereich der Lebenswirklichkeit steht.

Dieser im Gesamtkonzept für die Gestaltung der Sekundarstufe II an der Gesamtschule Waltrop verankerte Auftrag zur Orientierung an lebensbedeutenden Gegenwarts- und Zukunftsfragen der Lernenden beinhaltet die Aufgabe, die Lernprozesse für den LSP E+G so zu planen und durchzuführen, dass den Schülerinnen und Schülern, die sich für diesen Schwerpunkt entschieden haben, immer wieder deutlich werden kann: es geht um mehr als um die bloße Addition von zwei Schulfächern, die ihrerseits wissenschaftliche Disziplinen vertreten.

Die Arbeit am „Curriculum für den Leistungsschwerpunkt: „Erziehung und Gesellschaft“ an der Gesamtschule Waltrop“[41] stand damit von vornherein in einem Spannungsfeld: Während einerseits die Intention der Einrichtung eines LSP gerade darauf abzielte, das Gemeinsame der beiden Wirklichkeitsbereiche zu betonen, war andererseits zu berücksichtigen, dass sich mit einem LSP kein neues Unterrichtsfach konstituiert, sondern zwei eigenständige Fächer mit je spezifischen Fragestellungen und Lernaufträgen zusammenschließen. Das hausinterne Curriculum für den LSP E+G beruht deshalb auf einer Konstruktion, die versucht sowohl den Wirklichkeitsbezug, die angestrebte fächerübergreifende Gemeinsamkeit, als auch die Spezifik der beiden Einzeldisziplinen für alle sechs zu planenden Kurshalbjahre zu garantieren.

Als erstes, das Curriculum des LSP E+G kennzeichnendes Element sei der **Fokus** genannt. Aus den bisherigen Ausführungen ist deutlich geworden, dass sich die curriculare Diskussion auf der Grundlage der Richtlinien der beteiligten Unterrichtsfächer vollzog. Um ein beziehungsloses Nebeneinander beider Richtlinien zu verhindern, musste bereits auf der curricularen Ebene für jedes Kurshalbjahr ein inhaltliches Zentrum gefunden werden, das den Einzelthemen eine Orientierung auf das Gemeinsame gab. Diese Funktion übernimmt im LSP E+G das curriculare Element des **Fokus.** Der **Fokus** ist aus der Zusammenschau der Richtlinien der Fächer Erziehungswissenschaft und Sozialwissenschaften entwickelt worden. Er rückt Lerngegenstände, die im Verständnis beider Fächer für ein bestimmtes Kurshalbjahr besonders relevant sind, in den „Brennpunkt“. Für das Kurshalbjahr 11.1 im LSP E+G lautet der **Fokus** zum Beispiel: „Individuum und Gruppe als Zentren von Erziehungs- und Sozialisationsprozessen“. Als curriculares Element, d.h. als gemeinsamer, für ein Kurshalbjahr vereinbarter „Brennpunkt“ übernimmt er die Aufgabe, eine Orientierung bei der konkreten Unterrichtsplanung zu bieten. Er hilft zunächst dabei, aus der Fülle der in beiden Fächern möglichen Themen diejenigen auszuwählen, die einen deutlichen Bezug zu ihm aufweisen. So wurde etwa für 11.1 in Erziehungswissenschaft dem Unterthema: „Gruppe als pädagogisches Feld“ der Vorzug vor dem auch möglichen Unterthema „Autorität als pädagogisches Problem“ gegeben. Darüber hinaus unterstützt der **Fokus** die Konturierung der zu entfaltenden Fachbegriffe und Fachmethoden. Bereits in der Planung werden die wesentlichen Kategorien und Verfahren der fachspezifischen Auseinandersetzung mit einem fokussierten Lerngegenstand (z.B.: Gruppe) aufeinander abgestimmt.

Da der **Fokus** gegenüber den Lernenden ausgewiesen und im Lernprozess explizit thematisiert wird, dient er auch als „roter Faden“, der bei allen Vertiefungen ins Detail immer wieder den Bezug zum gemeinsamen thematischen Schnittpunkt im LSP E+G während des Kurshalbjahres herstellt.

Als weiteres grundlegendes Element ist in jedem Kurshalbjahr im Curriculum des LSP E+G ein **Projekt** fest verankert. Dieses Projekt soll dem Anspruch, dass Schülerinnen und Schüler erfahren, wie die erarbeiteten theoretischen Zusammenhänge in der Praxis ihre Relevanz erweisen, in besonderem Maße gerecht werden.

Das Rahmenthema für das **Projekt** ist so formuliert, dass es in klarem Bezug zum **Fokus** des Kurshalbjahres steht. Diese Verzahnung ermöglicht es, Unterrichtsprozesse langfristig so zu gestalten, dass Schülerinnen und Schüler auf in den Projekten anstehende Aufgaben vorbereitet werden. Am Beispiel des Projektthemas für 11.1 „Planung und Durchführung einer Felduntersuchung mit anschließender pädagogischer Beratung“ (z.B.: Untersuchung zur Gruppenentwicklung im Klassenraum, teilnehmende Beobachtung im Freizeitbereich der Gesamtschule Waltrop) ist abzulesen, dass das Rahmenthema zwar im Horizont des **FOKUS** des Halbjahres steht, Kurslehrern und -lehrerinnen und beteiligten Schülerinnen und Schülern in Bezug auf die zu beobachtende Gruppe und den Ort der Felduntersuchung viele Wahlmöglichkeiten lässt. Bewusst entsteht so zwischen **FOKUS** und der konkreten Ausgestaltung des **PROJEKTS** durch die Lerngruppe eine Zielspannung, die produktiv auf die Unterrichtsgestaltung wirkt. So fordert die Analyse des Verhaltens von Gruppen in der Mittagsfreizeit einer Ganztagsschule eine ganz andere unterrichtliche Vorbereitung als eine Interaktionsanalyse im Fachunterricht einer Schulklasse.

Auf der curricularen Ebene ist noch nicht festgelegt, in welchem zeitlichen Rahmen die Projekte jeweils stattfinden. Es ist möglich, sie an schulübergreifende Projektwochen anzubinden, sie an Tagen durchzuführen, in denen die Stunden des LK Pädagogik und GK Sozialwissenschaften geblockt sind oder sie der Regie eines der beiden Fachunterrichte zu unterstellen.

Das hausinterne Curriculum für den LSP E+G enthält als drittes Konstruktionselement die **MÖGLICHKEITEN THEMATISCHER VERKNÜPFUNG,** die dafür sorgen, dass der Bezug zwischen den Lernprozessen in beiden Fächern Kontinuität erhält. Während **FOKUS** und **PROJEKT** sichern, dass die gesamte Ausrichtung der Lernprozesse in beiden Kursen aufeinander abgestimmt ist, haben die **MÖGLICHKEITEN THEMATISCHER VERKNÜPFUNG** die Aufgabe, die Bereiche, in denen die Fächer arbeitsteilig vorgehen, und die Bereiche, in denen am gleichen Gegenstand gearbeitet wird, detaillierter auszuweisen. Für das Kurshalbjahr 11.1 lautet eine **MÖGLICHKEIT THEMATISCHER VERKNÜPFUNG** : „Das gemeinsame Thema „Gruppe“ soll unter den fachspezifisch divergierenden Blickwinkeln bearbeitet werden.“ Daraus folgt für den Pädagogikunterricht (im Folgenden PU abgekürzt) der Auftrag, die „Gruppe als pädagogisches Feld“ auszuleuchten und zum Beispiel über den Einfluss erzieherischer Haltungen auf die Gruppenentwicklung nachzudenken. In Sozialwissenschaften steht die „Gruppe als regelerzeugendes System“ im Mittelpunkt und damit die Analyse des Ist-Zustandes von Gruppenstrukturen. So kann am gleichen Gegenstand die qualitativ andere Fragestellung beider Bezugswissenschaften erarbeitet, ihr unterschiedlicher methodischer Zugriff verdeutlicht und die Notwendigkeit des Dialogs zwischen beiden Erkenntnisweisen aufgezeigt werden.

Im Folgenden wird das Zusammenwirken der hier umrissenen Konstruktionselemente an einem ausgewählten Beispiel noch ausführlich dargestellt. Da es den Rahmen des vorliegenden Textes überschritte, die curriculare Gestaltung des LSP E+G für alle Kurshalbjahre kleinschrittig zu erläutern, soll ein Auszug aus den „Informationen für Schülerinnen und Schüler des 10. Jahrgangs und ihre Eltern“[42] einen Eindruck von der beabsichtigten Arbeitsweise und den geplanten Unterrichtsinhalten der sechs Kurshalbjahre in der Sekundarstufe II geben.

Die Darstellung des LSP E+G für Lernende

Leistungsschwerpunkt:	Erziehung	und	Gesellschaft
	Leistungskurs		Grundkurs
	Erziehungswissenschaft		Sozialwissenschaften

Eine wichtige Voraussetzung für das Lernen im Leistungsschwerpunkt Erziehung und Gesellschaft ist die Bereitschaft, das Alltägliche immer wieder mit anderen Augen zu sehen.

Das ist **Erziehung** und **Gesellschaft** gemeinsam:

beide haben uns von Geburt an begleitet, sind beim schulischen Lernen stets an unserer Seite, bilden Kristallisationspunkte unseres ganzen Lebens.

Was uns so vertraut ist, wird leicht zum „alten Hut". In den Fächern Erziehungswissenschaft und Sozialwissenschaften geht es aber gerade darum, die Anstrengung zu unternehmen, hinter die Fassade des Bekannten und Gewohnten zu schauen:

Ein alter Hut kann eine Schlange sein, die einen Elefanten verschlingt!

In diesem Sinne sollten Schülerinnen und Schüler, die den Leistungsschwerpunkt Erziehung und Gesellschaft wählen, Freude daran haben:

- den Erziehungsalltag und die uns prägende gesellschaftliche Praxis mit immer neuen Fragen zu erforschen
- über Erkenntnisfortschritte im eigenen Lernprozess zu schreiben
- mit systematischen Methoden Erziehungswirklichkeit und gesellschaftliche Wirklichkeit zu beobachten
- über die Vergangenheit, den jetzigen Zustand und die Zukunft der Erziehung in unserer Gesellschaft zu diskutieren
- theoretische Texte, die uns andere Sichtweisen von Erziehung und Gesellschaft vermitteln, zu analysieren
- eigenverantwortlich in Projekten pädagogisch zu arbeiten

Die Unterrichtsthemen des Leistungsschwerpunktes sind sehr vielfältig. Von den Richtlinien werden **verbindliche thematische Schwerpunkte** vorgeschrieben. Innerhalb dieses recht weiten Rahmens haben die Schülerinnen und Schüler viele Möglichkeiten, in Absprache mit den LehrerInnen eigene Interessen einzubringen.

Die folgende Übersicht vermittelt eine erste Orientierung zu den inhaltlichen Schwerpunkten in den Jahrgängen 11–13.

	verbindlicher thematischer Schwerpunkt (Fokus)	**Beispiel für ein mögliches Thema in EW**	**Beispiel für ein mögliches Thema in SoWi**	**geplantes Projekt**
11.1	Individuum und Gruppe als Zentren von Erziehung und Sozialisation	Gruppenprozesse in Familie und Schulklasse	Jugendgruppen früher und heute	Planung und Durchführung einer Felduntersuchung (z.B.: Gruppenentwicklung im Klassenraum)
11.2	Lernen als Prozess des Lebens – Lernen als lebenslanger Prozess	‚Lernen des Lernens' als Aufgabe der Schule	Grundprinzipien und Grundkonzeptionen der Demokratie	Teamarbeit in Schule und Arbeitswelt

12.1	Das Individuum im Spannungsfeld von Personalisation, Enkulturation und Sozialisation	Entwicklung des Denkens Entwicklung der Moral	Sozialisation und Geschlecht	Koedukation auf dem Prüfstand
12.2	Der gesellschaftliche Diskurs um Ursachen nicht gelingender Vergesellschaftung	Identitätskrisen von Jugendlichen	Die Diskussion um den Umgang mit jugendlichen Straftätern	Waltrop – eine Stadt für Jugendliche? Prävention und Intervention in der kommunalen Jugendarbeit
13.1	Selbstverwirklichung und soziale Sicherung	Vergleich der Konstituenten von Erziehungssystemen in modernen Industriegesellschaften und Entwicklungsländern	Die Probleme auf dem Weg von der Dritten Welt zur Einen Welt	Zukunftswerkstatt
13.2	Personalisation im Spannungsfeld von Wissenschaft und Gesellschaft	Vorstellungen vom Menschen in verschiedenen pädagogischen Theorien	wissenschaftstheoretische Ansätze im Vergleich	Abitur!!!

*„So habe ich im Laufe meines Lebens mit einer Menge ernsthafter Leute zu tun gehabt. Ich bin viel mit Erwachsenen umgegangen und habe Gelegenheit gehabt, sie ganz aus der Nähe zu betrachten. Das hat meiner Meinung über sie nicht besonders gut getan." (*Antoine de Saint-Exupéry, Der Kleine Prinz, S. 6, Düsseldorf 1958)

Das Projekt „Tischgruppen-Training" als Paradigma pädagogischen Arbeitens im LSP E+G

Einbettung in den Unterricht der Kurshalbjahre 11.1 und 11.2 des LSP E+G
Im Folgenden soll die komplexe Beziehung zwischen dem gewählten **Fokus** und den daraus resultierenden unterrichtsmethodischen Vorgehen aufgezeigt werden.

Als zentrales Beispiel dafür möchten wir das **Projekt** „Tischgruppen-Training für den 6. Jahrgang" anführen, das der LK Pädagogik im 2. Halbjahr des 11. Jahrgangs plante, durchführte und reflektierte. Die Grundidee eines solchen Tischgruppen-Trainings bestand darin, dass über einen bestimmten Zeitraum die Schülerinnen und Schüler des LSP E+G als „Teamer" (Tutoren) zur Förderung der Tischgruppenarbeit im 6. Jahrgang tätig waren.

Vor der eingehenden Beschreibung des **Projekts** soll seine Einbindung in das curriculare Lernkontinuum des LSP E+G aufgezeigt werden.

Geht man der Frage nach, wie das **Projekt** „Tischgruppen-Training" im Unterricht des LSP E+G verwurzelt ist, so reichen die Verästelungen bis in die Eingangsphase zurück. Wie bereits bei der Erläuterung der **Möglichkeiten thema-**

TISCHER VERKNÜPFUNG umrissen, sollte am Gegenstand „**Gruppe**“ die Einführung in die Fächer so erfolgen, dass beide sowohl ihre genuinen Fragestellungen und Perspektiven erarbeiteten als auch Überschneidungen und Gemeinsamkeiten aufzeigten.

In den ersten Stunden im PU fand, wie häufig praktiziert, eine Analyse der „Begegnung von Erzieher und Kind in Alltagssituationen“[43] statt. Entsprechend dem FOKUS „**Individuum und Gruppe als Zentren von Erziehungs- und Sozialisationsprozessen**“ wurden Konfliktsituationen in Kinder- und Jugendlichengruppen und mögliche pädagogische Interventionen behandelt. Es lag in der Absicht dieser Unterrichtssequenz, vom Einzelfall ausgehend zu einer Bestimmung der besonderen Qualität pädagogischer Praxis zu gelangen. Dazu soll exemplarisch am Fallbeispiel „Christoph darf nicht bei den Älteren mitspielen“[44] der im Unterricht beschrittene Weg von der Konkretion zur Abstraktion in seinen wesentlichen Determinanten nachgezeichnet werden.[45]

> Der Fall handelt von dem dreieinhalbjährigen Christoph, der trotz verschiedenster Bemühungen seinerseits von den Spielen der Älteren in seiner Kindergartengruppe ausgeschlossen wird. Der Erzieherin gelingt es durch geschicktes Eingreifen (ein von Christoph gemaltes Bild wird zentral an der Bürotür platziert), das Selbstbewusstsein des kleinen Jungen zu stärken und auch die Aufmerksamkeit der Älteren auf ihn zu lenken.

Der gewählte Fall lässt die Kategorie der „**pädagogischen Differenz**“ besonders klar aufscheinen. Der Erzieher (im Fall die Erzieherin) ist zwar in die erzieherische Situation integriert, er ist aber nicht auf der gleichen Ebene ein Mitglied der Gruppe, die er betreut. Die Differenz ermöglicht es, Distanz zu den unmittelbar einwirkenden Interessen einzunehmen und die Situation bewusst so zu gestalten, dass andere Persönlichkeitsdispositionen der Gruppenmitglieder gefördert werden. Es ist nicht die Aufgabe des Erziehers, den Gruppenkonflikt zu lösen, sondern Anstöße zu geben, mit deren Hilfe die Gruppenmitglieder in die Lage versetzt werden, Konflikte zu bewältigen. Im Lichte der „pädagogischen Differenz“ wird deutlich, dass die Perspektive eines Erziehers mehr umfassen muss als die Frage nach dem richtigen Handeln in einer Alltagssituation. Erzieherische Praxis lässt sich nicht auf die Summe einzelner erzieherischer Handlungen reduzieren, vielmehr ist die bewusste Gestaltung der gesamten erzieherischen Situation ein integrales Bestimmungsmerkmal. Die Erzieherin des Fallbeispiels bewegt sich in einem von „pädagogischer Differenz“ bestimmten Handlungsfeld, sie greift nicht am Eskalationspunkt des Konflikts ein, sondern ermöglicht eine neue Weise der Begegnung von Christoph und der Gruppe.

In der Gegenüberstellung von Handlungsalternativen (etwa: die Erzieherin hätte befohlen, mit Christoph zu spielen oder hätte sich selbst ausschließlich mit Christoph beschäftigt) lässt sich zunächst auf der Ebene der Evidenz herausarbeiten, dass jede erzieherische Handlung eines Maßstabes bedarf, vor dem sich die Art und Weise des Eingreifens rechtfertigen muss. Fachbegrifflich wurde das damit bezeichnete Legitimationsproblem mit der „**Aufforderung zur Selbsttätigkeit**“ gefasst. Diese Kategorie weist einen deutlichen Bezug zur Legitimation einzelner erzieherischer Handlungen auf und ist von ihrer Konstruktion her dem **Erziehungsziel** der Erziehung zur **Mündigkeit** verpflichtet.

Die Erzieherin setzt zwar einen Impuls im Prozess der Gruppenentwicklung, sie bezieht dabei aber die Eigentätigkeit der Gruppenmitglieder ein. Sie hat das

Selbstbewusstsein Christophs gestärkt, die anderen auf ihn aufmerksam gemacht und damit seine Chancen für eine stärkere Integration in die Gruppe erhöht. Ob die Beteiligten diese Möglichkeit wirklich ergreifen, bleibt abzuwarten und zu verfolgen. Hieran wird deutlich, dass Erzieher akzeptieren müssen, dass Gruppenentwicklungen anders als intendiert verlaufen. Die erzieherische Verfügung über Gruppenprozesse funktioniert eben nicht technisch. Der Erzieher muss sich der Grenzen seines Handlungshorizontes bewusst sein (**„Pädagogischer Takt“**).

Die so umrissene Basis pädagogischen Handelns wirft die Frage nach den **Möglichkeiten** auf, **Botschaften von Zu-Erziehenden** wahrzunehmen und zu entschlüsseln und zwar so, dass sie den kategorial entfalteten Anforderungen gerecht werden.

Der dreijährige Christoph stößt, als er von den Älteren beim Ritterspiel ausgeschlossen wird, folgende Drohung aus:

„Wenn ich groß bin, kauft mir mein Papi ein großes Ritterschwert, da haue ich alles kaputt.“

Um die Möglichkeit zu haben, auf diese Äußerung pädagogisch zu reagieren, benötigt der Erzieher ein Instrumentarium zur Entschlüsselung von Botschaften der Zu-Erziehenden. Im Kurshalbjahr 11.1 fand deshalb eine intensivere Auseinandersetzung mit dem kommunikationspsychologischen Ansatz Friedemann Schulz von Thuns statt.[46] Der orientierende Leitsatz: „Mit vier Ohren empfangen“ eröffnet das Verständnis dafür, dass sich Spielräume erzieherischen Handelns nur erschließen, wenn die geäußerte Botschaft auf die unter Umständen diametral entgegengesetzte Beziehungs-, Appell- und Selbstoffenbarungsdimension hin analysiert wird. Diese distanziertere Wahrnehmung des kommunikativen Geschehens einer Gruppe trägt zu notwendigen Fähigkeiten eines Erziehers bei: **Perspektivenwechsel** und **Empathie**. Die Befähigung eines Erziehers zur Empathie bildet einen Bezugsrahmen, in dem das psychologische Modell seine pädagogische Bedeutung entfaltet.

Die Eingangsphase des PU führte durch die Analyse von Gruppensituationen zu einer Bestimmung des pädagogischen Verhältnisses von Erzieher und Gruppe. Als besondere Determinante der Rolle des Erziehers in einer Gruppe konnte die Spannung zwischen „pädagogischer Differenz“ und „Empathie“ erkannt werden. Die Aufgabe des Erziehers hat die Distanz vom unmittelbaren Erleben der Gruppe bei gleichzeitiger Integration in den Handlungshorizont der Zu-Erziehenden zur Voraussetzung.[47]

Obwohl in der Erziehungswissenschaft wie in den Sozialwissenschaften das ‚soziale Handeln‘[48] einer Gruppe im Mittelpunkt steht, geschieht der typische Zugriff der Sozialwissenschaften auf die Gruppe[49] von einem anderen Standpunkt aus:

„Warum ist denn eine Gruppe eine Einheit? Doch nicht deswegen, weil viele Einzelne nebeneinander stehen, sondern nur darum, weil etwas zwischen ihnen geschieht. (...) Wenn wir also eine solche Gruppe vor uns sehen, kommt es darauf an, diesen unsichtbaren Zusammenhang zu erfassen. Obwohl er nicht mit Händen zu greifen ist, wie wir eben sagten, bleibt er dennoch nicht unfassbar.“[50]

Das sozialwissenschaftliche Erkenntnisinteresse ist auf die Verdeutlichung von zunächst „unsichtbaren“ Gruppenstrukturen und -mechanismen gerichtet. Die Sozialwissenschaften stellen die Gruppenhaftigkeit sozialen Handelns und die Prozesse in Gruppen als Systeme mit bestimmten Regeln stärker heraus. Sie betonen den Aspekt der Vergesellschaftung des Menschen bis hin zur Analyse übergreifender Sozialgebilde. Wenn die **Gruppe** als **„regelerzeugendes System“** erfasst werden soll, ist der Blick auf den Erkenntnisgegenstand von anderer Qualität als im PU: die einem System inhärenten Strukturen zeigen sich am deutlichsten, wenn ich einen Zugang wähle, der eine persönliche Verstrickung in die Gruppe methodisch ausschließt.

Systematische Beobachtung und **Soziometrische Verfahren** geben als „Momentaufnahme“[51] Aufschluss über die Konstruktion einer Gruppe. Sie rücken Rollenverteilungen und Hierarchien ins Licht, die im Gruppenalltag aufgrund ihrer akzeptierten Normalität häufig unerkannt bleiben.

In dem das Kurshalbjahr 11.1 abschließenden **PROJEKT** „Planung und Durchführung einer Felduntersuchung mit anschließender pädagogischer Beratung“ hatten die Schülerinnen und Schüler des LSP E+G Gelegenheit, die in den Fachunterrichten erarbeiteten, grundlegenden Fragestellungen und Perspektiven praktisch zu erproben. Das **PROJEKT** des LSP E+G fand im Rahmen der schulübergreifenden Projektwoche statt. Die Schülerinnen und Schüler des LSP E+G führten in Projektgruppen verschiedener Jahrgänge nach vorher besprochenen und eingeübten Verfahren systematische Analysen der Gruppenkommunikationsprozesse durch. Im anschließenden Austausch mit den Betreuern, die als Klassen- oder Jahrgangsstufenlehrer die Schülerinnen und Schüler der Projektgruppen gut kannten, wurde die wechselseitige Verwiesenheit von pädagogischem und sozialwissenschaftlichem Vorgehen deutlich. Das diagnostische Instrumentarium, das die Schüler des LSP E+G angewendet hatten, brachte manches, auch für erfahrene Lehrer erstaunliche Ergebnis zu Tage, insbesondere dort, wo es um ungünstige, aber nach außen hin nicht sehr auffällige Gruppenkonstellationen ging. Die Suche nach Möglichkeiten und Wegen für ein anderes Gruppenklima in den Projekt- bzw. Lerngruppen führte zu den bekannten Fragen nach der Legitimität erzieherischen Handelns und erwies sich damit als pädagogische Aufgabe.

Wenn der gemeinsame **FOKUS** von Pädagogik und Sozialwissenschaften für das Kurshalbjahr 11.2 **„Lernen als Prozess des Lebens – Lernen als lebenslanger Prozess“** lautet, wird damit deutlich, dass beide Fächer sich auf die Konturierung der prozessualen Dimension von Lernen geeinigt haben. Im PU wurde von Beginn des Kurshalbjahres an mit Hilfe einer Metapher ein prozessuales Verständnis von Lernen eingeführt:

Das Bild des Wanderers

„Lernen wie Wandern ist stets eigenes Tun, ist eine Aufgabe, die nicht delegiert werden kann. Wandern wie Lernen ist die Überwindung eines Wegs, der sich zwischen verschiedenen Positionen, zwischen vorher und nachher erstreckt. (...) Weg und Ziel sind zu wählen, eine Entscheidung muss gefällt werden. Deshalb bedarf Lernen wie Wandern orientierender Hinweise, die aber die eigene Entscheidung über den Weg nicht abnehmen.“[52]

Diese Metapher begleitete den gesamten Themenkreis des 2. Halbjahres und legte den Akzent auf eine dezidiert pädagogische Auffassung vom Lernen, wie sie auch die Richtlinien mit dem Rahmenthema „Das Phänomen Lernen unter pädagogischem Aspekt“[53] nahe legen. Im Bereich der allgemein üblichen unterrichtlichen Auseinandersetzung mit lernpsychologischen Erklärungsversuchen von Verhaltensänderung (Klassische Konditionierung, Operante Konditionierung)[54] wurde das **Modell instrumentellen Handelns** erarbeitet, das dem **Modell**

pädagogischen Handelns aufgrund des ihm aufgegebenen Eintretens für die Subjekthaftigkeit der Lernenden nicht gerecht wird. Der Vergleich verschiedener Lerntheorien aus subjektwissenschaftlicher Perspektive[55] machte die Schülerinnen und Schüler darauf aufmerksam, dass das Initiieren von Lernprozessen die **erzieherische Verantwortung** für die Persönlichkeitsentwicklung des Zu-Erziehenden im Hinblick auf dessen antizipierte Autonomie einschließt.

Mit der hiermit abschließenden Beschreibung wesentlicher Stationen im Unterrichtsprozess des LSP E+G im 11. Jahrgang: pädagogisches Verhältnis von Erzieher und Gruppe, Einführung in die Entschlüsselung sprachlicher Äußerungen auf Grundlage der Kommunikationstheorie, soziometrische Analyse von Gruppenstrukturen und subjektwissenschaftliches Verständnis von Lernen sollten die fächerübergreifend geschaffenen Voraussetzungen und ihr Zusammenspiel aufgezeigt werden, die auf das **PROJEKT** „Tischgruppen-Training im 6. Jahrgang" vorbereiteten.

Die Gestaltung des Lern-Weges im Projekt Tischgruppen-Training[56]

Das **PROJEKT** „Tischgruppen-Training für den 6. Jahrgang" ist curricular an den verbindlichen thematischen Schwerpunkt „Lernen im Erziehungsprozess"[57] angebunden. Das hausinterne Curriculum schlägt hierzu die „**besondere Berücksichtigung des sozialen Lernens**" vor, da diese Aspektierung eine **MÖGLICHKEIT THEMATISCHER VERKNÜPFUNG** zum Fach Sozialwissenschaften („Mündigkeit und Solidarität als Zielvorstellung sozialen Lernens") ergibt.

Die Vorplanung des Projekts durch die Kurslehrerin[58] stand unter der Anforderung, den Erkenntnissen, die im ersten Kursabschnitt zum Phänomen des Lernens gewonnen worden waren, gerecht zu werden. Wollte man die in der Metapher „Bild des Wanderers" sich ausdrückende Orientierung an der Perspektive des lernenden Subjekts ernst nehmen, musste sich innerhalb des PU ein Lern-Feld entfalten, das die Schülerinnen und Schüler befähigte, mit Hilfe „orientierender Hinweise" zu erzieherisch verantwortlich handelnden Teamern zu werden.

Die Entscheidung, Schülerinnen und Schüler aktiv in einen Prozess sozialen Lernens eingreifen zu lassen, fordert vom begleitenden PU eine diesem Praxisbezug angemessene Struktur, die sich m.E. durch das analytische Unterscheiden von vier Ebenen beschreiben lässt:

Handlungsebene:	Tischgruppen-Training mit Schülerinnen und Schülern des 6. Jahrgangs
Didaktische Ebene:	Planung und Revision des Trainings-Programms durch Schüler des 11. Jahrgangs
Reflexionsebene:	Erzieherische Förderung Sozialen Lernens in einer Gruppe
Selbstreflexion/ Metareflexion:	Lernzuwachs in Bezug auf grundlegende pädagogische Fragestellungen, Beitrag zur persönliche Entwicklung, Gruppenentwicklung im Leistungskurs Pädagogik

Hierbei gilt, dass das Verhältnis aller beteiligten Erzieher (Pädagogiklehrerin, Kursschülerinnen und -schüler) zu allen beteiligten Zu-Erziehenden (Kursschülerinnen und -schüler, Schülerinnen und Schüler des 6. Jahrgangs) an den im bisherigen Unterricht entwickelten Maximen pädagogischer Praxis orientiert werden musste.

Auf der **Handlungsebene** entfaltete sich das Tischgruppen-Training so, dass eine Gruppe von 2-3 Schülern des LK Pädagogik mit einer Tischgruppe einer Klasse des 6. Jahrgangs Übungen zum Sozialen Lernen durchführte.

Wir konnten zwei Klassen des 6. Schuljahrs für die Mitarbeit gewinnen. Da an der Gesamtschule Waltrop jede Klasse aus 5 Tischgruppen gebildet wird, betreute der Leistungskurs Pädagogik insgesamt 10 Tischgruppen. Zu einer Tischgruppe gehören 6 Schülerinnen und Schüler, was sich aus der regulären Klassenstärke von 30 Schülern in der Sek I ergibt.

Unserem Projekt kamen gesamtschulspezifische schulorganisatorische Gegebenheiten entgegen. Die Trainingseinheiten wurden jeweils einmal wöchentlich in einer 3. Stunde durchgeführt. In der Sekundarstufe I der Gesamtschule Waltrop liegt in der jeweils 3. Unterrichtsstunde generell die Arbeitsstunde, die aus Gründen der lerngerechten Rhythmisierung des Ganztages in einem feststehenden Band platziert ist. Eine Unterrichtsstunde des Leistungskurses Pädagogik lag parallel zum Arbeitsstundenband. So war es möglich, allen 10 Tischgruppen und ihren Teamern einen eigenen, wenn auch manchmal sehr kleinen Raum zuzuweisen. Die beiden Klassenlehrer, die als Betreuer der Arbeitsstunden eingesetzt waren, konnten unterstützend und begleitend im Projekt tätig sein.

Bei der Durchführung des Tischgruppen-Trainings orientierten wir uns an den Konzepten, die an vielen Gesamtschulen zur Stärkung der Tisch-Gruppenarbeit vorliegen.[59] Als Leitmedium zogen wir „Das Tischgruppen-Training an der Käthe-Kollwitz-Gesamtschule Recklinghausen“[60] zu Rate. Wie viele Handreichungen, die sich mit Sozialem Lernen befassen, rekurriert auch das von uns genutzte Material auf die Grundidee G. Stanfords, Prozesse Sozialen Lernens durch praktische Übungen zu evozieren und weiter zu entwickeln.[61]

Stanford geht aufgrund seiner Erfahrungen davon aus, dass jede Gruppe in ihrer Entwicklung unterschiedliche Stadien durchläuft, die allerdings nicht immer streng chronologisch aufeinander folgen:

1. Stadium der Orientierung
2. Stadium der Einführung von Normen
3. Stadium der Konfliktphase
4. Stadium der Produktivität
5. Stadium der Auflösung[62]

Um das für Lerngruppen besonders wichtige Stadium, in dem eine Gruppe wirklich konstruktiv zusammen arbeitet, zu erreichen, müssen die vorhergehenden Stadien weitgehend erfolgreich durchlaufen worden sein.

Im PU wurde begleitend zum Tischgruppen-Training auf einer Didaktischen Ebene gearbeitet, auf der die Planung und Revision des Trainings-Programms durch die Leistungskursschüler stattfand. Wegen der Kürze des zweiten Schulhalbjahres war es von vornherein nötig, eine didaktische Reduktion vorzunehmen. Wir entschlossen uns, das Training auf das 2. Stadium: Einführung von Normen zu konzentrieren.[63]

Die Arbeit auf der didaktischen Ebene sollte sich, so die Entscheidung der planenden Kurslehrerin, in größtmöglicher Eigenorganisation durch die Leistungskursschüler vollziehen. Ein vertieftes Verständnis Sozialen Lernens würde aus dem erzieherischen Handeln im Training und seiner didaktischen Vor- und Nachbereitung entstehen. Auf die grundlegende Haltung in der Begegnung von Erzieher und Gruppe waren die Leistungskursschüler durch die Eingangsphase des PU vorbereitet.

Zur Einführung wurde durch die Kurslehrerin ein knapper Vortrag zur Konzeption des Sozialen Lernens nach G. Stanford gehalten. Dabei wurden das Stadium der „Einführung von Normen“ und die durch Übungen Sozialen Lernens zu erreichenden Ziele:

- Selbstverantwortlichkeit
- Eingehen auf die anderen
- Kooperation
- Konsens

als Schwerpunkt behandelt.

Um den Ansatz Sozialen Lernens, den G. Stanford praktiziert, zu erfassen, nämlich mit *„strukturierten Übungen ... Veränderungen in den Einstellungen und Verhaltensweisen der Schüler hervorzurufen“*[64], wurde im PU ein **Selbstversuch** durchgeführt.

Die Schülerinnen und Schüler erprobten in Sechsergruppen die Übung „Konferenz der Planeten“[65]. Bei dieser Übung geht es darum, für acht vorher festgelegte Wörter (z.B.: für gut/schlecht, Mann/Frau, ja/nein usw.) neue Wörter zu finden. Jeweils zwei Schüler entwickelten eine eigene Planetensprache, die dann durch ausgiebige Verhandlungen in der Sechsergruppe zu einer neuen interplanetarischen Sprache zusammengeführt werden musste. Die Versuchsphase wurde von zwei Beobachtern begleitet, die den Ablauf der Aktionsschritte in der Gruppe protokollierten.

Der Austausch über die eigenen Erfahrungen in dieser Gruppensituation führte dazu, dass die Gruppenmitglieder ihre Zufriedenheit bzw. Unzufriedenheit über den Verlauf des Einigungsprozesses („interplanetarische Sprache“) und die Möglichkeit sich in diesen einzubringen äußerten. Jede Untergruppe hatte sich sehr schnell mit der eigenen „Planetensprache“ identifiziert, so dass zunächst der Versuch der Durchsetzung von Partialinteressen dominierte. Erst allmählich wurde deutlich, dass eine gemeinsame Sprache nur auf dem Weg der Kompromisse zu erreichen ist.

Der Selbstversuch zeigte, dass es notwendig ist, über die während der Übungsphase gewonnenen Eindrücke zu sprechen: Die Übung forcert die Gruppe zu einer bestimmten Form sozialen Verhaltens heraus, die Art und Weise, wie der Einzelne und die Gruppe diese Anforderungen bewältigen, bedarf einer Nachbereitung (**Metakommunikation**).

Der Selbstversuch führte zu der Einsicht, dass man sich in der Vorbereitung der Trainingseinheiten nicht nur auf die Auswahl der Übungen konzentrieren kann, sondern auch auf die Gesprächsführung für die anschließende Auswertung vorbereitet sein muss.

Die folgende Matrix fasst für die im Training zu bearbeitenden Normen entscheidende Fragestellungen zusammen, mit deren Unterstützung das Gruppengeschehen nachbesprochen werden kann:

	Selbstverantwortlichkeit ICH	**Eingehen auf die anderen ICH ⇒ ANDERE**	**Kooperation ICH ⇒ HANDLUNG**	**Konsens ICH ⇔ WIR**
der Einzelne	Was habe ich beigetragen? Wofür war ich verantwortlich?	Habe ich die anderen beachtet?	Was habe ich zum Gelingen beigetragen?	Welche Vorschläge habe ich gemacht?
die Gruppe	Waren alle aktiv? Haben alle Verantwortung übernommen?	Wurden alle beachtet? Wurde jemand ausgegrenzt?	Haben alle zusammen gearbeitet? Gab es ein Ziel im Handeln?	Waren alle an der Entscheidung beteiligt? Bezog die Gruppe alle ein?

Für ihre **didaktischen Vorbereitungen** stand den Schülerinnen und Schülern neben der obigen Matrix zur Anleitung der Metakommunikation die umfangreiche Übungssammlung „Das Tischgruppen-Training an der Käthe-Kollwitz-Gesamtschule Recklinghausen“, deren Übungen den Normen Stanfords deutlich zugeordnet sind, zur Verfügung.

Die Bedeutung der Normen Selbstverantwortung, Eingehen auf den anderen, Kommunikation und Konsens für das Gruppenleben wurde durch jeweils von zwei Schülern gehaltene Kurzreferate erläutert.[66] Die Referenten waren dafür verantwortlich, eine für die vorgestellte Norm typische Übung im Kurs zu erproben.

Während der Vorbereitungsphase erhielten die Schülerinnen und Schüler des LSP E+G die Möglichkeit, im Unterricht der Klasse, der ihre Tischgruppe angehörte, zu hospitieren. In einer gemeinsamen Stunde mit den Klassenlehrern, den etwa zehn Teamern und den Schülerinnen und Schülern einer Klasse 6 wurde das Programm und die damit verbundene Absicht, die Fähigkeit zur Zusammenarbeit in den Tischgruppen zu stärken, erläutert.

Mit dem bereits dargestellten Hintergrundwissen, den zur Verfügung stehenden Materialien und den sich von Woche zu Woche erweiternden Kenntnissen zu den Normen Sozialen Lernens konnten die Teamer-Gruppen in die **Planung** der wöchentlichen Trainingseinheiten für ihre Tischgruppen eintreten.

Für die Norm „Eingehen auf die anderen“ plante eine Teamer-Gruppe folgende Trainingseinheit:

Planung der Trainigseinheit: „Eingehen auf die anderen"

1. „Wasser abschütteln“
   ⇒ Lockerung
   ⇒ Hemmschwellen abbauen
2. „Warme Dusche“
   ⇒ positive Dinge von der Gruppe hören
   ⇒ sich wohl fühlen
3. „Gemeinsam eine Geschichte erfinden“
   ⇒ aufeinander eingehen
   ⇒ genau zuhören
4. „Giraffe“
   ⇒ genaues Beschreiben
   ⇒ aufmerksam wahrnehmen
   ⇒ genau zuhören
   ⇒ Ratschläge des anderen annehmen
5. Anjas Spiel
   ⇒ Eigenverantwortung stärken

An dieser Einheit kann man ablesen, welche grundlegenden Planungsentscheidungen diese Teamer-Gruppe traf:

Die Trainingseinheit beginnt mit einer körperlichen Lockerungsübung, bei der die Schüler der Tischgruppe vorgeben, sie seien gerade vom Schwimmen gekommen und müssten nun die Wassertropfen von ihrem Körper schütteln. Die „Warme Dusche“ gehört zu der ritualisierten Eingangsphase, bei der jeder Schüler die Gelegenheit erhält, in der Mitte des Kreises zu stehen und positive Einschätzungen der anderen zu hören. Die im Zentrum dieser Einheit stehende Norm wird mit der dritten und vierten Übung trainiert. Die „Giraffe“ ist eine Partnerübung, bei der es darum geht, sein Gegenüber durch genaue mündliche Anweisungen dazu zu bringen, eine der Vorlage möglichst genau entsprechende Giraffe zu zeichnen. „Anjas Spiel“ bildet den Abschluss der Einheit. Reihum darf eine Schülerin oder ein Schüler der Tischgruppe in Eigenverantwortung ein Spiel mit den anderen durchführen.

Wenn hier exemplarisch die Planung einer Trainingseinheit dargestellt worden ist, so geschah dies, um einen Eindruck der Aufgaben zu vermitteln, der sich die Teamer zu stellen hatten. Durch die Normen war eine Zielorientierung gegeben, die konkrete Ausgestaltung der Trainingseinheiten lag aber in der Verantwortung der Teamer. Da die Teamer bestimmte Vorlieben hatten und divergente Kompetenzen einbrachten, bildeten sich in der Begegnung von Teamern und Tischgruppen unterschiedliche Gestaltungsformen der Trainingseinheiten heraus. Während des gesamten Tischgruppen-Trainings entstanden so zehn verschiedene Wege, die zwar wegen der angestrebten Normen eine gleiche Zielorientierung hatten, in der konkreten Durchführung aber durchaus differierten.

Für jede Tischgruppe wurde ein so genanntes **„TG-Heft“** angelegt, in dem die Teilnehmer reihum über jede Trainingseinheit ein Kurzprotokoll anfertigten, wichtige Dokumente einklebten und ihren Teamern ein kurzes, schriftliches Feedback (Mir hat gefallen..., Mir hat nicht gefallen..., Ich wünsche mir...) gaben. Das TG-Heft dokumentierte so den Lernprozess der einzelnen Tischgruppe in Bezug auf die in den Einheiten geübten Normen sozialen Verhaltens. Es half den Teamern bei der weiteren Planung und diente als Gedächtnisstütze bei den umfassenderen Reflexionen über das Projekt.

Um ein Forum des Austausches über die verschiedenen Wege in der Gestaltung der Trainingseinheiten, besonders gelungene Übungen, aber auch auftretende Schwierigkeiten zu haben, richteten wir **Teamer-Konferenzen** ein.
In der Teamer-Konferenz, die nach der ersten Trainingseinheit gehalten wurde, nahmen wir die positiven und negativen Erfahrungen getrennt in den Blick. Einschätzungen wie:

- „Die von uns ausgesuchten Übungen haben gut geklappt.“
- „Die Schülerinnen und Schüler unserer Tischgruppe lassen sich auf die Übungen ein und leisten gute Zusammenarbeit.“
- „Wir werden akzeptiert.“
- „Alle haben ihre Meinung gesagt und den anderen akzeptiert.“

zeigten, dass die Teamer insgesamt einen guten Kontakt zu ihren Gruppen gefunden hatten. Über die spielerischen Anteile eröffneten sich vielfältige Möglichkeiten, die Kooperationsfähigkeit der Tischgruppen zu stärken.

Der Austausch negativer Erfahrungen verwies z.B. darauf, dass in manchen Tischgruppen die Kommunikation von einzelnen Schülern dominiert oder blockiert wurde. In der Beratungsphase nannten die Teamer als Lösungsansatz, hier eine speziell auf das Kommunikationsproblem der Gruppe zugeschnittene Übung durchzuführen (z.B. Übung zum Bewusstmachen der praktizierten Gesprächsregeln). Es gab aber auch die Möglichkeit, einen der Klassenlehrer oder die Kurslehrerin um Hospitation bei der nächsten Einheit zu bitten, um zielgerichtete Unterstützung zu erfahren.

Als allgemeines Problem wurde zum Ausdruck gebracht, dass manche der Übungen inhaltlich für ein 6. Schuljahr zu wenig fordernd seien. Die Teamer-

Konferenz traf dementsprechend die Absprache, für die Erarbeitung der weiteren Normen nach intellektuell anspruchsvolleren Aufgaben zu suchen. So griffen wir z.B. abweichend vom genutzten Trainingsprogramm auf die von Stanford vorgeschlagene Übung „Überleben im Gebirge“[67] zurück.

Alle Schülerinnen und Schüler führten über den gesamten Lernprozess im Projekt ein **Lerntagebuch**. In diesem Lerntagebuch wurden die Planungen für die einzelnen Trainingseinheiten notiert und der tatsächliche Ablauf in Form eines Protokolls gegenübergestellt. Je nach Bedarf und Interesse schlossen sich hieran Überlegungen über nötige Änderungen in der Gestaltung der Trainingseinheiten oder Auseinandersetzungen mit den Gründen für das Verhalten auffälliger Schülerinnen und Schüler an. Das Lerntagebuch stellte eine kontinuierliche Begleitung in der persönlichen Reflexion des eigenen und des initiierten Lernwegs im Projekt dar.

Bewusst wurde für den Abschluss des Projekts „Tischgruppen-Training“ der gleiche methodische Zugang wie am Anfang gewählt. Um den Lernzuwachs in Bezug auf grundlegende pädagogische Fragestellungen mit allen Lernenden im LSP E+G noch einmal auszuloten (**Ebene der Selbstreflexion/Metareflexion**), stellten wir eine ausgewählte Übung Sozialen Lernens im Selbstversuch auf die Probe. Die leitende Fragestellung dabei war, auf Grundlage der Konstruktion der Übung ihre Eignung, Prozesse Sozialen Lernens zu evozieren, einzuschätzen. Die Kurslehrerin hatte hierzu das „Stumme Bauen“[68] ausgewählt, da diese Übung auf alle vier Normen sozialen Verhaltens in einer Gruppe ausgerichtet ist.

Im Kurs wurde die Situation simuliert, dass Experten für Soziales Lernen die Übung „Stummes Bauen“ auf den Prüfstand stellen und hinterher eine Expertise über die Eignung für den Einsatz bei einem Tischgruppen-Training abgeben. Die Übung wurde von sechs Schülerinnen und Schülern in der so genannten „Fish-bowl“-Technik durchgeführt: Während an einem Tisch in der Mitte des Raums die Übung durchgeführt wurde, saßen die übrigen Schülerinnen und Schüler in einem Außenkreis und führten nach festgelegten Aufgaben Beobachtungen durch. Sie verfolgten dabei, in welcher Art und Weise die sechs Versuchspersonen agierten. Der Auftrag bei dieser Übung lautet, aus 10 Bogen Papier und Klebstoff ein beliebiges Bauwerk zu errichten, dass allerdings möglichst hoch werden soll. Wie der Titel der Übung bereits verrät, ist die härteste Regel, dass während des Experiments nicht gesprochen werden darf.

Die Schülerinnen und Schüler des Leistungskurses Pädagogik hatten zunächst einmal die Gelegenheit, ihre bisher erworbenen Kenntnisse und Fähigkeiten zur Bewertung von Übungen Sozialen Lernens zu reorganisieren. Dabei ging es insbesondere darum, die sich in den Spielregeln manifestierenden Anforderungen Sozialen Lernens herauszuarbeiten und sie mit den anvisierten Normen zu verknüpfen. So wird in der Übung das Endergebnis mit Absicht nicht benannt ("Stellt irgend etwas her!“), um den Einigungsprozess über das Ziel der Gruppe als Aufgabe zu überlassen. Für Schülerinnen und Schüler, die eine solche Übung analysieren, ergibt sich daraus die Anforderung, aus der Konkretion der Spielanleitung die implizit enthaltenen Normen zu abstrahieren (z.B.: Kooperation). Der „Konsens“ wird bei dieser Übung besonders konturiert, da er sich wegen des Sprechverbots im Handeln ergeben muss. Die angewandte „Fish-bowl“-Technik führt zu einer nachträglichen Verschränkung von Selbst- und Fremdwahrnehmung, so dass der diffizile Prozess der Arbeitsteilung und Einigung auf ein Produkt minutiös nachgezeichnet werden kann.

In der Analyse der Übung „Stummes Bauen“ wurde ein kategoriales Netz entfaltet, das die Konstituenten Sozialen Lernens, die während des Projekts bereits Anwendung gefunden hatten, noch einmal begrifflich präzisierte. Die zentralen Adressaten des Sozialen Lernens (**der Einzelne, die Gruppe**), die sie verbindenden Orientierungen (**ICH ⇒ ANDERE, ICH ⇒ HANDLUNG, ICH ⇒ WIR**) und die anzustrebenden Normen (**Selbstverantwortung, Eingehen auf die anderen, Kooperation, Konsens**) wurden in ihrem Zusammenspiel, wie es sich aus der **Konstruktion der Übung** ergibt, aufgezeigt.

Dieses abschließende Experiment bot so noch einmal die Gelegenheit, die vielfältigen Lernprozesse, die in den Teamer-Gruppen stattgefunden hatten, im Kurs zu vereinheitlichen. Der in Bezug auf das Thema „Soziales Lernen“ gewählten induktiven Methode, die Lernenden hatten ihr Wissen mehr nach dem „Baukasten-Prinzip“ in einem weitgehend selbstgesteuerten Lernprozess erworben, wurde am Ende ein systematisierender Pol entgegengesetzt, um die wesentlichen pädagogischen Momente im Wissenshorizont der Schüler auch fachbegrifflich zu verankern.

Die Bedeutung des Projekts „Tischgruppen-Training” als Lernform im LSP E + G

Blickt man vom Ende des 11. Schuljahres zurück und fragt sich, welche Leistung das Projekt „Tischgruppen-Training” innerhalb des LSP E+G erbracht hat, so ist uns in erster Linie das außergewöhnliche Engagement der Schülerinnen und Schüler des LSP für die Vorbereitung und Durchführung des Trainings in Erinnerung. Das Sich-Versetzen in eine erzieherische Ernstsituation wirkte sich sehr produktiv auf die gesamte Lernatmosphäre aus. Die Teamer spürten sehr deutlich ihre erzieherische Verantwortung. Die Planung der folgenden Trainingseinheit wurde immer sehr gewissenhaft durchgeführt, denn ein Ignorieren dieser Aufgabe hätte spürbare Konsequenzen in der nächsten Begegnung mit der Tischgruppe gehabt. Für die im Gesamtkonzept der Sekundarstufe II an der Gesamtschule Waltrop geforderte Orientierung an lebensbedeutenden Fragen der Lernenden stellte das Projekt einen deutlichen Kristallisationspunkt dar: Es vermittelte, wie dargestellt, auf unterschiedlichen Ebenen „pädagogische Kompetenz“ und versetzte die Schülerinnen und Schüler in die drei relevanten Rollen, in denen sie gegenwärtig oder künftig vor pädagogische Aufgaben gestellt sein können: *„Dies sind die Rollen des Erziehers, des Edukanden und desjenigen, der durch sein Handeln als mitverantwortliches Mitglied von Staat und Gesellschaft Einfluss auf die Bedingungen nimmt, unter denen Erzieher und Edukand handeln.“*[69] Der im hausinternen Curriculum für den LSP E+G formulierte **Fokus „Individuum und Gruppe** als Zentren von Erziehungs- und Sozialisationsprozessen” ist durch das Tischgruppen-Training für die Schülerinnen und Schüler keine begriffliche Hülse mehr, sondern durch vielfältige Erfahrungen mit den Übungen Sozialen Lernens konkret gefüllt, denn in den Trainingseinheiten lag der Schwerpunkt darauf, ein konstruktives Ineinandergreifen individueller und kollektiver Lernprozesse zu erreichen.

Bezieht man das Projekt auf neuere Ansätze in der fachdidaktischen Diskussion, so dürfte deutlich sein, dass es zu den verschiedenen dort entfalteten Sinn-Perspektiven des PU einen Bezug hat.[70] Es eröffnet den Zugang zur **gesellschaftlichen Thematisierung** von Erziehung. Das Ziel des Tischgruppen-Trainings, Fähigkeiten, die für den Umgang mit anderen Menschen nötig sind, systematisch zu üben, tritt einem zentralen Vorwurf an heutige Kinder und Jugendliche entgegen, die häufig als Generation der Egozentriker bezeichnet werden. Die Schülerinnen und Schüler des LSP E+G hatten die Möglichkeit, eigene Erfahrungen zu sammeln und ein differenziertes Bild zu dieser in der Öffentlichkeit vertretenen Position zu gewinnen. (Nebenbei bemerkt, haben sie mit ihrem eigenen Engagement für das Projekt diese These Lügen gestraft.)

Auch die **veränderte Lebenssituation von Kindern und Jugendlichen** wird durch das Projekt Tischgruppen-Training tangiert. Wenn allerorten der Funktionsverlust der Familie beklagt wird, so weisen die im Training praktizierten Übungen zumindest erste Schritte auf, wie Schule aktiv und im Rahmen ihrer institutionellen Möglichkeiten Beiträge zur sozialen Erziehung leisten kann. Auf die Schülerinnen und Schüler des LSP E+G selbst spiegelte sich ihre sozialerzieherische Tätigkeit zurück: sie konnten ihren Einsatz als Teamer als sinnvolle Tätigkeit erleben, die ihre eigene Persönlichkeitsentwicklung bereicherte.

Im Kontext des Formulierens eines **neuen Lernbegriffs** haben die im Tischgruppen-Training geförderten Kompetenzen einen zentralen Stellenwert. Wenn der FOKUS des LSP E+G im zweiten Halbjahr 11 lautet: Lernen als Prozess des Lebens – Lernen als lebenslanger Prozess, verweist er damit auf den veränderten Stellenwert des Lernens im Lebenslauf des Einzelnen. Ohne grundlegende Fähigkeiten in der Teamarbeit und ohne Wissen darum, wie man sich im Team auf neue Anforderungen des Berufs einstellt, ist heute weder eine Studien- noch eine Berufsqualifikation denkbar.

5.5.4 Resümee und Ausblick

Sicherlich bleiben in unserer Darstellung wegen der hier gebotenen Kürze noch einige Fragen unbeantwortet. Auch sind mehrere Durchgänge und eine weitere systematische Reflexion unverzichtbar, um ein sicheres Urteil über eine gelungene Bewährung des Profilfaches Pädagogik an unserer Schule abgeben zu können. Die bisherigen positiven Rückmeldungen von Schüler- und Elternseite und auch durch die Fachaufsicht bei der Bezirksregierung Münster lassen trotz aller Vorsichtigkeit erkennen, dass das Fach Erziehungswissenschaft in der von uns realisierten Form eine vertiefende und ergänzende Erweiterung erhalten hat. Eine größere Möglichkeit der reflexiven Betrachtung des Faches – sowohl der Besonderheit als auch der Verschränkung mit umfassenderen Bezügen – kann verdeutlicht werden. Vor allem aber werden Schülerinnen und Schülern mehr Möglichkeiten und Freiräume eröffnet, die Lebensbedeutsamkeit und die Geltungsbedingungen der Unterrichtsthemen zu erkennen, und zwar ohne auf eine notwendige kategoriale und analytische Erschließung und damit auf eine Überschreitung subjektiver Erfahrung zu verzichten. Bei gleichzeitiger Einbeziehung einer veränderten Lernkultur erhalten die Teilnehmerinnen und Teilnehmer an diesem Profil die Gelegenheit, sich so thematisch mit den Unterrichtsinhalten auseinander zu setzen, dass sie sie zu ihrer eigenen Angelegenheit machen können und sie für sie bedeutsam werden, um so an der eigenen auf Mündigkeit hin orientierten Weiterentwicklung in sozialer und mitweltlicher Verantwortung angestrengt zu arbeiten und um eine vergrößerte Möglichkeit zur aktiven Teilnahme an pädagogischen Prozessen zu erreichen.

Angesichts der aktuellen Diskussion um Qualitätssicherung und -entwicklung vor dem Hintergrund einer eindimensional verengten und outputorientierten Bestimmung von Qualität möchten wir mit dieser Zielperspektive trotz aller Relevanz fächerübergreifender und fachlicher Lernerfolge für Schülerinnen und Schüler abschließend unterstreichen, dass der schulische Bildungs- und Erziehungsauftrag auch in der Sekundarstufe II über die ausschließliche Aneignung von Fachkenntnissen hinausgehen muss. Die Konzeption des Leistungsschwerpunktes „Erziehung und Gesellschaft" ist darauf angelegt, dies zu befördern. In der Mehrdimensionalität und in der prozessorientierten Steuerung unserer Vorgehensweise in Kooperation mit den Lernenden sehen wir eine Möglichkeit einer qualitätsorientierten Selbstgestaltung mit dem Ziel einer Verbesserung des synthetischen Lernens und einer Vergrößerung der Lernwirksamkeit durch eine explizite Methodenorientierung.

Es soll aber auch nicht verschwiegen werden, dass eine derart veränderte Organisationsstruktur der Oberstufe und die an unserer Schule damit verbundene Ausdehnung der Teamarbeit auch auf die Sekundarstufe II eine Verständigung über die Leitziele einer solchen Konzeption mit Eltern, Schülerinnen, Schülern und mit den Lehrenden voraussetzt. Ohne eine gemeinsame Verständigung und ohne die Bereitschaft, zusätzliche Zeit in eine solche Entwicklung zu investieren, ist eine Realisierung unwahrscheinlich. Andererseits ergibt sich für Lehrerinnen und Lehrer auch in der Sekundarstufe II durch die qualifizierte Kooperation (inhalts- und beziehungsorientiert) im Tandem (anderer Lehrer/andere Lehrerin im Leistungsschwerpunkt) und im Oberstufenteam die Chance, im funktionalen Diskurs über gemeinsame Qualitätsansprüche und durch den Aufbau einer Kultur kollegialer Reflexion und Rechenschaftslegung in der Berufsrolle, sich in der eigenen Professionalität kontinuierlich zu entwickeln. Diese Chance zur Erforschung des eigenen Unterrichtes und zum Lernen im Bereich der Berufsrolle sollte nicht unterschätzt werden.

Um eine Weiterentwicklung der bisherigen fachdidaktischen Diskussion unter der hier in Ansätzen aufgezeigten Perspektive zu forcieren und um eine umfassendere Neubestimmung des Verhältnisses von Erziehung und Gesellschaft zu erreichen, wäre es notwendig, eine Didaktik eines Lernbereiches Erziehung und Gesellschaft zu entwickeln. Dies bleibt aufgabenhaft für die Zukunft bestehen.[71]

Anmerkungen:

1 Vgl. Röken, Gernod (Hrsg.) : Gesamtschule in Nordrhein-Westfalen, Essen 1996

2 Vgl. Röken, Gernod: Gesamtschulspezifisches Lernen in der Sekundarstufe II – ein unlösbares Problem? In: GGG-fesch-Info, Heft IV/93, S. 13–19

3 Vgl. Baßmann, Winfried/Schneegans, Konrad: Die gymnasiale Oberstufe an Gesamtschulen – eine Karikatur sozialen Lernens, in: Baßmann, Winfried/Dehnbostel, Karin/Drenkelfort, Günter (Hrsg.): Gesamtschule – Lernen ohne Angst, Frankfurt a. Main, 1980, S. 246–284

4 Vgl. Huber, Ludwig/Kroeger, Hans/Schülert, Jürgen: Eine Curriculum-Werkstatt für fächerübergreifenden Unterricht. Ansätze am Oberstufenkolleg der Universität Bielefeld, in: Zeitschrift für Pädagogik, Jahrgang 42, Heft 4/1996, S. 575–587; Erner, Wolfgang/Horst, Uwe/Ohly, Karl Peter (Hrsg.): Wie im richtigen Leben. Projektunterricht für die Sekundarstufe II, Ambos 29, Bielefeld 1991

5 Herz, Otto: Zu den Aufgaben und Perspektiven der Sekundarstufe II/Gymnasiale Oberstufe. Ein Diskussionsbeitrag aus Anlass der aktuellen Diskussion, Frankfurt 1995, S. 5

6 Vgl. von Ilsemann, Cornelia/Menzel-Prochner, Christel /von Rennings, Josef: Renaissance – Fächerübergreifendes Arbeiten in der Sekundarstufe II. In: Bastian, Johannes/ Gudjons, Herbert (Hrsg.): Das Projektbuch II. Über die Projektwoche hinaus. Projektlernen im Fachunterricht, Hamburg 1990, S. 163–175;

Goetsch, Karlheinz/Schnack, Jochen: Lernen in Zusammenhängen. Die Profiloberstufe zieht Zwischenbilanz, in: GGG-Info (Hamburg), Heft 2/94, S. 11–16; Schnack, Jochen: Die Profiloberstufe in der Max-Brauer-Schule, Bericht der Begleitforschungsgruppe, Hamburg 1994; von Ilsemann, Cornelia: Dann bringen wir uns das eben selbst bei! Ein Kollegium verändert seine gymnasiale Oberstufe, in: Friedrich Jahresheft XII, 1994, Schule zwischen Reform und Routine, S. 124–126; Schnack, Jochen: Ist die Profiloberstufe eine gesamtschulgemäße Oberstufe? In: Gudjons, Herbert/Köpke, Andreas: 25 Jahre Gesamtschule in der Bundesrepublik Deutschland. Eine bildungspolitische und pädagogische Bilanz, Bad Heilbrunn 1996, S. 187–196; von Ilsemann, Cornelia: Die Profiloberstufe an einer Gesamtschule: Intentionen und erste Erfahrungen. In: Die Deutsche Schule, Heft 3/95, S. 327–338

7 Vgl. Fink, Michael, u.a.: Profilbildung in der gymnasialen Oberstufe der Gesamtschule Hagen-Haspe, in: Röken, Gernod (Hrsg.): Gesamtschule in Nordrhein-Westfalen, Essen 1996, S. 389–400; Ladleif, Christian: Neues Lernen – auch in der GOS, in: neue deutsche schule, Heft 4/96, S. 14–17

8 Vgl. Kratz, Hans: Projektunterricht in der gymnasialen Oberstufe an der Gesamtschule Gelsenkirchen-Horst, in: Röken, Gernod (Hrsg.): Gesamtschule in Nordrhein-Westfalen, Essen 1996, S. 377–388

9 Empfehlungen des Didaktischen Ausschusses der Gesamtschule Waltrop zur Gestaltung der Sekundarstufe II vom 15.04.1996 (schulinternes Manuskript). Die einzelnen schulinternen Manuskripte (z.B. das Curriculum für den Leistungsschwerpunkt „Erziehung und Gesellschaft“ und die Darstellung der gemeinsamen Zielperspektiven der beiden Fächer) können in der Broschüre des Verbandes der Pädagogiklehrer und Pädagogiklehrerinnen „Anstöße für den Pädagogikunterricht, Band 4, Pädagogik als Profilfach der gymnasialen Oberstufe", herausgegeben von Burmeister, Ursula, Wesel 1998, nachgelesen werden. Dort finden sich auch Beispiele von Profiloberstufen anderer Gesamtschulen.

10 Abschlussbericht der von der Kultusministerkonferenz eingesetzten Expertenkommission „Weiterentwicklung der Prinzipien der gymnasialen Oberstufe und des Abiturs“, Bonn 1995, S. 52

11 Delors, J.: Learning. The Treasure Within. Report to UNESCO of the International Commission on Education for the Twenty-first Century, Paris 1996

12 Vgl. Röken, Gernod: Von der Teambildung zur Teamfähigkeit – Aspekte für ein Gelingen von Teamarbeit in der Schule, in: schulmanagement, Heft 1/98, S. 19–28

13 So spricht der Bildungsforscher und Schulentwickler Per Dalin in seinem Buch „Schule auf dem Weg ins 21. Jahrhundert“ (Neuwied, Kriftel, Berlin 1997) von einem Paradigmenwechsel in der Gesellschaft im Übergang von der Moderne hin zu einer posttraditionalen Gesellschaft, dem das Bildungssystem nicht hinreichend nachzukommen vermag.

14 Vgl. Röken, Gernod: Die Reform geht weiter – Gesamtschule anders organisieren, Vortrag zur Mitgliederversammlung des Landeselternrates der Gesamtschulen in NW e.V. am 25.10.1997, abgedruckt in: LER-Info, Heft 1/98, S. 37–43

15 Vgl. Röken, Gernod: Lernen in Lernbereichen – eine Anforderung an die neue Lehrplangeneration, in: Röken, Gernod (Hrsg.): Gesamtschule in Nordrhein-Westfalen. Die Reform geht weiter, Essen 1996, S. 77–82

16 Vgl. die Varianten eines fächerübergreifenden Unterrichts nach Huber, Ludwig: Vereint, aber nicht eins: Fächerübergreifender Unterricht und Projektunterricht, in: Hänsel, Dagmar (Hrsg.) Handbuch Projektunterricht, Weinheim und Basel 1997, S. 31–53; Huber, Ludwig: Organisationsformen des fächerübergreifenden Unterrichts, in: Ansätze zum fächerübergreifenden Unterricht in der gymnasialen Oberstufe: Lernen über Differenzen, Tagungsdokumentation und Anregungen für die Praxis, Landesinstitut für Schule und Weiterbildung, Bönen 1997, S. 53–75

17 Vgl. Mittelstraß, Jürgen: Leonardo-Welt. Über Wissenschaft, Forschung und Verantwortung, Frankfurt a. Main 1992. Unter der fachdidaktischen Perspektive für den Pädagogikunterricht weisen wir auf die beiden Aufsätze von Dorlöchter, Heinz/Stiller, Edwin: Problemzentriertes Lernen im Pädagogikunterricht, Heft 4/1989, S. 12–29 und Problemzentrierung als Bindeglied zwischen Wissenschafts- und Handlungsorientierung, in: Pädagogikunterricht, Heft 2/3/1991, S. 61–64 hin. Dorlöchter/Stiller versuchen über die Leitkategorie „Problemzentrierung“ und über ein integratives Verständnis von Wissenschaftsorientierung u.a. einen thematischen und problemzentrierten Zugang zur gesellschaftlichen Praxis und ihrer Komplexität zu erreichen.

18 Gudjons, Herbert: Verbinden – koordinieren – übergreifen: Qualifizierter Fachunterricht oder fächerübergreifendes Dilettieren? In: Pädagogik, Heft 9/97, S. 41.
Für Klaus Giel spricht sogar vieles dafür, dass mit fächerübergreifenden Unterrichtsansätzen gar in Wirklichkeit die Wiederherstellung der Unterrichtsfächer gemeint ist. Vgl. Giel, Klaus: Zur Philosophie der Schulfächer, in: Duncker, Ludwig/Popp, Walter (Hrsg.): Über Fachgrenzen hinaus Band I, Grundlagen und Begründungen, Heinsberg 1997, S. 33 ff. Fächerübergreifender Unterricht ist dann möglicherweise nicht nur eine unverzichtbare Ergänzung des Pädagogikunterrichtes, der auch den Blick von außen auf das Fach er-

laubt, sondern vollendet ihn u. U. auch. Auch Udo von der Burg, der mit seinen engagierten Hinweisen auf die Sinnhaftigkeit überfachlichen Lernens (in Abgrenzung zum fächerübergreifenden Unterricht) im Pädagogikunterricht das Diskussionsspektrum erweitert hat, will den Fachunterricht nicht ersetzen, sondern sieht im überfachlichen Lernen, das in der Schule oft zu kurz kommt, eine Bereicherung des Fachunterrichts. Dabei unterlässt er es leider, Organisationsformen und strukturelle Bedingungsgefüge als Unterstützungssysteme zu benennen, um einen solchen didaktisch bereichernden Aspekt nicht appellativ verhallen zu lassen. Vgl. von der Burg, Udo: Überfachliches Lernen im Pädagogikunterricht, Heft 2/3/1998, S. 32–43

[19] Duncker, Ludwig: Vom Sinn des Ordnens. Zur Rekonstruktion der Wirklichkeit in und zwischen den Schulfächern, in: Duncker, Ludwig/Popp, Walter (Hrsg.): Über Fachgrenzen hinaus. Chancen und Schwierigkeiten des fächerübergreifenden Lehrens und Lernens Band I, Grundlagen und Begründungen, Heinsberg 1997, S. 126

[20] Ebd. Es geht darum, „den Lernenden die Möglichkeit (zu geben), Ordnung in ihrem Kopf zu schaffen, verständlich zu machen, was in der Gestalt unverstandener Bilder beunruhigt, zu vervollständigen, was sie nur fragmentarisch kennen gelernt haben, aufzuklären, was ihnen dunkel geblieben ist ...“ (Rauschenberger, Hans: Unterricht als Darstellung und Inszenierung, in: Enzyklopädie Erziehungswissenschaft, Bd. 3, Stuttgart 1983, S. 58 f.)

[21] Schilmöller, Reinhard: „Fächerübergreifender Unterricht“ – Recht und Grenzen einer bildungspolitischen Forderung, in: Vierteljahresschrift für wissenschaftliche Pädagogik, Heft 1/97, S. 101. Allerdings können wir Schilmöllers Hypostasierung des Fachunterrichts und den damit verbundenen Vorstellungen, dass dem Schüler das Ordnen der Zusammenhänge selbst überlassen werden muss, nicht folgen (vgl. ebd., S. 104). Fachunterricht sowie fächerübergreifender Unterricht, in denen sich Lernen in eigener Aktivität vollzieht, ist auf pädagogische Unterstützung und methodische Hilfe angewiesen, damit ein solches Lernen als gelingend erfahren werden kann. Lehrerinnen und Lehrer sind als Arrangeurinnen/Arrangeure, als Moderatorinnen/Moderatoren von Lernprozessen und als Expertinnen/Experten unverzichtbar. Sie leiten diese an, helfen über Hindernisse hinweg, ohne Lösungen vorwegzunehmen, und bemühen sich um eine angemessene Ordnung des Lernens. Die Begleitung durch Lehrende erscheint uns gerade bei einem höheren Komplexitätsniveau besonders erforderlich, wenn hier umfassende Ansprüche an Nachhaltigkeit und Vernetzung bisherigen Wissens mit neuen Erkenntnissen gefordert werden. Dass damit eine absolut gedachte Einheit oder Ganzheit von Kenntnissen nicht erreicht werden kann, darauf hat Wolfgang Fischer hingewiesen. (Vgl. Fischer, Wolfgang: Über Sinn oder Unsinn fächerverbindenden Unterrichts und fächerübergreifender Themen, in: Rekus, Jürgen: Grundfragen des Unterrichts. Bildung und Erziehung in der Schule der Zukunft, Weinheim und München 1998, S. 169–192) Allerdings halten wir es für unzutreffend, wenn dem fächerübergreifenden Unterricht gegenüber dem Fachunterricht ein größeres Maß an Konfliktlagen und Interaktionsproblemen unterstellt wird, das permanent ausbalanciert werden müsse, worauf der Fachunterricht verzichten könne. (Vgl. Schirlbauer, Alfred: Im Schatten des pädagogischen Eros, Wien 1997, S. 125 ff.; Schirlbauer, Alfred: Ergänzungen, Ganzheiten und „integrierte Codes“ – Von der Ruinierung des Unterrichts durch seine Komplettierungsbemühungen, in: Löwisch, Dieter-Jürgen/Ruhloff, Jörg/Vogel, Peter (Hrsg.): Pädagogische Skepsis, St. Augustin 1988, S. 197–208) Die Bedeutung kommunikativer Aspekte, die Fähigkeit und Fertigkeit, mit einem breiten Handlungsrepertoire kompetent interagieren zu können, ist für jeden Unterricht unerlässlich und erhält eine zunehmend größere Relevanz. (Vgl. Miller, Reinhold: Beziehungsdidaktik, Weinheim und Basel 1997; Dubs, Rolf: Lehrerverhalten. Ein Beitrag zur Interaktion von Lehrenden und Lernenden im Unterricht, Zürich 1995)

[22] Vgl. Kahlert, Joachim: Vielseitigkeit statt Ganzheit. Zur erkenntnistheoretischen Kritik an einer pädagogischen Illusion, in: Duncker, Ludwig/Popp, Walter (Hrsg.): Über Fachgrenzen hinaus. Chancen und Schwierigkeiten des fächerübergreifenden Lehrens und Lernens Band I, Grundlagen und Begründungen, Heinsberg 1997, S. 92–118

[23] „Es geht also nicht darum, diffuse Vereinigungssehnsüchte und Ganzheitsphilosophien zu propagieren, sondern darum, den approximativen Charakter zu erkennen, und zu versuchen, es ‚immer besser zu machen‘ (problemorientiert, fächerübergreifend, vernetzt, mehrperspektivisch, systemisch, interdisziplinär) und dies als unabschließbaren (Lern)-Prozess zu akzeptieren.“ Popp, Walter: Die Spezialisierung auf Zusammenhänge als regulatives Prinzip der Didaktik, in: Duncker, Ludwig/Popp, Walter (Hrsg.): Über Fachgrenzen hinaus. Chancen und Schwierigkeiten des fächerübergreifenden Lehrens und Lernens Band I, Grundlagen und Begründungen, Heinsberg 1997, S. 145. Zu Recht betont W. Popp, dass es beim fächerübergreifenden Unterricht nicht selten „ideologische Verformungen und Übertreibungen“ (S. 151) gegeben hat. Der fächerübergreifende Unterricht ist keinesfalls als „Zauberformel zur Lösung der Schulprobleme, als allheilend, als eine Art ‚Klosterfrau Melissengeist‘ der Pädagogik“ misszuverstehen. Huber, Ludwig: Vereint, aber nicht eins: Fächerübergreifender Unterricht und Projektmethode, in Hänsel, Dagmar (Hrsg.): Handbuch Projektunterricht, Weinheim und Basel 1997, S. 32

[24] Vgl. Abschlussbericht der von der Kultusministerkonferenz eingesetzten Expertenkommission. Weiterentwicklung der Prinzipien der gymnasialen Oberstufe und des Abiturs, Bonn 1995, S. 16

[25] Einführungsreferat von Frau Ministerin Gabriele Behler zu Beginn der Richtlinien- und Lehrplanarbeit für die gymnasiale Oberstufe am 23.08.1996 in Soest: ‚Ziele der gymnasialen Oberstufe und Aufgabe der Richtlinien- und Lehrplanentwicklung', S. 4.

[26] Vorgaben und Hinweise für die Lehrplankommissionen (Vorkommissionen) in den Fächern der gymnasialen Oberstufe, S. 3

[27] Vgl. Bildungskommission NRW: Zukunft der Bildung – Schule der Zukunft, Neuwied, Berlin 1995, S. 103 f. und S. 230; vgl. Beier, Karl-Heinz/Schulze, Ilona: Ansätze für fächerübergreifendes Arbeiten in der gymnasialen Oberstufe, in: Schulverwaltung NRW, Heft 4/96, S. 112-116; vgl. Brigitte Speth: Reform der gymnasialen Oberstufe. Kein Zurück zu alten Hierarchien, in: zweiwochendienst, Heft 7/1995, S. 5f.

[28] Ludwig Huber unterscheidet die Möglichkeiten der Bezüge, in denen die jeweiligen Fächer zueinander stehen, folgendermaßen:
„• komplementär: eine Sicht oder Erfahrung ergänzt die andere,
• konzentrisch: mehrere Sichtweisen richten sich auf einen gemeinsamen Gegenstand (z.B. Raum, Epoche) oder Problembereich (Verkehrsplanung, Gesundheitsförderung, Umweltpolitik etc.),
• kontrastiv oder dialogisch: eine Sicht oder Erfahrung widerspricht der anderen, relativiert sie; es geht um gegenseitiges Verstehen oder Übersetzen,
• reflexiv: mit Hilfe anderer Sichtweisen, die bewusst als solche eingenommen werden, wird die eigene, die des eigenen Faches (philosophisch, historisch, soziologisch) reflektiert."
Huber, Ludwig: Organisationsformen des fächerübergreifenden Unterrichts, in: Ansätze zum fächerübergreifenden Unterricht in der gymnasialen Oberstufe: Lernen über Differenzen. Tagungsdokumentation und Anregungen für die Praxis, Landesinstitut für Schule und Weiterbildung, Bönen 1997, S. 65. Zur Reflexion auf metatheoretischer Ebene siehe auch: Huber, Ludwig/Kroeger, Hans/Schubert, Jürgen: Eine Curriculum-Werkstatt für fächerübergreifenden Unterricht. Ansätze am Oberstufen-Kolleg der Universität Bielefeld, in: Zeitschrift für Pädagogik, Heft 4/1996, S. 575–587

[29] Vgl. Golecki, Reinhard u.a..: Die gymnasiale Oberstufe nicht zurückbilden, sondern nach vorn entwickeln! In: Schnack, Jochen (Hrsg.): Gymnasiale Oberstufe gestalten, Hamburg 1996, S. 160; vgl. Fuhrmann, Elisabeth: Notwendigkeiten und Möglichkeiten im Unterricht der gymnasialen Oberstufe zu fächerverbindenden und fächerübergreifenden Arbeiten, in: Fuhrmann, Elisabeth (Hrsg.): Chancen und Probleme der gymnasialen Oberstufe, Berlin 1995, S. 119–125

[30] Vgl. Beyer, Klaus: Handlungspropädeutischer Pädagogikunterricht. Eine Fachdidaktik auf allgemein-didaktischer Grundlage, Teil I. Aufgaben, Prinzipien und Lernziele, Didactiva Nova, Band 2, Hohengehren 1997, S. 71 f.

[31] Vgl. ebd., S. 93 f.

[32] Vgl. ebd., S. 88 f. In ihr sieht Beyer die Möglichkeit, das immanente Trennungs- und Integrationspotenzial zwischen Fächern des sozialen Aufgabenfeldes zu verdeutlichen.

[33] Beyer, Klaus: Handlungspropädeutischer Pädagogikunterricht. Eine Fachdidaktik auf allgemeindidaktischer Grundlage, Teil III. Unterrichtsgespräche – Hausaufgaben – Überprüfung des Lernerfolges – PU auf der SI – PU-spezifische Probleme, Didactica Nova, Band 4, Hohengehren 1998, S. 257

[34] Insofern soll in unserem Unterrichtsansatz die pädagogische Praxis „unter dem Gesichtspunkt ihrer Veränderungsbedürftigkeit und ihrer Veränderbarkeit reflektiert werden." Beyer, Klaus: Handlungspropädeutischer Pädagogikunterricht, Bd. I, S. 92

[35] Heiland, Helmut: Pädagogikunterricht – ein notwendiges Teilprojekt der Moderne, in: Pädagogikunterricht, Heft 2/3 1989, S. 63

[36] Der Gedanke einer „dialogischen Fachdidaktik des Pädagogikunterrichtes" (Edwin Stiller), die eine subjektorientierte Perspektive zur Förderung einer umfassenden Entfaltung des Subjekts unter Einschluss eines „solidarischen Individualismus" (Beck) verfolgt, wird hier nachhaltig unterstützt. Vgl. Stiller, Edwin: Dialogische Fachdidaktik Pädagogik, Paderborn 1997, S. 74

[37] Weinert, Franz E.: Thesenpapier zum Vortrag „Ansprüche an das Lernen in der heutigen Zeit", in: „Fächerübergreifendes Arbeiten" – Bilanz und Perspektiven, Ministerium für Schule und Weiterbildung des Landes Nordrhein-Westfalen (Hrsg.): Dokumentation der landesweiten Fachtagung im Rahmen des Dialoges über die Denkschrift der Bildungskommission NRW „Zukunft der Bildung – Schule der Zukunft", 15. bis 16. Mai 1997 im Landesinstitut für Schule und Weiterbildung, S. 16

[38] Vgl. Lehrplanentwurf „Erziehungswissenschaft" (Stand: 11.10.1997), S. 10, Lehrplanentwurf „Sozialwissenschaften" (Stand: Ende Mai 1998), S. 21 ff.

[39] Vgl. für das Fach Sozialwissenschaften dazu: Reinhardt, Sibylle: Didaktik der Sozialwissenschaften, Opladen 1997, S. 22 ff.

40 Vgl. Dorlöchter, Heinz/Stiller, Edwin: Möglichkeiten projektorientierten Arbeitens, in: Pädagogikunterricht, Heft 1/1997, S. 37–41;
Koumides, Gerlinde: Handlungsspielräume zur Förderung von Kreativität. Konzeption für das Unterrichtsfach Erziehungswissenschaft in der Sekundarstufe II, Frankfurt/Main 1993;
Röken, Gernod: Wie können Schüler beim Thema „Lernen" mitplanen? In: Pädagogikunterricht, Heft 1/1988, S. 37–49;
Röken, Gernod: Annäherungen an Möglichkeiten zu einem gesamtschulgemäßen Unterricht, in: GGG-fesch-Info IV 1997, S. 11–28.

41 „Curriculum für den Leistungsschwerpunkt: „Erziehung und Gesellschaft" an der Gesamtschule Waltrop, Waltrop 1996. Das Curriculum ist auf Anfrage bei der Schule erhältlich.

42 „Informationen für Schülerinnen und Schüler des 10. Jahrgangs und ihre Eltern", Informationsbroschüre der Gesamtschule Waltrop, Waltrop 1996.

43 Richtlinien für die gymnasiale Oberstufe in Nordrhein-Westfalen, Erziehungswissenschaft, Köln 1981, S. 39. Folgend zitiert als „Richtlinien".

44 R. Oerter, „Konfliktverarbeitung und Problemlösen", in: Elemente vorschulischer Erziehung, hg. Institut für Film und Bild in Wissenschaft und Unterricht, München 1975, S.225f.

45 Die Einführung in die pädagogische Praxis berührt immer auch wissenschaftstheoretische Fragestellungen, die auf der Besonderheit der Pädagogik als einer praktischen Wissenschaft beruhen. Die hier dargestellten Zusammenhänge orientieren sich an dem, was Schülerinnen und Schüler in einem Einführungskurs zu Beginn des 11. Jahrgangs erfassen können. Die umfassende Einordnung der hier entfalteten Kategorien in das Theorie-Praxis-Verhältnis kann erst in der Jahrgangsstufe 13 erfolgen.

46 Vgl. dazu die Darstellung des Ansatzes in: Phoenix, Der etwas andere Weg zur Pädagogik, ein Arbeitsbuch, Band 1, hrsg. von H. Dorlöchter, G. Maciejewski, E. Stiller, Paderborn 1995, S. 46 ff. Folgend zitiert als „PHOENIX 1".
Siehe auch Friedemann Schulz von Thun, Miteinander Reden I, Reinbek bei Hamburg 1992, S. 25ff.

47 Die hier gewählte Begrifflichkeit entspricht der von Dietrich Benner in seiner „Allgemeinen Pädagogik" entfalteten. Siehe: Dietrich Benner, Allgemeine Pädagogik, Eine systematisch-problemgeschichtliche Einführung in die Grundstruktur pädagogischen Denkens und Handelns, Weinheim und München 1987.
Klaus Beyer verfolgt mit seiner Definition der Aufgaben des Pädagogikunterrichts und der dort formulierten Spezifik dieses Faches (Dispositionsgerichtetheit, Förderungsabsicht und Orientierung am Interesse der Betroffenen) kompatible Ziele. Vgl.: Klaus Beyer, Handlungspropädeutischer Pädagogikunterricht, Eine Fachdidaktik auf allgemeindidaktischer Grundlage, Teil 1, Aufgaben, Prinzipien und Lernziele, Hohengehren 1997, dort insbesondere S. 75 ff.

48 Vgl. Klaus Beyer, a.a.O., S. 56f.

49 Es ist zu betonen, dass es hier im Einführungskurs um den typischen Zugriff geht. Dass die Sozialwissenschaften etwa im Kontext der Handlungsforschung auch andere Fragestellungen entfalten, kann erst später behandelt werden.

50 René König, Der Mensch in der Sicht des Soziologen, Vorträge und Aufsätze, Köln 1965, S. 36f.

51 G. Zeissner, Das soziale Handeln, München 1983, S. 74f.

52 I. Zimmermann, O. Inhester, Das besonders andere Lehrbuch, Hannover 1992, S. 36 ff, zitiert nach Phoenix, Der etwas andere Weg zur Pädagogik, ein Arbeitsbuch, Band 2, hrsg. von H. Dorlöchter, G. Maciejewski, E. Stiller, Paderborn 1997, S. 15. Folgend zitiert als „PHOENIX 2".

53 Richtlinien, S. 42f.

54 PHOENIX 2, S. 27 – 55.

55 Vgl.: Klaus Holzkamp, Lernen, Subjektwissenschaftliche Grundlegung, Frankfurt am Main 1995.

56 An dieser Stelle möchten wir unserer Kollegin Gitta Kovermann von der Willy-Brandt-Gesamtschule in Marl danken. Im Rahmen von Treffen der Freinet-Cooperative-Revier stehen wir in einem regelmäßigen Austausch zur Didaktik des Pädagogikunterrichts. Die Grundidee, Schülerinnen und Schüler eines Pädagogikkurses mit der Aufgabe des Tischgruppen-Trainings zu betrauen, stammt von ihr.

57 Richtlinien, S. 41.

58 Dieses Projekt fand in der Form der Anbindung an den Leistungskurs Pädagogik statt. (Siehe dazu die oben beschriebenen unterschiedlichen Möglichkeiten, Projekte zu integrieren.)

59 An dieser Stelle kann nicht auf die Bedeutung der Tischgruppen-Arbeit im Lernensemble der Gesamtschule eingegangen werden. Vgl. dazu: A. Ratzki: Gesamtschule und Schulreform: Erfahrungen und Perspektiven, in: K.-H. Braun und D. Wunder (Hrsg.), Neue Bildung – Neue Schule, Wolfgang Klafki zum sechzigsten Geburtstag, Weinheim 1987.

60 „Das Tischgruppen-Training an der Käthe-Kollwitz-Gesamtschule Recklinghausen", hrsg. von Dorothea Sauer, Ulrike Biermann, hektographiert 1996.

[61] Gene Stanford, Gruppenentwicklung im Klassenraum und anderswo, Aachen-Hahn 1991.

[62] G. Stanford, a.a.O. , S. 13 ff. Vgl. dazu auch: „Teamentwicklungs-Uhr“ nach E. Philipp, in: PHOENIX, Band 1, S. 117.

[63] Dies geschah, weil diese Phase als besonders charakteristisch angesehen wurde. Die Orientierungsphase war bereits geschehen, da wir Tischgruppen des 6. Schuljahres zur Mitarbeit gewonnen hatten. Die späteren Stadien erfordern eine Anbindung an das Leben und Lernen in der Gruppe, die unter Umständen das Feld des für einen Pädagogikkurs Möglichen überschreitet.

[64] Gene Stanford, a.a.O., S. 27.

[65] PHOENIX 1, S.109.

[66] Vgl.: die jeweiligen Einleitungskapitel in: Gene Stanford, a.a.O.

[67] Stanford

[68] Diese Übung ist eine Variante des bekannten „Turmbau-Spiels“. Die Besonderheit liegt darin, dass bei dieser Übung nicht gesprochen wird.

[69] Klaus Beyer, a.a.O., S. 79.

[70] Vgl. die Argumentation in: E. Stiller, Dialogische Fachdidaktik Pädagogik, Neue didaktische und methodische Impulse für den Pädagogikunterricht, Paderborn 1997, S. 22 ff.

[71] Ohne die kritisch-konstruktive Zusammenarbeit mit dem Didaktischen Leiter der Gesamtschule Waltrop, unserem Kollegen Fred Heindrihof, wäre die Implementierung dieses Konzeptes nicht gelungen. Dank sei deshalb ihm und dem gesamten „Didaktischen Ausschuss” gesagt. Die hilfreiche Unterstützung durch die schulfachliche Dezernentin der Gesamtschule Waltrop, Frau LRSD‘ Ingeborg Reiners-Woch, hat uns geholfen, die administrativen Hürden zu überwinden und den Weg der Reform der Oberstufe konsequent weiterzuverfolgen. Die begleitende Rückmeldung durch den Fachberater für das Fach Erziehungswissenschaft bei der Bezirksregierung Münster, Herrn StD Peter Opora, trug dazu bei, manche „blinden Flecken” selbstkritisch und überdenkend zu befragen. Wertvolle fachdidaktische und formale Hinweise bei der Abfassung und Fertigstellung des Manuskriptes erhielten wir von Frau Dr. Gerlinde Koumides. Für die Implementierung und erste Evaluation des hier vorgestellten Oberstufenprofils mit dem Fach Pädagogik war die Abteilungsleiterin für die Gesamtschule Waltrop, die Kollegin Gabriele Karthaus, verantwortlich. Sie hat diese Aufgabe mit großem Engagement und persönlichem Einsatz vorangetrieben. Allen sind wir zu persönlichem Dank verpflichtet.
Da wir die Möglichkeit hatten, von anderen Gesamtschulen zu lernen, stehen wir auch gerne für Rück- und Anfragen zur Verfügung. Aber auch Kritik, Hinweise und Vorschläge zur Verbesserung sind uns willkommen.

Vierter Teil: Ausbildung

6. Im Vertrauen auf die eigene Kraft! – Neue Wege der Ausbildung durch Empowerment-Orientierung und Coaching-Konzepte

Edwin Stiller

6.1 Subjektorientierung in der zweiten Phase der Lehrerausbildung in NRW

Bereits im ersten Band der Dialogischen Fachdidaktik habe ich auf Chancen und Gefahren der Kategorie Subjektorientierung in der Lehrerausbildung hingewiesen (vgl. Stiller 1997, S. 36f, S. 131). Da in der öffentlichen Diskussion des letzten Jahres groteske Verzerrungen hinsichtlich der Diskussion dieser Problematik zu beobachten sind, möchte ich hier mit klärenden Vorbemerkungen beginnen.

Subjektorientierung heißt **nicht,** weder in vorfindbarer Praxis noch in theoretischen Konzepten:[1]

- „Pädagogik der zweckfreien Selbsterfahrung und schrankenlose Egoanimation“[2]
- „das wohlige Sich einrichten in der Wärmestube einer neuen pädagogischen Innerlichkeit“
- „Auflösung jeder Form von Ausbildung“
- „Huldigung ihres infantilen Narzissmus“
- „beschäftigungstherapeutischer Irrationalismus“
- „Deprofessionalisierung und Dequalifizierung“.

Dieses Zerrbild ähnelt den BILD-Kommentaren zum Thema Bildung eines Peter Böhnisch, der z.B. unter der Überschrift „Alles Ballermann“ in der BILD-Zeitung vom 17.2.98 zu dem Schluss kommt: „Allein mit lustig schaffen wir es nicht“. Als hätten wir in Deutschland eine „Spaßschule“ oder als entspräche das Referendariat einer „Wärmestube“. Diese Pamphlete sind eine Verhöhnung der real existierenden Referendarinnen und Referendare, die sich eher genötigt sehen, ein unterstützendes Netzwerk gegen Missstände in der Ausbildung zu gründen, als sich „verhätschelt“ zu fühlen[3], sowie eine Verhöhnung der Fachleiterinnen und Fachleiter, die sich mit großem Engagement für Seminarentwicklung und erwachsenengerechte Innovation der Ausbildung bemühen.

Positiv lässt sich Subjektorientierung im Anschluss an das nordrhein-westfälische Seminarrahmenkonzept so formulieren:

„Ausbildung im Vorbereitungsdienst hat es mit Erwachsenen zu tun, die Lehren lernen wollen und daher als Subjekte der Ausbildung wahrgenommen werden müssen. Subjektorientierte Ausbildung heißt, dass die gesamte Ausbildung von der Person der Lernerin bzw. des Lerners auszugehen und deren Eigenverantwortlichkeit und Entscheidungsfähigkeit zu respektieren und zu fördern hat. (...) Damit ist die Ausbildung verpflichtet, jeweils individualisierend auf die Lernwege und -fortschritte der Referendarinnen und Referendare einzugehen und deren Fähigkeiten entfalten zu helfen. Individualisierende Ausbildung steht damit in einer Spannung zu den nachweisbaren Qualifikationen, die die Ausbildung vermitteln soll und die in der OVP als Ziel der Ausbildung vorgegeben werden. Diese Spannung tritt nicht erst am Ende der Ausbildung – bei der Zweiten Staatsprüfung – zutage, sondern durchzieht infolge der durch die OVP normierten Leistungsüberprüfungen und Beurteilungen den Prozess der Ausbildung insgesamt.“ (Ministerium für Schule und Weiterbildung 1997, S. 21)

Dieses Ausgangsverständnis hat in keiner Weise zur Folge, dass Ausbilder ihre Funktion verlieren. Im Gegenteil; es stellt wesentlich erhöhte Anforderungen an die professionelle Kompetenz der Ausbilder.

Die Ausbilderinnen und Ausbilder stehen, genau wie die Referendarinnen und Referendare, in der im Zitat deutlich gewordenen, unaufhebbaren dialektischen Spannung von Objekt- und Subjekt-Sein.

Entsprechend dieser subjektorientierten Konzeption von Ausbildung müssen die Ausbilderinnen und Ausbilder:

- die sehr individuellen Lernbiografien der Referendarinnen und Referendare dialogisch erfassen und bei ihrer Planung berücksichtigen;
- Transparenz über Bedingungen und Möglichkeiten, aber auch Risiken und Grenzen der Ausbildung herstellen und über Subjekt- und Objektanteile beider Ausbildungspartner einen Diskurs herbeiführen;
- Partizipation ermöglichen und nicht das fertige Ausbildungskonzept aus dem Aktenordner ziehen;
- Kooperation vorleben, ermöglichen und fördern sowie Konkurrenz begrenzen und konstruktiv nutzbar machen.

Wenn diese hohen Voraussetzungen eingelöst sind, ist es vielleicht möglich, selbstgesteuerte Lernprozesse unter den oben skizzierten Systembedingungen der Ausbildung im Sinne einer konsequenten Subjektorientierung Wirklichkeit werden zu lassen. Dies setzt auf beiden Seiten aber hohe Motivation, hohe professionelle Kompetenz und kritische Begleitung durch Supervision voraus.

Subjektorientierung, im Sinne einer möglichst konsequenten Teilnehmerorientierung, ist eines der leitenden didaktischen Prinzipien heutiger Erwachsenenbildung. Weitere didaktische Leitprinzipien sind:

- Problemorientierung: Eigene pädagogische Probleme aus der Alltagspraxis sind Ausgangspunkte und die Bemühung um deren Lösung Ergebnisse von Seminararbeit.
- Handlungsorientierung: Wann immer es sinnvoll und möglich ist, steht die aktive, erkundende, simulierende und verändernde Tätigkeit im Vordergrund.
- Prozessorientierung: Die Arbeit im Seminar muss permanent durch innere und, wenn möglich, äußere Evaluation begleitet werden.
- Wissenschaftsorientierung: Pädagogische Praxis bedarf der reflexiven Fundierung auf dem neuesten Stand der Theorieentwicklung.

Lehrerprofessionalisierung wird in neueren Veröffentlichungen als institutionell gestützte Selbsterziehung angesehen (vgl. Meyer 1997, Bauer 1998). Der Lehrer wird als lebenslanger Lerner gesehen, der mit Methoden der Biografiearbeit, Dialog-Arbeit, kollegialer Fallberatung und Supervision, neben der ständig notwendigen fachlichen Weiterqualifizierung, an seinem professionellen Selbst arbeitet.

„Lehrerprofessionalität entsteht im Medium der Lehrerarbeit, ist also nicht nur Qualifizierung, sondern Subjektwerdung. Anders gesagt: Wir haben es mit einem Bildungsprozess durch pädagogische Arbeit zu tun. (...) (In diesem Prozess, E.S.) wirkt das Subjekt als Selbsterzieher auf sein eigenes Arbeitslernen ein.“ (Bauer 1998, S. 355)

Diese institutionell gestützte Selbsterziehung muss ihren Anfang sicher in der ersten Phase der Lehrerbildung finden, elementare Prozesse können aber erst in der zweiten Phase, dem Referendariat, mit dem entsprechenden Praxiskontakt, grundgelegt werden.

Lernen, Lehrer/in zu werden, basiert auf demselben Lernverständnis, wie es Dorlöchter, Holzbrecher, Wyschkon und Stiller in diesem Band für das Lernen der Schüler postulieren: Auch das Lernen der Referendarinnen und Referendare ist ein:

- selbstgesteuerter,
- konstruktiver,
- situativer und
- sozialer Prozess.

Die Berücksichtigung konstruktivistischer Positionen (vgl. Brandl 1998) hat keine Beliebigkeit zur Folge, sondern erkennt die Perspektivität von Wahrnehmung an und verzichtet auf dogmatische Wahrheitsansprüche. Dies ändert nichts an dem Erfahrungs- und Qualifikationsvorsprung der Ausbilderinnen und Ausbilder. Konstruktion und Instruktion müssen in einem ausbalancierten Verhältnis stehen.

Allgemeine Ausbildungskonzepte, die den Gedanken der Subjektorientierung moderat entfalten, werden seit einigen Jahren in der Zeitschrift Seminar vorgestellt und diskutiert (vgl. z.B. Dohnke 1995, S. 7ff., Huwendiek 1997, S. 7ff. oder Lenhard 1995, S. 72ff.).

Die neue Konzeption einer subjektorientierten Ausbildung führt also bei einer konsequenten Umsetzung zu einer deutlichen Steigerung von Professionalität.

Um diese erhöhten Kompetenzerwartungen in der Ausbildung umsetzen zu können, ist es hilfreich anzusehen, wie andere Professionsbereiche konzeptionell mit diesem Wandel umgehen. Kritiker der Subjektorientierung übersehen nämlich in der Regel, dass der Bildungsbereich hier nur Wandlungsprozesse nachvollzieht, die in anderen gesellschaftlichen Bereichen, z.B. im industriellen Management, schon längst bestimmend sind.

„Arbeit schafft erstens konkrete Ergebnisse, zweitens soziale Beziehungen und drittens persönliche Weiterentwicklungschancen. Diese drei Aspekte reflektieren die objektiven (Ergebnisse), intersubjektiven (Beziehung) und subjektiven (persönliche) Dimensionen der Arbeitserfahrung.“ (Senge/Scharmer 1998, S. 3)

In einem „Zukunftsdiskurs – wie werden wir im Jahre 2010 arbeiten?“ gehen Senge und Scharmer davon aus, dass nur bei einer gleichberechtigten Förderung der drei Faktoren: Arbeitsergebnis – Beziehung – Persönlichkeitsentwicklung eine qualitativ hochwertige Arbeit entstehen kann. Das, was die Autoren in erster Linie für industrielle Arbeit formuliert haben, gilt für Lehrerarbeit in besonderem Maße. Nur eine Verbindung von berufsfeldbezogener-autobiografischer Kompetenz, kommunikativ-kooperativer Kompetenz und fachlich-spezialisierter Kompetenz macht professionell gute Lehrerarbeit aus.

Auch die Wirtschafts- und Berufspädagogen Geißler und Orthey betonen die Notwendigkeit, für gewandelte gesellschaftliche Rahmenbedingungen (*„...Auflösung traditioneller Beruflichkeit in die Erwerbs-Bastelbiografie ständiger Lernprozesse ...“*, Geißler/Orthey 1998, S. 3) soziale und biografische Kompetenzen in der Ausbildung stärker in den Vordergrund zu rücken.

Im Lernbericht der UNESCO wird das ganzheitliche Berufsverständnis für die Aus- und Fortbildung der Lehrerinnen und Lehrer hervorgehoben:

„Eine der Hauptfunktionen der Lehrerausbildung, in der Erstausbildung und schulintern, ist es, Lehrer so mit den ethischen, intellektuellen und emotionalen Fähigkeiten auszustatten, dass sie in ihren Schülern genau die Qualitäten entwickeln können, die unsere Gesellschaft braucht.“ (Deutsche UNESCO-Kommission 1997, S. 130)

6.2 Empowerment-Orientierung und Coaching-Konzepte in Sozialpädagogik und industriellem Management

Der Grundgedanke der Empowerment-Orientierung lässt sich mit Norbert Herriger so beschreiben:

„Empowerment ist so programmatisches Kürzel für eine veränderte helfende Praxis, deren Ziel es ist, die Menschen zur Entdeckung ihrer eigenen (vielfach verschütteten) Stärken zu ermutigen, ihre Fähigkeit zu Selbstbestimmung und Selbstveränderung zu stärken und sie bei der Suche nach Lebensräumen und Lebenszukünften zu unterstützen, die einen Zugewinn von Autonomie, sozialer Teilhabe und eigenbestimmter Lebensregie versprechen.“ (Herriger 1997, S. 7)

Diese Grundeinstellung hat Konsequenzen für das eigene professionelle Selbstverständnis. In der pädagogischen Arbeit soll der Blick weggelenkt werden von der Fixierung auf Defizite und hingelenkt werden auf die Ressourcen und Selbststeuerungspotenziale.[4]

Hierbei ist es wichtig, neben der individuellen Betrachtungsebene die Tandem-, Team-, System- und Kontext-Ebene mit in den Blick zu nehmen:

- Auf der *individuellen Ebene* soll u.a. über biografisches Lernen Kohärenz und Stärkung des Subjekts erreicht werden.
- Auf der *Tandem-Ebene* soll in einem Kompetenz-Dialog eine lösungsorientierte Beratung stattfinden, die auf der Grundlage der Respektierung der Lebensau-

tonomie des Beratenen einen Dialog über Veränderungsziele, des Aufsuchens von individuellen Ressourcen und einer darauf aufbauenden Konstruktion von Lösungswegen beinhaltet.
- Da der Empowerment-Ansatz eine Wurzel auch in der Bürgerrechtsbewegung hat, geht es ihm nicht nur um die individuelle Subjektstärkung. Auf der *Team-Ebene* soll die Selbstorganistionsfähigkeit in der symmetrischen Dimension gestärkt werden. Das Team als Solidargemeinschaft von Gleichgestellten, als Unterstützungsressource, kollegiales Korrektiv und als kollektiver Aktionsraum soll gefördert werden.
- Auf der *System-Ebene* geht es einerseits um die Schaffung und Erweiterung von Freiräumen zur Entfaltung individueller und kollektiver Potenziale sowie um die Schaffung einer Kultur des Wohlwollens, um ein Klima des Möglichkeitssinns, um die Schaffung von „lernenden Organisationen".
- Auf der *Kontext-Ebene* geht es um die Einflussnahme auf die politische Gestaltung von Rahmenbedingungen, um die Bildung von Unterstützungsnetzwerken.

Empowerment hat also psychologische, pädagogische und politische Dimensionen.[5]

Bei der Darstellung des Coaching-Konzeptes, welches viele Gemeinsamkeiten mit der Empowerment-Orientierung hat, möchte ich mich primär auf Quellen aus der Management-Forschung stützen.

Whitemore definiert den Grundgedanken des Coaching so:

„Coaching setzt das Potenzial eines Menschen frei, seine eigene Leistung zu maximieren. Es hilft ihm eher zu lernen, als dass es ihm etwas lehrt." (Whitemore 1997, S. 14)

Zentrale Ziele seines Coaching-Ansatzes sind die Förderung von Eigenverantwortung, Selbstmotivation und die Schärfung des Bewusstseins im Sinne von Selbstreflexion und analytischen Fähigkeiten.

Hauptaufgabe des Coach nach Whitmore ist es, durch angeleitete heuristische Suchbewegungen – durch effektives Fragen und Infragestellen – die Selbststeuerungsfähigkeit des Mitarbeiters zu fördern. Whitemore setzt diese Fähigkeit der Bewusstseinsförderung vor jedes Expertenwissen, da Experten oft Schwierigkeiten haben, Prozesse indirekt zu managen.

Als Prozessstruktur einer Coaching-Sitzung empfiehlt er das „GROW- Konzept":
- Kurzfristige und langfristige Zielsetzung klären (Goal-setting: G)
- Realitätsprüfung (Reality-checking: R)
- Optionen, alternative Strategien und Handlungsabläufe prüfen (Options: O)
- Konkrete Handlungsplanung (What, When, Who, Will: W)

Brinkmann akzentuiert die Rolle des Coaches etwas anders (vgl. Brinkmann 1997, S. 69ff.). Aufbauend auf demselben Menschenbild und einer vergleichbaren wissenschaftlichen Grundlegung des Konzeptes konzipiert er unterschiedliche Coaching-Stile, deren Wahl von dem professionellen Entwicklungsstand des Mitarbeiters abhängig ist:
- unterweisen
- anleiten
- unterstützen
- delegieren.

Um zu entscheiden, welcher Coaching-Stil angemessen ist und auch von dem Mitarbeiter als angemessen empfunden wird, schlägt er vor, Soll-Anforderungsprofile zu formulieren, denen der Mitarbeiter sein eigenes Ist-Profil gegenüberstellen kann. Im Coaching-Gespräch geht es dann in erster Linie darum, einen Entwicklungsplan zu erstellen, der aus der Perspektive des Mitarbeiters Stärken, die beibehalten und ausgebaut werden sollen, den Schwächen, die sich aus dem Soll/Ist-Vergleich ableiten lassen, gegenüberstellt und die der Mitarbeiter abbauen möchte. Aus dieser Analyse sollen möglichst konkrete Ziele und Handlungspläne abgeleitet werden. Ein paralleles Verfahren schlägt der Autor für das Team-Coaching vor.

In der Ausbildung von Lehrerinnen und Lehrern ist in der Anfangsphase sicher eine Orientierung an den unterschiedlichen Coaching Stilen von Brinkmann sinnvoll. Je stärker die Selbstreflexionsfähigkeit durch gezielte Förderung vorangeschritten ist, desto mehr kann eine indirekte Coaching-Strategie nach Whitemore praktiziert werden.

6.3 Instrumente für das Fachseminar Pädagogik

Was lässt sich aus all dem für die Ausbildung von Pädagogikreferendarinnen und -referendaren ableiten?

Voranstellen möchte ich meine Zielorientierung der Ausbildung, wie ich sie im ersten Band der Dialogischen Fachdidaktik Pädagogik formuliert habe:
„Die Referendarinnen und Referendare sollen die Gelegenheit erhalten,
- *biografische Muster ihrer Berufswahl, ihrer Denk- und Handlungsmuster zu reflektieren, um ein differenziertes, begründetes berufliches Selbstverständnis als Pädagogiklehrerin bzw. Pädagogiklehrer zu entwickeln;*
- *durch erfahrungsorientierte Prozesse ihr Denken und Handeln auf der Beziehungsebene, ihren Umgang mit Schülerinnen und Schülern, Kolleginnen und Kollegen zu reflektieren und im Sinne eines empathischen, achtenden Umgangs weiterzuentwickeln;*
- *konkrete Gestaltungskompetenzen in unterrichtlichen Handlungssituationen als Gestalter/in von Lehr- und Erziehungsprozessen und Begleiter von Lernprozessen zu erwerben;*
- *in Auseinandersetzung mit fachdidaktischen Positionen eine eigene, begründete Konzeption eines guten Pädagogikunterrichtes zu entwickeln.“* (Stiller 1997, S. 131)

Orientiert an den unterschiedlichen Ebenen des Empowerment-Ansatzes lassen sich folgende Umsetzungsvorschläge formulieren:
- Auf der *Individual-Ebene* muss zunächst durch ein akzeptierendes Fachleiter/innen-Verhalten ein Klima des Vertrauens aufgebaut werden, welches biografische Selbstreflexionsprozesse erst ermöglicht. Das Führen von Tagebüchern in der Ausbildung wird zunehmend in der Literatur empfohlen (vgl. Altrichter/Prosch 1994, S. 18ff., Buschbeck 1995, S. 271ff und Stübig 1995, S. 167ff.). Übungen zur Selbstreflexion für Pädagogikreferendare/innen habe ich im 1. Band der Dialogischen Fachdidaktik vorgestellt (vgl. Stiller 1997, S. 13ff.)
- Auf der *Tandem-Ebene* ist neben der Referendar/in-Referendar/in-Kooperation, welche viel intensiver genutzt werden könnte, vor allem auf „Experten-Novi-

zen-Tandems“ hinzuweisen (vgl. Dick, S. 391ff.). Pädagogik-Referendare/innen sollten sich das Expertenwissen der Fachlehrer/innen so intensiv und strukturiert wie möglich zunutze machen (siehe hierzu die Anlage 7). Die intensivste Tandem-Erfahrung bietet bei professioneller Gestaltung die Fachleiter/in-Referendar/in-Tandem-Beziehung. Hier muss aber mit der Beratung/Beurteilung-Konfliktsituation offen und konstruktiv umgegangen werden. Ein Erfordernis, welches sich nach der neuen OVP auch für die Fachlehrer/innen stellt.

- Auf der *Team-Ebene* muss der/die Fachleiter/in zunächst deutlich machen, dass Kooperation in der Ausbildung gefördert, gefordert und bewertet wird. Der Umgang mit Konkurrenz in der Fachgruppe sollte von Anfang an thematisiert werden. Das Lernen voneinander, in einer Gruppe, in der Stärken und Schwächen ungleich verteilt sind, muss gerade in der existenziellen Konkurrenz um Arbeitsplätze von der Ausbilderseite unterstützt und eingefordert werden. Kooperation entsteht nicht von selbst! Auf der Team-Ebene kann die Methode der kollegialen Fallberatung zur Professionalisierung genutzt werden (vgl. Fenkart/Krainz-Dürr 1996).
- Auf der *System-Ebene* muss in der Seminarentwicklung offensiv für ein Klima der Ermutigung und Akzeptanz gestritten und Seminarentwicklungsprozesse gefördert werden, die Empowerment ermöglichen und die Richtlinien-Spielräume für subjektorientiertes Ausbilden nutzen und ausbauen.
- Auf der *Kontext-Ebene* muss immer wieder ins Bewusstsein gerufen werden, dass Ausbildung von Bildungspolitik und diese wiederum von Gesamtpolitik abhängt. Dies führt einerseits zu einer notwendigen Politisierung des Bewusstseins und andererseits zu einer realistischen Haltung, die nicht jedes Problem auf die eigene Unvollkommenheit zurückführt und einen Schutz vor Entmutigung gewährt.

Am Beginn der Ausbildung sollte zunächst, wie in der Erwachsenenbildung heute Standard, der Anfangssituation Rechnung getragen werden (vgl. Geißler 1983, S. 27ff.) und die individuellen Lernbiografien der Referendare/innen; ihre Erwartungen und Befürchtungen; die stärkende Kraft der Gruppe in den Blick genommen werden sowie ein realistischer Diskurs über das Subjekt- und Objekt-Sein in der Ausbildung in Gang gesetzt werden. Hierfür kann die Anlage 1 hilfreich sein[6].

Für das zweite Halbjahr der Ausbildung habe ich ein „Kompetenz-Inventar“ als Soll-Anforderungsprofil formuliert, welches im Sinne von Brinkmann zur Erstellung von Entwicklungsplänen führen kann (s. Anlagen 2 und 3). Es ist bei der Benutzung dieses Instrumentariums deutlich zu machen, dass hier ein optimaler Endzustand eines Ausbildungsprozesses beschrieben wird, dem man sich in vielen kleinen Schritten nähert. Referendarinnen und Referendare müssen auf die Bedeutung dieser vielen kleinen Schritte sowie auf erste Erfolge aufmerksam gemacht werden.

An dieser Stelle muss auch betont werden, dass subjektorientiertes Lernen, die Entfaltung des Subjekts, immer auch mit der Abarbeitung an Widerständen verknüpft ist (vgl. Holzbrecher 1998, S. 42f.). Fachleiterinnen und Fachleiter sind qua Rolle und OVP dazu verpflichtet, den widerständigen Gegenpart zu übernehmen, der Ausbildungsstandards auch gegen die Sicht von Referendarinnen und Referendaren in den Dialog einbringt.

Unterrichtsnachbesprechungen gehören sicher zu den kritischsten Ausbildungssituationen, in denen beide Seiten mit der dialektischen Subjekt/Objekt-Spannung am intensivsten konfrontiert werden und die nur durch Prozesskompetenz konstruktiv genutzt werden können.

Als „Starthilfe für Nachbesprechungen“ ist die Anlage 4 gedacht. Durch ein klar strukturiertes und ritualisiertes Verfahren, welches der vorherigen Vereinbarung bedarf, kann sichergestellt werden, dass die Sichtweise der Referendare/innen auf ihre geleistete Arbeit, ihre realistische Wahrnehmung von Stärken und Schwächen und ihr Veränderungsbedarf im Vordergrund stehen. Dies bedeutet nicht, dass dadurch die Perspektive der Ausbilder überflüssig wird. Es dient vielmehr dem langfristigen Ziel der Bewusstseinsschärfung (Whitemore). Um die Fähigkeit zur kritischen Selbstreflexion zu stärken, habe ich einen „Selbstreflexionsbogen“ konzipiert (Anlage 5), den Referendarinnen und Referendare völlig unabhängig von Ausbildern für die alltägliche Evaluation nutzen können. Er kann aber auch als Basis für Beratungsgespräche dienen.

Die kollegiale Fallberatung (Anlage 6) ist ein bewährtes Verfahren für selbstgesteuerte Supervision bzw. reflektierende Teamsitzungen (vgl. Posse/Priebe 1987). Es eignet sich besonders für die Aufarbeitung von Beziehungsproblemen im professionellen Kontext, aber auch für die Arbeit am beruflichen Selbstkonzept.

Da ausgebildete Supervisoren knapp und teuer sind, ist es notwendig, Verfahren zu entwickeln bzw. zu modifizieren, die Kolleginnen und Kollegen selbstgesteuert praktizieren können. Das hier vorgestellte Konzept orientiert sich an der Grundkonzeption von Posse/Priebe, strafft aber das Verfahren und modifiziert es vor allem auf der Wahrnehmungsebene. Hier wird dem bildhaft-assoziativen Zugriff, der beteiligte Gefühle besser ausdrücken kann, der Vorzug vor einem oft formelhaft praktizierten Verfahren („Ich, als Person X, fühle, sehe...“) gegeben.

Auf der Tandem-Ebene wird in der Ausbildung oft das vorhandene Expertenwissen der berufserfahrenen Kolleginnen und Kollegen nicht intensiv genug ausgeschöpft. Ein methodischer Vorschlag, hier mit den Fachlehrerinnen und Fachlehrern strukturiert ins Gespräch zu kommen, stellt der Erkundungsleitfaden (Anlage 7) dar. Auf diese Weise kann versucht werden, berufliche Routinestrategien, handwerkliche Tipps, aber auch einen Einblick in professionelle Selbstbilder zu erhalten.

Anmerkungen:

1 Die Notwendigkeit zur Klärung von scheinbar Selbstverständlichem ergibt sich aus den Geisterfahrer-Polemiken des Heribert Seifert, veröffentlicht in: FAZ 11.2.1998 und NZZ 14.5.1998

2 Alle Zitate aus: Heribert Seifert; Wenn Pädagogen sich selbst zum Verschwinden bringen. Lockruf der schrankenlosen Beliebigkeit in der Lehrerbildung, in: Neue Züricher Zeitung 14.5.1998, auch abgedruckt in: Seminar 1/1998, S. 165ff.

3 Die Gründungsveranstaltung dieses Netzwerkes fand am 8.6.1998 in Münster statt

4 siehe hierzu auch meine Ausführungen zum Empowerment im Einleitungskapitel

5 vgl. hierzu Stark 1996, S. 59ff.

6 Die folgenden Anlagen sind u.a. inspiriert worden durch die selbstorganisierte Supervision im Seminar Recklinghausen unter der Leitung von Dietrich Redecker als ausgebildetem Supervisor und TZI-Trainer.

Literatur:

Altrichter, Herbert/Posch, Peter; Lehrer erforschen ihren Unterricht, Bad Heilbrunn: Klinkhardt 1994

Bauer, Karl-Oswald; Pädagogisches Handlungsrepertoire und professionelles Selbst von Lehrerinnen und Lehrern, in: Zeitschrift für Pädagogik 3/1998, S. 343ff.

Brandl, Werner; Lernen als ‚konstruktiver‘ Prozess: Trugbild oder Wirklichkeit? Http://www.stif2.mhn.de/konstr.1.htm vom 30.6.1998
Brinkmann, Ralf D.; Mitarbeiter-Coaching. Der Vorgesetzte als Coach seiner Mitarbeiter, Heidelberg: Sauer, 2. Auflage 1997
Buschbeck, Helene; Das Pädagogische Tagebuch – ein Not-wendiges Handwerkzeug im Schulalltag, in: Eberwein, H./Mand, J. (Hrsg.); Forschen für die Schulpraxis, Weinheim: Deutscher Studien Verlag 1995
Deutsche UNESCO-Kommission (Hrsg.); Lernfähigkeit: Unser verborgener Reichtum, Neuwied: Luchterhand 1997
Dick, Andreas: Vom Unterrichtlichen Wissen zur Praxisreflexion, Bad Heilbrunn: Klinkhardt 1994
Dohnke, Hartwig; Der Referendar als autonomer Lerner. Ideen zu einem SEMINARDIDAKTISCHEN Konzept, in: Seminar 4/1995, S. 7ff.
Fenkart, Gabriele/Krainz-Dürr, Marlies; „...alles, was der Fall ist." Professionalisierung von LehrerInnen durch Fallarbeit, in: Schratz, Michael/Thonhauser, Josef (Hrsg.); Arbeit mit pädagogischen Fallgeschichten, Innsbruck: Studien-Verlag 1996, S. 173ff.
Geißler, Karlheinz A.; Anfangssituationen, München: Hueber 1983
Geißler, Karlheinz A., Orthey, Frank-Michael; Steuerung zur Neuerung, in: Prospect 1/1998, S. 3ff.
Herriger, Norbert; Empowerment in der Sozialen Arbeit, Stuttgart: Kohlhammer 1997
Holzbrecher, Alfred; Das Prinzip Subjektorientierung, in: Deutsche Lehrerzeitung 5/1998, S. 40ff.
Huwendiek, Volker; Schule, Lehrerbild und Lehrerbildung in der Diskussion, in: Seminar 3/1997, S. 7ff.
Lenhard, Hartmut; Von Steinbrüchen, Bausteinen und Verbundpflastern. Anstößiges und Aufbauendes zur Diskussion um eine Reform der Referendarausbildung, in: Seminar 1/1995, S. 73ff.
Meyer, Hilbert; Schulpädagogik Band 2, Berlin: Cornelsen 1997
Ministerium für Schule und Weiterbildung (Hrsg.); Seminarrahmenkonzept für Studienseminare für das Lehramt für die Sekundarstufe II. Arbeitspapier, Düsseldorf o.J.
Posse, Norbert/Priebe, Botho; Wie kommen wir da bloß raus? Lehrerkollegien bearbeiten Unterrichtsstörungen gemeinsam, in: Friedrichs Jahresheft V, 1987, S. 128ff.
Senge, Peter/Scharmer, Claus; Jenseits von Hierarchien: Drei Gesichter der Arbeit, in: Prospect 2/1998, S. 3ff.
Stark, Wolfgang; Empowerment. Neue Handlungskonzepte in der psychosozialen Praxis, Freiburg: Lambertus 1996
Stiller, Edwin; Dialogische Fachdidaktik Pädagogik, Paderborn: Schöningh 1997
Stübig, Frauke; Schulalltag und Lehrerinnenbewusstsein. Das Tagebuch einer Lehrerin und seine Reflexion im Gespräch mit Birke Mersmann, Weinheim: Beltz 1995
Whitemore, John; Coaching für die Praxis, München: Heyne 1997

Anlage 1

„Sich auf den Weg machen..."

(Zeichnung: Lothar Ursinus/CCC)

Fragen in Anfangssituationen:

Wo komme ich her?
Was bringe ich mit?
Warum schlage ich diesen Weg ein?
Was genau ist mein Ziel?
Wie stelle ich mir den Weg vor?
Wer macht sich mit mir auf den Weg?
Wer begleitet mich auf meinem Weg?

Leitende Gesichtspunkte:

- Akzeptanz + individuelle Wertschätzung
- Struktur + Transparenz
- Solidarität + Selbstorganisation
- unterstützender Kontext + Ressourcenorientierung

Anlage 2

Kompetenz-Inventar für Pädagogik-Referendarinnen und -referendare

orientiert an den Qualifikationsfeldern der Dialogischen Fachdidaktik

Biografie • Erziehungs-, Schulerfahrungen und Lernbiografie aufarbeiten • Berufswahlmotive bewusst machen • Einen realistischen Blick für den erreichten Ausbildungsstand entwickeln und Entwicklungsperspektiven formulieren • Ein professionelles Selbstkonzept entwickeln • ... • ...	**Erziehungspraxis** • Planen, Durchführen und Evaluieren von Stunden, Reihen, Halbjahren, Schulcurricula • Pädagogikunterricht als erziehenden Unterricht gestalten • Leistungsmessung angemessen und professionell praktizieren • Erschließung von erzieherischen, schulischen Handlungsfeldern • Beteiligung aus der Sicht und mit den Mitteln des Faches EW am Schulentwicklungsprozess • ... • ...
Lehrerfunktion: Selbsterziehung	Lehrerfunktionen: Unterrichten, Erziehen, Beurteilen, Beraten, Innovieren, Organisieren
Interaktion • Beziehungen zu Schüler/innen, Kursgruppen, Fachlehrer/innen, den Systemen Schule und Seminar, zu Fachleiter/innen und Referendarkollegen/innen bewusst wahrnehmen, analysieren, bewerten und gestalten • Rollenkonflikte aushalten und austragen • Kooperation verstärken, Konkurrenz begrenzen • Kollegiale Fallberatung praktizieren • ... • ...	**Erziehungstheorie** • Erziehungswissenschaftliche Kenntnisse für den Unterricht in Sek. I und II erweitern und festigen • Richtlinien Sek. I und II, Fachseminarrahmenplan kennen und kritisch-konstruktiv nutzen • Fachdidaktische Konzepte (Plural!) kennen, vergleichen, bewerten und eine eigene fachdidaktische Position entwickeln • Fachmethodische Konzepte (Plural!) kennen, beherrschen und innovativ weiterentwickeln • Kritische Analyse von Schulbüchern (Plural!) • ... • ...
Lehrerfunktionen: Erziehen, Kooperieren, Beraten	Lehrerfunktionen: Unterrichten, Innovieren

Anlage 3

Entwicklungs-Inventar für Pädagogik-Referendarinnen und -referendare

Stand:

	Biografie	Erziehungs-praxis	Erziehungs-theorie	Interaktion
Meine Stärken, die ich ausbauen möchte:				
Konkrete Ziele und Handlungs-pläne dafür:				
Meine Schwächen, die ich abbauen möchte:				
Konkrete Ziele und Handlungs-pläne dafür:				

Anlage 4

Starthilfe für Nachbesprechungen:

Wenn ich an die Hospitationsstunde denke, hat mich

gefreut:

erstaunt:

geärgert:

Daraus resultierende Tagesordnungspunkte für die Nachbesprechung:
1.
2.
3.
4.
...
Zeitvereinbarung:

Anlage 5

Selbstreflexionsbogen

Datum: Klasse/Kurs: Thema:

	Wahrnehmen	Deuten	Handeln (Konsequenzen)
Person Wie geht es mir jetzt? Körpersignale? Gedanken? Gefühle?			
Interaktion Beziehung zwischen Lerngruppe und mir? Beziehungen in der Lerngruppe?			
Sache Inhalt? Didaktik? Methodik? ...			
Kontext Rahmen-bedingungen, die Bedeutung hatten?			

Kann ausschließlich der eigenen Reflexion dienen, aber auch dialogisch in der Besprechung genutzt werden.

Anlage 6

Kollegiale Fallberatung

Ein dialogisches Verfahren der gegenseitigen Beratung, vor allem für Probleme auf der Beziehungsebene.
Geeignet in erster Linie für Kleingruppen, entweder symmetrisch-selbstgesteuert oder unter Anleitung eines ausgebildeten Moderators.
Im Vordergrund sollte einfühlendes Verstehen stehen; Belehren oder Bewerten sollte möglichst vermieden werden; vorausgesetzt werden muss der konstruktive Wille, voneinander zu lernen.

Phase 1

1.1 Einführen bzw. Erinnern an Verfahrensregeln
Einigung auf Moderator/in
Einigung auf Vortragende/n und Fall
1.2 **Fall-Bericht** der/des Vortragenden
1.3 Nachfragen und sachliche Klärungen durch die Kolleginnen und Kollegen
1.4 Präzisierung des Problems aus der Sicht der/des Vortragenden

Phase 2

2.1 **Wahrnehmungsversuche** der Kolleginnen und Kollegen, möglichst bildhaft, unter Verwendung von Metaphern, Symbolen o.Ä.
„Das kommt mir vor/hört sich an wie..."
(Vortragende/r schreibt mit)
2.2 Rückmeldungen der/des Vortragenden
„Was lösen die Wahrnehmungen in mir aus?"

Phase 3

3.1 **Deutungsversuche** der Kolleginnen und Kollegen, Hypothesen über vermutete Zusammenhänge und Wechselwirkungen (Vortragende/r schreibt mit)
3.2 Rückmeldungen der/des Vortragenden
„Was ist für mich plausibel, macht Sinn, ist erhellend?"

Phase 4

4.1 **Handlungsvorschläge** der Kolleginnen und Kollegen: „Ich an deiner Stelle würde...!"
(Vortragende/r schreibt mit)
4.2 Rückmeldungen der/des Vortragenden
„Welcher Vorschlag ist für mich hilfreich? Was werde ich ausprobieren?"

Bei einem Folgetreffen kann die/der Vortragende über ihre/seine Erfahrungen mit der Weiterentwicklung des Falls berichten.

Anlage 7

Interviewleitfaden für das Gespräch mit berufserfahrenen Pädagogiklehrern und -lehrerinnen

1. *Grundeinstellung zum Fach*
   Wie sehen Sie grundsätzlich das Fach Pädagogik (eigene Studien- und Berufswahlmotive, Einschätzung der „Mutterdisziplin" EW, Stellung des Faches an der Schule...)?

2. *Leitende Zielvorstellung*
   An welchen zentralen Zielen orientieren Sie Ihr Handeln im Fach EW?

3. *Inhalte*
   Welche Inhalte halten Sie für besonders wichtig, motivierend, nützlich?

4. *Methoden*
   Mit welchen Methoden arbeiten Sie besonders gern und erfolgreich?

5. *Haltungen der Schülerinnen und Schüler*
   Wie schätzen Sie die Einstellungen Ihrer Pädagogikschüler und -schülerinnen ein (Wahlmotive, Arbeitseinsatz, fachliches Interesse, berufliche Perspektiven...)?

6. *„Guter" Pädagogikunterricht*
   Können Sie beispielhaft beschreiben, was Sie unter gutem Pädagogikunterricht verstehen?

7. *Alltägliche Unterrichtsvorbereitung*
   Welche Tipps für die kurzfristige Unterrichtsvorbereitung können Sie geben?
   Welche Tipps für die langfristige Unterrichtsvorbereitung können Sie geben (Reihe, Halbjahr, Schulcurriculum)?

8. *Medien*
   Welche Unterrichtsmedien setzen Sie bevorzugt ein? (Schulbücher, wissenschaftliche und populärwissenschaftliche Literatur, Internet, Videos...)
   Welche Medien können Sie bedenkenlos weiterempfehlen?

Autorenverzeichnis

Anke Böse
unterrichtet die Fächer Erziehungswissenschaft, Deutsch und Arbeitslehre an der Evangelischen Gesamtschule Gelsenkirchen-Bismarck

Anette Cronau
unterrichtet die Fächer Deutsch und Erziehungswissenschaft am Elisabeth-Lüders-Berufskolleg in Hamm

Heinz Dorlöchter
unterrichtet an der Gesamtschule Dorsten-Wulfen die Fächer Mathematik und Erziehungswissenschaft, arbeitet am Studienseminar für die Sekundarstufe II in Gelsenkirchen als Fachleiter für das Fach Pädagogik und Hauptseminarleiter; außerdem ist er einer der „Phoenix"-Autoren.

Alfred Holzbrecher, Prof. Dr.
18 Jahre Lehrer am Gymnasium, Unterricht in Erziehungswissenschaft, Deutsch, Literatur und Religion, Studienrat im Hochschuldienst an der Universität Essen, Privatdozent an der Universität Mainz, Lehrstuhl für Schulpädagogik an der Pädagogischen Hochschule Freiburg

Gabriele Krafeld
unterrichtet die Fächer Kunst, Deutsch und Erziehungswissenschaft an der Fürstin-von-Galizin-Realschule in Münster.

Gernod Röken
LRSD, Schulfachlicher Dezernent für Erziehungswissenschaft bei der Bezirksregierung Münster

Edwin Stiller
unterrichtete 25 Jahre lang die Fächer Erziehungswissenschaft und Sozialwissenschaften am Freiherr-vom-Stein-Gymnasium in Recklinghausen und arbeitete als Fachleiter für das Fach Pädagogik sowie als Hauptseminarleiter am Studienseminar für die Sekundarstufe II in Recklinghausen; jetzt ist er Wissenschaftlicher Referent für Lehrerausbildung am Landesinstitut für Schule in Soest sowie „Phoenix"-Autor und Autor der Dialogischen Fachdidaktik Pädagogik

Christina Vogt
unterrichtet die Fächer Erziehungswissenschaft, Deutsch, Niederländisch sowie fachfremd Kunst, Religion und Gebärdensprache an der Gesamtschule Gelsenkirchen Buer-Mitte

Ulrike Waterkamp
Gesamtschuldirektorin, Abteilungsleiterin für die Jahrgangsstufe 5/6 an der Gesamtschule Waltrop, Fächer: Erziehungswissenschaft und Deutsch, Vorstandsmitglied der Freinet-Cooperative

Frank Wittig
unterrichtet die Fächer Erziehungswissenschaft, Deutsch sowie Didaktik und Methodik am Berufskolleg Hildegardis-Schule Münster

Uwe Wyschkon, Prof. Dr.
Fachlehrer für Chemie und Mathematik, arbeitete seit 1969 an Fragen der Allgemeinen Didaktik, insbesondere zur Qualität des Unterrichts und dessen didaktisch-methodischer Gestaltung; bis 1995 Hochschullehrer und Leiter des Interdisziplinären Zentrums für Pädagogische Forschung und Lehrerbildung an der Universität Potsdam, danach Professor für Erziehungswissenschaft mit dem Schwerpunkt Allgemeine Didaktik an der Universität/Gesamthochschule Essen; verstorben